中国科技期刊发展蓝皮书（2021）

开放科学环境下的学术出版专题

中国科学技术协会　主编

科 学 出 版 社

北　京

内 容 简 介

《中国科技期刊发展蓝皮书（2021）》主题为“开放科学环境下的学术出版”。依托国内外知名数据库和一手官方数据，运用科学分析方法，剖析存在问题，总结发展规律，梳理和分析我国科技期刊及科技论文的总体情况，以数据形式呈现我国科技期刊整体现状，研究开放科学特征、开放科学平台和开放出版进展，借鉴开放科学环境下的国际学术出版变革，探讨开放科学环境下的中国科技期刊发展态势，为建设世界一流科技期刊提供参考。

图书在版编目（CIP）数据

中国科技期刊发展蓝皮书. 2021/中国科学技术协会主编. —北京：科学出版社，2021. 10

ISBN 978-7-03-069962-6

Ⅰ. ①中… Ⅱ. ①中… Ⅲ. ①科技期刊–出版工作–研究报告–中国–2021 Ⅳ. ①G237.5

中国版本图书馆 CIP 数据核字(2021)第 200740 号

责任编辑：闫 群 王 治 / 责任校对：孔金昕
责任印制：关山飞 / 封面设计：嘉华永盛

科学出版社 出版
北京东黄城根北街 16 号
邮政编码: 100717
http://www.sciencep.com

北京科信印刷有限公司 印刷
科学出版社发行 各地新华书店经销
*
2021 年 11 月第 一 版 开本：720×1000 1/16
2021 年 11 月第一次印刷 印张：26 1/4
字数：415 000

定价：168.00 元

《中国科技期刊发展蓝皮书》专家委员会

《中国科技期刊发展蓝皮书》编写委员会

前　言

开放性是科学的本质属性之一。在 17 世纪人类逐步进入工业社会的早期阶段，科学共同体之间就以书信往来分享知识。为了更有效率地沟通，更加尊重知识产权，鼓励更多创新思想，逐渐产生了一系列科学规范以及科技期刊。即使 17 世纪那样遥远的东西文化之间，传教士和学者也将东方科技和西方科技，通过诸如《哲学汇刊》等予以记录和交流。因此，科技期刊既是科学的服务者，为科学广泛传播而生；又是科学的推动者，助力科学走向更加开放。

随着信息技术的进步，开放获取逐渐成为一种新兴传播模式。许多科技期刊转型为开放获取期刊，或者协助作者手稿进行开放获取。与此同时，原本纸质期刊无法完全记载支持论文论点的证据问题，也在数据中心、数据知识库和数据期刊的努力下逐步解决。从数据交换演变为开放数据，就像当初少数科学家从书信往来变成印刷出版物一般，既需要科学社区的共识，也需要科技期刊的支持。

当前人类社会面临一系列重大挑战，诸如新冠肺炎疫情、全球变暖、金融危机等，凸显了科学创新和技术应用成为人类生存的必要条件。为此各国科学家需要彼此合作，为此各国科学界需要得到本国社会的支持，为此各国社会各界需要了解科学的方方面面，并且确保自己的声音能够得到足够重视。这就需要一套在全球框架下能够解决本地问题的科学共同体的制度，然而它的范围已超过了原本的科学社区，而是国家之内的社会团体参与科学事务，国际之间的社会团体交流科学议题。开放科学于此诞生，科技期刊为此服务。

开放科学践行科学知识能为所有人访问、获得和重用。它是一个系统性工程，科研人员、出版机构、资助机构、科研机构以及相关社会团体，共同推进开放科学的发展，为此中国科研群体以及相关组织已经进行大量实践。开放科学也是一项国际事务。中国自改革开放以来，一向奉行开放共享合作的方针，对内要求实施最大程度的改革，对外促进全面开放合作，推动形成全面开放新格局。开放科学不是重新定义科学，而是希望人类科学仍然是科学，它仍然是为人类可持续发展应对人类危机的一条途径。当前科技先进国家所提出的开放科学的理念，已在包括中国科技期刊在内的诸多团体进行实践，部分较有成效的工作面向国际同行开放共享，部分适用于发展中国家的实践案例和方法，也已开放给国际社会共同探讨。开放科学的理念之一是包容性，它需要按照不同地区的科技发展水平、学术出版水平和科学传播需求进行不同程度和不同方法上的创新。为此，中国科技期刊除了积极符合国际同行标准以及积极参与会议活动等，也在不断改进自身发展的不足或者化解与开放科学不相一致的矛盾。这项深化改革是长期持续的，而且每年均有阶段性成果。

科学本质之一是积累全人类的共有知识，科学进步得益于从 17 世纪开始在科技期刊上公开成果而确立，也通过“开放的科学传播制度”而确立。科技论文的开放获取、科学数据的开放共享、开放学术服务平台以及参与式科研活动等，既是开放科学的实践方式，其践行经验也将反馈和丰富开放科学的内涵。在充分尊重知识产权的文化基础上，开放科学始能发挥其激励科技创新以及合作交流的作用，因此，科技期刊既是知识产权最有力的维护者，又是开放传播最有力的推动者。国家法律法规具有划定开放边界和实施原则的作用，例如著作权法、网络信息安全法、科学技术进步法等，国家政策声明具有引导行业发展和健全体制的作用，例如开放获取政策声明和数据管理与共享办法等。中国科技期刊连同相关社会团体，也在适应这些制度变革，并且凝聚自身实践经验，形成开放科学的实践先锋。

开放科学强调科学知识的开放获取，包括科学出版物、开放科研数据、开源软件与源代码以及开放硬件等。科技期刊作为科学出版物的核心要素，正在面临文献领域与数据领域从相互借鉴、相互合作到相互融合的转变。中国科技期刊与国际科技期刊、国际出版集团以及全球开放科学运动的行动者们，一道面临新的挑战，特别是如何通过开放科学的科学传播机制，共同支持和面对全球重大危机，为人类社会的永续发展及其知识资产的渐进积累，做出这个时代应有的贡献。

“我国国民经济和社会发展第十四个五年规划和 2035 年远景目标纲要”提出，“十四五”时期要立足新发展阶段、贯彻新发展理念、构建新发展格局，推动高质量发展的战略导向。要积极促进科技开放合作，实施更加开放包容、互惠共享的国际科技合作战略。我国科学发展已经跻身世界前列，倡导并推动开放科学，有利于打破西方国家壁垒，建立国际科学新格局，促进建立“共商、共建、共享”的全球治理理念，推动构建人类命运共同体。因此，基于上述开放科学的大背景，在本书专家委员会主任杨卫院士的倡导下，确定《中国科技期刊发展蓝皮书（2021）》聚焦“开放科学环境下的学术出版”。

本书的编制在专家委员会、编写委员会众多专家学者的大力支持下，秉承公正客观的原则，实事求是地收集数据、筛选案例、查找文献、剖析问题、总结规律，对庞大数据和参考文献抽丝剥茧，力求全方位呈现中国科技期刊和中国科技论文的发展现状，并试图描绘在开放科学环境下的世界科技期刊发展趋势及中国科技期刊的使命与贡献。在此，谨向所有为本书的编制和出版付出辛勤劳动的专家、学者和业界同仁致以诚挚的感谢！

科学出版社承接了本书的编辑出版工作，高质量按期完成了出版、印制工作。在此，谨向上述所有提供数据和出版服务的机构致以诚挚的感谢！

由于编者能力所限，错误和疏漏之处在所难免，期待广大读者不吝赐教，批评指正。

中国科学技术协会

2021 年 11 月

目　　录

前言 i

第一章　中国科技期刊发展概况 1

第一节　中国科技期刊现状分析 7

一、期刊基本信息 7

二、办刊条件及人力资源 12

三、出版管理与内容审核制度 18

四、期刊获得经费资助情况 19

五、期刊经营状况 22

六、期刊新媒体开展状况 29

第二节　中国科技期刊发表论文分析 33

一、SCI 收录中国科技期刊发表论文情况 33

二、基于 CNKI 的中国科技期刊发表论文情况 62

第三节　中国科技期刊影响力分析 75

一、我国中文科技期刊影响力分析 76

二、我国英文科技期刊影响力分析 90

第四节　世界一流科技期刊建设进展 103

一、科技期刊高质量发展，国际影响力迅速提升 103

二、国内数据库收录期刊稳中有升，国内关注度持续提升 108

三、队伍结构不断优化，编辑人才脱颖而出 110

四、科技期刊协同发展，集约化办刊能力不断增强 112
第二章　开放科学发展概述 115
第一节　国际开放科学发展概述 117
一、开放科学的发展历程 117
二、开放科学的推动主体 131
三、开放科学的制度建设 135
第二节　中国开放科学发展概况 138
一、中国开放科学的发展现状 138
二、中国开放科学的推动主体 146
三、中国开放科学的制度建设 148
第三节　中国开放科学发展态势 151
一、中国开放科学的发展脉络梳理 151
二、中国开放科学的特点剖析 158
三、中国开放科学发展的重要议题 160
参考文献 162
第三章　开放科学环境下的科技期刊出版 169
第一节　开放科学环境下的国际科技期刊出版 171
一、开放科学背景下的学术出版标准规范 171
二、国际出版集团的开放科学战略与举措 184
三、开放科学背景下的学术出版平台 195
四、开放同行评议 209
第二节　开放科学环境下的中国科技期刊发展现状 219
一、开放科学环境下中国科技期刊开放出版现状 219

二、开放科学环境下中国科技期刊数据出版现状 231
三、开放科学环境下的中国科技期刊评价 241
第三节　开放科学环境下的中国科技期刊发展趋势 247
一、开放科学推动产生新的学术出版革命 247
二、中国科技期刊助力开放科学的发展 256
三、从国际出版集团推进开放科学发展的历程中汲取经验 262
参考文献 266
第四章　专家观点：开放科学环境下的学术出版 286
第一节　开放科学的发展理念与政策评述 290
一、怀进鹏：推动开放科学，构建全球共赢的学术生态 290
二、杨卫：开放科学——从学界接受到实施路径 293
三、龚克：从联合国教科文组织的开放科学建议书看开放科学 296
四、马俊才：倡导开放科学、促进全球合作 299
五、任翔：学术期刊如何融入开放科学生态 302
第二节　科学数据开放共享的实践与发展 305
一、李新：加强数据出版，促进科学数据开放共享 305
二、李国庆：从数据生命周期认识开放科学的深远影响 307
三、王卷乐：地球科学数据共享的进展与发展建议 309
四、王健：科学数据共享的模式演进、发展方向和政策建议 312
五、肖宏：对于开放科学数据共享的几点思考 315
第三节　开放科学时代学术出版发展对策 317
一、池永硕（Youngsuk Chi）：开放科学与科技出版的三大趋势 317
二、Steven Inchcoombe：走向开放科学的未来 321

三、彭斌：关于推动我国开放获取出版的几点思考 323
四、龙桂鲁：开放获取对期刊功能的影响及其对策建议 326
五、乔晓东：开放科学与学术信息服务的相互促进发展 331
六、白雨虹：开放科学环境下的学术出版 337
参考文献 340
附录一　2020 年中国科技期刊发展纪事 341
附录二　2020 年全球 OA 大事记 354
附表 370

第一章　中国科技期刊发展概况①

内容提要

一、我国科技期刊总体发展现状

（一）我国科技期刊总体特征

基于国家新闻出版署 2020 年全国期刊年检数据，截至 2020 年底中国科技期刊总量为 4963 种。总体特征为：①我国各地区出版科技期刊数量分布呈现不均衡状态。居前五位的省区市出版科技期刊占总量的一半以上（53.47%），依次为北京（1629 种，32.82%）、上海（355 种，7.15%）、江苏（254 种，5.12%）、湖北和四川（均为 208 种，4.19%）。②出版周期以双月刊（1941 种，39.11%）和月刊（1804 种，36.35%）为主，约占总量的 3/4。③文种分布以中文科技期刊占绝大多数（4404 种，88.74%），英文科技期刊 375 种（7.56%），中英文科技期刊 184 种（3.71%）。④学科分布中基础科学类期刊 1558 种（31.39%），技术科学类期刊 2259 种（45.52%），医药卫生类期刊 1146 种（23.09%）。⑤我国科技期刊整体定价相对偏低，尤其是中文科技期刊。我国科技期刊平均单价为 29.01 元。

（二）主管、主办、出版单位分布

我国 4963 种科技期刊主管、主办和出版单位分布分散。①共有 1311

① 第一章执笔：刘培一（牵头）；周英智（统计学指导）；王治（第一节）；翁彦琴、肖玥、黄沈燚、伍军红、徐婉桢（第二节）；伍军红、孙秀坤（第三节）；刘荣、白小晶（第四节）。

个主管单位，平均每个主管单位主管期刊 3.79 种，其中仅主管 1 种科技期刊的主管单位就有 885 个（即 67.51%的主管单位主管 1 种科技期刊），主管科技期刊数量 10 种及以上的主管单位仅有 69 个（5.26%）。②基于第一主办单位的统计显示，共有 3140 个主办单位，平均每个主办单位主办期刊 1.58 种,仅主办 1 种科技期刊的主办单位有 2449 个(即 77.99%的主办单位主办 1 种科技期刊）。③共有 4261 个出版单位，平均每个出版单位出版期刊 1.16 种，其中出版 1 种科技期刊的出版单位就有 4069 个（即 95.49%的出版单位出版 1 种科技期刊），单刊编辑部作为出版单位的就有 3282 个（77.02%），出版科技期刊数量 10 种及以上的出版单位仅有 10 个。

（三）科技期刊从业人员

我国科技期刊从业人员总数为 37295 人。人员身份以在编人员为主（65.63%），人员构成以采编人员为主（58.22%），学历分布以本科学历为主（45.07%），其中英文科技期刊以博士研究生（34.55%）和硕士研究生（43.56%）为主，职称分布为中级占 27.79%、副高占 22.24%、正高占 18.77%。

（四）科技期刊出版运营

办刊经费支持方面，少量科技期刊获得主管单位的经费支持，半数科技期刊获得主办单位的经费支持，主管和主办单位的支持力度大多在每年 30 万元以内。获得国家级专项经费支持的科技期刊数量占比为 4.43%，单刊支持力度多在 40 万～50 万元（不含）区间。获得行业专业级专项经费的科技期刊数量占比为 1.34%，单刊支持力度多在 10 万元以下。获得地方专项经费支持的科技期刊数量占比为 2.19%，单刊支持力度多在 10 万元以下。

科技期刊经营方面，55.11%的科技期刊期发行量在1500册以下。50.45%的科技期刊发行方式为“邮发+自办发行”，年发行收入在10万元以内的占有发行收入期刊的55.44%。60%以上的科技期刊开展广告经营活动，年广告经营收入在20万元以内的占有广告收入期刊的49.90%。我国科技期刊年版权收入大多在5万元以内；大多没有海外出版收入。仅有10.78%的科技期刊有项目活动收入，年活动收入在30万元以内的占有项目活动收入期刊的50.40%。总收入方面，年总收入在60万元（不含）以下的期刊占50.35%；年总收入在100万元及以上的期刊占32.98%。总支出方面，年总支出在60万元（不含）以下的期刊占46.88%；年总支出在100万元及以上的期刊占32.79%。

二、我国科技期刊发表论文整体现状

（一）我国SCI期刊发表论文情况

与中国作者发文规模相比，中国SCI收录科技期刊（以下简称“中国SCI期刊”）的发文量远不能满足现实发文需求。2020年中国SCI期刊发表论文数占全球SCI论文总数的1.45%，同期中国作者发表的SCI论文数占全球SCI论文总数的比例达到25.85%。2020年，中国作者共发表SCI论文549845篇，其中25766篇发表在中国SCI期刊上，占4.69%，中国作者贡献了中国SCI期刊83.81%的论文。

2020年，中国SCI期刊发表论文的总被引频次占全球论文总被引频次的1.71%，高于中国科技期刊载文量占同期全球论文总数的比例（1.45%），远低于中国作者发表SCI论文的被引频次占全球论文被引频次的比例（32.98%）。中国SCI期刊发表论文的引文影响力为2.82，中国作者发表SCI论文引文影响力为3.04，同期全球SCI论文引文影响力为2.39。中国SCI期刊高被引论文数为444篇，占同期全球高被引论文数（21264 篇）的 2.09%；中国作者发表高被引论文数为 7920 篇，占同期全球高被引论文数的 37.25%。

2020 年，有 122 个国家/地区的 4697 个机构在中国 SCI 期刊发表论文共计 70464 篇（机构发文有重复计数，即同一篇文章不同单位计数各为 1）；中国 SCI 期刊发文数量前 100 位的机构中，来自中国的机构有 93 个。中国机构在中国 SCI 期刊发文的“被引频次排名前 1%的论文百分比”（1.43%）和“被引频次排名前 10%的论文百分比”（8.74%），均略低于中国机构全部 SCI 论文的该项指标（1.53%和 10.96%）。

2020 年，全球有 17 个国家发表论文超过 4 万篇。作者发文前 5 位的国家中，中国作者发表论文数位列第 1，科技期刊发文数位列第 5，引文影响力和学科规范化的引文影响力分别位列第 1 和第 3；美国作者发表论文数位列第 2，科技期刊数和期刊发表论文数均位列第 1，引文影响力和学科规范化的引文影响力均位列第 4；英国学科规范化的引文影响力、期刊数和期刊发表论文数均位列第 2，作者发表论文数和引文影响力均位列第 3；德国期刊数、作者发表论文数和期刊发文数均位列第 4，引文影响力和学科规范化的引文影响力均位列第 5；印度作者发表论文数位列第 5，期刊发文数位列第 13，引文影响力和学科规范化的引文影响力均位列第 16。

（二）基于 CNKI 的中国科技期刊发表论文情况

CNKI 数据显示，2019 年 CNKI 收录的 4399 种中国科技期刊共发表可被引论文 129.8 万篇，刊均发文量 294 篇。60 个学科中发文超过 1 万篇的有 35 个，这 35 个学科发文占全部论文数的 91.51%，占比在 5%以上的学科有 5 个，依次为“自动化技术、计算机技术”（87673 篇，6.79%）、“土木建筑工程”（85376 篇，6.61%）、“交通运输工程”（74833 篇，5.79%）、

“内科学”（73000 篇，5.65 %）和“护理学”（71957 篇，5.57%）。

2019 年，中国科技期刊发表论文数量前五的地区是北京（125424 篇，9.71%）、江苏（107230 篇，8.30%）、广东（90647 篇，7.02%）、河南（77345 篇，5.99%）和山东（71366 篇，5.53%）。

2019 年，中国科技期刊论文的发文机构中，高等院校（不含大/中专学校）占 36.66%，医疗机构占 28.43%，企业和科研机构分别占 13.57% 和 9.95%，事业单位、大/中专学校和中小学校、幼儿园等其他类型机构发文合计占比 11.39%。

2019 年，中国科技期刊发表的基金论文 498843 篇，占中国科技期刊论文总量的 38.44%，资助论文量最多的前十种基金中，除国家自然科学基金、国家重点研发计划、中国博士后科学基金和国家社会科学基金等国家级基金外，河南、江苏、山东、广东、陕西和浙江等省级自然科学基金资助力度也较大。

三、我国科技期刊的学术影响力

我国中文科技期刊的主要影响力集中在国内。据中国知网《中国学术期刊影响因子年报》（2016 版～2020 版）和《中国学术期刊国际引证年报》（2016 版～2020 版），我国中文科技期刊刊均可被引文献量从 2015 年的 295.44 篇降低到 2019 年的 286.19 篇，呈下降趋势。国内外总被引频次从 2015 年的 794.84 万次，上升到 2019 年的 820.04 万次；2015～2019 年五年间中文科技期刊国内被引频次在其国内外总被引频次中占比高达 95.68%，可见中文科技期刊的主要影响力集中在国内。

我国中文科技期刊逐步得到国际学术界的关注。据中国知网《中国学术期刊国际引证年报》（2016 版～2020 版），中文科技 TOP 期刊 2015～2019 年刊均他引影响因子呈上升趋势，年均增幅为 20.14%；五年刊均即年指标呈上升趋势，年均增幅为26.63%。《科技期刊世界影响力指数（WJCI）报告》（2020版）收录的中文科技期刊1122种，其中Q1区期刊85种，占入选中文科技期刊的7.58%。

我国英文科技期刊在国际学术交流中的地位和作用日益显现。我国英文科技期刊2015～2019年五年间被国内复合引用频次均值为23.27万次，被国际引用频次均值为30.17万次；被国内外文献引用总被引频次五年间呈增长趋势，年均增长率为13.90%。2016年开始被国际引用频次已超过国内引用频次，2019年国际文献引用占比已达到69.18%。与此同时，我国英文科技期刊在国内的被引频次自2016年起呈下降趋势，而国际的被引频次五年年均增长率高达21.77%。我国英文科技期刊五年刊均复合影响因子呈上升趋势，2019年达到0.837，年均增幅为5.21%。五年刊均复合即年指标也呈上升趋势，2019年达到0.170，年均增幅为0.90%。随着我国科技的快速发展，我国英文科技期刊被越来越多的国际知名数据库收录。

四、我国的世界一流科技期刊建设进展

2020年，我国的世界一流科技期刊建设进展良好。一是科技期刊高质量发展，国际影响力迅速提升。表现为主要数据库收录期刊数量不断增多，优秀科技期刊数量与质量稳步提升，我国新创英文科技期刊表现亮眼，原创性重大影响力论文开始出现。二是国内数据库收录期刊稳中有升，国内关注度持续提升。表现为被国内主要核心期刊或索引数据库收录期刊数量稳步增长，国内被引、下载频次高速提升，高被引论文表现突出。三是队伍结构不断优化，编辑人才脱颖而出。国家对科技期刊事业发展的关注和支持，带动科研人员积极参与科技期刊；编辑行业交流异常活跃，编辑人才培训形式多样；编辑培养机制与时俱进，优秀编辑人才脱颖而出。四是科技期刊协同发展，集约化办刊能力不断增强。表现为科技期刊管理专业化，行业支持力度不断加强；科技期刊多模态发展，集约运营能力不断提升；全球视野开放办刊，深层次多领域合作发展。

第一节　中国科技期刊现状分析

基于国家新闻出版署 2020 年全国期刊年检数据（以下简称“2020 年检数据”），以国内统一连续出版物号（CN 号）中的中图分类号为划分标准，选取中国科技期刊相关数据（4931 条），结合 2018～2020 年新创办期刊、刊名变更以及 2017～2020 年注销期刊数据，并与 2017～2020 年《中国科技期刊发展蓝皮书》发布的中国科技期刊名录数据进行比对，统计得出，截至 2020 年底中国科技期刊总量为 4963 种①。

一、期刊基本信息

（一）出版地分布

我国各地区出版科技期刊数量分布呈现不均衡状态。对 4963 种中国科技期刊的出版地分布数据统计得出，北京出版科技期刊数量居首位（1629 种），占中国科技期刊总量的 32.82%；上海（355 种，占 7.15%）、江苏（254 种，占 5.12%）、湖北和四川（均为 208 种，占 4.19%）四个地区出版科技期刊数量均超过 200 种；11 个省区市的科技期刊数量位于 100～200 种；10 个省区市的科技期刊数量位于 50～100 种。综上，从科技期刊出版地分布来看，我国出版科技期刊 200 种以上的地区共计 5 个，出版科技期刊 100 种以上的地区共计 16 个。各省区市详细期刊数量分布见表 1-1。

① 本书所指中国科技期刊统计数据不含未参加 2020 年期刊年检的数据，不含我国港澳台地区的科技期刊数据。

表 1-1　2020 年我国各地区科技期刊数量分布　（单位：种）

序号	属地	年刊	半年刊	季刊	双月刊	月刊	半月刊	双周刊	旬刊	周刊	周二刊	合计
1	北京	18	3	180	488	761	132	1	35	8	3	1629
2	上海	1	1	58	166	119	7	0	3	0	0	355
3	江苏	0	0	44	131	63	11	0	3	2	0	254
4	湖北	3	1	20	91	74	14	0	5	0	0	208
5	四川	0	0	43	91	64	5	0	4	1	0	208
6	广东	0	0	21	72	65	19	0	3	0	0	180
7	辽宁	1	0	12	91	65	5	0	3	0	0	177
8	黑龙江	1	0	26	67	56	8	0	4	1	0	163
9	陕西	0	1	21	76	54	8	0	2	1	0	163
10	天津	1	1	13	60	52	7	0	3	0	0	137
11	湖南	0	0	23	54	44	6	0	2	1	0	130
12	山东	0	0	25	57	39	7	0	2	0	0	130
13	浙江	0	0	27	49	38	4	0	1	0	0	119
14	河南	2	0	19	44	34	9	0	4	2	0	114
15	河北	0	0	16	37	32	12	0	7	1	0	105
16	吉林	0	0	20	38	29	10	0	6	1	0	104
17	山西	0	0	15	36	27	9	0	4	0	0	91
18	安徽	1	0	9	43	27	5	0	1	0	0	86
19	重庆	0	0	7	26	29	14	0	2	2	0	80
20	广西	1	0	17	24	27	3	0	1	3	0	76
21	福建	0	2	20	31	18	0	0	0	0	0	71
22	江西	0	0	15	32	15	7	0	0	0	0	69
23	甘肃	0	0	8	41	13	4	0	0	0	0	66
24	新疆	1	4	22	22	6	0	0	0	0	0	55
25	内蒙古	0	2	6	21	17	4	0	0	1	0	51
26	云南	0	0	7	23	13	3	0	4	0	0	50
27	贵州	0	0	6	18	10	1	0	0	0	0	35
28	青海	0	0	12	5	1	0	0	0	0	0	18
29	海南	0	0	4	0	5	4	0	0	0	0	13
30	宁夏	0	0	4	1	6	0	0	0	0	0	11
31	西藏	0	1	5	3	0	0	0	0	0	0	9
32	新疆生产建设兵团	0	0	2	3	1	0	0	0	0	0	6
	合计	30	16	727	1941	1804	318	1	99	24	3	4963

注：按照出版期刊数量排序。

根据国家期刊年检报送单位填报的数据统计，新疆生产建设兵团单计。

（二）出版周期分布

从出版周期分布来看，我国科技期刊以月刊和双月刊为主。对4963种科技期刊按照出版周期统计得出（表1-1、表1-2），期刊数量位列前三的依次为双月刊（1941种，占39.11%）、月刊（1804种，占36.35%）、季刊（727种，占14.65%），其中双月刊及月刊的数量之和占科技期刊总量的75.46%（3745种）。北京地区月刊数量最多（761种），占我国科技期刊月刊总量的42.18%；北京地区半月刊132种，占我国科技期刊半月刊总量的41.51%。不同出版地间的各种出版周期相比，北京、重庆、广西、海南和宁夏五个地区的月刊占比最高；青海和西藏的季刊占比最高；其余省区市均为双月刊占比最高。

表1-2　2020年我国4963种科技期刊出版周期分布

刊期	刊数/种	占比/%	刊期	刊数/种	占比/%
双月刊	1941	39.11	周刊	24	0.48
月刊	1804	36.35	半年刊	16	0.32
季刊	727	14.65	周二刊	3	0.06
半月刊	318	6.41	双周刊	1	0.02
旬刊	99	1.99	合计	4963	100.00
年刊	30	0.60			

（三）文种及学科分布

我国科技期刊的文种分布以中文科技期刊占绝大多数。4963 种科技期刊中，中文科技期刊4404种，占88.74%（包括汉文4362种，维吾尔文18种，蒙古文9种，哈萨克文6种，藏文5种，朝鲜文2种，汉藏文2种）；英文科技期刊375种，占7.56%；中英文科技期刊184种，占3.71%（表1-3）。

汉文科技期刊的学科分布主要集中在“工业技术总论”（1723种，占39.50%）、“医药、卫生，综合性医药卫生”（981种，占22.49%）、“农业、林业，综合性农业科学”（487种，占11.16%）、“自然科学总论”（419种，占9.61%）等学科；少数民族文字科技期刊的学科分布主要集中在“农业、林业，综合性农业科学”（15种，占35.71%）、“医药、卫生，综合性医药卫生”（13种，占30.95%）、“自然科学总论”（11 种，占 26.19%）等学科；英文科技期刊的学科分布主要集中在“工业技术总论”（108 种，占 28.80%）、“医药、卫生，综合性医药卫生”（81 种，占 21.60%）、“数理科学和化学”（58 种，占 15.47%）等学科（表 1-3）。

表 1-3　2020 年我国 4963 种科技期刊文种及学科分布　（单位：种）

学科类别	学科	汉文	英文	中英文	少数民族文字	合计
基础科学（1558）	N 自然科学总论	419	20	12	11	462
	O 数理科学和化学	135	58	12	0	205
	P 天文学、地球科学	200	40	9	0	249
	Q 生物科学	67	32	9	0	108
	S 农业、林业，综合性农业科学	487	17	15	15	534
技术科学（2259）	T 工业技术总论	1723	108	39	1	1871
	U 交通运输	205	6	11	0	222
	V 航空、宇宙飞船	68	5	3	0	76
	X 环境科学、安全科学	77	8	3	2	90
医药卫生（1146）	R 医药、卫生，综合性医药卫生	981	81	71	13	1146
	合计	4362	375	184	42	4963

注：少数民族文字主要指藏文、哈萨克文、蒙古文、朝鲜文、维吾尔文等。

从我国 4963 种科技期刊学科分布总体来看，基础科学类 1558 种，占 31.39%，包含“自然科学总论”462 种，“数理科学和化学”205 种，“天文学、地球科学”249 种，“生物科学”108 种，“农业、林业，综合性农业科学”534 种；技术科学类 2259 种，占 45.52%，包含“工业技术总论”1871 种，“交通运输”222 种，“航空、宇宙飞船”76 种，“环境科学、安全科学”90 种；医药卫生类 1146 种，占 23.09%（表 1-3）。我国 4963 种科技期刊的二级学科及文种分布情况详见附表 1。

（四）定价分布

我国科技期刊整体定价相对偏低，尤其是中文科技期刊。我国 4963 种科技期刊中，4927 种提供了定价数据，其中 25 种期刊年检数据中填写的定价为“0”。统计显示，4927 种科技期刊的平均单价为 29.01 元，单价中值为 16 元，单价最低为 1.6 元（1 种），单价最高为 1000 元（1 种，《中国化学工业年鉴》）。有效定价数据中共有 147 种定价，定价分布在 10～20 元（不含）的期刊数量最多，为 2035 种，占 41.30%；单价分布在 20～30 元（不含）的期刊 1027 种，占 20.84%（表 1-4）。汉文科技期刊平均单价为 23.47 元，单价中值为 15 元；少数民族文字科技期刊定价较低，平均单价为 7.50 元，单价中值为 6 元；而英文科技期刊定价较高，平均单价为 101.00 元，单价中值为 80 元。

表 1-4　2020 年我国 4927 种科技期刊定价分布

定价/元	刊数/种	占比/%	定价/元	刊数/种	占比/%
<10	636	12.91	80～	63	1.28
10～	2035	41.30	90～	18	0.37
20～	1027	20.84	100～	123	2.50
30～	426	8.65	150～	37	0.75
40～	164	3.33	200～	55	1.12
50～	177	3.59	300～	27	0.55
60～	114	2.31	500～1000	7	0.14
70～	18	0.37	合计	4927	100.00

注：2020 年检数据中 4927 种期刊提供了定价信息，其中 25 种期刊年检数据中的定价为“0”。

（五）主管、主办和出版单位分布

我国科技期刊的主管单位、主办单位和出版单位分布分散，出版单位大多以单刊编辑部为主。统计显示，我国 4963 种科技期刊的主管单位共有 1311 个，平均每个主管单位主管期刊 3.79 种，仅主管 1 种科技期刊的主管单位有 885 个，占 67.51%；主管 2 种科技期刊的主管单位为 193 个，占 14.72%；主管 3～10 种（不含）科技期刊的主管单位有 164 个，占 12.51%。主管科技期刊数量 10 种及以上的主管单位仅有 69 个，占 5.26%。其中主管科技期刊数量排名前十的是：中国科学技术协会（472 种）、教育部（440 种）、中国科学院（289 种）、国家卫生健康委员会（216 种）、农业农村部（93 种）、中国机械工业联合会（65 种）、工业和信息化部（63 种）、住房和城乡建设部（51 种）、江苏省教育厅（50 种）、中国轻工业联合会（47 种）。

基于第一主办单位的统计显示，我国 4963 种科技期刊的第一主办单位共有 3140 个，平均每个主办单位主办期刊 1.58 种，仅主办 1 种科技期刊的主办单位有 2449 个，占 77.99%；主办 2 种科技期刊的主办单位有 376 个，占 11.97%；主办 3～10 种（不含）科技期刊的主办单位有 283 个，占 9.01%。主办 10 种及以上科技期刊的主办单位仅 32 个，占 1.02%。其中主办科技期刊数量排名前十的有 12 个：中华医学会（146 种）、中华预防医学会（35 种）、中国医师协会（26 种）、浙江大学（24 种）、中国科学院（20 种，指中国科学院作为主办单位，不含中国科学院下属机构主办期刊）、北京卓众出版有限公司（19 种）、高等教育出版社有限公司（18 种）、清华大学（18 种）、中国医学科学院（18 种）、四川大学（17 种）、西安交通大学（17 种）、中南大学（17 种）。

我国 4963 种科技期刊的出版单位共有 4261 个，平均每个出版单位出版期刊 1.16 种，仅出版 1 种科技期刊的出版单位 4069 个，占 95.49%；单刊编辑部作为出版单位的就有 3282 个，占 77.02%。出版科技期刊数量排名前十的是：中国科技出版传媒股份有限公司（科学出版社，143 种）、《中华医学杂志》社有限责任公司（中华医学会杂志社，138 种）、北京卓众出版有限公司（20 种）、高等教育出版社有限公司（20 种）、《中国科学》杂志社有限责任公司（17 种）、清华大学出版社有限公司（17 种）、浙江大学出版社有限责任公司（17 种）、《中国铁路》杂志社有限责任公司（12 种）、北京钢研柏苑出版有限责任公司（12 种）、北京信通传媒有限责任公司（10 种）。

二、办刊条件及人力资源

（一）办刊场所

我国科技期刊具有稳定的办刊场所保障。统计显示，参加 2020 年检的 4931 种科技期刊中，除去 75 条无效数据，4856 种期刊填报了有效办公面积和办公场所归属等数据，其中包括未填报具体数值的期刊以及同时拥有两种以上办公场所类型的期刊。3604 种期刊拥有上级单位提供的办公场所，占 74.22%，办公面积集中在 25～75 m^2（不含）；630 种拥有自有办公场所，占 12.97%，面积以 50～75 m^2（不含）居多；681 种期刊租赁办公场所，占 14.02%（表 1-5）。

表 1-5　2020 年我国科技期刊办公面积

办公面积/m^2	自有办公场所		上级单位提供办公场所		租赁办公场所		合计	
	刊数/种	占比/%	刊数/种	占比/%	刊数/种	占比/%	刊数/种	占比/%
＜25	52	8.25	304	8.44	37	5.43	393	8.00
25～	115	18.25	1026	28.47	110	16.15	1251	25.45
50～	146	23.17	911	25.28	121	17.77	1178	23.97
75～	76	12.06	383	10.63	65	9.54	524	10.66
100～	107	16.98	488	13.54	107	15.71	702	14.28
125～	24	3.81	67	1.86	28	4.11	119	2.42
150～	22	3.49	144	4.00	69	10.13	235	4.78
200～	32	5.08	169	4.69	81	11.89	282	5.74
300～	21	3.33	69	1.91	43	6.31	133	2.71
500～	34	5.40	33	0.92	20	2.94	87	1.77
未填写	1	0.16	10	0.28	0	0.00	11	0.22
合计	630	100.00	3604	100.00	681	100.00	4915	100.00

注：2020 年检数据 4931 条，其中无效数据 75 条，有效数据 4856 条，包括未填报具体数值的期刊以及同时拥有两种以上办公场所类型的期刊。

（二）人力资源

1. 我国科技期刊从业人员数量分析

我国科技期刊从业人员数量呈小幅稳定上涨态势。参加 2020 年检的 4931 种科技期刊中，4910 种填报了人员数据，去除 18 条无效数据，共有 4892 条有效数据。根据上述有效数据统计，我国科技期刊从业人员总数为 37295 人。统计显示，共有 2168 种科技期刊（多为双月刊，1102 种）的单刊从业人数集中在 4～7 人（不含），占填报有效数据期刊总数的 44.32%。期刊从业人数 10 人及以上的期刊 950 种（占 19.42%）；30 人及以上的期刊 69 种，占 1.41%（表 1-6）。

表 1-6 2020 年我国科技期刊从业人员在不同出版周期期刊中的分布 （单位：种）

单刊从业人员数量	出版周期										合计
	年刊	半年刊	季刊	双月刊	月刊	半月刊	双周刊	旬刊	周刊	周二刊	
1～	7	5	198	299	121	3	0	3	0	0	636
4～	11	8	377	1102	621	35	0	11	3	0	2168
7～	5	2	92	371	571	81	0	12	4	0	1138
10～	5	1	21	96	258	75	0	25	1	0	482
13～	0	0	7	19	90	41	0	10	3	0	170
16～	0	0	0	9	48	33	1	6	1	0	98
19～	1	0	2	5	18	19	0	9	3	0	57
22～	0	0	3	11	33	14	0	11	2	0	74
30～	1	0	0	4	9	10	0	8	2	0	34
40～	0	0	1	1	8	2	0	3	1	0	16
50～	0	0	1	0	1	0	0	0	2	0	4
≥70	0	0	0	3	5	2	0	1	1	3	15
合计	30	16	702	1920	1783	315	1	99	23	3	4892

注：2020 年检数据 4931 条，其中无效数据 18 条，未填写 21 条，有效数据 4892 条。

2. 我国科技期刊从业人员在编与聘用人数分析

我国科技期刊从业人员以在编人员为主体。参加 2020 年检的 4931 种科技期刊中，4910 种填报了在编和聘用人数的数据，去除 18 条无效数据，共有 4892 条有效数据。根据上述有效数据统计，我国科技期刊总人数为 37295 人，其中在编人员 24478 人（占 65.63%）；聘用人员 12817 人（34.37%）。统计显示，10 个地区从业人员总量在 1000 人以上，其中北京从业人员数量最多，为 13723 人，占从业总人数的 36.80%；32 个省区市及新疆生产建设兵团中，在编人员总数占比超过 60%的地区共 26 个，最高占比达 89.72%；广西和海南的在编人员总数占比低于 50%，最低为 44.39%（表 1-7）。全部为在编人员的期刊有 1888 种，占有效数据期刊总数的 38.59%；全部为聘用人员的期刊有 294 种，占有效数据期刊总数的 6.01%。

表 1-7 2020 年我国各地区科技期刊从业人员在编人数

属地	从业总人数	在编人数	占比/%
北京	13723	8114	59.13
上海	2426	1702	70.16
江苏	1669	1276	76.45
广东	1533	817	53.29
湖北	1400	911	65.07
四川	1369	968	70.71
陕西	1180	827	70.08
辽宁	1163	864	74.29
黑龙江	1020	800	78.43
河南	1002	768	76.65
天津	946	800	84.57
山东	887	701	79.03
湖南	875	553	63.20
山西	846	588	69.50
河北	824	496	60.19
重庆	806	446	55.33
广西	748	332	44.39
浙江	738	548	74.25
安徽	681	408	59.91
吉林	670	490	73.13
江西	466	318	68.24
福建	439	328	74.72
内蒙古	397	294	74.06
甘肃	367	303	82.56
云南	341	230	67.45
新疆	214	192	89.72
贵州	203	147	72.41
海南	119	57	47.90
青海	89	75	84.27
宁夏	64	47	73.44
西藏	48	43	89.58
新疆生产建设兵团	42	35	83.33
合计	37295	24478	65.63

注：2020 年检数据 4931 条，其中无效数据 18 条，未填写 21 条，有效数据 4892 条。

3. 我国科技期刊从业人员组成分析

参加 2020 年检的 4931 种科技期刊中，4884 种填报了从业人员组成的数据，去除 34 条无效数据，共有 4850 条有效数据。按照年检数据填表项目，从业人员组成包括采编人员、新媒体人员、行政人员、广告人员、发行人员以及其他人员。因部分从业人员存在兼职情况，按照从业人员组成得出的总人数多于实际总人数。

我国科技期刊从业人员组成以采编人员为主体。采编人员通常负责选题组稿和稿件处理工作，在总从业人员组成中比例最高，占 58.22%；行政人员主要负责编辑部的日常管理工作，发行人员主要负责市场推广工作，这两类从业人员在总从业人员组成中分别占 12.65%和 8.34%；广告人员主要负责广告经营工作，新媒体人员主要负责学术推广工作，这两类从业人员在总从业人员组成中比例较低，分别占 6.38%和 6.47%（表 1-8）。统计显示，没有发行工作人员的期刊 2388 种，占 49.24%；没有广告工作人员的期刊 3157 种，占 65.09%；没有新媒体工作人员的期刊 3386 种，占 69.81%。

表 1-8 2020 年我国科技期刊从业人员组成

人员组成	汉文刊		英文刊		中英文刊		其他*		合计	
	人数	占比/%	人数	占比/%	人数	占比/%	人数	占比/%	人数	占比/%
采编人员	19704	57.77	1303	64.25	793	59.13	118	68.60	21918	58.22
新媒体人员	2209	6.48	135	6.66	83	6.19	10	5.81	2437	6.47
行政人员	4363	12.79	219	10.80	163	12.16	19	11.05	4764	12.65
广告人员	2296	6.73	31	1.53	71	5.29	2	1.16	2400	6.38
发行人员	2902	8.51	131	6.46	101	7.53	6	3.49	3140	8.34
其他人员	2631	7.71	209	10.31	130	9.69	17	9.88	2987	7.94
合计	34105	100.00	2028	100.00	1341	100.00	172	100.00	37646**	100.00

注：2020 年检数据 4931 条，其中无效数据 34 条，未填写 47 条，有效数据 4850 条。

*主要指藏文、哈萨克文、蒙古文、维吾尔文等少数民族文字及少数民族文字和汉、英两种文字的期刊。

**由于有些期刊的从业人员身兼数职，因此各项人员相加总数大于实际从业人员总数，其中汉文刊实际从业人员总数 33772 人，英文刊 2026 人，中英文刊 1329 人，其他 168 人。

4. 我国科技期刊从业人员学历分析

我国中文科技期刊从业人员以本科学历为主体，英文科技期刊从业人员以硕士研究生学历为主体。参加 2020 年检的 4931 种科技期刊中，4911 种科技期刊填报了从业人员学历的数据，去除 52 条无效数据，共有 4859 条有效数据。统计显示，我国科技期刊总体从业人员以本科和硕士为主，共有 27964 人，占 75.77%；汉文期刊从业人数最多，为 33416 人，占 90.54%，其中从业人员以本科学历为主，为 15706 人，占汉文期刊从业人数总数的 47.00%；英文科技期刊从业人数 2020 人，其中硕士比例最高，为 880 人，占英文期刊从业人员总数的 43.56%（表 1-9）。

表 1-9　2020 年我国科技期刊从业人员学历情况

人员学历	汉文刊		英文刊		中英文刊		其他*		合计	
	人数	占比/%	人数	占比/%	人数	占比/%	人数	占比/%	人数	占比/%
博士	3924	11.74	698	34.55	276	21.13	14	8.48	4912	13.31
硕士	9984	29.88	880	43.56	429	32.85	37	22.42	11330	30.70
本科	15706	47.00	351	17.38	472	36.14	105	63.64	16634	45.07
专科及以下	3802	11.38	91	4.50	129	9.88	9	5.45	4031	10.92
合计	33416	100.00	2020	100.00	1306	100.00	165	100.00	36907	100.00

注：2020 年检数据 4931 条，其中无效数据 52 条，未填写 20 条，有效数据 4859 条。
*主要指藏文、哈萨克文、蒙古文、维吾尔文等少数民族文字及少数民族文字和汉、英两种文字的期刊。

5. 我国科技期刊从业人员职称情况分析

参加 2020 年检的 4931 种科技期刊中，4904 种填报了从业人员职称的数据，去除 40 条无效数据，共有 4864 条有效数据。统计显示，我国科技期刊从业人员具有中级及以上职称的有 25329 人，占 68.80%，其中具有高级职称的有 15099 人，占从业人员总数的 41.01%（表 1-10）。

表 1-10　2020 年我国科技期刊从业人员职称情况

人员职称	从业人数	占比/%
正高	6911	18.77
副高	8188	22.24
中级	10230	27.79
初级及以下	11488	31.20
合计	36817	100.00

注：2020 年检数据 4931 条，其中无效数据 40 条，未填写 27 条，有效数据 4864 条。

三、出版管理与内容审核制度

参加 2020 年检的 4931 种科技期刊中，4910 种提供了出版管理与内容审核制度的数据。统计显示，除新媒体内容审核把关制度以外，我国科技期刊管理制度落实执行效果显著（表 1-11）。

表 1-11　2020 年我国科技期刊管理制度情况

管理制度	是		否		不明确	
	刊数/种	占比/%	刊数/种	占比/%	刊数/种	占比/%
主管、主办单位是否有经常性的指导和管理	4870	99.19	10	0.20	30	0.61
是否执行“三审三校”制度	4891	99.61	5	0.10	14	0.29
出版单位是否规范执行期刊重大选题备案制度	4874	99.27	16	0.33	20	0.41
学术期刊是否执行防范学术不端、维护学术伦理相关制度*	4391	94.31	72	1.55	193	4.15
是否执行新媒体内容审核把关制度	3790	77.19	208	4.24	912**	18.57
是否采编经营分离	4666	95.03	159	3.24	85	1.73

注：2020 年检数据 4931 条，其中未填写 21 条。
*统计中不包括 254 条非学术期刊的数据。
**多数期刊的新媒体正在建设中。

（1）主管、主办单位的指导和管理。4870 种科技期刊受到主管、主办单位经常性的指导和管理，占 99.19%；10 种期刊填报没有受到主管、主办单位的指导和管理；30 种填报内容不确定。

（2）“三审三校”制度。4891 种科技期刊执行“三审三校”制度，占 99.61%；

5 种没有执行“三审三校”制度；14 种填报内容不确定。

（3）出版单位执行期刊重大选题备案制度。4874 种科技期刊规范执行期刊重大选题备案制度，占 99.27%；16 种没有执行重大选题备案制度；20 种填报内容不确定。

（4）学术期刊防范学术不端、维护学术伦理相关制度。4391 种学术期刊执行防范学术不端、维护学术伦理相关制度，占 94.31%；72 种期刊没有该项制度；193 种填报内容不确定。

（5）新媒体内容审核把关制度。3790 种期刊执行新媒体内容审核把关制度，占 77.19%；208 种期刊没有执行新媒体内容审核把关制度（包含部分没有新媒体内容的期刊）；912 种期刊填报内容不确定。

（6）采编经营分离。4666 种期刊有采编经营分离制度，占 95.03%；159 种期刊没有采编经营分离；85 种期刊填报内容不确定。

四、期刊获得经费资助情况

（一）来自主管、主办单位经费

少量科技期刊获得主管单位的经费支持；半数科技期刊获得主办单位的经费支持；主管单位和主办单位的支持力度大多在每年 30 万元以内。

对参加 2020 年检的 4931 种科技期刊获主管、主办单位支持情况进行统计，结果显示，4600 种填报了主管单位经费支持情况，其中 609 种获得主管单位的经费支持（占 13.24%，包括 172 种未填报具体支持金额），3991 种没有获得主管单位的经费支持（占 86.76%）；4596 种填报了主办单位经费支持情况，其中 2355 种（51.24%，包括 606 种未填报具体支持金额）获得主办单位的经费支持，2241 种（占 48.76%）没有获得主办单位的经费支持。

统计显示，主管单位经费支持力度在 30 万元以内的期刊 295 种（不含支持力度为 0 的期刊），占 48.44%；主办单位经费支持力度在 30 万元以内的期刊 1099 种（不含支持力度为 0 的期刊），占 46.67%（表 1-12）。主管单位经费支持力度在 50 万元及以上的期刊 77 种，占 12.64%；主办单位经费支持力度在 50 万元及以上的期刊 337 种，占 14.31%（表 1-12）。

表 1-12　2020 年我国科技期刊获得主管、主办单位经费支持情况

支持经费/万元	主管单位经费支持		主办单位经费支持	
	刊数/种	占比/%	刊数/种	占比/%
<5	42	6.90	136	5.77
5～	82	13.46	239	10.15
10～	92	15.11	286	12.14
15～	35	5.75	169	7.18
20～	35	5.75	194	8.24
25～	9	1.48	75	3.18
30～	29	4.76	133	5.65
35～	13	2.13	48	2.04
40～	11	1.81	98	4.16
45～	12	1.97	34	1.44
50～	24	3.94	102	4.33
60～	22	3.61	82	3.48
80～	11	1.81	51	2.17
100～	14	2.30	88	3.74
200～	5	0.82	13	0.55
1000～	1	0.16	1	0.04
有经费支持但未填报数额	172	28.24	606	25.73
合计	609	100.00	2355	100.00

注：2020 年检数据 4931 条，其中无主管单位资助的科技期刊 3991 种，未填报该项信息的科技期刊 331 种；无主办单位资助的科技期刊 2241 种，未填报该项信息的科技期刊 335 种。

（二）国家级专项经费

参加 2020 年检的 4931 种科技期刊中，填报国家级专项经费数据的期刊 4561 种，其中 202 种有国家级专项经费支持，占 4.43%；370 种未填报。统计显示，获得 40 万～50 万元（不含）国家级专项经费资助的科技期刊数量最多，占获得该项经费支持期刊总数的 49.01%；43 种期刊获得 100 万元及以上国家级专项经费资助，占获得该项经费支持期刊总数的 21.29%（表 1-13）。

表 1-13　2020 年我国科技期刊获得国家级专项经费支持情况

专项经费/万元	刊数/种	占比/%	专项经费/万元	刊数/种	占比/%
＜10	12	5.94	50～	21	10.40
10～	16	7.92	100～	32	15.84
20～	9	4.46	200～	8	3.96
30～	2	0.99	1000～	3	1.49
40～	99	49.01	合计	202	100.00

注：2020 年检数据 4931 条，其中无国家级专项经费支持的科技期刊 4359 种，未填报该项信息的期刊 370 种。

（三）行业专业级专项经费

参加 2020 年检的 4931 种科技期刊中，填报行业专业级专项经费的期刊 4555 种，其中 61 种有行业专业级专项经费支持，占 1.34%；376 种未填报。统计显示，行业专业级专项经费的资助额度半数在 10 万元以下（不含），占受资助期刊总数的 50.82%；2 种期刊获得 50 万元及以上的行业专业级专项经费资助（表 1-14）。

表 1-14　2020 年我国科技期刊当年获得行业专业级专项经费支持情况

专项经费/万元	刊数/种	占比/%	专项经费/万元	刊数/种	占比/%
＜5	21	34.43	30～	4	6.56
5～	10	16.39	40～	8	13.11
10～	3	4.92	50～	2	3.28
15～	8	13.11	合计	61	100.00
20～	5	8.20			

注：2020 年检数据 4931 条，其中无行业专业级专项经费支持的科技期刊 4494 种，未填报该项信息的期刊 376 种。

（四）省区市级专项经费

参加 2020 年检的 4931 种科技期刊中，填报省区市级专项经费数据的期刊 4557 种，其中 100 种有省区市级专项经费支持，占 2.19%；374 种未填报。统计显示，省区市级专项经费资助额度在 10 万元以下（不含）的科技期刊，占受资助科技期刊总数的 42.00%；14 种期刊获得 50 万元及以上的省区市级专项经费资助，占受资助期刊总数的 14.00%（表 1-15）。

表 1-15　2020 年我国科技期刊获得省区市级专项经费支持情况

专项经费/万元	刊数/种	占比/%	专项经费/万元	刊数/种	占比/%
<5	12	12.00	30～	3	3.00
5～	30	30.00	40～	7	7.00
10～	17	17.00	50～	8	8.00
15～	6	6.00	100～	6	6.00
20～	6	6.00	合计	100	100.00
25～	5	5.00			

注：2020 年检数据 4931 条，其中无省区市级专项经费支持的科技期刊 4457 种，未填报该项信息的期刊 374 种。

（五）其他专项经费[①]

参加 2020 年检的 4931 种科技期刊中，填报其他专项经费数据的期刊 4556 种，其中 78 种有其他专项经费支持，占 1.71%；375 种未填报。统计显示，其他专项经费资助额度主要在 10 万元以下（不含），占受资助期刊总数的 50.00%；4 种期刊获得 50 万元及以上的行业专业级专项经费资助（表 1-16）。

表 1-16　2020 年我国科技期刊获得其他专项经费支持情况

专项经费/万元	刊数/种	占比/%	专项经费/万元	刊数/种	占比/%
<5	26	33.33	25～	2	2.56
5～	13	16.67	30～	7	8.97
10～	12	15.38	50～	4	5.13
15～	6	7.69	合计	78	100.00
20～	8	10.26			

注：2020 年检数据 4931 条，其中无其他专项经费支持的科技期刊 4478 种，未填报该项信息的期刊 375 种。

五、期刊经营状况[②]

（一）平均期印数

参加 2020 年检的 4931 种科技期刊中，4897 种科技期刊填报了“期刊平均期印

① “其他专项经费”是指除上述提及的“来自主管、主办单位经费”“国家级专项经费”“行业专业级专项经费”“省区市级专项经费”等以外的专项经费资助。

② 期刊出版行业收入相关数据各统计口径不统一，本书的期刊经营数据依据新闻出版署 2020 年检数据，限于各期刊年检填报人理解的差异，各刊收入、支出数据可能存在统计不全面的情况，统计结果仅供参考。

数”，其中有效数据 4805 条（包含 17 种印数为 0 的期刊，大多为 OA 期刊），无效数据 92 条。统计显示，25.63%的期刊平均期印数位于 1000～1500 册（不含）；273 种期刊（5.70%）平均期印数在 1 万册及以上（表 1-17）。

表 1-17　2020 年我国科技期刊平均期印数

平均期印数/册	刊数/种	占比/%	平均期印数/册	刊数/种	占比/%
＜500	316	6.60	5000～	387	8.08
500～	829	17.31	1 万～	136	2.84
1000～	1227	25.63	2 万～	89	1.86
1500～	458	9.57	5 万～	26	0.54
2000～	677	14.14	10 万～	22	0.46
3000～	621	12.97	合计	4788	100.00

注：2020 年检数据 4931 条，其中无效数据 92 条，未填报数据 34 条，印数为 0 的 17 条，均未在统计范围内。

（二）平均期发行量

我国 55.11%的科技期刊期发行量在 1500 册以下。参加 2020 年检的 4931 种科技期刊中，4891 种科技期刊填报了“平均期发行量”，其中有效数据 4799 条（包含 46 种发行量为 0 的期刊），无效数据 92 条。统计显示，22.22%的科技期刊平均期发行量位于 500～1000 册（不含）；245 种期刊平均期发行量在 1 万册及以上，占 5.15%（表 1-18）。

表 1-18　2020 年我国科技期刊平均期发行量

平均期发行量/册	刊数/种	占比/%	平均期发行量/册	刊数/种	占比/%
＜500	644	13.55	5000～	343	7.22
500～	1056	22.22	1 万～	119	2.50
1000～	919	19.34	2 万～	82	1.73
1500～	425	8.94	5 万～	24	0.50
2000～	581	12.22	10 万～	20	0.42
3000～	540	11.36	合计	4753	100.00

注：2020 年检数据 4931 条，其中无效数据 92 条，未填报 40 条，发行量为 0 的 46 条，均未在统计范围内。

（三）发行方式及收入

参加 2020 年检的 4931 种科技期刊中，4882 种填报了“发行方式”。统计显示，采用邮局发行的期刊 3444 种（邮局发行作为其发行方式之一），占 70.54%；采用自办发行的期刊 3797 种（自办发行作为其发行方式之一），占 77.78%；采用“邮发+自办发行”的期刊 2463 种，占 50.45%；开放获取和赠阅的期刊共有 54 种，占 1.11%。

4709 种科技期刊在 2020 年检数据中填报了“发行收入”项，其中 979 种没有发行收入，占 20.79%。统计显示，年发行收入在 10 万元（不含）以下的期刊 2068 种，占有发行收入期刊的 55.44%；年发行收入在 100 万元及以上的期刊 312 种，占 8.36%（表 1-19）。

表 1-19 2020 年我国科技期刊发行收入

发行收入/万元	刊数/种	占比/%	发行收入/万元	刊数/种	占比/%	发行收入/万元	刊数/种	占比/%
＜5	1467	39.33	50～	78	2.09	150～	55	1.47
5～	601	16.11	60～	71	1.90	200～	52	1.39
10～	287	7.69	70～	49	1.31	300～	47	1.26
15～	226	6.06	80～	49	1.31	500～	30	0.80
20～	277	7.43	90～	32	0.86	1000～	14	0.38
30～	168	4.50	100～	48	1.29	合计	3730	100.00
40～	113	3.03	120～	66	1.77			

注：2020 年检数据 4931 条，其中未填报数据 222 条，发行收入为 0 的 979 条，均未在统计范围内。

（四）广告经营方式及收入

参加 2020 年检的 4931 种科技期刊中，3927 种填报了“广告经营方式”。统计显示，采用自主经营广告的期刊 2031 种，占 51.72%；采用“自主经营+委托代理”的期刊 414 种，占 10.54%；采用委托代理广告的期刊 212 种，占 5.40%。

4711 种期刊在 2020 年检数据中填报了“广告收入”项，其中 1982 种有广告收入，占 42.07%。统计显示，年广告收入在 10 万元（不含）以下的期刊 655 种，占拥有广告收入期刊的 33.05%；年广告收入在 100 万元及以上的期刊 292 种，占 14.73%（表 1-20）。

表 1-20　2020 年我国科技期刊广告收入

广告收入/万元	刊数/种	占比/%	广告收入/万元	刊数/种	占比/%	广告收入/万元	刊数/种	占比/%
<10	655	33.05	50～	75	3.78	100～	110	5.55
10～	334	16.85	60～	59	2.98	150～	63	3.18
20～	196	9.89	70～	57	2.88	200～	51	2.57
30～	147	7.42	80～	50	2.52	300～	68	3.43
40～	98	4.94	90～	19	0.96	合计	1982	100.00

注：2020 年检数据 4931 条，其中未填报数据 220 条，广告收入为 0 的 2729 条，均未在统计范围内。

（五）版权收入

参加 2020 年检的 4931 种科技期刊中，4709 种填报了期刊版权收入相关数据，其中 1073 种有版权收入，占填报版权收入期刊的 22.79%。统计显示，年版权收入 5 万元（不含）以下的期刊 703 种，占有版权收入期刊总数的 65.52%；年版权收入在 50 万元及以上的期刊 125 种，占 11.65%（表 1-21）。

表 1-21　2020 年我国科技期刊版权收入

版权收入/万元	刊数/种	占比/%	版权收入/万元	刊数/种	占比/%
<1	364	33.92	50～	38	3.54
1～	339	31.59	70～	40	3.73
5～	84	7.83	100～	30	2.80
10～	61	5.68	200～	8	0.75
20～	51	4.75	300～	9	0.84
30～	49	4.57	合计	1073	100.00

注：2020 年检数据 4931 条，其中未填报数据 222 条，版权收入为 0 的 3636 条，均未在统计范围内。

（六）海外出版收入[①]

参加 2020 年检的 4931 种科技期刊中，4062 种填报了期刊海外出版收入相关

① 需要说明的：一是有不少期刊通过中国国际图书贸易集团有限公司对外发行，由于海外发行收入较少，因而可能有不少期刊在年检中没有填报此项数据；二是有些英文期刊与海外出版商合作出版中产生的销售收入，有可能直接转入支出项目而没有计入该刊编辑部海外出版收入。因此，年检中的“海外出版收入”这一项统计结果仅供参考。

数据，其中93种有海外出版收入，占填报海外出版收入期刊的2.29%。统计显示，年海外出版收入在1万元（不含）以下的期刊39种，占拥有海外出版收入期刊总数的41.94%；在1万～2万元（不含）的期刊10种；在2万～5万元（不含）的期刊8种；在5万～10万元（不含）的期刊7种；在10万～20万元（不含）的期刊8种；在20万～50万元（不含）的期刊16种；在50万元及以上的期刊5种。3969种科技期刊无海外出版收入。

（七）项目活动收入

参加2020年检的4931种科技期刊中，4711种填报了项目活动收入相关数据，其中508种有项目活动收入，占10.78%。统计显示，年项目活动收入在10万元（不含）以下的期刊117种，占有项目活动收入期刊的23.03%；年项目活动收入在100万元及以上的期刊125种，占24.61%（表1-22）。

表1-22　2020年我国科技期刊项目活动收入

项目活动收入/万元	刊数/种	占比/%	项目活动收入/万元	刊数/种	占比/%
＜10	117	23.03	100～	25	4.92
10～	84	16.54	150～	17	3.35
20～	55	10.83	200～	30	5.91
30～	31	6.10	300～	30	5.91
40～	43	8.46	600～	23	4.53
50～	27	5.31	合计	508	100.00
70～	26	5.12			

注：2020年检数据4931条，其中未填报数据220条，活动收入为0的4203条，均未在统计范围内。

（八）新媒体收入及投入

参加2020年检的4931种科技期刊中，4781种填报了新媒体投入总额相关数据，其中3400种没有新媒体投入，占71.11%。统计显示年新媒体投入在2万元（不含）以下的期刊686种，占有新媒体投入期刊总数的49.67%；年新媒体投入在10万元及以上的期刊153种，占11.08%（表1-23）。

表 1-23　2020 年我国科技期刊新媒体投入情况

投入金额/万元	刊数/种	占比/%	投入金额/万元	刊数/种	占比/%
＜1	385	27.88	10～	71	5.14
1～	301	21.80	20～	55	3.98
2～	324	23.46	50～	19	1.38
4～	136	9.85	100～	8	0.58
6～	82	5.94	合计	1381	100.00

注：2020 年检数据 4931 条，其中无新媒体投入的科技期刊 3400 种，未填报该项信息的期刊 150 种，均未在统计范围内。

参加 2020 年检的 4931 种科技期刊中，4711 种填报了期刊新媒体收入相关数据，其中 351 种有新媒体收入，占填报新媒体收入期刊的 7.45%。统计显示，期刊年新媒体收入在 2 万元（不含）以下的期刊 133 种，占有新媒体收入期刊的 37.89%；年新媒体收入在 10 万元及以上的期刊 92 种，占 26.21%（表 1-24）。

表 1-24　2020 年我国科技期刊新媒体收入情况

收入金额/万元	刊数/种	占比/%	收入金额/万元	刊数/种	占比/%
＜1	84	23.93	10～	30	8.55
1～	49	13.96	20～	27	7.69
2～	75	21.37	50～	14	3.99
4～	29	8.26	100～	21	5.98
6～	22	6.27	合计	351	100.00

注：2020 年检数据 4931 条，其中无新媒体收入的科技期刊 4360 种，未填报该项信息的期刊 220 种，均未在统计范围内。

（九）总收入

参加 2020 年检的 4931 种科技期刊中，4709 种填报了期刊总收入相关数据，其中 4191 种总收入不为 0，占 89.00%。统计显示，年总收入在 60 万元（不含）以下的期刊 2110 种，占有总收入期刊的 50.35%；年总收入 100 万元及以上的期刊 1382 种，占有总收入期刊的 32.98%（表 1-25）。

表 1-25　2020 年我国科技期刊总收入

总收入/万元	刊数/种	占比/%	总收入/万元	刊数/种	占比/%	总收入/万元	刊数/种	占比/%
＜10	508	12.12	80～	180	4.29	250～	110	2.62
10～	365	8.71	90～	140	3.34	300～	140	3.34
20～	348	8.30	100～	208	4.96	400～	109	2.60
30～	353	8.42	120～	167	3.98	600～	97	2.31
40～	301	7.18	140～	114	2.72	1000～	94	2.24
50～	235	5.61	160～	118	2.82	合计	4191	100.00
60～	215	5.13	180～	92	2.20			
70～	164	3.91	200～	133	3.17			

注：2020 年检数据 4931 条，其中未填报数据 222 条，总收入为 0 的 518 条，均未在统计范围内。

（十）总支出[①]

参加 2020 年检的 4931 种科技期刊中，4779 种填报了期刊总支出相关数据，其中 4416 种总支出不为 0，占填报总支出期刊的 92.40%。统计显示，年总支出在 60 万元（不含）以下的期刊 2070 种，占有总支出数据期刊的 46.88%；年总支出在 100 万元及以上的期刊 1448 种，占 32.79%（表 1-26）。

表 1-26　2020 年我国科技期刊总支出

总支出/万元	刊数/种	占比/%	总支出/万元	刊数/种	占比/%	总支出/万元	刊数/种	占比/%
＜10	181	4.10	70～	251	5.68	180～	100	2.26
10～	343	7.77	80～	207	4.69	200～	158	3.58
20～	420	9.51	90～	168	3.80	250～	117	2.65
30～	452	10.24	100～	239	5.41	300～	116	2.63
40～	350	7.93	120～	189	4.28	400～	111	2.51
50～	324	7.34	140～	136	3.08	600～	150	3.40
60～	272	6.16	160～	132	2.99	合计	4416	100.00

注：2020 年检数据 4931 条，其中未填报数据 152 条，总支出为 0 的 363 条，均未在统计范围内。

参加 2020 年检的 4931 种科技期刊中，4780 种填报了员工培训支出总额相关数据，其中 1548 种没有员工培训支出，占填报员工培训支出期刊的 32.38%。统计

① 由于填报人理解的差异，总支出所涵盖的项目有些可能只包括期刊的印制费用，也有的可能包括人员薪金、固定资产等各项支出，因此，年检"总支出"项统计结果仅供参考。

显示，3232 种有员工培训支出的科技期刊中，年员工培训支出在 5 万元（不含）以下的期刊 2812 种，占有员工培训支出期刊的 87.00%；年员工培训支出在 10 万元及以上的期刊 108 种，占 3.34%（表 1-27）。

表 1-27　2020 年我国科技期刊员工培训支出

培训支出/万元	刊数/种	占比/%	培训支出/万元	刊数/种	占比/%
＜0.5	472	14.60	3～	311	9.62
0.5～	498	15.41	4～	130	4.02
1～	598	18.50	5～	220	6.81
1.5～	244	7.55	7～	92	2.85
2～	463	14.33	10～	108	3.34
2.5～	96	2.97	合计	3232	100.00

注：2020 年检数据 4931 条，其中未填报数据 151 条，培训支出为 0 的 1548 条，均未在统计范围内。

六、期刊新媒体开展状况

（一）期刊网站年点击量

参加 2020 年检的 4931 种科技期刊中，2821 种填报了期刊网站年点击量，占 57.21%。期刊网站年点击量在 1 万次（不含）以下的期刊 463 种，占填报期刊总数的 16.41%，网站年点击量在 1000 万次及以上的期刊 31 种，占 1.10%（表 1-28）。

表 1-28　2020 年我国科技期刊网站点击量

点击量/万次	刊数/种	占比/%	点击量/万次	刊数/种	占比/%
＜1	463	16.41	20～	171	6.06
1～	306	10.85	30～	188	6.66
2～	368	13.05	50～	185	6.56
4～	219	7.76	100～	144	5.10
6～	241	8.54	200～	91	3.23
10～	285	10.10	1000～	31	1.10
15～	129	4.57	合计	2821	100.00

注：2020 年检数据 4931 条，其中未填报以及填报期刊网站点击量为 0 的数据共 2110 条，未在统计范围内。

（二）官方客户端

参加 2020 年检的 4931 种科技期刊中，679 种填报了官方客户端数量，占 13.77%；3411 种没有官方客户端，占 69.17%；841 种未填报此项数据。统计显示，填报官方客户端数量的 679 种期刊中，503 种有 1 个客户端，占 74.08%；77 种有 2 个客户端，占 11.34%；44 种有 3 个客户端，占 6.48%；25 种有 4 个客户端，占 3.68%；30 种有 5 个及以上的客户端，占 4.42%。

在 841 种未填报官方客户端数量的科技期刊中，有 20 种填报了客户端总下载量。共 699 种科技期刊填报了客户端总下载量数据。统计显示，客户端总下载量为 1 万（不含）以内的期刊有 231 种，占 33.05%；3 万次（不含）以内的期刊有 348 种，占 49.79%；50 万次及以上的期刊有 67 种，占 9.59%（表 1-29）。

表 1-29　2020 年我国科技期刊客户端下载量

客户端下载量/万次	刊数/种	占比/%
＜1	231	33.05
1～	117	16.74
3～	58	8.30
5～	94	13.45
10～	79	11.30
20～	53	7.58
50～	23	3.29
100～	22	3.15
200～	14	2.00
1000～	8	1.14
合计	699	100.00

注：2020 年检数据 4931 条。其中 4232 条没有期刊客户端、填报客户端下载量为“0”或者未填报，均未在统计范围内。

678 种科技期刊填报了客户端活跃用户数。统计显示，活跃用户数为 1000（不含）以下的期刊有 222 种，占 32.74%；活跃用户数为 1 万（不含）以下的期刊有 483 种，占 71.24%；活跃用户数为 10 万及以上的期刊有 48 种，占 7.08%（表 1-30）。

表 1-30　2020 年我国科技期刊客户端活跃用户数

活跃用户数	刊数/种	占比/%
＜1000	222	32.74
1000～	195	28.76
5000～	66	9.73
1 万～	48	7.08
2 万～	52	7.67
5 万～	47	6.93
10 万～	48	7.08
合计	678	100.00

注：2020 年检数据 4931 条，其中 4253 条没有期刊客户端、活跃用户数为“0”或者未填报，均未在统计范围内。

（三）官方微信公众号

参加 2020 年检的 4931 种科技期刊中，2541 种填报了官方微信公众号数量，占 51.53%；1790 种没有官方微信公众号，占 36.30%；600 种未填报此项数据。统计显示，填报官方微信公众号数量的 2541 种期刊中，2398 种拥有 1 个微信公众号，占 94.22%；118 种拥有 2 个微信公众号，占 4.64%；25 种拥有 3 个及以上微信公众号。

在 2541 种有微信公众号的科技期刊中，2473 种填报了微信公众号总订户数，其中 71 种期刊微信公众号总订户数为 0。据统计，订户数为 2000（不含）以下的期刊有 1117 种，占填报微信公众号总订户数期刊总数的 46.50%；订户数为 10 万及以上的期刊有 82 种，占 3.41%（表 1-31）。

表 1-31　2020 年我国科技期刊官方微信公众号订户数

订户数	刊数/种	占比/%	订户数	刊数/种	占比/%
＜500	448	18.65	1 万～	173	7.20
500～	300	12.49	2 万～	161	6.70
1000～	369	15.36	4 万～	76	3.16
2000～	224	9.33	6 万～	69	2.87
3000～	238	9.91	10 万～	82	3.41
5000～	149	6.20	合计	2402	100.00
7000～	113	4.70			

注：2020 年检数据 4931 条，在有官方微信公众号的 2541 种科技期刊中，71 种期刊微信公众号总订户数为 0，68 种期刊未填写微信公众号订户数数据，均未在统计范围内。

在 2541 种有微信公众号的科技期刊中，2440 种填报了微信公众号篇均阅读量，其中 82 种期刊微信公众号篇均阅读量为 0。篇均阅读量在 500 次以下的期刊有 1412 种，占填报篇均阅读量期刊总数的 59.88%；篇均阅读量在 1 万次及以上的期刊有 36 种，占 1.53%（表 1-32）。

表 1-32　2020 年我国科技期刊官方微信公众号篇均阅读量

篇均阅读量/次	刊数/种	占比/%	篇均阅读量/次	刊数/种	占比/%
＜100	489	20.74	7000～	12	0.51
100～	923	39.14	1 万～	23	0.98
500～	399	16.92	2 万～	5	0.21
1000～	234	9.92	4 万～	4	0.17
2000～	115	4.88	6 万～	2	0.08
3000～	95	4.03	10 万～	2	0.08
5000～	55	2.33	合计	2358	100.00

注：2020 年检数据 4931 条，其中 1790 种无微信公众号，82 种篇均阅读量为 0，701 种未填报该项信息，均未在统计范围内。

在 2541 种有微信公众号的科技期刊中，2282 种填报了微信公众号年 10 万+文章的数量信息，其中 2128 种期刊微信公众号年 10 万+文章数为 0，占有微信公众号的科技期刊总数的 83.75%。年 10 万+文章数不为 0 的期刊有 154 种，其中有 10 篇（不含）以下的期刊 87 种，占 56.49%；100 篇及以上的期刊 14 种，占 9.09%。

（四）官方微博账号

参加 2020 年检的 4931 种科技期刊中，3552 种没有官方微博账号，占 72.03%；551 种填报了官方微博账号数量，占 11.17%；828 种未填报此项。统计显示，填报官方微博账号数量的 551 种科技期刊中，530 种有 1 个微博账号，占 96.19%；18 种有 2 个微博账号；2 种有 3 个微博账号；1 种有 5 个微博账号。

填报官方微博账号数量的 551 种科技期刊中，547 种填报了官方微博账号粉丝数，其中 9 种官方微博账号粉丝数为 0。统计显示，官方微博账号粉丝数为 5000（不含）以下的期刊有 306 种，占 56.88%；10 万及以上的期刊有 72 种，占 13.38%（表 1-33）。

表 1-33 2020 年我国科技期刊官方微博账号粉丝数

微博账号粉丝数	刊数/种	占比/%	微博账号粉丝数	刊数/种	占比/%
＜500	128	23.79	3 万～	25	4.65
500～	114	21.19	5 万～	26	4.83
2000～	64	11.90	10 万～	42	7.81
5000～	46	8.55	50 万～	30	5.58
1 万～	63	11.71	合计	538	100.00

注：2020 年检数据为 4931 条，其中无微博账号的期刊 3552 种；粉丝数为 0 的期刊 9 种，未填报该项信息的期刊 832 种，均未在统计范围内。

第二节 中国科技期刊发表论文分析

一、SCI 收录中国科技期刊发表论文情况

基于 InCites 数据库①，客观描述 SCI 收录中国科技期刊（以下简称“中国 SCI 期刊”）论文的学科分布、机构分布、国际合作及学术影响力等定量数据，并与中国作者发表的国际论文以及全球（或主要论文产出国家）期刊发表论文进行对比分析，记录并揭示进入国际视野的中国科技期刊的国际地位。

（一）中国 SCI 期刊发表论文的学科分布

从学科的视角，基于论文数量、被引频次、引文影响力、高被引论文、国际合作论文等学术指标，对 2020 年全球论文、中国 SCI 期刊论文、中国作者发表论文、中国作者在中国 SCI 期刊发表论文等相关数据进行了统计分析。

① InCites 数据库是科睿唯安在汇集和分析 Web of Science（WoS）核心合集引文数据的基础上，综合各种计量指标和各学科各年度的国际对标数据，建立起来的科研绩效分析与学科分析工具。本节学科分类采用 ESI 学科分类模式，这种分类模式是基于期刊的分类，是一种较为宽泛的学科分类模式，由自然科学与社会科学的 22 个学科构成。每种期刊只被划分至 22 个 ESI 学科中的一个学科。数据库更新日期为 2021 年 7 月 1 日，WoS 数据截至 2021 年 5 月 31 日，检索日期为 2021 年 7 月 9 日。

1. 中国 SCI 期刊各学科发文数量

与中国作者发文规模相比，中国 SCI 期刊的发文量远不能满足现实发文需求。2020 年，中国被 SCI 收录的 213 种[①]科技期刊共发表论文 30742 篇，占全球 SCI 论文总数（2126916 篇）的 1.45%，同期中国作者发表的 SCI 论文数（549845 篇）占全球 SCI 论文总数的 25.85%，其中有 25766 篇中国作者论文发表在中国 SCI 期刊上，中国作者贡献了中国 SCI 期刊 83.81%的论文。

如表 1-34 所示，从各学科情况来看，2020 年中国 SCI 期刊发文量占本学科全球论文数比例均不足 5.00%，其中占比较高的 5 个学科依次为“物理学”（4.15%）、“地学”（3.90%）、“材料科学”（3.11%）、“化学”（2.56%）和“数学”（1.72%）；除“精神病学与生理学”和“社会科学”发文占比为 0 外，占比偏低的 5 个学科依次为“经济贸易”（0.09%）、“多学科”（0.26%）、“微生物学”（0.36%）、“临床医学”（0.40%）和“生物与生物化学”（0.59%）。

2020 年，中国作者发表论文数占全球该学科论文数比例超过 30.00%的学科依次为“材料科学”（43.24%）、“工程技术”（39.31%）、“计算机科学”（36.78%）、“分子生物学与遗传学”（34.41%）、“化学”（33.36%）和“地学”（31.88%）。对比相应学科中国科技期刊发文情况，“分子生物学与遗传学”“计算机科学”和“工程技术”期刊发文比例相对偏低，分别为 0.81%、1.43%和 1.44%，其余 3 个学科的期刊发文占比超过 2.00%。

中国作者在中国 SCI 期刊上发表论文数占中国作者全球发文量的比例超过 10.00%的学科有 2 个，分别为“物理学”（11.99%）和“地学”（10.16%）。中国作者为中国 SCI 期刊发文的主体，其中 9 个学科占比超过 85.00%，具体为“多学科”（100.00%）、“化学”（94.42%）、“生物与生物化学”（92.92%）、“微生物学”（89.42%）、“材料科学”（88.76%）、“计算机科学”（87.60%）、“药学与毒理学”（87.47%）、“物理学”（86.59%）和“分子生物学与遗传学”（86.09%）。

---

① InCites 数据库共检出中国期刊 267 种，其中无 CN 号期刊 54 种，实际列入统计范围的期刊有 213 种。

表 1-34　2020 年各学科全球、中国科技期刊、中国作者发表 SCI 论文数

序号	学科	全球论文数（A）/篇	中国科技期刊论文数（B）/篇	占比/%（B/A×100%）	中国作者论文数（C）/篇	占比/%（C/A×100%）	中国作者发表在中国科技期刊论文数（D）/篇	占比/%（D/C×100%）	占比/%（D/B×100%）
1	农业科学	62659	842	1.34	15367	24.52	647	4.21	76.84
2	生物与生物化学	93411	551	0.59	23817	25.50	512	2.15	92.92
3	化学	215184	5498	2.56	71792	33.36	5191	7.23	94.42
4	临床医学	379966	1509	0.40	64116	16.87	1124	1.75	74.49
5	计算机科学	59722	855	1.43	21967	36.78	749	3.41	87.60
6	经济贸易	41003	36	0.09	5821	14.20	30	0.52	83.33
7	工程技术	240078	3460	1.44	94377	39.31	2683	2.84	77.54
8	环境与生态学	103523	1226	1.18	28831	27.85	939	3.26	76.59
9	地学	67115	2618	3.90	21397	31.88	2173	10.16	83.00
10	免疫学	32827	329	1.00	5852	17.83	186	3.18	56.53
11	材料科学	144684	4500	3.11	62559	43.24	3994	6.38	88.76
12	数学	57292	984	1.72	15316	26.73	816	5.33	82.93
13	微生物学	28701	104	0.36	6099	21.25	93	1.52	89.42
14	分子生物学与遗传学	56857	460	0.81	19565	34.41	396	2.02	86.09
15	多学科	2690	7	0.26	411	15.28	7	1.70	100.00
16	神经科学与行为学	62239	496	0.80	9045	14.53	327	3.62	65.93
17	药学与毒理学	56829	798	1.40	15975	28.11	698	4.37	87.47
18	物理学	113364	4706	4.15	33979	29.97	4075	11.99	86.59
19	植物学与动物学	92934	1551	1.67	17289	18.60	960	5.55	61.90
20	精神病学与生理学	60333	0	0.00	4660	7.72	0	0.00	-
21	社会科学	138885	0	0.00	9045	6.51	0	0.00	-
22	空间科学	16620	212	1.28	2565	15.43	166	6.47	78.30
	合计	2126916	30742	1.45	549845	25.85	25766	4.69	83.81

注：检索方法——InCites 数据库选择“研究方向”；时间窗口 2020 年；学科分类体系 ESI；文献类型“研究论文”和“综述”；依次采集全球、中国作者、中国科技期刊、中国科技期刊中国作者数据。

2. 中国 SCI 期刊发表论文的学科学术影响力分析

（1）被引频次

2020 年，中国 SCI 期刊发表论文的被引频次总和为 86574 次，占同期全球论文

总被引频次（5074169 次）的 1.71%，高于中国科技期刊载文量占同期全球论文数的比例（1.45%）；中国作者发表的 SCI 论文总被引频次占全球论文总被引频次的 32.98%，高于中国作者发文量占同期全球论文数的比例（25.85%）（表 1-35）。

表 1-35　2020 年各学科全球、中国科技期刊、中国作者 SCI 论文被引频次

序号	学科	全球论文被引频次（*A*）	中国科技期刊论文被引频次（*B*）	占比/%（*B*/*A*×100%）	中国作者论文被引频次（*C*）	占比/%（*C*/*A*×100%）	中国作者发表在中国科技期刊论文被引频次（*D*）	占比/%（*D*/*C*×100%）	占比/%（*D*/*B*×100%）
1	农业科学	121929	1798	1.47	37179	30.49	1250	3.36	69.52
2	生物与生物化学	261033	2531	0.97	63556	24.35	2405	3.78	95.02
3	化学	600589	16380	2.73	245332	40.85	15107	6.16	92.23
4	临床医学	965327	11184	1.16	243287	25.20	10205	4.19	91.25
5	计算机科学	130755	1524	1.17	63510	48.57	1298	2.04	85.17
6	经济贸易	63236	31	0.05	11121	17.59	25	0.22	80.65
7	工程技术	551444	6328	1.15	254113	46.08	4792	1.89	75.73
8	环境与生态学	260945	2460	0.94	88929	34.08	1996	2.24	81.14
9	地学	129951	3539	2.72	44346	34.13	2541	5.73	71.80
10	免疫学	151324	2658	1.76	44401	29.34	2115	4.76	79.57
11	材料科学	463965	12932	2.79	242841	52.34	11474	4.72	88.73
12	数学	53549	538	1.00	20268	37.85	469	2.31	87.17
13	微生物学	119091	858	0.72	45018	37.80	822	1.83	95.80
14	分子生物学与遗传学	197226	3811	1.93	60853	30.85	3058	5.03	80.24
15	多学科	10493	59	0.56	2989	28.49	59	1.97	100.00
16	神经科学与行为学	150896	1932	1.28	22175	14.70	1117	5.04	57.82
17	药学与毒理学	133156	4001	3.00	38442	28.87	3581	9.32	89.50
18	物理学	233354	9581	4.11	74121	31.76	7722	10.42	80.60
19	植物学与动物学	131817	4159	3.16	30348	23.02	3000	9.89	72.13
20	精神病学与生理学	113382	0	0.00	12643	11.15	0	0.00	-
21	社会科学	181047	0	0.00	18874	10.42	0	0.00	-
22	空间科学	49660	270	0.54	8952	18.03	233	2.60	86.30
	合计	5074169	86574	1.71	1673298	32.98	73269	4.38	84.63

注：检索方法——InCites 数据库选择“研究方向”；时间窗口 2020 年；学科分类体系 ESI；文献类型“研究论文”和“综述”；依次采集全球、中国作者、中国科技期刊、中国科技期刊中国作者数据。

中国 SCI 期刊各学科论文被引频次占全球该学科总被引频次的比例大于等于 1.00%的学科有 14 个，依次为“物理学”（4.11%）、“植物学与动物学”（3.16%）、“药学与毒理学”（3.00%）、“材料科学”（2.79%）、“化学”（2.73%）、“地学”（2.72%）、“分子生物学与遗传学”（1.93%）、“免疫学”（1.76%）、“农业科学”（1.47%）、“神经科学与行为学”（1.28%）、“计算机科学”（1.17%）、“临床医学”（1.16%）、“工程技术”（1.15%）和“数学”（1.00%）。中国作者各学科论文被引频次占全球该学科总被引频次超过 30.00%的学科有 11 个，依次为“材料科学”（52.34%）、“计算机科学”（48.57%）、“工程技术”（46.08%）、“化学”（40.85%）、“数学”（37.85%）、“微生物学”（37.80%）、“地学”（34.13%）、“环境与生态学”（34.08%）、“物理学”（31.76%）、“分子生物学与遗传学”（30.85%）和“农业科学”（30.49%）。

中国作者在中国科技期刊发表论文被引贡献超过 85.00%的学科有 10 个，分别为来自中国作者被引频次全球占比较高的“材料科学”“计算机科学”“化学”“数学”“微生物学”；以及中国作者被引频次全球占比相对较低的“药学与毒理学”“多学科”“临床医学”“生物与生物化学”“空间科学”。

（2）引文影响力

2020 年，中国 SCI 期刊发表论文的引文影响力为 2.82，中国作者发表 SCI 论文引文影响力为 3.04，二者均高于同期全球 SCI 论文引文影响力（2.39）。

如表 1-36 所示，22 个学科中，“农业科学”“生物与生物化学”“化学”“临床医学”“免疫学”“微生物学”“分子生物学与遗传学”“多学科”“神经科学与行为学”“药学与毒理学”“植物学与动物学”11 个学科中国 SCI 期刊发表论文的引文影响力高于本学科全球水平，其余 11 个学科引文影响力低于本学科全球水平。中国作者发表论文的引文影响力在本学科表现突出，其中 20 个学科的引文影响力均高于本学科全球水平，仅有 2 个学科略低于全球水平，分别是“生物与生物化学”，比全球水平低 0.12 个百分点；“分子生物学与遗传学”，比全球水平低 0.36 个百分点。中国 SCI 期刊引文影响力超过 8.00 的有 4 个学科，依次为“多学科”（8.43）、“分子生物学与遗传学”（8.28）、“微生物学”（8.25）和“免疫学”（8.08）。

表 1-36 2020 年各学科全球、中国科技期刊、中国作者 SCI 论文引文影响力及论文被引占比

序号	学科	引文影响力				论文被引占比/%			
		全球论文	中国科技期刊论文	中国作者论文	中国作者发表在中国科技期刊论文	全球论文	中国科技期刊论文	中国作者论文	中国作者发表在中国科技期刊论文
1	农业科学	1.95	2.14	2.42	1.93	58.42	69.83	65.18	68.47
2	生物与生物化学	2.79	4.59	2.67	4.70	65.65	55.54	60.91	53.91
3	化学	2.79	2.98	3.42	2.91	66.42	54.37	68.72	53.13
4	临床医学	2.54	7.41	3.79	9.08	53.46	57.19	50.78	55.96
5	计算机科学	2.19	1.78	2.89	1.73	53.18	48.07	55.84	47.53
6	经济贸易	1.54	0.86	1.91	0.83	49.19	50.00	51.74	46.67
7	工程技术	2.30	1.83	2.69	1.79	58.39	53.27	58.92	50.91
8	环境与生态学	2.52	2.01	3.08	2.13	63.63	59.87	65.47	59.64
9	地学	1.94	1.35	2.07	1.17	60.13	46.75	59.60	42.94
10	免疫学	4.61	8.08	7.59	11.37	65.43	77.81	64.42	81.72
11	材料科学	3.21	2.87	3.88	2.87	67.98	56.60	70.55	54.53
12	数学	0.93	0.55	1.32	0.57	36.13	26.83	38.24	27.45
13	微生物学	4.15	8.25	7.38	8.84	65.05	55.77	62.08	52.69
14	分子生物学与遗传学	3.47	8.28	3.11	7.72	65.09	82.17	61.93	82.07
15	多学科	3.90	8.43	7.27	8.43	52.12	100.00	51.82	100.00
16	神经科学与行为学	2.42	3.90	2.45	3.42	62.24	78.83	59.03	76.45
17	药学与毒理学	2.34	5.01	2.41	5.13	62.11	74.94	62.64	74.64
18	物理学	2.06	2.04	2.18	1.89	57.74	50.57	57.45	47.58
19	植物学与动物学	1.42	2.68	1.76	3.13	51.51	61.64	56.01	60.42
20	精神病学与生理学	1.88	0.00	2.71	0.00	54.20	0.00	52.98	0.00
21	社会科学	1.30	0.00	2.09	0.00	45.14	0.00	53.21	0.00
22	空间科学	2.99	1.27	3.49	1.40	67.67	41.51	64.44	44.58
合计		2.39	2.82	3.04	2.84	58.02	54.97	60.43	52.91

注：检索方法——InCites 数据库选择“研究方向”；时间窗口 2020 年；学科分类体系 ESI；文献类型“研究论文”和“综述”；依次采集全球、中国作者、中国科技期刊、中国科技期刊中国作者数据。

全学科引文影响力数据和全学科被引百分比数据使用结果基准值。

中国作者发表在“生物与生物化学”“临床医学”“免疫学”“微生物学”“分子生物学与遗传学”“多学科”“神经科学与行为学”“药学与毒理

学”“植物学与动物学”中国 SCI 期刊论文的引文影响力高于同期中国作者发文引文影响力，这 9 个学科的中国 SCI 期刊吸引了更多我国高水平论文。

2020 年，中国 SCI 期刊发表论文的被引百分比为 54.97%，中国作者发表论文的被引百分比为 60.43%，同期全球论文的被引百分比为 58.02%。与全球水平相比，“农业科学”“临床医学”“经济贸易”“免疫学”“分子生物学与遗传学”“多学科”“神经科学与行为学”“药学与毒理学”“植物学与动物学”9 个学科中国 SCI 期刊论文被引百分比高于本学科全球水平，其余 13 种学科论文被引百分比低于本学科全球水平；“农业科学”“化学”“计算机科学”“经济贸易”“工程技术”“环境与生态学”“材料科学”“数学”“药学与毒理学”“植物学与动物学”“社会科学”11 个学科中国作者论文被引百分比高于本学科全球水平。“农业科学”“经济贸易”“药学与毒理学”“植物学与动物学”4 个学科的中国作者与 SCI 收录中国期刊的论文被引百分比，均高于本学科全球水平。

（3）学科规范化的引文影响力

2020 年，中国 SCI 期刊发表论文的学科规范化的引文影响力（CNCI）①为 1.10，中国作者发表论文的学科规范化的引文影响力为 1.25。

中国 SCI 期刊发表论文各学科中，“临床医学”（2.84）、“多学科”（2.18）、“分子生物学与遗传学”（2.10）、“药学与毒理学”（2.05）、“植物学与动物学”（1.85）、“微生物学”（1.81）、“免疫学”（1.69）、“生物与生物化学”（1.65）、“神经科学与行为学”（1.40）、“农业科学”（1.09）和“化学”（1.04）的 CNCI>1；其余 11 个学科的 CNCI<1，其中 8 个学科的 CNCI 区间为 0.5≤CNCI<1，1 个学科 0<CNCI<0.5，2 个学科的 CNCI=0。

中国作者在中国 SCI 期刊发文的 CNCI 与中国 SCI 期刊发文的 CNCI 比较接近，17 个学科两者间差值在–0.10～0.10。“免疫学”“临床医学”“植物学与动物

① 学科规范化的引文影响力（CNCI）指通过一篇论文在后续工作中被引用的次数来反映其学术影响力。由于被引用次数随时间增长的速度因学科而异，因此计数需要按主题类别和出版年份进行“归一化”，然后取平均值。作为参考基准，世界平均值为 1.0。

学”“微生物学”4个学科中国作者在中国SCI期刊发文比中国SCI期刊发文的CNCI高，分别高0.75、0.64、0.30、0.16；“地学”和“分子生物学与遗传学”领域中国SCI期刊发文比中国作者在中国SCI期刊发文的CNCI均高0.10。

从中国作者发文CNCI来看，20个学科中国作者的发文质量高于学科平均水平，且CNCI<1的学科，非常接近学科平均水平。

“生物与生物化学”“临床医学”“微生物学”“多学科”“神经科学与行为学”“药学与毒理学”“植物学与动物学”CNCI的排序为中国作者在中国SCI期刊发文CNCI≥中国SCI期刊发文CNCI>中国作者发文CNCI。“分子生物学和遗传学”中国SCI期刊论文的CNCI（2.10）高于中国作者发文的CNCI（0.92）（图1-1）。

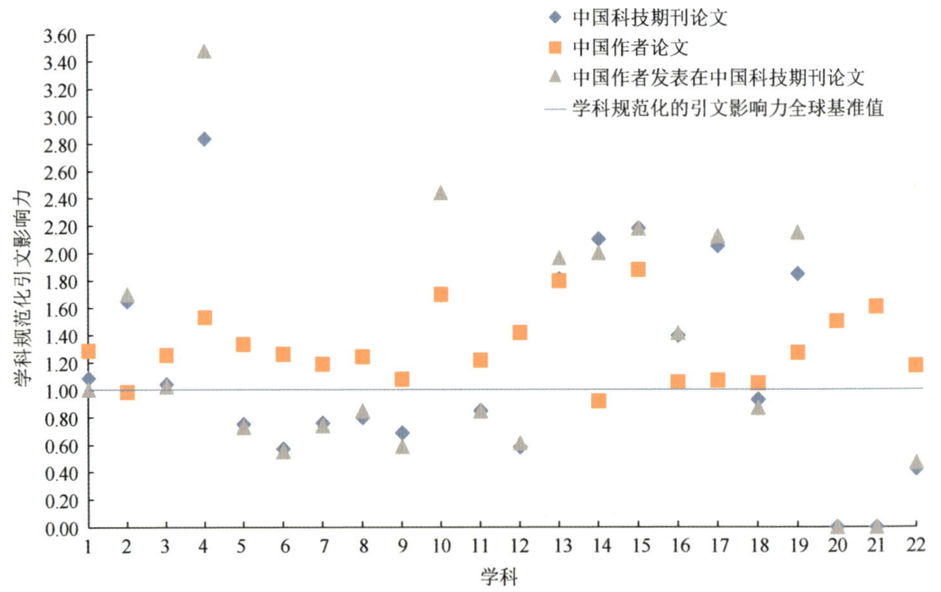

图1-1　2020年中国科技期刊论文、中国作者论文、中国作者发表在中国科技期刊论文的学科规范化的引文影响力

1.农业科学；2.生物与生物化学；3.化学；4.临床医学；5.计算机科学；6.经济贸易；7.工程技术；8.环境与生态学；9.地学；10.免疫学；11.材料科学；12.数学；13.微生物学；14.分子生物学与遗传学；15.多学科；16.神经科学与行为学；17.药学与毒理学；18.物理学；19.植物学与动物学；20.精神病学与生理学①；21.社会科学①；22.空间科学。

检索方法——InCites数据库选择“研究方向”；时间窗口2020年；学科分类体系ESI；文献类型“研究论文”和“综述”；依次采集全球、中国作者、中国科技期刊、中国科技期刊中国作者数据。

①精神病学与生理学、社会科学中国科技期刊无发文，中国科技期刊论文和中国作者发表在中国科技期刊论文的学科规范化的引文影响力为0。

13 个学科中国作者发文 CNCI 高于中国 SCI 期刊发文 CNCI。其中，“社会科学”和“精神病学与生理学”领域二者差值 R>1.0，4 个学科差值在 0.5<R≤1.0，7 个学科差值在 0<R≤0.5。另外 9 个学科中国 SCI 期刊发文 CNCI 高于中国作者发文 CNCI。其中，4 个学科差值在–0.5<R≤0，3 个学科差值在–1.0<R≤–0.5，“临床医学”和“分子生物学与遗传学”领域二者差值 R≤–1.0（表 1-37）。

表 1-37　2020 年各学科中国作者发文 CNCI 与中国科技期刊发文 CNCI 的差值

差值（R）	学科
R≤–1.0	临床医学（–1.31）、分子生物学与遗传学（–1.18）
–1.0<R≤–0.5	药学与毒理学（–0.98）、生物与生物化学（–0.66）、植物学与动物学（–0.58）
–0.5<R≤0	神经科学与行为学（–0.34）、多学科（–0.30）、微生物学（–0.02）、免疫学（0.00）
0<R≤0.5	物理学（0.12）、农业科学（0.20）、化学（0.21）、材料科学（0.37）、地学（0.39）、工程技术（0.43）、环境与生态学（0.44）
0.5<R≤1.0	计算机科学（0.58）、经济贸易（0.69）、空间科学（0.75）、数学（0.83）
R>1.0	精神病学与生理学（1.50）、社会科学（1.61）

注：差值 R=中国作者发文 CNCI–中国科技期刊发文 CNCI。

（4）高被引论文数

2020 年，中国 SCI 期刊高被引论文数①为 444 篇，占同期全球高被引论文数（21264 篇）的 2.09%；中国作者发表高被引论文数为 7920 篇，占同期全球高被引论文数的 37.25%。

如表 1-38 所示，11 个学科中国 SCI 期刊高被引论文占比超过 1.00%，依次为“植物学与动物学”（6.71%）、“化学”（4.68%）、“物理学”（4.46%）、“药学与毒理学”（3.74%）、“地学”（3.73%）、“材料科学”（3.68%）、“分子生物学与遗传学”（3.06%）、“农业科学”（1.74%）、“免疫学”（1.22%）、“临床医学”（1.19%）和“神经科学与行为学”（1.16%）。2020 年，“化学”领域中国 SCI 期刊发表高被引论文最多，达到 99 篇；其次为“植物学与动物学”（66 篇）。中国 SCI 期刊的高被引论文中，源自中国作者论文的比例较高，在有高被引论文的 17 个学科中，16 个学科中国作者论文比例超过 50.00%，其中“生物与生物化

① 根据 2020 年同一 ESI 学科统计发表论文中被引用次数进入世界前 1%的论文。

学”“环境与生态学”“免疫学”“材料科学”“数学”“微生物学”6个学科中国作者论文比例为 100.00%；仅“农业科学”中国作者论文比例为 45.45%，低于 50.00%。中国作者高被引论文全球占比超过 50.00%的学科有 5 个，分别为“计算机科学”（70.51%）、“材料科学”（63.80%）、“工程技术”（62.90%）、“数学”（59.31%）和“化学”（51.75%）。从各个学科来看，中国作者高被引论文比例都远高于中国 SCI 期刊高被引论文比例。

表 1-38　2020 年各学科全球、中国科技期刊、中国作者高被引论文数

序号	学科	全球高被引论文数（A）/篇	中国科技期刊高被引论文数（B）/篇	占比/%（B/A×100%）	中国作者高被引论文数（C）/篇	占比/%（C/A×100%）	中国作者与中国科技期刊高被引论文比（C/B）	中国作者发表在中国科技期刊的高被引论文数（D）/篇	占比/%（D/B×100%）
1	农业科学	631	11	1.74	224	35.50	20.36	5	45.45
2	生物与生物化学	962	8	0.83	227	23.60	28.38	8	100.00
3	化学	2116	99	4.68	1095	51.75	11.06	91	91.92
4	临床医学	3939	47	1.19	788	20.01	16.77	44	93.62
5	计算机科学	590	5	0.85	416	70.51	83.20	4	80.00
6	经济贸易	407	0	0.00	103	25.31	-	0	-
7	工程技术	2318	18	0.78	1458	62.90	81.00	14	77.78
8	环境与生态学	1006	6	0.60	417	41.45	69.50	6	100.00
9	地学	616	23	3.73	280	45.45	12.17	16	69.57
10	免疫学	328	4	1.22	143	43.60	35.75	4	100.00
11	材料科学	1467	54	3.68	936	63.80	17.33	54	100.00
12	数学	553	3	0.54	328	59.31	109.33	3	100.00
13	微生物学	289	2	0.69	132	45.67	66.00	2	100.00
14	分子生物学与遗传学	556	17	3.06	156	28.06	9.18	11	64.71
15	多学科	26	0	0.00	8	30.77	-	0	-
16	神经科学与行为学	606	7	1.16	83	13.70	11.86	4	57.14
17	药学与毒理学	589	22	3.74	175	29.71	7.95	19	86.36
18	物理学	1166	52	4.46	399	34.22	7.67	41	78.85
19	植物学与动物学	983	66	6.71	276	28.08	4.18	47	71.21
20	精神病学与生理学	643	0	0.00	74	11.51	-	0	-
21	社会科学	1302	0	0.00	176	13.52	-	0	-
22	空间科学	171	0	0.00	26	15.20	-	0	-
合计		21264	444	2.09	7920	37.25	17.84	373	84.01

注：检索方法——InCites 数据库选择“研究方向”；时间窗口 2020 年；学科分类体系 ESI；文献类型“研究论文”和“综述”；依次采集全球、中国作者、中国科技期刊、中国科技期刊中国作者数据。

（5）Q1 期刊论文数

2020 年中国 SCI 期刊的 Q1 期刊论文数为 11322 篇，占同期全球 Q1 期刊论文数（900591 篇）的 1.26%；中国作者发表 Q1 期刊论文数为 253121 篇，占同期全球 Q1 期刊论文数（900591 篇）的 28.11%，均低于高被引论文全球占比。

如表 1-39 所示，10 个学科中国 SCI 期刊发表 Q1 期刊论文比例超过 1.00%，

表 1-39　2020 年各学科全球、中国科技期刊、中国作者 Q1 期刊论文数

序号	学科	全球 Q1 期刊论文数（*A*）/篇	中国科技期刊 Q1 期刊论文数（*B*）/篇	占比/%（*B*/*A*×100%）	中国作者 Q1 期刊论文数（*C*）/篇	占比/%（*C*/*A*×100%）	中国作者与中国科技期刊 Q1 期刊论文比（*C*/*B*）	中国作者在中国 Q1 期刊论文数（*D*）/篇	占比/%（*D*/*B*×100%）
1	农业科学	30722	735	2.39	9662	31.45	13.15	588	80.00
2	生物与生物化学	44149	311	0.70	12151	27.52	39.07	274	88.10
3	化学	103443	1541	1.49	37307	36.07	24.21	1459	94.68
4	临床医学	125896	164	0.13	14805	11.76	90.27	89	54.27
5	计算机科学	25342	237	0.94	10591	41.79	44.69	196	82.70
6	经济贸易	14485	0	0.00	1888	13.03	-	0	-
7	工程技术	98137	1406	1.43	41948	42.74	29.83	999	71.05
8	环境与生态学	49653	367	0.74	15328	30.87	41.77	277	75.48
9	地学	32807	829	2.53	11349	34.59	13.69	565	68.15
10	免疫学	13682	329	2.40	2172	15.87	6.60	186	56.53
11	材料科学	82329	2340	2.84	39452	47.92	16.86	2005	85.68
12	数学	20386	0	0.00	6040	29.63	-	0	-
13	微生物学	11491	2	0.02	2689	23.40	1344.50	2	100.00
14	分子生物学与遗传学	24019	279	1.16	7355	30.62	26.36	249	89.25
15	多学科	1232	7	0.57	204	16.56	29.14	7	100.00
16	神经科学与行为学	25093	49	0.20	2858	11.39	58.33	29	59.18
17	药学与毒理学	23128	351	1.52	6760	29.23	19.26	316	90.03
18	物理学	39177	1384	3.53	11942	30.48	8.63	1035	74.78
19	植物学与动物学	43491	988	2.27	10801	24.84	10.93	637	64.47
20	精神病学与生理学	22245	0	0.00	1521	6.84	-	0	-
21	社会科学	56925	0	0.00	4298	7.55	-	0	-
22	空间科学	12759	3	0.02	2000	15.68	666.67	3	100.00
合计		900591	11322	1.26	253121	28.11	22.36	8916	78.75

注：检索方法——InCites 数据库选择“研究方向”；时间窗口 2020 年；学科分类体系 ESI；文献类型“研究论文”和“综述”；依次采集全球、中国作者、中国科技期刊、中国科技期刊中国作者数据。

依次为“物理学”（3.53%）、“材料科学”（2.84%）、“地学”（2.53%）、“免疫学”（2.40%）、“农业科学”（2.39%）、“植物学与动物学”（2.27%）、“药学与毒理学”（1.52%）、“化学”（1.49%）、“工程技术”（1.43%）和“分子生物学与遗传学”（1.16%），其余 12 个学科所占比例均小于 1.00%。

从中国 SCI 期刊发表 Q1 期刊论文贡献来看，中国作者在中国 SCI 期刊的发文比例更高，除 4 个无 Q1 期刊论文的学科外，18 个学科来自中国作者的发文均超过 50%，其中“微生物学”“多学科”“空间科学”的 Q1 期刊论文全部来自中国作者贡献。

从中国作者 Q1 期刊论文占比来看，全球占比超过 30.00%的学科有 9 个，分别为“材料科学”（47.92%）、“工程技术”（42.74%）、“计算机科学”（41.79%）、“化学”（36.07%）、“地学”（34.59%）、“农业科学”（31.45%）、“环境与生态学”（30.87%）、“分子生物学与遗传学”（30.62%）和“物理学”（30.48%）。中国作者与中国 SCI 期刊在 Q1 期刊论文数的比例相差悬殊，特别是在“微生物学”和“空间科学”2 个学科更为明显。

3. 中国 SCI 期刊各学科发文的国际合作情况

2020 年，中国 SCI 期刊发文的国际合作论文占比为 18.52%，与同期全球论文的国际合作论文占比（27.99%）相比，相差 9.47 个百分点。同期，中国作者发文的国际合作论文占比（26.19%）低于全球水平 1.80 个百分点（表 1-40）。

中国 SCI 期刊发表论文中，高于同学科国际合作论文百分比的学科有 5 个，为“多学科”“免疫学”“分子生物学与遗传学”“农业科学”“植物学与动物学”，与全球同学科相比分别高 24.95 个百分点、7.43 个百分点、5.28 个百分点、1.25 个百分点和 0.10 个百分点。2020 年，“多学科”“免疫学”“分子生物学与遗传学”“药学与毒理学”“植物学与动物学”5 个学科中国 SCI 期刊发表论文的国际合作论文百分比高于中国作者发文的国际合作论文百分比，分别高 21.86 个百分点、14.51 个百分点、13.83 个百分点、3.90 个百分点和 2.16 个百分点。

表 1-40 2020 年各学科全球、中国科技期刊、中国作者 SCI 国际合作论文占比

序号	学科	全球国际合作论文占比（A）/%	中国科技期刊国际合作论文占比（B）/%	差值/%（B–A）	中国作者国际合作论文占比（C）/%	差值/%（C–A）	差值/%（C–B）	中国作者在中国科技期刊国际合作论文占比（D）/%	差值/%（D–B）
1	农业科学	26.66	27.91	1.25	29.16	2.50	1.25	23.80	–4.11
2	生物与生物化学	28.12	15.25	–12.87	21.97	–6.15	6.72	14.45	–0.80
3	化学	24.70	10.09	–14.61	20.35	–4.35	10.26	9.00	–1.09
4	临床医学	22.93	14.05	–8.88	17.46	–5.47	3.41	12.46	–1.59
5	计算机科学	32.47	23.74	–8.73	36.51	4.04	12.77	23.77	0.03
6	经济贸易	37.22	8.33	–28.89	50.95	13.73	42.62	6.67	–1.66
7	工程技术	26.81	20.17	–6.64	27.08	0.27	6.91	18.45	–1.72
8	环境与生态学	33.66	21.78	–11.88	31.46	–2.20	9.68	18.42	–3.36
9	地学	39.29	20.89	–18.40	38.68	–0.61	17.79	18.36	–2.53
10	免疫学	32.08	39.51	7.43	25.00	–7.08	–14.51	31.72	–7.79
11	材料科学	27.03	15.93	–11.10	25.23	–1.80	9.30	14.87	–1.06
12	数学	31.23	18.60	–12.63	27.52	–3.71	8.92	18.26	–0.34
13	微生物学	32.75	22.12	–10.63	26.96	–5.79	4.84	20.43	–1.69
14	分子生物学与遗传学	29.29	34.57	5.28	20.73	–8.56	–13.84	35.86	1.29
15	多学科	32.19	57.14	24.95	35.28	3.09	–21.86	57.14	0.00
16	神经科学与行为学	29.50	25.20	–4.30	27.22	–2.28	2.02	25.38	0.18
17	药学与毒理学	24.31	18.55	–5.76	14.64	–9.67	–3.91	17.34	–1.21
18	物理学	32.01	17.89	–14.12	28.35	–3.66	10.46	15.31	–2.58
19	植物学与动物学	33.30	33.40	0.10	31.24	–2.06	–2.16	31.98	–1.42
20	精神病学与生理学	28.27	0.00	–28.27	40.56	12.29	40.56	0.00	0.00
21	社会科学	22.49	0.00	–22.49	44.08	21.59	44.08	0.00	0.00
22	空间科学	58.56	18.40	–40.16	61.95	3.39	43.55	15.66	–2.74
	合计	27.99	18.52	–9.47	26.19	–1.80	7.67	16.34	–2.18

注：检索方法——InCites 数据库选择“研究方向”；时间窗口 2020 年；学科分类体系 ESI；文献类型“研究论文”和“综述”；依次采集全球、中国作者、中国科技期刊、中国科技期刊中国作者数据。

各学科对比来看，中国作者发表在中国 SCI 期刊国际合作论文百分比与中国 SCI 期刊国际合作论文百分比相差不大。

（二）中国 SCI 期刊发表论文的机构分布

1. 中国 SCI 期刊论文的全球机构分布

2020 年，有 122 个国家/地区的 4697 个机构在中国 SCI 期刊发表论文共计 70464 篇[①]。从发文机构数量来看，排名 TOP10 的国家分别为中国[②]、美国、印度、西班牙、法国、俄罗斯、日本、意大利、德国和韩国。从各国机构在中国 SCI 期刊发文数量来看，中国为中国 SCI 期刊论文的重要贡献国，美国为第二贡献国，中国共计有 1038 个机构总计发文 25278 篇，占 82.23%；美国有 632 个机构总计发文 2596 篇，占 8.44%；印度、法国、日本、意大利、德国和韩国机构发文比例超过 1.00%。此外，澳大利亚（66 个机构发文 685 篇）、英国（126 个机构发文 623 篇）、加拿大（78 个机构发文 437 篇）、伊朗（59 个机构发文 424 篇），尽管发文机构数量不多，但是发文比例均超过 1.00%。

从各国机构在中国 SCI 期刊发表的高被引论文比例来看，在发文机构数量前十的国家中，中国（83.78%）和美国（13.29%）的高被引论文占比排在前两位，德国（3.83%）、法国（2.93%）、日本（2.93%）、意大利（2.93%）、印度（2.03%）和西班牙（2.03%）占比大于 2%（表 1-41）。此外，澳大利亚（7.43%）、新加坡（3.15%）、英国（2.93%）、加拿大（2.93%）和沙特阿拉伯（2.25%）的高被引论文占比也相对较高。

以发表论文数排序，在中国 SCI 期刊发表论文前 100 位[③]的机构中，来自中国的有 93 个；美国加利福尼亚大学系统（University of California System）发文 265 篇，位列第 32；法国国家科学研究中心（Centre National de la Recherche Scientifique）发文 188 篇，位列第 52；美国能源部（United States Department of Energy）发文 136 篇，位列第 75；新加坡南洋理工大学（Nanyang Technological University）发文 127 篇，位列第 81；新加坡国立大学（National University of Singapore）发文 122 篇，位列第 86；美国得克萨斯大学（University of Texas System）发文 121 篇，位列第

① 机构发文有重复计数，即同一篇文章不同单位计数各为 1。

② 本书所指中国机构数据未统计中国港澳台地区数据。

③ 两个机构发文数量并列第 100 位，共 101 个机构。

88；俄罗斯科学院（Russian Academy of Sciences）发文 118 篇，位列第 89；德国亥姆霍兹联合会（Helmholtz Association）发文 107 篇，位列第 100。

表 1-41　2020 年 TOP10 国家机构在中国 SCI 科技期刊发表论文情况

序号	国家	机构数/个	SCI 论文数/篇	SCI 论文数占中国科技期刊发文百分比/%	高被引论文数/篇	高被引论文占中国科技期刊高被引论文百分比/%
1	中国	1038	25278	82.23	372	83.78
2	美国	632	2596	8.44	59	13.29
3	印度	292	447	1.45	9	2.03
4	西班牙	170	304	0.99	9	2.03
5	法国	153	351	1.14	13	2.93
6	俄罗斯	153	208	0.68	3	0.68
7	日本	151	435	1.42	13	2.93
8	意大利	145	324	1.05	13	2.93
9	德国	141	570	1.85	17	3.83
10	韩国	128	385	1.25	5	1.13

注：检索方法——InCites 数据库选择“机构”；时间窗口 2020 年；学科分类体系 ESI；文献类型“研究论文”和“综述”；依次采集全球和中国科技期刊数据；选定机构数 TOP10 国家。

各国数据按照上述路径检索，选定特定国家，使用结果基准值。

中国科技期刊发文数 30742 篇，中国科技期刊高被引论文数 444 篇。

以发表高被引论文数排序，在中国 SCI 期刊发表高被引论文前 20 位机构中有 18 个来自中国，另外两个是德国亥姆霍兹联合会（Helmholtz Association）和新加坡国立大学（National University of Singapore），均发文 11 篇，并列第 16。

2. 中国 SCI 期刊论文的中国机构分布

InCites 数据库统计显示（表 1-42），2020 年有 1038 个中国机构在中国 SCI 期刊发文共计 25278 篇，同期，有 1217 个中国机构发表国际论文共计 532471 篇。

受期刊本身载文、影响力等条件的影响，中国机构在中国 SCI 期刊发文的“引文影响力”（2.88）和“相对于全球平均水平的影响力”（1.21）低于中国机构整体发文的相应数据（3.07 和 1.29）。从学科规范化的引文影响力来看，中国机构发文（1.26）与中国机构在中国 SCI 期刊发文（1.11）均超过学科基线（1.00）。中国机构在中国 SCI 期刊发文的“被引频次排名前 1%的论文百分比”（1.43%）和“被引频次排名前 10%的论文百分比”（8.74%），均略低于中国机构全部 SCI 论文的该项指标（1.53%和 10.96%）。

表 1-42 2020 年中国机构 SCI 论文及其在中国 SCI 期刊发文情况

指标*	中国机构 SCI 论文	中国机构在中国 SCI 期刊发表论文
机构数/个	1217	1038
WoS 论文数/篇	532471	25278
占全球论文百分比/%	25.03	1.19
论文被引百分比/%	60.88	53.19
总被引频次	1633126	72713
引文影响力	3.07	2.88
相对于全球平均水平的影响力**	1.29	1.21
学科规范化的引文影响力	1.26	1.11
被引频次排名前 1%的论文百分比/%	1.53	1.43
被引频次排名前 10%的论文百分比/%	10.96	8.74
国际合作论文百分比/%	26.25	16.43
横向合作论文百分比/%	1.72	2.06
高被引论文百分比/%	1.46	1.47
热点论文百分比/%	0.15	0.22
所有开放获取文档/%	35.27	37.16
DOAJ 金色文档/%	25.26	15.98

注：检索方法——InCites 数据库选择“机构”；时间窗口 2020 年；学科分类体系 ESI；文献类型“研究论文”和“综述”；依次采集中国机构与中国科技期刊数据。

*结果基准值。

**“相对于全球平均水平的影响力”（Impact Relative to World，IRW）是某组文献的引文影响力与全球总体的引文影响力的比值。全球平均值总是等于 1。比值大于 1 时，表明该组论文的篇均被引频次高于全球平均水平；小于 1 时，则表示低于全球平均水平。

中国机构整体发文的国际合作论文百分比为 26.25%，高于中国机构在中国 SCI 期刊的 16.43%。从横向合作[①]来看，中国机构在中国 SCI 科技期刊发文的横向合作比例（2.06%）高于中国机构发文的整体比例（1.72%）。

2020 年，中国机构及其在中国 SCI 期刊发文的“高被引论文百分比”分别为 1.46%和 1.47%，二者相差不大。热点论文百分比较低，分别为 0.15%和 0.22%。

① 横向合作包含一位或多位组织机构类型标记为“企业”的作者。

从开放获取文档比例来看开放获取相关情况，中国机构发文在中国 SCI 期刊的开放获取文档比例（37.16%）高于中国机构整体发文比例（35.27%）；但中国机构在中国 SCI 期刊发文的 DOAJ 金色文档比例（15.98%）低于中国机构整体发文 DOAJ 金色文档百分比（25.26%）。

3. 中国 TOP50 机构在中国 SCI 期刊发文情况

中国机构全球发文与在中国 SCI 期刊发文的表现不尽相同，本节以中国 SCI 期刊 TOP50 发文机构为研究对象进行统计分析，这些发文机构在中国 SCI 期刊的发文总量占比接近中国机构总体发文量的 50.00%。

（1）发文数量

2020 年，在中国 SCI 期刊发文数量最多的 10 个机构依次为中国科学院（5217 篇）、中国科学院大学（2364 篇）、清华大学（909 篇）、北京大学（803 篇）、浙江大学（794 篇）、中国科学技术大学（736 篇）、上海交通大学（652 篇）、中南大学（536 篇）、复旦大学（522 篇）和中山大学（487 篇）（表 1-43）。

TOP50 机构在中国 SCI 期刊发文数占该机构全部 SCI 论文数比例最高的 10 个机构依次为中国石油天然气集团公司（12.58%）、中国科学院大学（9.86%）、国防科技大学（8.77%）、中国科学院（8.62%）、北京科技大学（8.62%）、中国海洋大学（8.29%）、中国科学技术大学（8.29%）、东北大学（7.52%）、中国石油大学（7.21%）和清华大学（7.21%）。

在中国 SCI 期刊发文数占该机构全部 SCI 论文数比例最低的 10 个机构依次为山东大学（3.04%）、西安交通大学（3.13%）、同济大学（3.41%）、东南大学（3.66%）、电子科技大学（3.82%）、华南理工大学（3.85%）、首都医科大学（3.86%）、中山大学（3.86%）、四川大学（3.92%）和上海交通大学（4.06%）。

（2）引文影响力

2020 年，在中国 SCI 期刊发文的“引文影响力”最高的 10 个机构依次为武汉大学（12.12）、中国医学科学院北京协和医学院（10.99）、华中科技大学（9.27）、四川大学（7.28）、深圳大学（5.87）、湖南大学（5.85）、郑州大学（5.79）、中山大学（5.68）、武汉理工大学（4.96）和首都医科大学（4.90）（表 1-43）。

19 个机构在中国 SCI 期刊发文的“引文影响力”高于该机构全部 SCI 论文的“引文影响力”，两者间差值较大的 TOP10 机构依次为四川大学（4.14）、武汉大学（3.65）、中国医学科学院北京协和医学院（2.47）、深圳大学（2.13）、中山大学（1.54）、郑州大学（1.25）、上海大学（1.21）、同济大学（1.14）、苏州大学（1.12）和湖南大学（1.10）。其余 31 个机构在中国 SCI 期刊发文的“引文影响力”均低于该机构全部 SCI 论文的“引文影响力”，差值区间为–2.98～–0.06。差值较大的 TOP10 机构依次为，首都医科大学（–2.98）、清华大学（–2.03）、南开大学（–1.38）、中国地质大学（–1.32）、北京师范大学（–1.27）、中国海洋大学（–1.23）、中国科学院（–0.96）、南京大学（–0.91）、华东师范大学（–0.90）和大连理工大学（–0.83）。

（3）高被引论文数

2020 年，中国 SCI 期刊高被引论文数与全球高被引论文数同时进入 TOP10 的机构，按照中国 SCI 期刊高被引论文数排序依次为，中国科学院（90/1039）、中国科学院大学（33/343）、华中科技大学（26/399）、清华大学（24/312）、北京大学（24/239）、武汉大学（23/280）、郑州大学（19/234）、浙江大学（18/280）、上海交通大学（17/242）和中南大学（16/312）（表 1-43）。

机构在中国 SCI 期刊发表高被引论文占其发表全球高被引论文的比例最大值为 12.50%，TOP10 机构依次为中国石油天然气集团公司（12.50%）、中国农业科学院（10.94%）、北京大学（10.04%）、中国石油大学（9.76%）、中国科学院大学（9.62%）、深圳大学（9.01%）、中国科学院（8.66%）、武汉大学（8.21%）、郑州大学（8.12%）和兰州大学（8.06%）。

（4）国际合作论文百分比

TOP50 机构在中国 SCI 期刊所发论文的国际合作论文百分比最高的 10 个机构依次为深圳大学（28.14%）、北京师范大学（27.73%）、武汉理工大学（25.93%）、中国农业科学院（25.33%）、电子科技大学（24.64%）、同济大学（23.75%）、北京大学（23.66%）、复旦大学（23.56%）、中山大学（22.79%）和厦门大学（22.73%）（表 1-43）。

表 1-43　2020 年 TOP50 中国机构在全球 SCI 和中国 SCI 期刊发文数量、引文影响力、高被引论文数和国际合作论文百分比

序号	机构名称	中国机构论文数（A）/篇	在中国科技期刊论文发表数（B）/篇	占比/%（B/A×100%）	中国机构高被引论文数（C）/篇	在中国科技期刊发表高被引论文数（D）/篇	占比/%（D/C×100%）	中国机构引文影响力（E）	在中国科技期刊发文引文影响力（F）	差值（F–E）	中国机构国际合作论文百分比（G）/%	在中国科技期刊国际合作论文百分比（H）/%	差值/%（H–G）
1	中国科学院	60490	5217	8.62	1039	90	8.66	3.86	2.90	–0.96	31.91	18.48	–13.43
2	中国科学院大学	23985	2364	9.86	343	33	9.62	3.47	2.92	–0.55	27.25	17.77	–9.48
3	清华大学	12612	909	7.21	312	24	7.69	6.05	4.02	–2.03	36.49	20.02	–16.47
4	北京大学	12568	803	6.39	239	24	10.04	3.85	4.03	0.18	35.59	23.66	–11.93
5	浙江大学	16043	794	4.95	280	18	6.43	3.88	3.36	–0.52	31.15	20.15	–11.00
6	中国科学技术大学	8881	736	8.29	156	8	5.13	3.82	3.41	–0.41	31.35	16.17	–15.18
7	上海交通大学	16066	652	4.06	242	17	7.02	3.84	4.89	1.05	30.80	21.63	–9.17
8	中南大学	10978	536	4.88	312	16	5.13	3.82	3.66	–0.16	25.21	19.22	–5.99
9	复旦大学	10867	522	4.80	199	8	4.02	4.14	4.63	0.49	29.52	23.56	–5.96
10	中山大学	12614	487	3.86	211	15	7.11	4.14	5.68	1.54	30.17	22.79	–7.38
11	华中科技大学	11333	468	4.13	399	26	6.52	8.96	9.27	0.31	27.38	19.87	–7.51
12	天津大学	7732	436	5.64	136	7	5.15	3.44	2.70	–0.74	30.54	19.04	–11.50
13	吉林大学	8520	422	4.95	91	6	6.59	2.75	2.08	–0.67	21.36	19.67	–1.69
14	南京大学	7450	422	5.66	140	9	6.43	3.40	2.49	–0.91	31.17	18.01	–13.16
15	四川大学	10752	422	3.92	167	12	7.19	3.14	7.28	4.14	23.34	21.33	–2.01
16	哈尔滨工业大学	8549	399	4.67	111	2	1.80	3.04	2.36	–0.68	25.97	14.04	–11.93
17	武汉大学	8903	396	4.45	280	23	8.21	8.47	12.12	3.65	28.57	21.21	–7.36
18	郑州大学	7923	389	4.91	234	19	8.12	4.54	5.79	1.25	23.67	19.02	–4.65

续表

序号	机构名称	中国机构论文数（A）/篇	在中国科技期刊论文发表数（B）/篇	占比/%（B/A×100%）	中国机构高被引论文数（C）/篇	在中国科技期刊发表高被引论文数（D）/篇	占比/%（D/C×100%）	中国机构引文影响力（E）	在中国科技期刊发文引文影响力（F）	差值（F–E）	中国机构国际合作论文百分比（G）/%	在中国科技期刊国际合作论文百分比（H）/%	差值/%（H–G）
19	北京航空航天大学	5416	365	6.74	64	2	3.13	2.71	2.15	–0.56	32.94	21.10	–11.84
20	北京科技大学	4128	356	8.62	57	4	7.02	2.86	2.39	–0.47	26.70	15.17	–11.53
21	北京理工大学	5113	356	6.96	112	8	7.14	3.34	3.17	–0.17	31.47	17.42	–14.05
22	西北工业大学	5472	356	6.51	119	5	4.20	3.56	3.23	–0.33	28.82	14.61	–14.21
23	东北大学	4254	320	7.52	72	2	2.78	3.00	2.33	–0.67	22.52	12.81	–9.71
24	西安交通大学	9993	313	3.13	154	7	4.55	3.20	4.11	0.91	28.58	18.85	–9.73
25	中国地质大学	5042	308	6.11	89	3	3.37	2.91	1.59	–1.32	39.17	21.10	–18.07
26	中国石油大学	4216	304	7.21	41	4	9.76	2.68	2.27	–0.41	27.59	15.13	–12.46
27	中国农业科学院	5077	300	5.91	64	7	10.94	2.48	2.69	0.21	30.81	25.33	–5.48
28	中国医学科学院北京协和医学院	6914	299	4.32	139	11	7.91	8.52	10.99	2.47	21.45	13.04	–8.41
29	大连理工大学	5611	287	5.11	84	4	4.76	2.86	2.03	–0.83	28.43	17.07	–11.36
30	山东大学	9157	278	3.04	109	1	0.92	2.89	2.62	–0.27	25.72	19.42	–6.30
31	东南大学	7438	272	3.66	120	4	3.33	3.05	2.45	–0.60	30.33	22.43	–7.90
32	厦门大学	5082	264	5.19	79	3	3.80	3.29	3.23	–0.06	34.14	22.73	–11.41
33	深圳大学	5707	263	4.61	111	10	9.01	3.74	5.87	2.13	35.20	28.14	–7.06
34	同济大学	7646	261	3.41	124	8	6.45	3.01	4.15	1.14	31.06	23.75	– 7.31
35	苏州大学	5872	258	4.39	112	7	6.25	3.55	4.67	1.12	26.29	17.05	–9.24
36	南开大学	4258	257	6.04	113	5	4.42	4.48	3.10	–1.38	27.48	14.79	–12.69

续表

序号	机构名称	中国机构论文数（A）/篇	在中国科技期刊论文发表数（B）/篇	占比/%（B/A×100%）	中国机构高被引论文数（C）/篇	在中国科技期刊发表高被引论文数（D）/篇	占比/%（D/C×100%）	中国机构引文影响力（E）	在中国科技期刊发文引文影响力（F）	差值（F–E）	中国机构国际合作论文百分比（G）/%	在中国科技期刊国际合作论文百分比（H）/%	差值/%（H–G）
37	华南理工大学	6598	254	3.85	129	6	4.65	3.65	3.67	0.02	25.48	15.75	–9.73
38	上海大学	3673	250	6.81	66	5	7.58	3.27	4.48	1.21	31.64	15.20	–16.44
39	首都医科大学	6218	240	3.86	107	5	4.67	7.88	4.90	–2.98	23.79	18.75	–5.04
40	重庆大学	5725	238	4.16	145	5	3.45	3.86	3.18	–0.68	26.71	21.43	–5.28
41	中国海洋大学	2799	232	8.29	33	2	6.06	2.56	1.33	–1.23	33.01	19.40	–13.61
42	湖南大学	4357	220	5.05	172	13	7.56	4.75	5.85	1.10	31.37	21.82	–9.55
43	北京师范大学	4212	220	5.22	56	3	5.36	3.00	1.73	–1.27	37.63	27.73	–9.90
44	国防科技大学	2429	213	8.77	13	1	7.69	1.71	1.49	–0.22	14.78	6.57	–8.21
45	中国石油天然气集团公司	1653	208	12.58	8	1	12.50	1.68	1.19	–0.49	18.33	11.54	–6.79
46	电子科技大学	5421	207	3.82	185	10	5.41	3.93	4.76	0.83	34.86	24.64	–10.22
47	武汉理工大学	3201	189	5.90	74	5	6.76	3.93	4.96	1.03	34.08	25.93	–8.15
48	华东师范大学	3223	188	5.83	61	2	3.28	3.01	2.11	–0.90	35.18	15.43	–19.75
49	中国矿业大学	4498	186	4.14	70	4	5.71	2.69	2.14	–0.55	23.77	19.89	–3.88
50	兰州大学	3873	182	4.70	62	5	8.06	3.24	3.03	–0.21	26.16	16.48	–9.68

注：检索方法——InCites 数据库选择“机构”；时间窗口 2020 年；学科分类体系 ESI；文献类型“研究论文”和“综述”；依次采集中国机构与中国科技期刊数据；选取发文数 TOP50 的中国机构。

数据库更新日期为 2021 年 7 月 1 日，Web of Science 数据截至 2021 年 5 月 31 日，检索日期为 2021 年 7 月 9 日。

这 50 个机构在中国 SCI 期刊发文的“国际合作论文百分比”均低于该机构全部 SCI 论文的“国际合作论文百分比”，差值区间为–19.75%～–1.69%。两者差值最大的 10 个机构依次为华东师范大学（–19.75%）、中国地质大学（–18.07%）、清华大学（–16.47%）、上海大学（–16.44%）、中国科学技术大学（–15.18%）、西北工业大学（–14.21%）、北京理工大学（–14.05%）、中国海洋大学（–13.61%）、中国科学院（–13.43%）和南京大学（–13.16%）。

（三）中国 SCI 期刊发表论文的学术影响力国际比较

选取 16 个论文产出大国的本国期刊发表情况进行对比，展示其发表论文的主要影响力指标（总被引频次、引文影响力、论文被引百分比和学科规范化的引文影响力），客观呈现中国 SCI 期刊不同维度的国际竞争力。

1. 世界主要论文产出国家科技期刊发表论文学术影响力对比

2020 年，全球 17 个国家发表论文超过 4 万篇（表 1-44），作者发文前 5 位的国家中，中国作者发表论文数位列第 1，科技期刊发文数位列第 5，引文影响力和学科规范化的引文影响力分别位列第 1 和第 3；美国作者发表论文数位列第 2，科技期刊数和期刊发表论文数均位列第 1，引文影响力和学科规范化的引文影响力均位列第 4；英国学科规范化的引文影响力、期刊数和期刊发表论文数均位列第 2，作者发表论文数和引文影响力均位列第 3；德国期刊数、作者发表论文数和期刊发文数均位列第 4，引文影响力和学科规范化的引文影响力均位列第 5；印度作者发表论文数位列第 5，期刊发文数位列第 13，引文影响力和学科规范化的引文影响力均位列第 16。其余国家中作者发文数与期刊发文数相差较大的有，加拿大作者发表论文数位列第 8，期刊数和期刊发文数分别位列第 13 和第 14，引文影响力和学科规范化的引文影响力均位列第 8；荷兰作者发文数量位列第 14，期刊数和期刊发表论文数均位列第 3，引文影响力和学科规范化的引文影响力均位列第 1；俄罗斯作者发表论文数量位列第 16，期刊数量和期刊发文数量分别位列第 9 和第 8，引文影响力和学科规范化的引文影响力均位列第 17。

本国 SCI 期刊数量 TOP 5 国家分别为美国（4397 种）、英国（3003 种）、荷兰（970 种）、德国（774 种）和日本（247 种）。中国有 CN 号的 SCI 收录科技期刊 213 种，位列第 6。从本国 SCI 收录期刊发表论文数量与本国作者发表论文的比值来看，有 3 个国家本国期刊发表论文数高于本国作者发表论文数，分别为荷兰（4.13）、英国（3.85）和美国（1.45）；中国（0.06）、西班牙（0.08）、伊朗（0.10）、土耳其（0.11）、加拿大（0.12）、印度（0.14）、澳大利亚（0.16）和意大利（0.18）8 个国家的本国期刊发表数量不及本国作者发表论文数量的 20.00%。

表 1-44　2020 年主要 SCI 论文产出国家科技期刊发表论文影响力

序号	国家	期刊数/种	该国作者论文数（*A*）/篇	该国期刊发表论文数（*B*）/篇	比值（*B*/*A*）	总被引频次（*C*）	引文影响力	论文被引占比/%	学科规范化的引文影响力
1	中国	213	549845	30742	0.06	86574	2.82	54.97	1.10
2	美国	4397①	489830	711430	1.45	1831053	2.57	58.48	1.09
3	英国	3003②	137720	530701	3.85	1435538	2.70	61.49	1.13
4	德国	774	135562	121676	0.90	263809	2.17	56.71	0.87
5	印度	105	99428	13539	0.14	9373	0.69	27.91	0.31
6	意大利	123	97770	17437	0.18	32538	1.87	50.22	0.86
7	日本	247	96273	25109	0.26	27904	1.11	43.98	0.47
8	加拿大	122	88656	10295	0.12	17012	1.65	49.88	0.76
9	法国	189	88379	19071	0.22	35733	1.87	52.91	0.80
10	澳大利亚	160	87618	13788	0.16	22727	1.65	49.64	0.74
11	西班牙	123	80507	6119	0.08	5991	0.98	37.28	0.53
12	韩国	139	75649	14776	0.20	23036	1.56	47.55	0.64
13	巴西	119	64813	14220	0.22	12096	0.85	34.14	0.39
14	荷兰	970	51736	213640	4.13	603525	2.82	65.95	1.22
15	伊朗	40	51597	5201	0.10	4409	0.85	36.09	0.39
16	俄罗斯	150	46341	18025	0.39	6080	0.34	21.50	0.15
17	土耳其	56	42594	4876	0.11	3522	0.72	29.10	0.33

注：检索方法——InCites 数据库选择“研究方向”；时间窗口 2020 年；学科分类体系 ESI；文献类型“研究论文”和“综述”；依次采集各国作者、各国科技期刊数据。

按各国作者发表论文数排序。

① 美国不包括有 CN 号的 SCI 收录中国科技期刊 *Journal of Modern Power Systems and Clean Energy*。

② 英国使用英格兰的数据，不包括有 CN 号的 SCI 收录中国科技期刊 *High Power Laser Science and Engineering*。

1）“引文影响力”最高的前 3 个国家依次为荷兰（2.82）、中国（2.82）和英国（2.70）。

2）“论文被引百分比”最高的前 3 个国家依次为荷兰（65.95%）、英国（61.49%）和美国（58.48%），中国位列第 5（54.97%）。

3）“学科规范化的引文影响力”大于 1（即高于学科平均水平）的 4 个国家依次为荷兰（1.22）、英国（1.13）、中国（1.10）和美国（1.09）。

2020 年，本国作者发表高被引论文超过 1000 篇的 11 个国家依次为中国（7920 篇）、美国（7106 篇）、英国（2721 篇）、德国（1948 篇）、意大利（1803 篇）、澳大利亚（1782 篇）、加拿大（1439 篇）、法国（1355 篇）、西班牙（1158 篇）、印度（1064 篇）和荷兰（1045 篇）。本国 SCI 收录科技期刊发表高被引论文超过 1000 篇的 4 个国家依次为美国（8022 篇）、英国（6226 篇）、荷兰（2670 篇）和德国（1084 篇）。荷兰、英国和美国科技期刊发表的高被引论文数高于本国作者发表的高被引论文数（表 1-45）。

表 1-45　2020 年主要 SCI 论文产出国家作者和期刊发表的高被引论文数

序号	国家	该国作者的高被引论文		该国期刊的高被引论文	
		论文数/篇	排序	论文数/篇	排序
1	中国	7920	1	444	5
2	美国	7106	2	8022	1
3	英国	2721	3	6226	2
4	德国	1948	4	1084	4
5	印度	1064	10	27	14
6	意大利	1803	5	166	6
7	日本	929	12	54	11
8	加拿大	1439	7	81	10
9	法国	1355	8	147	7
10	澳大利亚	1782	6	94	9
11	西班牙	1158	9	30	13
12	韩国	805	14	100	8
13	巴西	502	15	42	12
14	荷兰	1045	11	2670	3
15	伊朗	838	13	9	16
16	俄罗斯	352	17	3	17
17	土耳其	501	16	10	15

注：检索方法——InCites 数据库选择“研究方向”；时间窗口 2020 年；学科分类体系 ESI；文献类型“研究论文”和“综述”；依次采集各国作者、各国科技期刊数据。

按各国作者发表论文数排序。

2. 2020 年中国 SCI 期刊发表的高影响力论文

2020 年，有 96 种（45.07%）中国 SCI 期刊发表了高被引论文；有 36 种（16.90%）中国 SCI 期刊发表了热点论文（附表 2）。发表高被引论文 10 篇以上的中国 SCI 期刊有 13 种，均为英文刊；从各刊发表高被引论文的数量来看，除《能源化学（英文）》（39 篇）、《分子植物（英文）》（25 篇）和《科学通报（英文版）》（22 篇）外，其余期刊高被引论文数均小于 20 篇（表 1-46）。

表 1-46　2020 年发表高被引论文 10 篇及以上的中国 SCI 期刊

序号	英文刊名	中文刊名	文种	高被引论文数/篇
1	*Journal of Energy Chemistry*	能源化学（英文）	英文	39
2	*Molecular Plant*	分子植物（英文）	英文	25
3	*Science Bulletin*	科学通报（英文版）	英文	22
4	*Chinese Chemical Letters*	中国化学快报（英文版）	英文	17
5	*Journal of Integrative Plant Biology*	植物学报（英文版）	英文	15
6	*Light: Science & Applications*	光：科学与应用（英文）	英文	15
7	*Chinese Journal of Catalysis*	催化学报（英文）	英文	14
8	*National Science Review*	国家科学评论（英文）	英文	14
9	*Geoscience Frontiers*	地学前缘（英文版）	英文	13
10	*Journal of Materials Science & Technology*	材料科学技术（英文版）	英文	13
11	*Chinese Medical Journal*	中华医学杂志（英文版）	英文	11
12	*Nano-Micro Letters*	纳微快报（英文）	英文	11
13	*Science China-Physics Mechanics & Astronomy*	中国科学：物理学力学天文学（英文版）	英文	10

3. 中国 SCI 期刊发表国际合作论文情况

（1）与 16 个论文产出大国的合作情况

2020 年，213 种中国 SCI 期刊普遍刊载与其他论文产出大国的国际合作论文。从共同发表国际合作论文的期刊数量来看，有 201 种中国 SCI 期刊刊载了与美国的合作论文，其他合作国家依次为英国、澳大利亚、德国、加拿大和日本。从论文被引情况看，这些国家的国际合作论文的被引百分比均高于中国 SCI 期刊的均值（54.97%），被引百分比 TOP5 国家分别为土耳其（78.21%）、意大利（74.89%）、德国（73.75%）、荷兰（73.64%）和西班牙（73.31%）。从学科规范化的引文影响力来看，国际合作论文的学科规范化的引文影响力均大于 1，其中大于 2 的国家为加拿大（3.86）、土耳其（2.46）、荷兰（2.31）和印度（2.23）（表 1-47）。

表 1-47　2020 年中国 SCI 期刊论文与 16 个论文产出大国的国际合作情况

序号	合作国家	国际合作中国科技期刊数/种	国际合作论文数/篇	总被引频次	论文被引占比/%	学科规范化的引文影响力
1	美国	201	2025	9141	69.19	1.75
2	英国	163	583	2255	70.15	1.51
3	澳大利亚	154	579	3105	72.71	1.94
4	德国	146	480	1937	73.75	1.71
5	加拿大	139	365	3559	67.40	3.86
6	日本	133	335	1240	65.67	1.47
7	法国	115	289	1057	65.40	1.58
8	西班牙	96	236	901	73.31	1.56
9	韩国	87	168	732	71.43	1.72
10	意大利	84	227	886	74.89	1.83
11	印度	82	151	760	71.52	2.23
12	俄罗斯	78	147	523	68.03	1.64
13	伊朗	74	172	687	71.51	1.73
14	荷兰	69	110	913	73.64	2.31
15	巴西	56	98	379	69.39	1.93
16	土耳其	14	78	405	78.21	2.46

注：检索方法——InCites 数据库选择“出版物”；时间窗口 2020 年；学科分类体系 ESI；文献类型“研究论文”和“综述”；依次采集各国国际合作中国科技期刊数据。

按各国国际合作中国科技期刊数排序。

（2）中国 SCI 期刊发表国际合作论文数量和被引表现

2020 年，213 种中国 SCI 期刊发表国际合作论文 5692 篇，发文数量范围为 1～182 篇。发表国际合作论文 TOP10 期刊依次是《纳米研究（英文版）》（182 篇）、《材料科学技术（英文版）》（132 篇）、《能源化学（英文）》（99 篇）、《光：科学与应用（英文）》（95 篇）、《林业研究（英文版）》（91 篇）、《中国物理 B（英文）》（88 篇）、《地学前缘（英文版）》（86 篇）、《纳微快报（英文）》（79 篇）、《园艺研究（英文）》（79 篇）和《中国化学快报（英文版）》（77 篇）。

发表国际合作论文比例 TOP10 期刊依次是《真菌多样性（英文）》（90.91%）、《地下空间（英文）》（57.14%）、《地学前缘（英文版）》（56.95%）、《光：科学与应用（英文）》（52.20%）、《计算可视媒体（英文）》（51.52%）、《动物学报》（51.47%）、《分子植物（英文）》（51.35%）、《植物分类学报》（51.33%）、《国家科学评论（英文）》（46.90%）和《贫困所致传染病（英文）》（46.67%）。

发表的国际合作论文的“引文影响力”（篇均被引次数）TOP10 期刊依次是《军事医学研究（英文）》（468.29）[①]、《细胞研究（英文版）》（20.03）、《药物分析学报（英文）》（16.24）、《能源化学（英文）》（14.51）、《信号转导与靶向治疗（英文）》（14.46）、《分子植物（英文）》（14.04）、《中国病毒学（英文）》（13.41）、《卒中与血管神经病学（英文）》（13.00）、《中国免疫学杂志（英文版）》（11.88）和《中国结合医学杂志》（11.64）。

有 85 种期刊国际合作论文的“学科规范化的引文影响力”大于 1，即论文的被引表现高于该期刊所在学科的全球平均水平。“学科规范化的引文影响力”TOP10 期刊依次是《军事医学研究（英文）》（178.28）、《分子植物（英文）》（10.21）、《药物分析学报（英文）》（7.84）、《真菌多样性（英文）》（7.15）、《卒中与血管神经病学（英文）》（5.76）、《细胞研究（英文版）》（5.75）、《能源化学（英文）》（5.07）、《国家科学评论（英文）》（4.09）、《植物学报（英文版）》（3.93）和《催化学报（英文）》（3.63）。

4. 中国 SCI 期刊发文数和影响力排行榜

2020 年，213 种中国 SCI 期刊共发表论文 30742 篇，发文数量范围为 18～922 篇。论文数 TOP10、被引频次 TOP10、引文影响力 TOP10、论文被引百分比 TOP10、学科规范化的引文影响力 TOP10、期刊影响因子 TOP10 的中国 SCI 期刊详情见表 1-48、表 1-49、表 1-50、表 1-51、表 1-52 和表 1-53。

---

① 该期刊的国际合作论文数为 7 篇，被引频次为 3278。

表 1-48　2020 年发表论文数 TOP10 的中国 SCI 期刊

序号	英文刊名	中文刊名	文种	论文数/篇
1	*Chinese Physics B*	中国物理 B（英文）	英文	922
2	*Acta Physica Sinica*	物理学报	中文	794
3	*Spectroscopy and Spectral Analysis*	光谱学与光谱分析	中文	657
4	*Nano Research*	纳米研究（英文版）	英文	640
5	*Chinese Chemical Letters*	中国化学快报（英文版）	英文	628
6	*Rare Metal Materials and Engineering*	稀有金属材料与工程	中文	615
7	*Journal of Materials Science & Technology*	材料科学技术（英文版）	英文	571
8	*Chinese Journal of Organic Chemistry*	有机化学	中文	416
9	*Journal of Energy Chemistry*	能源化学（英文）	英文	398
10	*Journal of Forestry Research*	林业研究（英文版）	英文	383

表 1-49　2020 年被引频次 TOP10 的中国 SCI 期刊

序号	英文刊名	中文刊名	文种	总被引频次
1	*Journal of Energy Chemistry*	能源化学（英文）	英文	4556
2	*Journal of Materials Science & Technology*	材料科学技术（英文版）	英文	3571
3	*Military Medical Research*	军事医学研究（英文）	英文	3470
4	*Chinese Chemical Letters*	中国化学快报（英文版）	英文	3238
5	*Nano Research*	纳米研究（英文版）	英文	2595
6	*Chinese Medical Journal*	中华医学杂志（英文版）	英文	2162
7	*Science Bulletin*	科学通报（英文版）	英文	1923
8	*Nano-Micro Letters*	纳微快报（英文）	英文	1922
9	*National Science Review*	国家科学评论（英文）	英文	1874
10	*Signal Transduction and Targeted Therapy*	信号转导与靶向治疗（英文）	英文	1732

表 1-50　2020 年引文影响力 TOP10 的中国 SCI 期刊

序号	英文刊名	中文刊名	文种	引文影响力
1	*Military Medical Research*	军事医学研究（英文）	英文	65.47
2	*International Journal of Oral Science*	国际口腔科学杂志（英文版）	英文	32.89
3	*Cell Research*	细胞研究（英文版）	英文	15.56
4	*Journal of Pharmaceutical Analysis*	药物分析学报（英文）	英文	14.41
5	*Frontiers of Medicine*	高等学校学术文摘·医学前沿（英文）	英文	13.85
6	*National Science Review*	国家科学评论（英文）	英文	12.92
7	*World Journal of Pediatrics*	世界儿科杂志（英文）	英文	12.87
8	*Signal Transduction and Targeted Therapy*	信号转导与靶向治疗（英文）	英文	12.11
9	*Journal of Energy Chemistry*	能源化学（英文）	英文	11.45
10	*Molecular Plant*	分子植物（英文）	英文	11.15

表 1-51　2020 年论文被引百分比 TOP10 的中国 SCI 期刊

序号	英文刊名	中文刊名	文种	论文被引百分比/%
1	*Fungal Diversity*	真菌多样性（英文）	英文	100.00
2	*Nano-Micro Letters*	纳微快报（英文）	英文	97.24
3	*Electrochemical Energy Reviews*	电化学能源评论（英文）	英文	96.67
4	*Molecular Plant*	分子植物（英文）	英文	96.40
5	*Journal of Energy Chemistry*	能源化学（英文）	英文	96.23
6	*National Science Review*	国家科学评论（英文）	英文	95.86
7	*Signal Transduction and Targeted Therapy*	信号转导与靶向治疗（英文）	英文	95.80
8	*Light: Science & Applications*	光：科学与应用（英文）	英文	94.51
9	*Asian Journal of Pharmaceutical Sciences*	亚洲药物制剂科学（英文）	英文	93.22
10	*Cell Research*	细胞研究（英文版）	英文	92.47

表 1-52　2020 年发表论文“学科规范化的引文影响力”TOP10 的中国 SCI 期刊

序号	英文刊名	中文刊名	文种	学科规范化的引文影响力
1	*Military Medical Research*	军事医学研究（英文）	英文	24.92
2	*International Journal of Oral Science*	国际口腔科学杂志（英文版）	英文	12.07
3	*Molecular Plant*	分子植物（英文）	英文	7.92
4	*Fungal Diversity*	真菌多样性（英文）	英文	7.13
5	*Frontiers of Medicine*	高等学校学术文摘·医学前沿（英文）	英文	5.37
6	*Journal of Pharmaceutical Analysis*	药物分析学报（英文）	英文	5.31
7	*National Science Review*	国家科学评论（英文）	英文	4.55
8	*World Journal of Pediatrics*	世界儿科杂志（英文）	英文	4.42
9	*Cell Research*	细胞研究（英文版）	英文	4.34
10	*Journal of Energy Chemistry*	能源化学（英文）	英文	4.09

表 1-53　2020 年期刊影响因子 TOP10 的中国 SCI 期刊

序号	英文刊名	中文刊名	文种	期刊影响因子
1	*Electrochemical Energy Reviews*	电化学能源评论（英文）	英文	28.91
2	*Cell Research*	细胞研究（英文版）	英文	25.62
3	*Fungal Diversity*	真菌多样性（英文）	英文	20.37
4	*Signal Transduction and Targeted Therapy*	信号转导与靶向治疗(英文)	英文	18.19
5	*Light: Science & Applications*	光：科学与应用（英文）	英文	17.78
6	*National Science Review*	国家科学评论（英文）	英文	17.28
7	*Nano-Micro Letters*	纳微快报（英文版）	英文	16.42
8	*Energy & Environmental Materials*	能源与环境材料（英文）	英文	15.12
9	*Protein & Cell*	蛋白质与细胞（英文）	英文	14.87
10	*Bone Research*	骨研究（英文）	英文	13.57

二、基于 CNKI 的中国科技期刊发表论文情况

以我国 4963 种科技期刊中被 CNKI（China National Knowledge Infrastructure，由《中国学术期刊（光盘版）》电子杂志社有限公司研发，网址：www.cnki.net，即中国知网）收录的 4399 种为统计范围（即本部分“中国科技期刊”所指范围），统计分析其 2019 年论文数量、学科分布、机构分布、基金论文、国际合作等情况及其发表论文的国内、国际学术影响力。

（一）中国科技期刊论文学科分布

2019 年 4399 种中国科技期刊共发表可被引论文 129.8 万篇，刊均发文量 294 篇。

《中国学术期刊影响因子年报（自然科学与工程技术版）》（以下简称《影响因子年报》）2020 版共 65 个学科分类，其中专业学科类 60 个，其余 4 个为综合学科类、1 个为交叉学科类。129.8 万篇论文中，约 15 万篇为社科或跨社科的论文，属于 60 个科学技术专业领域的论文约为 114.6 万篇。一些论文可涉及 2 个及以上专业领域，因此，考虑学科复分后，科学技术专业领域论文总数约为 129 万篇，各学科论文数及占比如表 1-54 所示。60 个学科中发文超过 1 万篇的有 35 个，这 35 个学科发文占全部论文数的 91.51%，占比在 5%以上的学科有 5 个，依次为“自动化技术、计算机技术”（87673 篇，6.79 %）、“土木建筑工程”（85376 篇，6.61%）、“交通运输工程”（74833 篇，5.79%）、“内科学”（73000 篇，5.65 %）和“护理学”（71957 篇，5.57%）。

（二）中国科技期刊论文地区分布

据对全部中国发文机构所在地区的统计结果显示（表 1-55），2019 年在中国科技期刊发表论文数量最多的地区是北京，125424 篇，占 9.71%。之后为江苏（107230 篇，8.30%）、广东（90647 篇，7.02%）、河南（77345 篇，5.99%）、山东（71366 篇，5.53%）、陕西（58720 篇，4.55%）、湖北（57312 篇，4.44%）、上海（56130

篇，4.35%）、辽宁（55069 篇，4.26%）、四川（54946 篇，4.25%）、浙江（51212 篇，3.97%）和河北（40953 篇，3.17%）。

表 1-54　2019 年中国科技期刊发表各学科论文数量统计

序号	学科	论文数/篇	占比/%
1	自动化技术、计算机技术	87673	6.79
2	土木建筑工程	85376	6.61
3	交通运输工程	74833	5.79
4	内科学	73000	5.65
5	护理学	71957	5.57
6	中医学与中药学	62439	4.83
7	电气工程	52436	4.06
8	外科学	51612	4.00
9	肿瘤学	50160	3.88
10	环境科学技术	44739	3.46
11	妇产科学与儿科学	38685	3.00
12	无线电电子学、电信技术	38291	2.96
13	化学工程	36706	2.84
14	临床医学综合	31840	2.47
15	畜牧、兽医科学	28766	2.23
16	预防医学与卫生学	27244	2.11
17	矿山工程技术	25413	1.97
18	金属学与金属工艺	25194	1.95
19	神经病学与精神病学	24935	1.93
20	农艺学	22234	1.72
21	化学	21729	1.68
22	食品科学技术	21398	1.66
23	地质学	19473	1.51
24	石油天然气工业	19284	1.49
25	园艺学	17688	1.37
26	机械工程	17510	1.36
27	水利工程	17155	1.33
28	航空、航天科学技术	13774	1.07
29	林学	12727	0.99
30	药学	12464	0.97

续表

序号	学科	论文数/篇	占比/%
31	生物学	11428	0.88
32	植物保护学	11416	0.88
33	材料科学	11175	0.87
34	耳鼻咽喉科学与眼科学	10747	0.83
35	数学	10322	0.80
36	农业基础科学	8849	0.69
37	轻工业（除纺织、食品）	8838	0.68
38	农业工程	7092	0.55
39	大气科学	6686	0.52
40	测绘科学技术	6638	0.51
41	军事医学与特种医学	6370	0.49
42	口腔医学	6301	0.49
43	基础医学	6143	0.48
44	工程与技术科学基础学科	5748	0.45
45	物理学	5700	0.44
46	冶金工程技术	5457	0.42
47	水产学	5316	0.41
48	能源与动力工程	5195	0.40
49	地球物理学	4151	0.32
50	皮肤病学与性病学	3994	0.31
51	纺织科学技术	3508	0.27
52	海洋科学	3228	0.25
53	武器工业与军事技术	2786	0.22
54	力学	2118	0.16
55	核科学技术	1770	0.14
56	医药卫生事业管理	1284	0.10
57	天文学	859	0.07
58	安全科学技术	784	0.06
59	自然地理学	481	0.04
60	系统科学	324	0.03
	合计	1291443	100.00

注：按照发表论文数量降序排序。
数据来源于 CNKI。
学科间有重复，即一篇论文可能涉及两个及以上专业领域。

表 1-55　2019 年中国科技期刊发表中国论文数量统计

序号	地区	论文数/篇	占比/%	序号	地区	论文数/篇	占比/%
1	北京	125424	9.71	17	黑龙江	32637	2.53
2	江苏	107230	8.30	18	天津	29945	2.32
3	广东	90647	7.02	19	江西	29786	2.31
4	河南	77345	5.99	20	甘肃	28032	2.17
5	山东	71366	5.53	21	广西	27577	2.14
6	陕西	58720	4.55	22	吉林	27051	2.09
7	湖北	57312	4.44	23	重庆	23780	1.84
8	上海	56130	4.35	24	云南	22864	1.77
9	辽宁	55069	4.26	25	贵州	22131	1.71
10	四川	54946	4.25	26	新疆	19324	1.50
11	浙江	51212	3.97	27	内蒙古	15273	1.18
12	河北	40953	3.17	28	青海	7104	0.55
13	湖南	37410	2.90	29	宁夏	6791	0.53
14	山西	37151	2.88	30	海南	6447	0.50
15	安徽	36429	2.82	31	西藏	1917	0.15
16	福建	33367	2.58	合计		1291370	100.00

注：按照发表论文数量降序排序。
数据来源于 CNKI。
由于是对全部发文机构所在地区的统计结果，地区间有重复，即一篇论文的发文机构可能被统计到多个地区。
未统计中国港澳台地区论文数据。

（三）中国科技期刊论文发文机构分布

2019 年中国科技期刊论文发文机构中，高等院校占 36.66%（不含大/中专学校，下文同），医疗机构占 28.43%，企业和科研机构分别占 13.57%和 9.95%，事业单位、大/中专学校和中小学校、幼儿园等其他类型机构发文合计占 11.39%（图 1-2）。

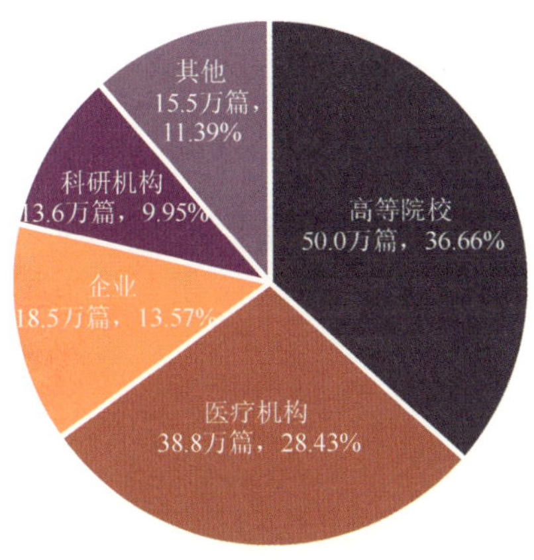

图 1-2　2019 年中国科技期刊论文的发文机构类型分布

表 1-56 列出了中国科技期刊论文发文机构类型在各学科的构成情况：

1)高校发表论文占比超过 3/4(75%)的学科有 9 个，依次为“数学”(94.41%)、“力学”（92.35%）、“物理学”（90.63%）、“系统科学”（90.22%）、“材料科学”（88.26%）、“生物学”（83.18%）、“天文学”（80.94%）、“工程与科学技术基础学科”（76.54%）和“自然地理学”（76.37%）。

2）医疗机构是临床医学各领域发表论文的主体，仅在“药学”“医药卫生事业管理”“基础医学”三个学科发文占比低于 70%。医疗机构发表论文占比最多的学科，依次为“外科学”（97.77%）、“妇产科学与儿科学”（97.56%）、“护理学”（95.59%）、“耳鼻咽喉科学与眼科学”（95.31%）、“肿瘤学”（95.20%）、“皮肤病学与性病学”（94.90%）、“临床医学综合”（94.86%）、“内科学”（94.66%）、“口腔医学”（93.05%）“神经病学与精神病学”（92.27%）和“军事医学与特种医学”（90.13%）。

3）企业发表论文占比较高的前 10 个学科依次为“石油天然气工业”（74.45%）、“矿山工程技术”（69.00%）、“冶金工程技术”（65.71%）、“电气工程”（50.84%）、“交通运输工程”（48.70%）、“金属学与金属工艺”（36.17%）、“土木建筑工程”（33.66%）、“能源与动力工程”（31.28%）、“化学工程”（30.97%）和“地质学”（27.15%）。

4）科研机构发表论文占比较高的前 10 个学科依次为“核科学技术”（58.15%）、“天文学”（56.00%）、“农艺学”（42.84%）、“水产学”（40.84%）、“园艺学”（38.13%）、“海洋科学”（37.63%）、“植物保护学”（37.02%）、“自然地理学”（36.54%）、“航空、航天科学技术”（35.21%）和“地球物理学”（34.39%）。

表 1-56　2019 年中国科技期刊论文的各学科机构类型分布

序号	学科	学科论文数/篇	高等院校		医疗机构		企业		科研机构		其他	
			论文数/篇	占比/%	论文数/篇	占比/%	论文数/篇	占比/%	论文数/篇	占比/%	论文数/篇	占比/%
1	自动化技术、计算机技术	83396	61186	73.37	2729	3.27	11437	13.71	7116	8.53	9866	11.83
2	土木建筑工程	68221	34703	50.87	361	0.53	22965	33.66	10598	15.53	7251	10.63
3	交通运输工程	65145	26705	40.99	33	0.05	31723	48.70	8122	12.47	7616	11.69
4	内科学	71688	8936	12.47	67857	94.66	214	0.30	1071	1.49	967	1.35
5	护理学	70918	5113	7.21	67789	95.59	26	0.04	117	0.16	1138	1.60
6	中医学与中药学	61269	27610	45.06	44021	71.85	1222	1.99	3694	6.03	2113	3.45
7	电气工程	47618	22378	46.99	66	0.14	24208	50.84	6628	13.92	4651	9.77
8	外科学	50930	4180	8.21	49793	97.77	67	0.13	266	0.52	359	0.70
9	肿瘤学	49818	6842	13.73	47429	95.20	101	0.20	574	1.15	431	0.87
10	环境科学技术	38026	22688	59.66	409	1.08	6631	17.44	8690	22.85	8064	21.21
11	妇产科学与儿科学	38140	2331	6.11	37209	97.56	53	0.14	287	0.75	495	1.30
12	无线电电子学、电信技术	35403	20724	58.54	241	0.68	9270	26.18	4614	13.03	5155	14.56
13	化学工程	32372	20147	62.24	317	0.98	10027	30.97	4903	15.15	2027	6.26
14	临床医学综合	31450	3296	10.48	29834	94.86	147	0.47	514	1.63	452	1.44
15	畜牧、兽医科学	22085	10833	49.05	1415	6.41	1608	7.28	4678	21.18	8737	39.56
16	预防医学与卫生学	26307	7112	27.03	20427	77.65	364	1.38	1432	5.44	1603	6.09
17	矿山工程技术	22351	6586	29.47	7	0.03	15422	69.00	1947	8.71	1723	7.71
18	金属学与金属工艺	23291	14475	62.15	39	0.17	8425	36.17	3134	13.46	1610	6.91
19	神经病学与精神病学	24618	4154	16.87	22714	92.27	41	0.17	393	1.60	327	1.33
20	农艺学	19496	8971	46.01	101	0.52	1466	7.52	8352	42.84	5977	30.66
21	化学	20283	14557	71.77	1168	5.76	1993	9.83	3780	18.64	2853	14.07
22	食品科学技术	19392	13739	70.85	556	2.87	1978	10.20	4076	21.02	2883	14.87
23	地质学	18635	7969	42.76	2	0.01	5059	27.15	5718	30.68	6748	36.21
24	石油天然气工业	18205	5387	29.59	4	0.02	13554	74.45	2319	12.74	608	3.34
25	园艺学	14677	6708	45.70	27	0.18	593	4.04	5596	38.13	4773	32.52
26	机械工程	15804	9913	62.72	242	1.53	3528	22.32	2269	14.36	1727	10.93
27	水利工程	14128	3899	27.60	3	0.02	3806	26.94	4151	29.38	4764	33.72
28	航空、航天科学技术	13265	6724	50.69	7	0.05	2944	22.19	4670	35.21	1757	13.25
29	林学	10294	4305	41.82	91	0.88	347	3.37	3122	30.33	4964	48.22
30	药学	12048	3982	33.05	7885	65.45	525	4.36	1104	9.16	872	7.24
31	生物学	11204	9319	83.18	508	4.53	225	2.01	3249	29.00	1450	12.94
32	植物保护学	9611	4260	44.32	159	1.65	397	4.13	3558	37.02	3842	39.98

续表

序号	学科	学科论文数/篇	高等院校		医疗机构		企业		科研机构		其他	
			论文数/篇	占比/%	论文数/篇	占比/%	论文数/篇	占比/%	论文数/篇	占比/%	论文数/篇	占比/%
33	材料科学	10882	9604	88.26	132	1.21	1013	9.31	1671	15.36	487	4.48
34	耳鼻咽喉科学与眼科学	10482	1171	11.17	9990	95.31	25	0.24	132	1.26	102	0.97
35	数学	10249	9676	94.41	97	0.95	211	2.06	448	4.37	525	5.12
36	农业基础科学	8082	4934	61.05	9	0.11	567	7.02	2747	33.99	2469	30.55
37	轻工业（除纺织、食品）	8052	5693	70.70	53	0.66	1578	19.60	639	7.94	906	11.25
38	农业工程	5722	2916	50.96	5	0.09	437	7.64	1221	21.34	1999	34.94
39	大气科学	6432	2469	38.39	5	0.08	132	2.05	1595	24.80	4401	68.42
40	测绘科学技术	5867	2910	49.60	3	0.05	725	12.36	1847	31.48	1752	29.86
41	军事医学与特种医学	6232	812	13.03	5617	90.13	58	0.93	116	1.86	156	2.50
42	口腔医学	6127	989	16.14	5701	93.05	18	0.29	39	0.64	90	1.47
43	基础医学	6064	3802	62.70	2760	45.51	142	2.34	839	13.84	237	3.91
44	工程与技术科学基础学科	5357	4100	76.54	23	0.43	776	14.49	660	12.32	395	7.37
45	物理学	5605	5080	90.63	43	0.77	219	3.91	1114	19.88	282	5.03
46	冶金工程技术	4943	1782	36.05	3	0.06	3248	65.71	508	10.28	142	2.87
47	水产学	4758	2795	58.74	33	0.69	370	7.78	1943	40.84	1214	25.51
48	能源与动力工程	4783	3212	67.15	6	0.13	1496	31.28	835	17.46	247	5.16
49	地球物理学	4019	1765	43.92	0	0.00	182	4.53	1382	34.39	2115	52.63
50	皮肤病学与性病学	3925	449	11.44	3725	94.90	9	0.23	108	2.75	61	1.55
51	纺织科学技术	3090	2194	71.00	2	0.06	611	19.77	218	7.06	438	14.17
52	海洋科学	3120	2114	67.76	6	0.19	385	12.34	1174	37.63	664	21.28
53	武器工业与军事技术	2699	1604	59.43	0	0.00	507	18.78	799	29.60	463	17.15
54	力学	2092	1932	92.35	11	0.53	130	6.21	297	14.20	70	3.35
55	核科学技术	1706	908	53.22	24	1.41	256	15.01	992	58.15	108	6.33
56	医药卫生事业管理	1270	642	50.55	645	50.79	3	0.24	37	2.91	132	10.39
57	天文学	834	675	80.94	0	0.00	19	2.28	467	56.00	84	10.07
58	安全科学技术	663	368	55.51	4	0.60	172	25.94	123	18.55	80	12.07
59	自然地理学	457	349	76.37	0	0.00	13	2.84	167	36.54	100	21.88
60	系统科学	317	286	90.22	3	0.95	25	7.89	31	9.78	20	6.31
合计		1193917	484963	40.62	432343	36.21	193693	16.22	142891	11.97	127542	10.68

注：按照学科论文数降序排序。

本表中学科论文数为各学科论文中规范出机构类型的论文数量。

数据来源于CNKI。

“占比”指该类型机构发文量占本学科论文总量的比例。

由于是对全部发文机构所属类型的统计结果，各学科各类型机构间有重复，即一篇论文可能被统计到多个类型机构中。

（四）中国科技期刊基金论文分析

由基金资助的课题成果而产出的论文称为基金论文，基金资助课题研究一般都是在充分论证、评审的基础上进行的。特别是国家级基金资助课题，其研究内容一般为国家目前急需或基础研究的热点、重点、难点问题。2019 年受基金资助发表在中国科技期刊上的论文共 498843 篇，占中国科技期刊论文总量的 38.44%，资助论文量最多的 10 种基金见表 1-57。可以看出除国家自然科学基金、国家重点研发计划等国家级基金外，河南、江苏、山东等省份的省级基金资助力度也较大。

表 1-57　2019 年中国科技期刊发表论文主要基金资助情况（TOP10 基金）

序号	基金名称	论文数/篇
1	国家自然科学基金	166501
2	国家重点研发计划	51572
3	中国博士后科学基金	5910
4	国家社会科学基金	4978
5	河南省科技攻关计划	4787
6	江苏省自然科学基金	4281
7	山东省自然科学基金	3850
8	广东省自然科学基金	3302
9	陕西省自然科学基金	3159
10	浙江省自然科学基金	3153

注：按照各基金论文数降序排序。
数据来源于 CNKI。

表 1-58 给出了 2019 年我国科技期刊发表各学科基金论文数量及占比。基金论文占比超过 70%的学科有 9 个，主要集中在基础学科，依次为“生物学”（85.82%）、“天文学”（80.21%）、“物理学”（79.74%）、“力学”（78.94%）、“数学”（78.16%）、“自然地理学”（77.75%）、“材料科学”（77.33%）、“海洋科学”（76.21%）和“基础医学”（71.71%）。

表 1-58　2019 年中国科技期刊发表论文中 TOP20 学科基金论文数和所占比例

序号	学科	论文数（A）/篇	基金论文数（B）/篇	占比/%（B/A×100%）
1	生物学	11428	9807	85.82
2	天文学	859	689	80.21
3	物理学	5700	4545	79.74
4	力学	2118	1672	78.94
5	数学	10322	8068	78.16
6	自然地理学	481	374	77.75
7	材料科学	11175	8642	77.33
8	海洋科学	3228	2460	76.21
9	基础医学	6143	4405	71.71
10	化学	21729	14881	68.48
11	地球物理学	4151	2826	68.08
12	食品科学技术	21398	14374	67.17
13	水产学	5316	3562	67.01
14	农业基础科学	8849	5771	65.22
15	系统科学	324	203	62.65
16	农艺学	22234	13852	62.30
17	大气科学	6686	3995	59.75
18	核科学技术	1770	1015	57.34
19	中医学与中药学	62439	35633	57.07
20	医药卫生事业管理	1284	730	56.85

注：按照各学科基金论文所占比例降序排序。
本表统计所有受基金资助论文，不限定资助基金级别。
数据来源于 CNKI。

（五）中国科技期刊境外作者论文和境外合作论文

境外作者论文是境外作者作为第一作者在中国科技期刊发表的论文。境外合作论文是中国作者作为第一作者，与其他国家（地区）作者在中国科技期刊共同发表的论文。2019 年中国科技期刊各学科发表境外作者论文 7649 篇、境外合作论文 7178 篇。

境外作者论文和境外合作论文分别占比超过 1%的学科共有 16 个（表 1-59）。发表境外作者论文超过 2%的学科有 8 个，依次为“天文学”（10.24%）、“物理学”（5.89%）、“生物学”（5.00%）、“力学”（4.77%）、“材料科学”（4.31%）、“基础医学”（3.17%）、“数学”（2.94%）和“海洋科学”（2.45%）。发表境外合作论文超过 2%的学科有 8 个，依次为“天文学”（9.90%）、“物理学”（4.04%）、“自然地理学”（3.53%）、“海洋科学”（3.47%）、力学（3.35%）、“生物学”（3.35%）、“材料科学”（3.03%）和“地球物理学”（2.29%）。以境外作者论文数和境外合作论文数之和排序，境外论文总数较多的学科及论文数量依次为：“生物学”（954 篇）、“材料科学”（821 篇）、“化学”（570 篇）、“物理学”（566 篇）和“数学”（501 篇）。

表 1-59 2019 年中国科技期刊各学科境外作者论文和境外合作论文

序号	学科	学科论文数（*A*）/篇	境外作者论文		境外合作论文		境外论文总数/篇
			论文数（*B*）/篇	占比/%（*B*/*A*×100%）	论文数（*C*）/篇	占比/%（*C*/*A*×100%）	
1	生物学	11428	571	5.00	383	3.35	954
2	材料科学	11175	482	4.31	339	3.03	821
3	化学	21729	289	1.33	281	1.29	570
4	物理学	5700	336	5.89	230	4.04	566
5	数学	10322	303	2.94	198	1.92	501
6	地质学	19473	212	1.09	248	1.27	460
7	基础医学	6143	195	3.17	121	1.97	316
8	海洋科学	3228	79	2.45	112	3.47	191
9	天文学	859	88	10.24	85	9.90	173
10	力学	2118	101	4.77	71	3.35	172
11	地球物理学	4151	76	1.83	95	2.29	171
12	大气科学	6686	53	0.79	108	1.62	161
13	能源与动力工程	5195	68	1.31	55	1.06	123
14	核科学技术	1770	25	1.41	20	1.13	45
15	自然地理学	481	8	1.66	17	3.53	25
16	系统科学	324	6	1.85	6	1.85	12

注：按照境外论文总数降序排序。
数据来源于 CNKI。

2019 年中国科技期刊境外作者论文或境外合作论文中，发表我国港澳台地区论文与合作论文见表 1-60，发表其他国家论文与合作论文见表 1-61、表 1-62。

表 1-60　2019 年中国科技期刊发表港澳台作者论文数

序号	地区	境外作者论文数/篇	境外合作论文数/篇	境外论文总数/篇
1	香港	478	620	1098
2	澳门	177	184	361
3	台湾	112	160	272

表 1-61　2019 年中国科技期刊发表境外作者论文数（TOP20 国家）

序号	国家	境外作者论文数/篇	序号	国家	境外作者论文数/篇
1	美国	1772	11	法国	186
2	伊朗	431	12	俄罗斯	142
3	英国	416	13	新加坡	136
4	澳大利亚	360	14	西班牙	115
5	韩国	358	15	巴西	106
6	印度	344	16	马来西亚	98
7	德国	307	17	巴基斯坦	96
8	日本	304	18	荷兰	82
9	加拿大	264	19	土耳其	81
10	意大利	187	20	埃及	78

注：按照境外作者论文数降序排序。
数据来源于 CNKI。

表 1-62　2019 年中国科技期刊发表境外合作论文数（TOP20 国家）

序号	国家	境外合作论文数/篇	序号	国家	境外合作论文数/篇
1	美国	2565	11	荷兰	94
2	英国	663	12	俄罗斯	84
3	澳大利亚	606	13	意大利	70
4	日本	472	14	丹麦	66
5	加拿大	432	15	巴基斯坦	61
6	德国	296	16	新西兰	53
7	新加坡	204	17	沙特阿拉伯	51
8	韩国	188	18	瑞士	49
9	法国	151	19	比利时	46
10	瑞典	106	20	芬兰	38

注：按照境外合作论文数降序排序。
数据来源于 CNKI。

（六）中国科技期刊论文学术影响力

1. 中国科技期刊论文国内被引用分析

CNKI《中国学术期刊（网络版）数据库》《中国博士学位论文全文数据库》《中国优秀硕士学位论文全文数据库》《中国重要会议论文全文数据库》四个数据库2019年发表文献的参考文献共计6238万条，包括自然科学和工程技术以及人文社会科学各学科。统计显示，期刊论文、博士学位论文、硕士学位论文和会议论文四类文献2019年引用中国科技期刊的参考文献条数为1410万条，占总参考文献数的22.61%（表1-63）。其中，期刊论文引用中国科技期刊论文占比最大，为31.47%，其次为会议论文（22.33%）、硕士学位论文（17.84%）、博士学位论文（9.91%）。

表1-63 国内四类文献引用2019年中国科技期刊论文情况

来源文献类型	参考文献数（A）/条	引用中国科技期刊数（B）/条	占比/%（$B/A\times100\%$）
期刊论文	25336794	7972898	31.47
博士学位论文	6543626	648248	9.91
硕士学位论文	29599000	5279812	17.84
会议论文	902132	201482	22.33
合计	62381552	14102440	22.61

注：本表以参考文献条目数为单位统计，若一篇文献引用另一篇文献多次，计多条。

期刊文献以纸刊出版时间为准，学位论文和会议论文以在知网上网发表时间为准，2019年论文指出版或上网时间在2019年1月1日至2019年12月31日的论文。

数据来源于CNKI。

2. 中国科技期刊论文国际被引用分析

根据CNKI《中国学术期刊国际引证年报》2013版～2020版报道数据，中国科技期刊论文国际被引用频次呈逐年上升趋势（图1-3），且2016年以来增长较快，国际总被引频次在2019年达到98.6万次，比2012年的37.6万次，增长了1.62倍，显示出我国科技期刊国际影响力快速提升的趋势。

表1-64给出了2019年《中国学术期刊国际引证年报》报道的中国科技期刊各学科国际他引总被引频次情况。被报道的4040种科技期刊总被引98.6万次，刊均被引244次。统计显示，国际他引总被引频次位列前三的学科依次为，工业技术总论

类期刊是所有学科国际他引总被引频次最多的（279619 次，28.35%），其次是数理科学和化学（161451 次，16.37%），医药、卫生及综合性医药卫生（160522 次，16.27%）。刊均被引位列前三的学科均属基础科学，分别为生物科学（刊均被引 995 次）、数理科学和化学（刊均被引 967 次）和天文学、地球科学（刊均被引 562 次）。

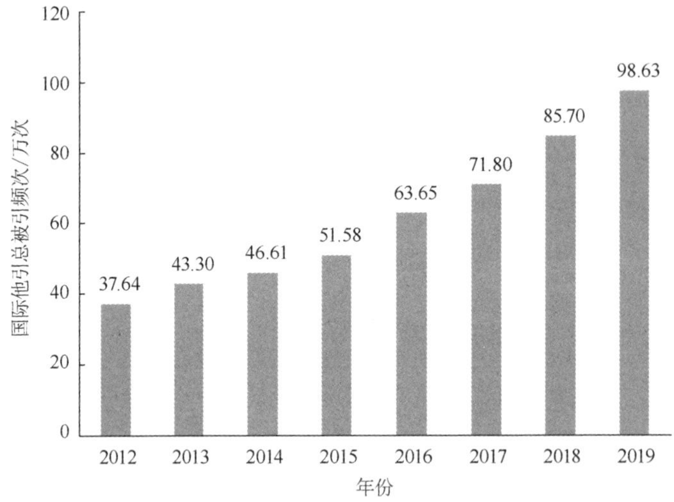

图 1-3 中国科技期刊论文 2012～2019 年国际被引频次变化图

表 1-64 2019 年中国科技期刊各学科国际他引总被引频次统计

	学科	刊数/种	国际他引总被引频次	国际他引总被引占比/%	刊均国际他引总被引频次
基础科学（1275）	N 自然科学总论	353	53277	5.40	151
	O 数理科学和化学	167	161451	16.37	967
	P 天文学、地球科学	220	123619	12.53	562
	Q 生物科学	94	93559	9.49	995
	S 农业、林业，综合性农业科学	441	60162	6.10	136
技术科学（1787）	T 工业技术总论	1516	279619	28.35	184
	U 交通运输	148	11552	1.17	78
	V 航空、宇宙飞船	55	10248	1.04	186
	X 环境科学、安全科学	68	32310	3.28	475
医药卫生（978）	R 医药、卫生，综合性医药卫生	978	160522	16.27	164
合计		4040	986319	100.00	244

注：学科按照期刊 CN 号划分所属学科大类。
国际他引总被引占比是指该学科期刊的国际他引总被引频次占我国科技期刊整体国际他引总被引频次的比例。
数据来源于 CNKI。

第三节　中国科技期刊影响力分析

基于中国知网《中国学术期刊影响因子年报（自然科学与工程技术版）》（以下简称《影响因子年报》）、《中国学术期刊国际引证年报（自然科学与工程技术版）》（以下简称《国际引证年报》）和《科技期刊世界影响力指数（WJCI）报告》（以下简称《WJCI 报告》）[①]数据，分析我国科技期刊的国内、国际影响力整体表现。

《影响因子年报》是以光盘形式出版的年刊，统计发布我国学术期刊在统计年度发表论文情况以及被国内期刊、会议论文、博硕士学位论文的引用频次等数据，发布数十项定量评价指标，是评价我国科技期刊学术影响力表现的权威参考工具。《影响因子年报》2020 版收录期刊 3943 种，涵盖参加年检科技期刊 3692 种，其中中文科技期刊 3441 种，英文科技期刊 251 种。

---

① 《WJCI 报告》即《科技期刊世界影响力指数（WJCI）报告》，是由中国科学技术信息研究所、《中国学术期刊（光盘版）》电子杂志社有限公司、清华大学图书馆、万方数据有限公司、中国高校科技期刊研究会联合研制的期刊评价报告。该报告是中国科学技术协会资助课题“面向国际的科技期刊影响力综合评价方法研究”成果，入选“科创中国”项目。

第一，统计源期刊的遴选：基于各国 R&D 投入、科技论文产出、科研人员数量、期刊规模和水平 4 个维度综合衡量，确定各国入选统计源期刊比例，更加公平、全面、科学地反映世界各国科技发展与科技期刊发展的真实状况。《WJCI 报告》2020 版最终经严格评议，收录全球科技期刊 14287 种，约占全球活跃科技期刊 6 万种的四分之一（Q1），很好地体现了地区代表性和学科代表性。

第二，评价指标体系：采取基于引证数据的影响力指数（WAJCI）和基于网络使用数据的影响力指数（WI）构建了综合评价指标——“科技期刊世界影响力指数”（WJCI）。WJCI 指数全面反映了期刊质量、信息量、办刊历史及其对基础研究、应用研究的学术影响力和社会传播力，得到国内外专家学者的普遍认可。

第三，学科分类体系：基于对 8 个国际索引数据库（WoS、Scopus、Medline、EI、JST、KCI、CABA、RSCI）的分类体系、期刊名录的搜集整理、对比分析，以《中华人民共和国学科分类及代码》为总纲，参考《中国图书馆分类法》《学位授予和人才培养学科目录》，创新性编制了覆盖各级别学科领域的科技期刊分类体系，共 279 个学科类目，更好地体现了国际化和对新兴、交叉学科的支持。按国际期刊分类评价惯例，分学科对收录期刊进行 WJCI 指标计算和排序。

第四，基础数据体系：项目得到 CrossRef、Digital Science 的大力支持，在中国知网全球学术快报 CNKI-Scholar 的基础上，项目组自主建立了用于项目研究的《世界引文数据库》。收录 26653 种国际期刊的 2019 引文数据 1.44 亿条，以此为基础统计各项评价指标。

《国际引证年报》对我国3083种科技期刊被世界各国共2.1万余种国际学术期刊、图书和学术会议论文的引用频次进行统计，每年发布多项评价指标，全面揭示我国科技期刊的国际影响力。《国际引证年报》的综合评价指标是“期刊影响力指数”（Clout Index, CI）。每年根据CI指标排序，遴选TOP5%的期刊为“中国最具国际影响力学术期刊”175 种；TOP5%～10%的期刊为“中国国际影响力优秀学术期刊”175种；以上两类期刊合称为“国际影响力TOP期刊”（以下简称“TOP期刊”），共350种。《国际引证年报》2020版收录期刊涵盖参加年检的中文科技期刊2796种，英文科技期刊287种。

《WJCI报告》对世界科技期刊按学科计算WJCI指数并排序，可使世界各国科技期刊对比研究。将科技期刊按数量在学科内等分为Q1～Q4区（Q即quarter，四分之一）。《WJCI 报告》2020 版收录期刊涵盖参加 2020 年检的中国科技期刊1376种，其中中文科技期刊1122种，英文科技期刊254种。

一、我国中文科技期刊影响力分析

根据《影响因子年报》2020版，3441种中文科技期刊分布于65个学科，其中跨多个学科的期刊有389种。期刊数量最多的3个学科为：“自然科学与工程技术综合”（224种）、“医药卫生综合”（183种）、“化学工程”（169种），表1-65统计了我国中文科技期刊学科分布情况。

表1-65 《影响因子年报》2020版收录中文科技期刊学科分布

序号	学科	刊数/种	占比/%
1	自然科学与工程技术综合	224	5.83
2	医药卫生综合	183	4.77
3	化学工程	169	4.40
4	土木建筑工程	155	4.04
5	交通运输工程	143	3.72
6	无线电电子学、电信技术	138	3.59
7	自动化技术、计算机技术	124	3.23

续表

序号	学科	刊数/种	占比/%
8	工程技术综合	121	3.15
9	中医学与中药学	117	3.05
10	电气工程	115	3.00
11	临床医学综合	110	2.87
12	地质学	95	2.47
13	农业科学综合	94	2.45
14	内科学	93	2.42
15	石油天然气工业	88	2.29
16	机械工程	83	2.16
17	金属学与金属工艺	79	2.06
18	外科学	78	2.03
19	冶金工程技术	78	2.03
20	预防医学与卫生学	75	1.95
21	水利工程	73	1.90
22	矿山工程技术	73	1.90
23	生物学	67	1.75
24	畜牧、兽医科学	66	1.72
25	林学	65	1.69
26	环境科学技术	63	1.64
27	药学	58	1.51
28	基础医学	56	1.46
29	航空、航天科学技术	52	1.35
30	食品科学技术	51	1.33
31	能源与动力工程	50	1.30
32	工程与技术科学基础学科	48	1.25
33	农艺学	47	1.22
34	化学	40	1.04
35	纺织科学技术	33	0.86
36	物理学	33	0.86
37	肿瘤学	33	0.86
38	妇产科学与儿科学	31	0.81
39	大气科学	30	0.78
40	轻工业（除纺织、食品）	29	0.76

续表

序号	学科	刊数/种	占比/%
41	神经病学与精神病学	28	0.73
42	数学	27	0.70
43	医药卫生事业管理	27	0.70
44	地球物理学	27	0.70
45	测绘科学技术	26	0.68
46	水产学	24	0.63
47	武器工业与军事技术	24	0.63
48	耳鼻咽喉科学与眼科学	23	0.60
49	护理学	23	0.60
50	材料科学	22	0.57
51	园艺学	22	0.57
52	农业基础科学	21	0.55
53	海洋科学	21	0.55
54	植物保护学	20	0.52
55	农业工程	19	0.49
56	口腔医学	18	0.47
57	安全科学技术	17	0.44
58	军事医学与特种医学	16	0.42
59	力学	15	0.39
60	核科学技术	15	0.39
61	资源科学	13	0.34
62	自然地理学	13	0.34
63	皮肤病学与性病学	7	0.18
64	系统科学	6	0.16
65	天文学	5	0.13
合计		3839	100.00

注：按照学科刊数排序。
数据来源于《影响因子年报》2020 版。
存在一种期刊属于两个及以上学科的现象。

（一）可被引文献量

可被引文献一般是指具有学术成果性质的期刊论文，是可以在学术研究过程中被别的学术论文所引用的文献，区别于其他非创新性研究文章，如叙事抒情、介绍、科普资料以及二次文献、虚构作品、目录索引等。期刊可被引文献量是期刊容纳科学研究信息量的重要标志。期刊的被引频次、影响因子等数据反映了期刊的学术影响力。现根据《影响因子年报》分析中文科技期刊近 5 年来的可被引文献量和被引频次、影响因子指标的演变，以反映期刊的刊载信息及影响力的变化。

根据《影响因子年报》2016 版～2020 版统计（数据统计年为 2015～2019 年），中文科技期刊刊均可被引文献量从 2015 年的 295.44 篇下降至 2019 年的 286.19 篇，总体呈下降趋势，总降幅为 3.13%（表 1-66）。但该规模的刊载文献量仍大于国际期刊的平均水平。根据科睿唯安发布的《期刊引证报告》（Journal Citation Reports, JCR）2019 年报告，国际科技期刊年均可被引文献量（articles+reviews）为 179 篇。

表 1-66　2015～2019 年中文科技期刊可被引文献量

统计年	可被引文献量/篇	刊数/种	刊均可被引文献量/篇
2015	978792	3313	295.44
2016	970789	3355	289.36
2017	965679	3391	284.78
2018	986516	3410	289.30
2019	984779	3441	286.19

注：按照统计年排序。
数据来源于《影响因子年报》2016 版～2020 版。

（二）总被引频次

《影响因子年报》中的被引频次统计了中国来源期刊、博硕士学位论文、会议论文的引用，称为复合总被引频次（以下简称“总被引频次”），是指某期刊自创刊以来发表的全部可被引文献在统计年被引用的总次数，反映了期刊在各类科学研究和人才培养活动中的总体影响力。我国中文科技期刊 2015～2019 年总被引频次 5 年平均值为 800.44 万次。从趋势来看，2015 年国内复合总被引 770.81 万次，于 2017 年达到峰值 843.61 万次，随后下降，至 2019 年回落至 767.52 万次，比高峰期下降了 9.02%。

《国际引证年报》的被引频次来自 2.1 万余种国际学术期刊、图书和学术会议论文的引用频次。我国中文科技期刊 2015～2019 年被国际文献引用 5 年平均值为 44.29 万次。从趋势来看，2015 年国际他引总被引 30.96 万次，到 2019 年达到了 62.03 万次，保持连续高速增长趋势，年平均增幅为 18.97%。国际影响力不断提升。

综合来看，2015～2019 年中文科技期刊国内外总被引频次呈现先升后降的趋势。从 2015 年的 794.84 万次，上升到 2017 年的 877.22 万次，随后下降，2019 年回落至 820.04 万次。从占比来看，2015～2019 年中文科技期刊国内被引频次在其国内外总被引频次中占比高达 95.68%，2015 年占比为 96.98%，2019 年占比为 93.60%。可见，中文科技期刊的影响力主要集中在国内（表 1-67）。

表 1-67　2015～2019 年中文科技期刊被国内外引用情况

统计年	刊数	国内复合引用（*A*）	国际年报引用（*B*）	合计（*A*+*B*）排重后	增幅/%
2015	3313	7708133	309631	7948357	-
2016	3355	8236901	379773	8548060	7.54
2017	3391	8436149	421527	8772233	2.62
2018	3410	7965429	483222	8358906	–4.71
2019	3441	7675175	620322	8200389	–1.90

注：按照统计年排序。

数据来源于《影响因子年报》2016 版～2020 版、《国际引证年报》2016 版～2020 版。

鉴于部分中国期刊被 SCI 数据库收录，同时被 CNKI 的《影响因子年报》收录为统计源，为了数据准确性，在汇总期刊国内外总被引频次时，做了排重处理。

增幅为合计（*A*+*B*）排重后的环比增幅。

（三）网络传播指标

网络传播指标包括总下载量、Web 即年下载量与 Web 即年下载率，反映期刊全文的下载使用情况。《影响因子年报》发布的下载量基于中国知网中心网站服务器、海外站点服务器、国内各镜像站点服务器上所有的下载日志。按照每天同一用户、使用同一 IP 地址、同一次登录后下载同一篇文献只计算一次的规则进行数据清洗，从而有效避免各类多线程下载软件造成的误差，更好地反映用户使用的真实情况。“总下载量”是指某期刊在中国知网网络出版的所有文献在统计年被全文下载的总篇次。“Web 即年下载量”是指在统计年某期刊出版并在中国知网发布的文献被当年全文下载的总篇次。“Web 即年下载率”是指在统计年某期刊出版并在中国知网发布的文献被当年全文下载的总篇次与该期刊当年出版并上网发布的文献总数之比，代表篇均下载次数。

根据《影响因子年报》2016 版～2020 版统计（数据统计年为 2015～2019 年），中文科技期刊总下载量从 2015 年的 2.33 亿次增加到 2019 年的 3.82 亿次，总体呈上升趋势，年均增幅为 13.15%。即年下载频次从 2015 年的 2285.69 万次增加到 2019 年的 6221.81 万次，总体呈上升趋势，2019 年比 2015 年增长了 172.21%，即年下载频次的占比从 2015 年的 9.82%增加到 2019 年的 16.30%，总体趋势呈上升趋势，2019 年比 2015 年增长为 65.99%。从刊均即年下载率来看，呈逐年上升趋势，2019 年比 2015 年增长了 155.30%，年均增长率为 26.40%（表 1-68）。

表 1-68　2015～2019 年中文科技期刊《影响因子年报》报道下载频次

统计年	总下载频次（*A*）	即年下载频次（*B*）	即年下载占比（*B*/*A*）/%	即年下载频次增幅/%	刊均即年下载率
2015	232857439	22856899	9.82	-	25.57
2016	271828764	26331640	9.69	15.20	29.80
2017	272863685	29386539	10.77	11.60	32.80
2018	306172698	42700698	13.95	45.31	41.61
2019	381620883	62218112	16.30	45.71	65.28

注：按照统计年排序。
数据来源于《影响因子年报》2016 版～2020 版。
统计范围为有即年下载频次的科技期刊。
增幅为即年下载频次的环比增幅。

（四）影响因子和即年指标

根据《影响因子年报》2016 版～2020 版数据（统计年为 2015～2019 年），中文科技期刊刊均复合影响因子 2015 年为 0.622，2019 年为 0.842，呈上升趋势，年均增幅为 7.86%。刊均复合即年指标 2015 年为 0.082，2019 年为 0.132，呈上升趋势，年均增幅为 12.64%（表 1-69）。

根据《国际引证年报》2016 版～2020 版数据，中文科技 TOP 期刊刊均他引影响因子 2015 年为 0.228，2019 年为 0.475，年均增幅为 20.14%，刊均即年指标 2015 年为 0.035，2019 年为 0.090，年均增幅为 26.63%（表 1-69）。

表 1-69　2015～2019 年中文科技期刊国内外影响因子、即年指标

统计年	国内影响力数据			国际影响力数据（TOP 期刊）		
	刊数/种	刊均复合影响因子	刊均复合即年指标	刊数/种	刊均他引影响因子	刊均即年指标
2015	3313	0.622	0.082	183	0.228	0.035
2016	3355	0.670	0.081	179	0.269	0.046
2017	3391	0.713	0.091	161	0.332	0.066
2018	3410	0.766	0.098	149	0.411	0.101
2019	3441	0.842	0.132	135	0.475	0.090

注：按照统计年排序。
数据来源于《影响因子年报》2016 版～2020 版、《国际引证年报》2016 版～2020 版。

（五）期刊自引率

自引率是指某期刊在统计年被本刊引用的次数与总被引频次之比，通常将自引率大于 20%的期刊作为高自引期刊。根据《影响因子年报》2016 版～2020 版数据，我国中文科技期刊自引率平均值一直维持在 10.00%左右，2019 年，自引率小于等于 20%的期刊占 89.40%，自引率大于 20%的期刊占 10.60%。从年度数据变化来看，自引率小于等于 20%的期刊占比略有增长。从各自引率区间的期刊数量分布来看，越高自引率的刊数越少（表 1-70）。

表 1-70　2015～2019 年中文科技期刊自引率分布

统计年	刊数/种	自引率/%											
		0～		10～		20～		30～		40～		50～	
		刊数/种	占比/%	刊数/种	占比/%	刊数/种	占比/%	刊数/种	占比/%	刊数/种	占比/%	刊数/种	占比/%
2015	3313	2035	61.42	861	25.99	287	8.66	90	2.72	28	0.85	12	0.36
2016	3355	2084	62.12	863	25.72	277	8.26	92	2.74	31	0.92	8	0.24
2017	3391	2137	63.02	878	25.89	273	8.05	75	2.21	19	0.56	9	0.27
2018	3410	2165	63.49	872	25.57	253	7.42	89	2.61	19	0.56	12	0.35
2019	3441	2156	62.66	920	26.74	256	7.44	84	2.44	19	0.55	6	0.17

注：按照统计年排序。
数据来源于《影响因子年报》2016 版～2020 版。
占比是指自引区间内刊数占期刊总刊数的比例。

（六）学科分布

根据《影响因子年报》2020 版收录的 3441 种中文科技期刊的学科统计，期刊数量最多的是“自然科学与工程技术综合”（224 种），可被引文献量最多的是“医药卫生综合”（103013 篇），刊均即年下载率最高的是“自然地理学”（241.23 篇次），总被引频次最高的是“中医学与中药学”（49.92 万次），刊均总被引频次最高的是“自然地理学”（8014.15 次），刊均影响因子最高的是“自然地理学”（3.380），刊均即年指标最高的为“自然地理学”（刊均即年指标 0.418），刊均被引半衰期最长的是“海洋科学”（8.55 年），刊均被引半衰期最短的为“护理学”（3.56 年）。统计显示，“自然地理学”在即年下载率、刊均被引频次、刊均影响因子、刊均即年指标 4 项指标中均最高（表 1-71）。

表 1-71　2019 年中文科技期刊国内影响力数据学科分布

序号	学科	刊数/种	可被引文献量/篇	刊均即年下载率	总被引频次	刊均被引频次	刊均影响因子	刊均即年指标	刊均被引半衰期/年
1	自然科学与工程技术综合	224	46462	73.60	228726	1021.10	0.579	0.095	5.81
2	医药卫生综合	183	103013	47.93	349233	1908.38	0.595	0.076	3.71
3	化学工程	169	42670	55.53	226526	1340.39	0.531	0.078	6.51
4	土木建筑工程	155	47534	72.35	417772	2695.30	0.737	0.107	5.46
5	交通运输工程	143	32061	53.98	186048	1301.03	0.588	0.091	5.55
6	无线电电子学、电信技术	138	42775	61.12	242727	1758.89	0.777	0.107	4.78
7	自动化技术、计算机技术	124	55482	84.44	407876	3289.32	1.098	0.176	4.51
8	工程技术综合	121	27991	76.21	249766	2064.18	0.796	0.131	6.23
9	中医学与中药学	117	54644	86.45	499185	4266.54	1.038	0.159	4.62
10	电气工程	115	28786	60.52	353437	3073.37	1.044	0.162	4.84
11	临床医学综合	110	65420	55.51	262745	2388.59	0.799	0.103	3.67
12	地质学	95	12067	61.35	318241	3349.91	1.441	0.268	8.41
13	农业科学综合	94	36290	81.43	303930	3233.30	0.911	0.143	6.65
14	内科学	93	23244	55.32	191928	2063.74	1.022	0.147	4.09
15	石油天然气工业	88	19029	49.52	176569	2006.47	0.982	0.156	6.65
16	机械工程	83	31773	50.98	190951	2300.61	0.648	0.087	5.54

续表

序号	学科	刊数/种	可被引文献量/篇	刊均即年下载率	总被引频次	刊均被引频次	刊均影响因子	刊均即年指标	刊均被引半衰期/年
17	金属学与金属工艺	79	16886	50.18	159931	2024.44	0.712	0.107	6.64
18	外科学	78	19319	43.40	134717	1727.14	0.932	0.124	3.83
19	冶金工程技术	78	17355	40.40	80927	1037.53	0.548	0.086	6.97
20	预防医学与卫生学	75	26333	54.72	178553	2380.71	1.035	0.156	3.95
21	水利工程	73	17333	46.62	111796	1531.45	0.628	0.119	5.52
22	矿山工程技术	73	19708	43.27	157270	2154.38	0.744	0.131	5.80
23	生物学	67	11789	93.32	239986	3581.88	1.179	0.201	7.63
24	畜牧、兽医科学	66	15784	54.89	113627	1721.62	0.662	0.120	5.87
25	林学	65	8921	64.02	104234	1603.60	0.806	0.153	6.82
26	环境科学技术	63	16022	103.32	251965	3999.44	1.275	0.201	5.56
27	药学	58	26258	81.30	145297	2505.12	0.904	0.131	4.54
28	基础医学	56	12123	65.48	79966	1427.96	0.755	0.099	4.32
29	航空、航天科学技术	52	6539	50.69	78212	1504.08	0.652	0.094	6.49
30	食品科学技术	51	19558	88.88	205306	4025.61	1.038	0.180	5.85
31	能源与动力工程	50	11623	58.78	57940	1158.80	0.612	0.089	5.45
32	工程与技术科学基础学科	48	9588	60.69	79181	1649.60	0.704	0.097	5.78
33	农艺学	47	9339	66.64	98151	2088.32	1.064	0.204	6.91
34	化学	40	7164	81.03	97449	2436.23	1.018	0.172	6.15
35	纺织科学技术	33	5361	57.88	30713	930.70	0.521	0.090	5.28
36	物理学	33	7487	57.70	89330	2706.97	0.928	0.151	5.88
37	肿瘤学	33	8025	70.50	54684	1657.09	1.110	0.208	3.87
38	妇产科学与儿科学	31	9008	70.24	82530	2662.26	1.113	0.151	4.01
39	大气科学	30	2650	51.67	63288	2109.60	1.412	0.208	7.17
40	轻工业（除纺织、食品）	29	7102	45.21	27230	938.97	0.641	0.143	5.92
41	神经病学与精神病学	28	5588	57.30	41764	1491.57	0.819	0.108	4.17
42	数学	27	2829	57.85	21100	781.48	0.467	0.085	7.98
43	医药卫生事业管理	27	13054	79.84	58653	2172.33	1.073	0.147	3.64
44	地球物理学	27	3194	51.30	85558	3168.81	1.121	0.171	8.36
45	测绘科学技术	26	5136	88.35	65840	2532.31	1.201	0.188	4.89
46	水产学	24	3274	68.58	36919	1538.29	0.868	0.129	7.21
47	武器工业与军事技术	24	3864	53.92	33241	1385.04	0.657	0.103	6.40

续表

序号	学科	刊数/种	可被引文献量/篇	刊均即年下载率	总被引频次	刊均被引频次	刊均影响因子	刊均即年指标	刊均被引半衰期/年
48	耳鼻咽喉科学与眼科学	23	3913	43.56	27729	1205.61	0.707	0.106	4.28
49	护理学	23	15167	99.80	93965	4085.43	0.965	0.105	3.56
50	材料科学	22	5349	78.59	78772	3580.55	0.902	0.128	6.95
51	园艺学	22	4433	65.73	52287	2376.68	0.897	0.154	6.56
52	农业基础科学	21	3855	105.57	137907	6567.00	2.022	0.295	6.90
53	海洋科学	21	2251	77.14	36869	1755.67	0.826	0.099	8.55
54	植物保护学	20	2810	62.15	35407	1770.35	0.842	0.274	6.78
55	农业工程	19	13086	86.74	100397	5284.05	0.953	0.174	5.12
56	口腔医学	18	2206	47.38	14653	814.06	0.724	0.086	4.31
57	安全科学技术	17	2935	61.59	36764	2162.59	0.897	0.107	5.79
58	军事医学与特种医学	16	3212	49.45	24663	1541.44	0.966	0.139	4.19
59	力学	15	1929	68.80	36907	2460.47	1.126	0.211	6.89
60	核科学技术	15	1710	29.73	11830	788.67	0.440	0.072	7.07
61	资源科学	13	2171	148.62	50229	3863.77	1.499	0.284	5.66
62	自然地理学	13	1720	241.23	104184	8014.15	3.380	0.418	7.69
63	皮肤病学与性病学	7	1935	54.67	11013	1573.29	0.610	0.071	4.57
64	系统科学	6	747	136.50	28617	4769.50	1.481	0.120	6.35
65	天文学	5	333	42.60	2661	532.20	0.590	0.162	6.98
	合计	3839	1087217	-	8555872	-	-	-	-

注：按照学科刊数排序。
数据来源于《影响因子年报》2020 版。
存在一种期刊属于 2 个及以上学科的现象。

根据《国际引证年报》2020 版统计，中文科技期刊共有 135 种入选“国际影响力 TOP 期刊”，分布在 41 个学科领域，入选期刊最多的为“地质学”（23 种）。国际他引总被引频次最高的是“地质学”（42864 次）。刊均国际他引总被引最高的是“农业工程”（3104 次）。刊均影响因子最高是“肿瘤学”（3.137）。刊均即年指标最高的是“化学”（0.285）（表 1-72）。

表 1-72 2019 年各学科国际影响力 TOP 中文科技期刊评价指标

序号	学科	刊数/种	国际他引总被引	刊均国际他引总被引	刊均影响因子	刊均即年指标
1	地质学	23	42864	1863.65	0.502	0.096
2	化学	11	16780	1525.45	0.814	0.285
3	自动化技术、计算机技术	10	11396	1139.60	0.400	0.067
4	生物学	9	14523	1613.67	0.421	0.151
5	无线电电子学、电信技术	7	7665	1095.00	0.227	0.031
6	土木建筑工程	6	15685	2614.17	0.356	0.044
7	电气工程	6	12974	2162.33	0.297	0.036
8	石油天然气工业	6	10163	1693.83	0.699	0.099
9	环境科学技术	6	8613	1435.50	0.242	0.039
10	地球物理学	6	8066	1344.33	0.308	0.061
11	矿山工程技术	5	8867	1773.40	0.577	0.062
12	自然地理学	5	7294	1458.80	0.511	0.074
13	物理学	4	8974	2243.50	0.291	0.068
14	材料科学	4	5915	1478.75	0.366	0.067
15	化学工程	4	4909	1227.25	0.624	0.059
16	中医学与中药学	3	6562	2187.33	0.247	0.038
17	金属学与金属工艺	3	5702	1900.67	0.429	0.083
18	机械工程	3	4715	1571.67	0.219	0.022
19	农业基础科学	3	4206	1402.00	0.229	0.053
20	医药卫生综合	3	3313	1104.33	0.868	0.220
21	测绘科学技术	3	2425	808.33	0.404	0.078
22	农业工程	2	6208	3104.00	0.360	0.033
23	冶金工程技术	2	3199	1599.50	0.468	0.102
24	肿瘤学	2	3142	1571.00	3.137	0.117
25	资源科学	2	2713	1356.50	0.359	0.044
26	大气科学	2	2545	1272.50	0.521	0.057
27	预防医学与卫生学	2	2359	1179.50	0.342	0.045
28	水利工程	2	2157	1078.50	0.276	0.051
29	海洋科学	2	1615	807.50	0.239	0.035
30	自然科学与工程技术综合	1	2180	2180.00	0.472	0.088
31	农业科学综合	1	2053	2053.00	0.238	0.020
32	药学	1	1677	1677.00	0.200	0.036

续表

序号	学科	期刊数/种	国际他引总被引	刊均国际他引总被引	刊均影响因子	刊均即年指标
33	工程与技术科学基础学科	1	1458	1458.00	0.133	0.011
34	系统科学	1	1393	1393.00	0.171	0.033
35	农艺学	1	1360	1360.00	0.201	0.032
36	力学	1	1271	1271.00	0.184	0.047
37	工程技术综合	1	1251	1251.00	0.145	0.014
38	植物保护学	1	1026	1026.00	0.230	0.007
39	航空、航天科学技术	1	1023	1023.00	0.180	0.034
40	林学	1	1021	1021.00	0.214	0.049
41	妇产科学与儿科学	1	786	786.00	0.246	0.047
	合计	158	252048	-	-	-

注：按照学科刊数排序。
数据来源于《国际引证年报》2020 版。
存在一种期刊属于 2 个及以上学科的现象。

《WJCI 报告》2020 版收录的中文科技期刊 1122 种，其中 Q1 期刊 85 种，占入选中文科技期刊的 7.58%（表 1-73）。

表 1-73　WJCI2020 版各学科 Q1 区中文科技期刊名单及指标

序号	学科	刊名	WJCI 指数	国际排名
1	船舶、舰船工程	热能动力工程	1.549	6/24
2	地球科学综合	地球科学	2.363	26/124
3	地球科学综合	中国科学：地球科学	2.145	31/124
4	地质学	中国地质	3.927	12/127
5	地质学	地质学报	3.406	17/127
6	地质学	地质论评	3.149	19/127
7	地质学	地学前缘	2.661	26/127
8	地质学	地质与勘探	2.383	30/127
9	地质学	第四纪研究	2.321	31/127
10	电力能源	电力系统自动化	4.386	4/30
11	电气工程	中国电机工程学报	5.137	16/191
12	电气工程	电网技术	3.775	31/191
13	电气工程	电工技术学报	3.361	35/191
14	电气工程	电力系统保护与控制	2.781	43/191
15	电子技术	激光与光电子学进展	3.690	13/115

续表

序号	学科	刊名	WJCI 指数	国际排名
16	工程力学	岩石力学与工程学报	4.901	4/29
17	工程力学	岩土力学	4.296	6/29
18	工程通用技术	爆破	2.094	10/40
19	工程与技术科学基础	振动与冲击	2.831	10/59
20	工程综合	兵工学报	3.087	23/159
21	工程综合	西安交通大学学报	2.929	24/159
22	工程综合	浙江大学学报（工学版）	2.768	27/159
23	工程综合	哈尔滨工业大学学报	2.738	28/159
24	工程综合	工程科学学报	2.606	32/159
25	工程综合	西南交通大学学报	2.268	36/159
26	航空、航天科学技术	航空学报	2.699	15/84
27	航空、航天科学技术	系统工程与电子技术	2.069	19/84
28	航空、航天科学技术	宇航学报	2.041	20/84
29	护理学	中华护理杂志	2.197	36/209
30	环境科学技术综合	应用生态学报	2.336	49/227
31	环境科学技术综合	环境科学	2.282	52/227
32	机械工程	机械工程学报	3.478	17/150
33	计算机科学技术综合	计算机学报	7.646	22/172
34	计算机科学技术综合	计算机工程与应用	6.494	24/172
35	计算机科学技术综合	计算机科学	6.007	25/172
36	计算机科学技术综合	计算机应用研究	5.581	26/172
37	计算机科学技术综合	计算机应用	5.464	28/172
38	计算机科学技术综合	计算机工程	4.205	36/172
39	计算机软件	软件学报	2.152	20/99
40	计算机系统结构	计算机集成制造系统	3.469	3/28
41	计算机系统结构	小型微型计算机系统	2.657	5/28
42	计算机系统结构	计算机仿真	2.593	6/28
43	计算机硬件与架构	自动化学报	3.192	8/56
44	科学技术综合	科学通报	3.892	43/246
45	科学技术综合	中国科学院院刊	3.528	48/246
46	控制科学与技术	控制与决策	1.833	17/69
47	矿山工程技术	煤炭学报	5.430	4/58
48	矿山工程技术	矿床地质	3.370	9/58
49	矿山工程技术	中国矿业大学学报	3.065	13/58
50	农业工程	农业工程学报	4.910	3/22
51	农业科学综合	中国农业科学	8.090	4/134

续表

序号	学科	刊名	WJCI 指数	国际排名
52	农业科学综合	农业环境科学学报	5.202	9/134
53	农业科学综合	中国生态农业学报（中英文）	4.930	10/134
54	农业科学综合	中国农学通报	3.988	15/134
55	农业科学综合	中国农业气象	3.339	20/134
56	农业科学综合	干旱地区农业研究	2.631	29/134
57	农业科学综合	中国农业大学学报	2.514	33/134
58	农业生物学	农业机械学报	4.558	4/28
59	农艺学	植物营养与肥料学报	2.623	23/134
60	农艺学	作物学报	2.527	26/134
61	农艺学	生态环境学报	2.034	33/134
62	区域规划、城乡规划	城市规划学刊	2.924	9/39
63	生态学	生态学报	3.137	34/143
64	石油天然气工业	石油学报	2.967	4/58
65	石油天然气工业	石油勘探与开发	2.958	5/58
66	石油天然气工业	天然气工业	2.415	8/58
67	石油天然气工业	中国石油勘探	1.913	9/58
68	石油天然气工业	石油与天然气地质	1.893	10/58
69	石油天然气工业	石油实验地质	1.743	12/58
70	石油天然气工业	油气地质与采收率	1.585	14/58
71	水利工程	水利学报	2.855	4/53
72	水利工程	水科学进展	2.448	7/53
73	水利工程	灌溉排水学报	1.929	12/53
74	特种医学	军事医学研究	3.118	3/17
75	土木工程	岩土工程学报	2.316	30/147
76	土壤学	土壤学报	1.897	13/55
77	系统科学	系统工程理论与实践	2.499	2/27
78	岩石学	岩石学报	3.073	7/41
79	医学综合	中华医学杂志	3.133	71/349
80	中医学与中药学、结合与补充医学	中国中药杂志	2.482	4/29
81	中医学与中药学、结合与补充医学	中草药	1.907	7/29
82	自然地理学	地理学报	4.304	12/209
83	自然地理学	地理研究	2.878	33/209
84	自然地理学	地理科学进展	2.829	36/209
85	自然地理学	地理科学	2.411	49/209

注：按照学科字序和学科内 WJCI 值降序排列。
数据来源于《WJCI 报告》2020 版。
一种期刊存在多个学科的情况，取相对位置最好的学科排名。

二、我国英文科技期刊影响力分析

（一）我国英文科技期刊发展现状

截至2020年底，我国有英文科技期刊375种。最早创办的英文科技期刊为1887年创刊的《中华医学杂志（英文版）》。2014年以来，我国每年创办的英文科技期刊在20种左右，各年创办英文期刊数量见图1-4。2020年我国创办的英文科技期刊有19种（表1-74）。

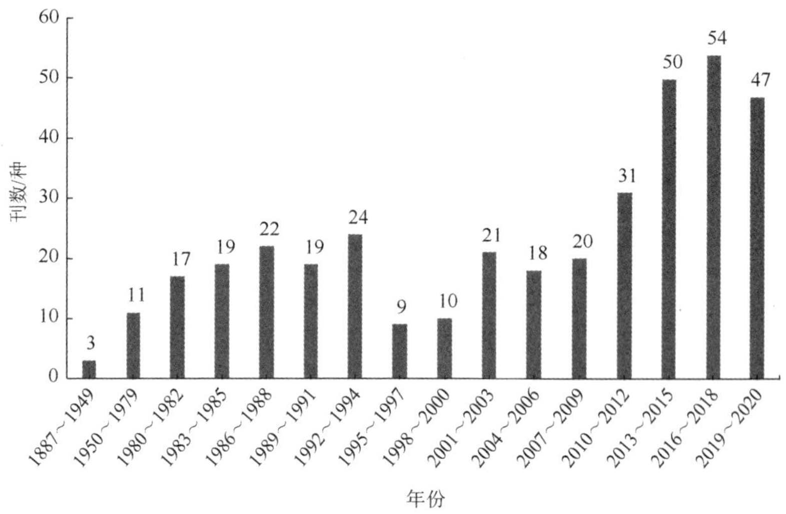

图1-4 我国英文科技期刊创刊年统计

表1-74 2020年我国创办的英文科技期刊名单

序号	英文刊名	中文刊名	主办单位
1	*Bio-Design and Manufacturing*	生物设计与制造（英文）	浙江大学
2	*Carbon Energy*	碳能源（英文）	温州大学
3	*Cardiology Discovery*	心血管病探索（英文）	中华医学会
4	*Chinese Medicine and Culture*	中医药文化（英文）	上海中医药大学、中华中医药学会
5	*Complex System Modeling and Simulation*	复杂系统建模与仿真（英文）	清华大学
6	*eLight*	光：快讯（英文）	中国科学院长春光学精密机械与物理研究所
7	*Food Quality and Safety*	食品品质与安全研究（英文）	浙江大学
8	*Frigid Zone Medicine*	寒地医学（英文）	黑龙江省卫生健康发展研究中心
9	*Gastroenterology Report*	胃肠病学报道（英文）	中山大学

续表

序号	英文刊名	中文刊名	主办单位
10	*Genes & Diseases*	基因与疾病（英文）	重庆医科大学
11	*Green Chemical Engineering*	绿色化学工程（英文）	中国科学院过程工程研究所
12	*High Voltage*	高电压（英文）	中国电力科学研究院有限公司
13	*Infectious Diseases&Immunity*	感染性疾病与免疫（英文）	中华医学会
14	*Intelligent Medicine*	智慧医学（英文）	中华医学会
15	*Journal of Remote Sensing*	国际遥感学报（英文）	中国科学院空天信息创新研究院
16	*Journal of the National Cancer Center*	癌症科学进展（英文）	国家癌症中心
17	*Ultrafast Science*	超快科学（英文）	中国科学院西安光学精密机械研究所
18	*World Journal of Chinese Medicine*	中医学报（英文）	河南中医药大学、中华中医药学会
19	*World Journal of Pediatrics*	世界儿科杂志（英文）	浙江大学、浙江大学医学院附属儿童医院、浙江大学出版社有限责任公司

注：按照英文刊名排序。

（二）我国英文科技期刊可被引文献量

根据《影响因子年报》2016 版～2020 版统计，我国英文科技期刊刊均可被引文献量从 2015 年的 121.10 篇降至 2019 年的 103.19 篇，总体呈下降趋势，总降幅为 14.79%，年平均降幅为 3.92%（表 1-75）。该规模的文献量低于 JCR 报告的国际期刊载文量水平（179 篇），也远低于中文期刊刊均载文量水平（286 篇）。

表 1-75　2015～2019 年我国英文科技期刊可被引文献量

统计年	可被引文献量/篇	刊数/种	刊均可被引文献量/篇
2015	24220	200	121.10
2016	24448	216	113.19
2017	24384	220	110.84
2018	25328	237	106.87
2019	25901	251	103.19

注：按照统计年排序。
数据来源于《影响因子年报》2016 版～2020 版。

（三）总被引频次

根据《影响因子年报》《国际引证年报》统计（表 1-76），我国英文科技期刊 5 年被国内复合引用频次均值为 23.27 万次，被国际引用频次均值为 30.17 万次。被国内外文献引用总被引频次从 2015 到 2019 年呈增长趋势，年均增长率为 13.90%。

数据显示，从 2016 年开始我国英文科技期刊的被国际引用频次已超过国内引用频次，2019 年国际文献引用占比已达到 69.18%。一个值得关注的现象是，我国英文科技期刊在国内的被引频次自 2016 年起呈缓慢下降趋势，而国际的被引频次 5 年年均增长率高达 21.77%。我国英文科技期刊在国内外的传播利用呈现明显的差异，因此，应关注我国英文科技期刊的国内影响力，加大其在国内的传播利用率，发挥其应有的支持我国科学研究和经济建设的作用。

表 1-76　2015～2019 年我国英文科技期刊被国内外引用情况

统计年	国内复合引用（*A*）	国际年报引用（*B*）	合计（*A*+*B*）排重后	增幅/%
2015	210709	196851	371739	-
2016	239864	245578	448528	20.66
2017	238797	281302	481299	7.31
2018	234314	351814	542511	12.72
2019	239993	432837	625629	15.32

注：按照统计年排序。
数据来源于《影响因子年报》2016 版～2020 版、《国际引证年报》2016 版～2020 版。
增幅为合计（*A*+*B*）排重后的环比增幅。

（四）网络传播指标

根据《影响因子年报》2016 版～2020 版统计（表 1-77），我国英文科技期刊的总下载频次和即年下载频次整体呈上升趋势，总下载频次 2019 年比 2015 年增长了 13.41%，年均增长率 3.20%。即年下载频次 2019 年比 2015 年增长了 77.38%，年均增长率 15.40%。即年下载占比从 2015 年的 8.94%增长到 2019 年的 13.98%，年均增长率为 11.83%。

表 1-77　2015～2019 年我国英文科技期刊《影响因子年报》报道下载频次

统计年	总下载频次（*A*）	即年下载频次（*B*）	即年下载占比（*B*/*A*）/%	即年下载频次增幅（%）
2015	1870378	167140	8.94	-
2016	2371655	213006	8.98	27.44
2017	1910127	177361	9.29	−16.73
2018	1973220	218797	11.09	23.36
2019	2121172	296466	13.98	35.50

注：按照统计年排序。
数据来源于《影响因子年报》2016 版～2020 版。

（五）影响因子和即年指标

根据《影响因子年报》2016 版～2020 版数据统计（表 1-78），我国英文科技期刊刊均复合影响因子 2015 年为 0.683，2019 年为 0.837，呈上升趋势，年均增幅为 5.21%。刊均复合即年指标 2015 年为 0.164，2019 年为 0.170，呈上升趋势，年均增幅为 0.90%。

《国际引证年报》2016 版～2020 版数据显示（表 1-78），我国英文科技 TOP 期刊 5 年的刊均他引影响因子呈大幅上升趋势，2019 年达到 2.934，比 2015 年增长了 98.92%，年均增幅为 18.76%。5 年的刊均即年指标也大幅提升，2019 年达到 0.789，比 2015 年增长了 124.15%，年均增幅为 22.36%。

表 1-78　2015～2019 年我国英文科技期刊国内外影响因子和即年指标

统计年	国内影响力数据			国际影响力数据（TOP 期刊）		
	刊数/种	刊均复合影响因子	刊均复合即年指标	刊数/种	刊均他引影响因子	刊均即年指标
2015	200	0.683	0.164	163	1.475	0.352
2016	216	0.750	0.140	170	1.781	0.392
2017	220	0.780	0.167	187	2.048	0.530
2018	237	0.778	0.167	198	2.449	0.701
2019	251	0.837	0.170	212	2.934	0.789

注：按照统计年排序。
数据来源于《影响因子年报》2016 版～2020 版、《国际引证年报》2016 版～2020 版。

（六）期刊自引率

根据《影响因子年报》2016 版～2020 版数据（表 1-79），我国英文科技期刊 5 年的期刊自引率平均值维持在 18.00%左右，2019 年，自引率小于等于 10%的期刊占 31.08%，自引率大于 20%的期刊占 38.25%。从年度数据变化来看，自引率小于等于 20%的期刊的刊数占比呈逐年下降趋势，从 2015 年的 69.50%降至 2019 年的 61.76%。从各自引率区间的期刊数量分布来看，越高自引率的刊数越少。

表 1-79 2015～2019 年我国英文科技期刊自引率分布

统计年	刊数/种	自引率/%											
		0～		10～		20～		30～		40～		50～	
		刊数/种	占比/%	刊数/种	占比/%	刊数/种	占比/%	刊数/种	占比/%	刊数/种	占比/%	刊数/种	占比/%
2015	200	68	34.00	71	35.50	28	14.00	17	8.50	9	4.50	7	3.50
2016	216	78	36.11	63	29.17	36	16.67	19	8.80	12	5.56	8	3.70
2017	220	88	40.00	51	23.18	40	18.18	25	11.36	11	5.00	5	2.27
2018	237	82	34.60	75	31.65	37	15.61	27	11.39	8	3.38	8	3.38
2019	251	78	31.08	77	30.68	50	19.92	24	9.56	16	6.37	6	2.39

注：按照统计年排序。
数据来源于《影响因子年报》2016 版～2020 版。

（七）我国英文科技期刊学科分布

根据《影响因子年报》收录的我国 251 种英文科技期刊统计（表 1-80），我国英文科技期刊共涉及 56 个学科，期刊数量最多的是“生物学”（24 种），可被引文献量最多的是“物理学”（2523 篇），刊均即年下载率最高的是“自然地理学”（41.80 篇次），复合被引频次最高的是“生物学”（3.09 万次），刊均总被引频次最高的是“材料科学”（2578.70 次），刊均影响因子最高的是“肿瘤学”（2.113），刊均即年指标最高的是“天文学”（两种期刊，刊均即年指标为 0.525），刊均被引半衰期最长的是“测绘科学技术”（9.50 年）。

表 1-80 2019 年我国英文科技期刊国内影响力数据学科分布

序号	学科	刊数/种	可被引文献量/篇	即年下载率	总被引频次	刊均总被引频次	刊均影响因子	刊均即年指标	刊均被引半衰期/年
1	生物学	24	2027	11.38	30902	1287.58	0.974	0.268	6.82
2	数学	18	1101	6.92	4349	241.61	0.208	0.064	8.56
3	无线电电子学、电信技术	15	1697	10.50	11505	767.00	0.674	0.110	3.81
4	工程技术综合	14	1427	19.67	14041	1002.93	0.578	0.107	6.16
5	物理学	13	2523	8.11	17333	1333.31	0.768	0.186	4.20
6	自动化技术、计算机技术	11	1185	14.25	8570	779.09	0.962	0.127	3.94
7	化学	11	2246	25.89	20250	1840.91	1.605	0.341	3.37
8	材料科学	10	1969	20.38	25787	2578.70	1.358	0.221	4.46

续表

序号	学科	刊数/种	可被引文献量/篇	即年下载率	总被引频次	刊均总被引频次	刊均影响因子	刊均即年指标	刊均被引半衰期/年
9	金属学与金属工艺	9	1533	13.63	20812	2312.44	1.303	0.190	4.64
10	土木建筑工程	8	693	21.00	3142	392.75	0.647	0.096	3.88
11	中医学与中药学	8	573	12.50	6096	762.00	0.756	0.151	4.80
12	地球物理学	7	527	10.00	7152	1021.71	0.819	0.241	4.56
13	地质学	7	601	13.00	4770	681.43	0.662	0.163	6.10
14	海洋科学	6	646	8.67	3192	532.00	0.373	0.070	6.68
15	环境科学技术	6	615	41.00	8297	1382.83	0.919	0.201	4.35
16	力学	6	625	5.67	5603	933.83	0.749	0.274	5.20
17	大气科学	6	435	19.20	4730	788.33	0.759	0.175	5.25
18	冶金工程技术	6	939	15.00	14980	2496.67	1.005	0.124	5.42
19	自然地理学	5	532	41.80	5284	1056.80	1.019	0.184	4.78
20	自然科学与工程技术综合	5	676	20.40	10020	2004.00	1.222	0.323	4.56
21	药学	5	464	17.20	5435	1087.00	1.160	0.242	4.28
22	能源与动力工程	5	428	8.33	2352	470.40	1.275	0.168	3.64
23	机械工程	5	279	21.50	2685	537.00	0.658	0.069	4.50
24	农业科学综合	4	398	13.50	4757	1189.25	0.519	0.179	4.58
25	内科学	4	238	3.33	1009	252.25	0.544	0.108	3.95
26	化学工程	4	555	8.00	4029	1007.25	0.746	0.114	4.25
27	医药卫生综合	4	799	41.00	7479	1869.75	0.964	0.178	4.88
28	肿瘤学	4	283	5.75	3166	791.50	2.113	0.148	4.60
29	外科学	4	259	4.00	2057	514.25	1.174	0.176	3.75
30	神经病学与精神病学	3	517	8.00	4382	1460.67	1.044	0.256	6.70
31	基础医学	3	320	5.50	3030	1010.00	0.996	0.201	5.53
32	交通运输工程	3	126	11.33	741	247.00	0.483	0.066	5.77
33	航空、航天科学技术	2	326	8.50	2975	1487.50	0.813	0.151	5.15
34	耳鼻咽喉科学与眼科学	2	71	-	119	59.50	0.398	0.067	2.80
35	工程与技术科学基础学科	2	191	13.00	1506	753.00	1.921	0.329	3.55
36	口腔医学	2	61	3.00	406	203.00	0.860	0.050	3.90
37	矿山工程技术	2	168	11.00	2915	1457.50	1.573	0.252	5.20
38	林学	2	259	7.00	1211	605.50	0.587	0.093	6.25
39	农艺学	2	123	14.50	820	410.00	0.877	0.218	5.05
40	石油天然气工业	2	167	8.50	825	412.50	0.642	0.103	4.85

续表

序号	学科	刊数/种	可被引文献量/篇	即年下载率	总被引频次	刊均总被引频次	刊均影响因子	刊均即年指标	刊均被引半衰期/年
41	畜牧、兽医科学	2	153	9.00	856	428.00	1.151	0.131	3.00
42	水利工程	2	93	2.50	736	368.00	0.709	0.036	5.50
43	天文学	2	352	7.00	2267	1133.50	0.828	0.525	4.25
44	系统科学	1	41	-	381	381.00	1.017	0.049	5.80
45	武器工业与军事技术	1	110	5.00	355	355.00	0.832	0.118	3.20
46	预防医学与卫生学	1	213	31.00	767	767.00	0.433	0.131	3.10
47	园艺学	1	32	16.00	144	144.00	1.270	0.375	2.20
48	农业基础科学	1	73	9.00	2116	2116.00	1.339	0.123	8.70
49	皮肤病学与性病学	1	54	-	492	492.00	0.320	-	6.90
50	轻工业（除纺织、食品）	1	31	6.00	155	155.00	0.732	0.097	6.70
51	临床医学综合	1	62	-	74	74.00	1.526	0.097	2.00
52	测绘科学技术	1	28	-	184	184.00	0.295	-	9.50
53	纺织科学技术	1	85	15.00	281	281.00	0.201	-	5.80
54	妇产科学与儿科学	1	84	-	434	434.00	0.677	0.333	4.00
55	核科学技术	1	185	7.00	745	745.00	0.954	0.184	2.70
56	护理学	1	66	-	127	127.00	0.309	0.045	3.30
	合计	278	30264	-	288828	-	-	-	-

注：按照学科刊数排序。
数据来源于《影响因子年报》2020 版。
存在一种期刊属于两个及以上学科的现象。

根据《国际引证年报》2020 年版数据统计（表 1-81），我国英文科技期刊共有 212 种入选“国际影响力 TOP 期刊”，分布在 55 个学科领域，入选英文科技期刊最多的为“生物学”（23 种），国际他引总被引频次最高的也是“生物学”（68957 次）。刊均国际他引总被引最高的是“材料科学”，入选的 9 种英文科技期刊刊均国际他引总被引频次为 5690.11 次。刊均影响因子最高是“自然科学与工程技术综合”，入选的 3 种英文期刊刊均影响因子为 10.432。刊均即年指标最高的也是“自然科学与工程技术综合”，入选的 3 种英文期刊刊均即年指标为 2.433。

表 1-81　2019 年我国各学科国际影响力 TOP 英文科技期刊评价指标

序号	学科	期刊数/种	国际他引总被引	刊均国际他引总被引	刊均影响因子	刊均即年指标
1	生物学	23	68957	2998.13	4.638	1.492
2	物理学	12	37442	3120.17	3.056	0.970
3	化学	11	38606	3509.64	4.193	1.595
4	无线电电子学、电信技术	11	13460	1223.64	2.135	0.484
5	自动化技术、计算机技术	11	10782	980.18	1.793	0.399
6	数学	10	8797	879.70	0.857	0.396
7	材料科学	9	51211	5690.11	3.143	0.940
8	金属学与金属工艺	8	32392	4049.00	2.031	0.573
9	环境科学技术	7	17802	2543.14	2.443	0.548
10	工程技术综合	7	17386	2483.71	1.905	0.487
11	冶金工程技术	6	23184	3864.00	2.470	0.493
12	化学工程	6	12845	2140.83	4.206	1.152
13	力学	6	11011	1835.17	1.922	0.879
14	地质学	6	10354	1725.67	1.858	0.590
15	地球物理学	6	10292	1715.33	1.899	0.818
16	土木建筑工程	6	5971	995.17	1.715	0.449
17	内科学	5	4503	900.60	2.821	0.359
18	能源与动力工程	5	4177	835.40	3.051	0.704
19	药学	4	16224	4056.00	4.386	1.450
20	医药卫生综合	4	10719	2679.75	1.696	0.355
21	神经病学与精神病学	4	8389	2097.25	3.171	0.775
22	自然地理学	4	7466	1866.50	1.846	0.459
23	大气科学	4	6962	1740.50	2.512	0.575
24	外科学	4	6638	1659.50	4.021	0.634
25	海洋科学	4	5474	1368.50	0.825	0.228
26	中医学与中药学	4	4273	1068.25	1.365	0.301
27	自然科学与工程技术综合	3	9418	3139.33	10.432	2.433
28	基础医学	3	7554	2518.00	4.478	1.198
29	肿瘤学	3	4551	1517.00	3.728	0.441
30	机械工程	3	3229	1076.33	3.038	0.917
31	交通运输工程	3	1453	484.33	1.417	0.442
32	工程与技术科学基础学科	2	4754	2377.00	6.656	1.755
33	天文学	2	4562	2281.00	2.325	1.506
34	畜牧、兽医科学	2	3162	1581.00	4.153	0.723
35	林学	2	2152	1076.00	1.939	0.443
36	农艺学	2	2145	1072.50	3.187	0.712

续表

序号	学科	期刊数/种	总被引频次	刊均总被引频次	刊均影响因子	刊均即年指标
37	水利工程	2	1873	936.50	2.029	0.358
38	石油天然气工业	2	1675	837.50	2.438	0.383
39	临床医学综合	2	1671	835.50	7.248	0.485
40	口腔医学	2	1487	743.50	2.239	0.418
41	园艺学	2	1428	714.00	3.107	0.750
42	农业基础科学	1	3578	3578.00	3.670	0.565
43	农业科学综合	1	3377	3377.00	1.817	0.604
44	航空、航天科学技术	1	3084	3084.00	1.814	0.656
45	矿山工程技术	1	2541	2541.00	3.513	1.000
46	军事医学与特种医学	1	1607	1607.00	5.227	1.635
47	妇产科学与儿科学	1	966	966.00	1.392	0.622
48	武器工业与军事技术	1	830	830.00	2.349	0.518
49	核科学技术	1	786	786.00	1.122	0.199
50	测绘科学技术	1	666	666.00	4.410	0.429
51	预防医学与卫生学	1	549	549.00	1.496	0.737
52	系统科学	1	535	535.00	1.013	0.659
53	耳鼻咽喉科学与眼科学	1	476	476.00	2.207	0.359
54	水产学	1	258	258.00	3.042	0.200
55	食品科学技术	1	160	160.00	2.944	0.000
	合计	236	515844	-	-	-

注：按照学科刊数排序。
数据来源于《国际引证年报》2020 版。
存在一种期刊属于两个及以上学科的现象。

《WJCI 报告》2020 版收录 254 种我国英文科技期刊，其中 88 种进入 Q1 区。（表 1-82）。

表 1-82　WJCI2020 版 Q1 区我国英文科技期刊名单及指标

序号	学科	英文刊名	中文刊名	WJCI 指数	国际排名
1	材料科学综合	*Journal of Materials Science & Technology*	材料科学技术（英文版）	3.016	39/193
2	测绘科学技术	*Geo-spatial Information Science*	地球空间信息科学学报（英文版）	2.558	19/79
3	船舶、舰船工程	*Journal of Marine Science and Application*	船舶与海洋工程学报（英文版）	1.716	5/24
4	地球科学综合	*Science China Earth Sciences*	中国科学：地球科学（英文版）	3.627	15/124
5	地质学	*Geoscience Frontiers*	地学前缘（英文版）	3.795	13/127
6	地质学	*Petroleum*	油气（英文）	2.809	24/127
7	地质学	*Acta Geologica Sinica (English Edition)*	地质学报（英文版）	2.447	28/127
8	电子技术	*High Power Laser Science and Engineering*	高功率激光科学与工程（英文）	2.061	28/115

续表

序号	学科	英文刊名	中文刊名	WJCI 指数	国际排名
9	动物学	*Current Zoology*	动物学报	2.462	21/149
10	动物学	*Integrative Zoology*	整合动物学（英文）	2.221	27/149
11	动物学	*Zoological Research*	动物学研究	1.982	37/149
12	仿真科学技术	*npj Computational Materials*	计算材料学（英文）	4.092	6/113
13	仿真科学技术	*International Journal of Automation and Computing*	国际自动化与计算杂志	2.068	18/113
14	分子生物学	*Protein & Cell*	蛋白质与细胞	2.623	40/170
15	工程通用技术	*Journal of Control and Decision*	控制与决策学报（英文）	5.532	4/40
16	工程综合	*Engineering*	工程（英文）	9.446	4/159
17	工程综合	*Journal of Zhejiang University-Science A (Applied Physics & Engineering)*	浙江大学学报（英文版）A 辑	4.616	13/159
18	工程综合	*Defence Technology*	防务技术（英文）	4.220	15/159
19	骨外科学	*Bone Research*	骨研究（英文）	4.161	15/133
20	光学	*Light: Science & Applications*	光：科学与应用（英文）	5.458	5/88
21	光学	*Photonics Research*	光子学研究（英文）	2.450	18/88
22	航空、航天科学技术	*Chinese Journal of Aeronautics*	中国航空学报（英文版）	4.357	9/84
23	航空、航天科学技术	*Astrodynamics*	航天动力学（英文）	2.603	16/84
24	核物理	*Chinese Physics C*	中国物理 C	4.492	2/29
25	化学工程综合	*Frontiers of Chemical Science and Engineering*	高等学校学术文摘·化学科学与工程前沿（英文）	2.633	34/138
26	化学综合	*Science China Chemistry*	中国科学：化学（英文版）	3.997	27/182
27	化学综合	*Chinese Chemical Letters*	中国化学快报（英文版）	3.157	36/182
28	环境科学技术综合	*Journal of Environmental Sciences*	环境科学学报（英文版）	3.343	31/227
29	环境生态学	*Ecosystem Health and Sustainability*	生态系统健康与可持续性（英文）	1.593	5/22
30	机械工程	*Friction*	摩擦（英文）	3.444	18/150
31	计算机科学技术综合	*Journal of Computer Science & Technology*	计算机科学技术学报（英文版）	3.655	38/172
32	计算机硬件与架构	*Microsystems & Nanoengineering*	微系统与纳米工程（英文版）	3.040	9/56
33	建筑科学	*Building Simulation*	建筑模拟（英文）	1.834	12/57
34	金属学	*Journal of Rare Earths*	稀土学报（英文版）	2.836	9/73
35	金属学	*Acta Metallurgica Sinica (English Letters)*	金属学报（英文版）	2.199	13/73
36	科学技术综合	*National Science Review*	国家科学评论（英文）	32.692	5/246
37	科学技术综合	*Science Bulletin*	科学通报（英文版）	18.742	8/246
38	科学技术综合	*Research*	研究（英文）	10.325	16/246
39	科学技术综合	*Science China Technological Sciences*	中国科学：技术科学（英文版）	6.637	22/246
40	科学技术综合	*Tsinghua Science and Technology*	清华大学学报自然科学版（英文版）	3.856	44/246

续表

序号	学科	英文刊名	中文刊名	WJCI 指数	国际排名
41	口腔医学	*International Journal of Oral Science*	国际口腔科学杂志	2.505	39/191
42	矿山工程技术	*International Journal of Mining Science and Technology*	矿业科学技术学报	4.466	6/58
43	矿山工程技术	*International Journal of Coal Science and Technology*	国际煤炭科学技术学报（英文）	3.038	14/58
44	力学综合	*Science China Physics, Mechanics & Astronomy*	中国科学：物理学力学天文学（英文版）	3.179	5/63
45	林学综合	*Forest Ecosystems*	森林生态系统（英文）	2.041	19/87
46	林学综合	*Journal of Forestry Research*	林业研究（英文版）	2.026	20/87
47	免疫学	*Cellular & Molecular Immunology*	中国免疫学杂志（英文版）	2.457	26/120
48	纳米科学与纳米技术	*Nano Research*	纳米研究（英文版）	3.256	15/104
49	能源系统工程	*Journal of Energy Chemistry*	能源化学（英文）	3.060	14/86
50	农业科学综合	*Journal of Integrative Agriculture*	农业科学学报（英文版）	7.211	5/134
51	农艺学	*The Crop Journal*	作物学报（英文版）	3.014	18/134
52	农艺学	*Rice Science*	水稻科学（英文版）	2.551	24/134
53	生物学综合	*Science China Life Sciences*	中国科学：生命科学（英文版）	6.296	16/186
54	数学综合	*Science China Mathematics*	中国科学：数学（英文版）	3.087	40/345
55	数学综合	*Acta Mathematica Scientia*	数学物理学报（英文版）	2.080	74/345
56	数学综合	*Frontiers of Mathematics in China*	中国高等学校学术文摘·数学	1.940	82/345
57	水利工程	*Journal of Hydrodynamics*	水动力学研究与进展 B 辑	2.626	6/53
58	水利工程	*International Journal of Sediment Research*	国际泥沙研究（英文版）	2.374	8/53
59	陶瓷学	*Journal of Advanced Ceramics*	先进陶瓷（英文）	3.513	4/22
60	土木工程	*Underground Space*	地下空间（英文）	2.024	35/147
61	土壤学	*Pedosphere*	土壤圈（英文版）	1.962	12/55
62	系统科学	*Journal of Systems Engineering and Electronics*	系统工程与电子技术（英文版）	1.754	6/27
63	细胞工程	*Cell Research*	细胞研究（英文版）	11.208	2/46
64	信息科学	*Science China Information Sciences*	中国科学：信息科学（英文版）	10.102	4/65
65	性科学、男科学	*Asian Journal of Andrology*	亚洲男性学杂志（英文）	2.341	7/30
66	畜牧学	*Journal of Animal Science and Biotechnology*	畜牧与生物技术杂志（英文版）	3.497	5/57
67	畜牧学	*Animal Nutrition*	动物营养（英文）	3.167	6/57
68	药理学	*Acta Pharmacologica Sinica*	中国药理学报	2.969	47/246
69	药学综合	*Acta Pharmaceutica Sinica B*	药学学报（英文）	4.341	14/88
70	冶金工程技术	*Transactions of Nonferrous Metals Society of China*	中国有色金属学报（英文版）	6.383	4/76
71	冶金工程技术	*Journal of Magnesium and Alloys*	镁合金学报（英文）	4.764	8/76
72	冶金工程技术	*Journal of Central South University*	中南大学学报（英文版）	2.896	14/76
73	冶金工程技术	*Rare Metals*	稀有金属（英文版）	2.807	16/76
74	冶金工程技术	*International Journal of Minerals Metallurgy and Materials*	矿物冶金与材料学报（英文版）	2.651	17/76

续表

序号	学科	英文刊名	中文刊名	WJCI 指数	国际排名
75	冶金工程技术	*Journal of Iron and Steel Research (International)*	钢铁研究学报（英文版）	2.342	19/76
76	医学影像学、医学成像技术	*Signal transduction and targeted therapy*	信号转导与靶向治疗	4.472	14/141
77	医学综合	*Frontiers of Medicine*	高等学校学术文摘·医学前沿（英文）	6.725	32/349
78	医学综合	*Chinese Medical Journal*	中华医学杂志（英文版）	4.993	46/349
79	遗传学	*Genomics, Proteomics & Bioinformatics*	基因组蛋白质组与生物信息学报	2.106	39/156
80	应用化学	*Chinese Journal of Catalysis*	催化学报	2.776	9/50
81	应用数学	*Applied Mathematics and Mechanics (English Edition)*	应用数学和力学（英文版）	1.891	39/174
82	应用物理学	*Nano-Micro Letters*	纳微快报（英文）	4.192	14/113
83	园艺学	*Horticulture Research*	园艺研究（英文）	4.279	4/43
84	真菌学	*Fungal Diversity*	真菌多样性（英文）	3.976	1/34
85	植物学	*Molecular Plant*	分子植物	9.225	8/202
86	植物学	*Journal of Integrative Plant Biology*	植物学报（英文版）	4.374	24/202
87	自动化与控制系统	*IEEE/CAA Journal of Automatica Sinica*	自动化学报（英文）	3.364	16/97
88	自然地理学	*Journal of Geographical Sciences*	地理学报（英文版）	2.889	32/209

注：按照学科字序和学科内 WJCI 值降序排列。
数据来源于《WJCI 报告》2020 版。
一种期刊多个学科的情况，取相对位置最好的学科排名。

（八）我国英文科技期刊被国际数据库收录情况

随着我国科技的快速发展，我国英文科技期刊的国际学术交流地位和作用日益显现，被越来越多的国际知名数据库收录。现选择 Web of Science（WoS）、Scopus 两个综合引文数据库和 EI（工程技术）、PubMed（生物和医学）、Chemical Abstracts-ACS（化学）、MathSciNet-MSN（数学）、GeoRef（地球科学）、CAB Abstracts（农业）六个专业文摘数据库，统计我国英文科技期刊被国际数据库收录情况。

我国 375 种英文科技期刊有 311 种被上述至少一个数据库收录，占 82.93%。我国英文科技期刊被国际数据库收录数量详见表 1-83，与 2020 年相比，2021 年新增了 29 种英文期刊被上述数据库收录，详见表 1-84。

表 1-83 我国英文科技期刊被国际数据库收录数量

序号	数据库名称	代表学科	收录刊数/种
1	WoS	综合	239
2	Scopus	综合	264
3	EI	工程技术	86
4	PubMed	生物和医学	67
5	ACS	化学	167
6	CAB Abstracts	农学	63
7	GeoRef	地学	37
8	MSN	数学	30

注：检索时间 2021 年 4 月。

表 1-84 2020 年新被国外数据库收录的我国英文科技期刊

序号	英文刊名	中文刊名	新入数据库
1	*Advanced Photonics*	先进光子学（英文）	EI; ACS
2	*Astrodynamics*	航天动力学（英文）	Scopus
3	*Automotive Innovation*	汽车创新工程（英文）	Scopus
4	*Biosafety and Health*	生物安全与健康（英文）	Scopus
5	*Carbon Energy*	碳能源（英文）	ACS; GeoRef
6	*CCS Chemistry*	中国化学会会刊（英文）	ACS
7	*China Chemical Reporter*	中国化工报导（英文版）	ACS
8	*Chinese Journal of Electrical Engineering*	中国电气工程学报（英文）	Scopus
9	*Chinese Neurosurgical Journal*	中华神经外科杂志（英文）	Scopus; PubMed
10	*Chinese Nursing Research (Print)*	护理前沿（英文）	Scopus
11	*Clean Energy*	清洁能源（英文）	Scopus
12	*Cybersecurity*	网络空间安全科学与技术（英文）	Scopus
13	*Digital Chinese Medicine*	数字中医药（英文）	ACS
14	*Electrochemical Energy Reviews*	电化学能源评论（英文）	WoS; ACS
15	*Environmental Science & Ecotechnology*	环境科学与生态技术（英文）	WoS
16	*Geography and Sustainability*	地理学与可持续性（英文）	WoS; Scopus
17	*Global Energy Interconnection*	全球能源互联网（英文）	Scopus
18	*Grain & Oil Science and Technology*	粮油科技（英文）	ACS
19	*Journal of Bioresources and Bioproducts*	生物质资源与工程（英文）	Scopus; ACS; MSN
20	*Journal of Cotton Research*	棉花研究（英文）	WoS; ACS
21	*Journal of Traditional Chinese Medical Sciences*	中医科学杂志（英文）	Scopus

续表

序号	英文刊名	中文刊名	新入数据库
22	*Liver Research*	肝脏研究（英文）	Scopus; ACS
23	*Nano Materials Science*	纳米材料科学（英文）	ACS
24	*Pediatric Investigation*	儿科学研究（英文）	Scopus; ACS
25	*Petroleum Research*	石油研究（英文）	Scopus; ACS
26	*Precision Clinical Medicine*	精准临床医学（英文）	WoS; Scopus
27	*Research*	研究（英文）	WoS; Scopus; EI; PubMed; ACS
28	*World Journal of Pediatric Surgery*	世界小儿外科杂志（英文）	Scopus
29	*World Journal of Traditional Chinese Medicine*	世界中医药杂志（英文）	WoS; Scopus; ACS

注：本表为 2020 年 4 月～2021 年 3 月底新被 WoS、Scopus、EI、PubMed、ACS、CAB Abstracts、GeoRef、MSN 任一数据库收录的我国英文科技期刊名单。

第四节　世界一流科技期刊建设进展

一、科技期刊高质量发展，国际影响力迅速提升

（一）主要数据库收录期刊数量不断增多

2020 年 JCR 共收录 83 个国家和地区的 20932 种期刊，其中 SCI 数据库 9500 种、SSCI 数据库 3501 种、ESCI 数据库 7275 种、A&HCI 数据库 1784 种（各数据库有交叉），共涵盖 254 个学科。SCI 收录期刊数量较 2019 年的 9381 种新增 119 种，增幅为 1.27%。被 SCI 数据库收录的有 CN 号的中国科技期刊 213 种，相比 2019 年增加了 9 种，增幅为 4.41%。

2020 年，Scopus 数据库共收录了 103 个国家和地区的 25990 种期刊（其中科技期刊 18666 种、社科期刊 10967 种，有交叉），涵盖 332 个学科，科技期刊数量较上一年增加 478 种，增幅 2.63%。Scopus 数据库收录的科技期刊数量排名前十位的国家见表 1-85，中国科技期刊被收录数量为 818 种，较 2019 年增加 83 种，占全球新入选期刊的 17.36%。

表 1-85　2020 年 Scopus 数据库收录的科技期刊数量排名前 10 的国家（单位：种）

序号	国家	Q1 区	Q2 区	Q3 区	Q4 区	总计
1	美国	1762	1318	913	539	4532
2	英国	1472	1138	691	347	3648
3	荷兰	844	436	244	123	1647
4	德国	358	355	303	251	1267
5	中国	171	134	197	316	818
6	瑞士	174	250	159	150	733
7	俄罗斯	5	30	182	208	425
8	印度	17	57	141	166	381
9	日本	18	58	97	169	342
10	意大利	28	78	94	101	301

由中国科协等七部门联合实施的“中国科技期刊卓越行动计划”（以下简称“卓越计划”）是贯彻落实中央《关于深化改革 培育世界一流科技期刊的意见》（以下简称《意见》）的重要举措，是迄今为止我国在科技期刊领域实施的力度最大、资金最多、范围最广的重大支持专项。在政策资金的支持和办刊人员的努力下，卓越计划入选期刊发展领跑全国科技期刊。2020 年，SCI 数据库收录卓越计划入选期刊 144 种，占入选 SCI 数据库的我国科技期刊总数的 67.61%，Scopus 数据库收录卓越计划入选期刊 230 种，占入选 Scopus 数据库的我国科技期刊总数的 28.12%。相比 2018 年（卓越计划立项时的数据），SCI 和 Scopus 数据收录的卓越计划入选期刊数分别增加了 17 和 15 种。卓越计划入选期刊被国际主要数据库收录数量增多的同时，期刊质量的提升更为显著，2020 年，卓越计划入选期刊刊均影响因子和 CiteScore 分别为 4.93 和 4.7，比 2018 年的 3.09 和 3.5 提升了 50.55%和 34.29%，同时，明显高于 2020 年 SCI 和 Scopus 数据库收录的我国科技期刊的刊均影像因子 4.17 和刊均 CiteScore 值 2.3。

（二）优秀科技期刊数量与质量稳步提升

SCI 数据库收录的中国科技期刊近年来增速明显，2020 年 SCI 收录的中国科技期刊 213 种，相比 2018 年的 184 种增加了 15.76%。同时，SCI 数据库显示，中国科技期刊的发文数量在快速增长，中国科技期刊 2020 年发表可被引文献共 30742 篇，刊均可被引文献 144 篇，比 2019 年的刊均 126 篇增长 14.29%。

SCI 数据库显示，被收录的中国科技期刊数量增长的同时，科技期刊质量提升明显。如表 1-86 所示，2020 年 SCI 收录的有期刊引证指标的 212 种中国科技期刊刊均影响因子为 4.30（《计算可视媒体（英文）》（*Computational Visual Media*）已被 SCI 收录，但尚未公布其引证指标），比 2019 年的 3.18 增长了 35.22%，比 2018 年的 2.63 增长了 63.50%，涨幅显著。2020 年，SCI 收录的中国科技期刊 Q1 区和 Q2 区共计 145 种，占收录中国科技期刊总量的 68.40%（2018 年为 48.91%，2019 年为 63.24%），我国 Q1 区和 Q2 区科技期刊数量近年来呈快速增长态势。

表 1-86　SCI 收录的中国科技期刊分区分布及刊均影响因子

年份	Q1 区/种	Q2 区/种	Q3 区/种	Q4 区/种	收录总数/种	Q1 和 Q2 区期刊占比/%	刊均影响因子
2020	79	66	41	26	212	68.40	4.30
2019	70	59	47	28	204	63.24	3.18
2018	52	38	46	48	184	48.91	2.63

Scopus 数据库也显示出中国科技期刊收录数量和期刊质量双提升的特征。2020 年，Scopus 数据库收录的 818 种中国科技期刊刊均 CiteScore 值为 2.5，比 2019 年的 2.1 增长了 15.60%，比 2018 年的 1.9 增长了 32.07%。CiteScore 10 分以上的中国期刊有 32 种，比 2019 年的 14 种增加了 18 种，增长显著。2020 年，Q1 区和 Q2 区期刊数量为 305 种，占中国科技期刊被收录总量的 37.29%，其中 Q1 区的科技期刊有 171 种，占中国科技期刊被收录总量的 20.90%。相比 2019 年的 Q1 区期刊 139 种，Q1 区和 Q2 区中国科技期刊 265 种，年增长速度明显。

（三）我国新创英文科技期刊表现亮眼

伴随我国经济实力和科技能力的快速提升，特别是国家对科技期刊的高度重视，我国科研机构的办刊热情持续高涨。科技期刊得到国家重点支持，先后实施的“中国科技期刊国际影响力计划-D类”项目、“中国科技期刊国际影响力计划-高起点新刊”项目是国家专门支持科技期刊新刊的项目，给予了经费和政策双重支持，经多年持续推进，新刊入选项目已经逐渐成长起来，出现了一批具有国际影响力的优秀科技期刊。“中国科技期刊国际影响力计划-D类”项目从2013年到2018年共实施了6年，入选期刊共90种，其中16种期刊入选了“中国科技期刊卓越行动计划”，入选率达17.78%，其中《摩擦（英文）》《信号转导与靶向治疗》《镁合金学报（英文）》《园艺研究（英文）》四种期刊入选了领军期刊项目，《现代电力系统与清洁能源学报》《光子学研究（英文）》《计算材料学》入选了重点期刊项目。

依托国家创新发展成果和科技期刊支持政策，我国近年新创办的科技期刊发展迅速，引证指标表现亮眼。如表1-87所示，2020年影响因子20分以上的我国科技期刊有4种，创刊于2018年的*Electrochemical Energy Reveiws*和2019年的*InfoMat*分别以28.905和25.405的影响因子位居第1和第3。2020年我国科技期刊影响因子Top10的期刊中，有8种是近10年才创办的期刊，Top10期刊的平均影响因子为20.21分。

表1-87　2020年期刊影响因子Top10的SCI收录中国科技期刊

序号	期刊	ISSN/eISSN	创刊年	第一主办单位	总被引频次	2020年度影响因子
1	*Electrochemical Energy Reviews*	2520-8489	2018	上海大学	1341	28.905
2	*Cell Research*	1001-0602	1990	中国科学院分子细胞科学卓越创新中心	24108	25.617
3	*InfoMat*	2567-3165	2019	电子科技大学	1460	25.405
4	*Fungal Diversity*	1560-2745	2011	中国科学院昆明植物研究所	5535	20.372
5	*Signal Transduction and Targeted Therapy*	2095-9907	2016	四川大学华西医院	3848	18.187
6	*Light: Science & Applicatoin*	2047-7538	2013	中国科学院长春光机所	11228	17.782
7	*National Science Review*	2095-5138	2014	中国科技出版传媒股份有限公司	5889	17.275
8	*Nano-Micro Letters*	2311-6706	2009	上海交通大学	5972	16.419
9	*Energy & Environmental Materials*	2311-6706	2018	郑州大学	729	15.122
10	*Protein & Cell*	1674-800X	2010	高等教育出版社	5352	14.870

（四）原创性重大影响力论文开始出现

伴随着我国科技期刊办刊能力的不断提升，越来越多的原创性重大成果发表在我国科技期刊上。基于我国科学技术领域的迅猛发展和重大科研成果的不断涌现，我国科技期刊紧抓时代机遇，组约抢发各大重要前沿成果，越来越多原创性重大影响力论文出现在我国科技期刊上。高超音速领域已然成为大国竞争博弈焦点，2020 年中国科学院高温气动团队设计的一款“革命性”爆轰冲压发动机在风洞试验中成功点火，并稳定运行。《中国航空学报（英文版）》主编亲自向该团队约稿，将这一重大成果以最快速度发表在该期刊上，引起国内外众多大媒大刊的关注报道。“中国天眼”验收开放，取得一系列重大成果，《科学通报》《天文学报》等期刊组约相关专题，进行了系列成果报道。“超级工程”港珠澳大桥于 2018 年 10 月 23 日正式开通，历时 15 年筹备兴建全长 55 km 的“超级工程”在新材料、新工艺、新设备、新技术方面取得了众多创新，《公路》《工程（英文）》等期刊报道了其中诸多创新成果。“北斗三号”“天问一号”“嫦娥五号”等重大项目，在《测绘学报》《中国科学：物理学 力学 天文学》《地球与行星物理（英文）》等我国期刊上都有重点成果报道。2020 年 2 月，*Cell Research* 发表了中国科学院武汉病毒研究所与军事科学院军事医学研究院的联合研究成果“Remdesivir and Chloroquine effectively inhibit the recently emerged novel coronavirus (2019-nCoV) *in vitro*”，是全球第一个发表在同行评议期刊上针对抗新冠病毒候选药物筛选的实验性研究成果，也被 Altmetric.com 评为 2020 年度最受关注和讨论热度最大的研究成果，荣登榜单第 10 名。越来越多本领域最活跃的研究机构开始在我国科技期刊上发表论文。以卓越计划领军期刊为例，2020 年，ESI 顶尖论文全球 Top100 的机构中，有 78 家机构在卓越计划领军期刊上发表论文 1965 篇，较 2019 年增加 549 篇，增幅 38.77%；ESI 顶尖论文全球 Top50 的机构中，有 37 家在卓越计划领军期刊发表论文 1219 篇，较 2019 年增加 359 篇，增幅 41.74%。

二、国内数据库收录期刊稳中有升，国内关注度持续提升

（一）被国内主要核心期刊或索引数据库收录期刊数量稳步增长

中国科学引文数据库（Chinese Science Citation Database, CSCD）以传播我国优秀科研成果，服务科学工作者发现信息为建设目标，采用分类处理、同类比较、定量指标与定性评价相结合的方法对我国出版的自然科学、工程技术、医学、管理科学类期刊进行遴选。CSCD2021～2022 年度收录来源期刊 1262 种，其中英文期刊 245 种，中文期刊 1017 种；相比 2019 年度（共 1229 种，其中英文期刊 228 种，中文期刊 1001 种）收录期刊数量有所增加。

中国科技核心期刊（中国科技论文统计源期刊），是由中国科学技术信息研究所研制，采取以定量评估数据为主、专家定性评价为辅的原则遴选的各学科重要科技期刊。中国科技核心期刊 2020 版收录了在中国正式出版的科技期刊 2070 种，其中中文期刊 1949 种，英文期刊 121 种；2019 版收录了在中国正式出版的科技期刊 2049 种，其中中文期刊 1933 种，英文期刊 116 种；收录期刊数量也有所增加。

《中文核心期刊要目总览》（简称《总览》）采用分学科、多指标综合评价，定量评价与定性评价相结合的方法对中文期刊进行统计分析和遴选。《总览》每三年更新研究和编制一次，2020 版共收录期刊 1990 种，其中科技期刊 1251 种。相较 2017 版收录期刊 1983 种，其中科技期刊 1250 种，收录数量基本持平。《总览》2020 版的中文核心期刊有 1849 种与 2017 年版相同，继承率高达 92.91%，说明我国的中文期刊已经形成一个比较稳定的核心区，期刊的发展变化总体趋于稳定。

（二）被 WJCI 收录中国期刊国内被引、下载频次高速提升

《WJCI 报告》收录期刊是根据国内各大核心期刊或文摘数据库收录期刊情况及期刊国内外引证数据进行遴选，代表了我国有潜力冲击世界一流期刊的期刊群体，其在国内的影响力数据代表了为我国经济建设、科技文化建设服务的作用和服务能力变化，2020 版收录期刊涵盖参加 2020 年检的优秀中国科技期刊 1376 种，其中 1332 种被《影响因子年报》2020 版（统计年为 2019 年）报道，相较 2016 版收录

的 1284 种增加了 48 种，增长了 3.73%。

根据《影响因子年报》2016 版～2020 版（统计年为 2015～2019 年）统计，从被引数据来看，WJCI 中国期刊的 2019 年刊均复合总被引频次为 3628.95 次；刊均复合影响因子 2019 年为 1.307，比 2015 年（1.012）上升了 29.15%；刊均复合即年指标 2019 年为 0.208，比 2015 年（0.136）上升了 52.94%。从下载数据来看，WJCI 中国期刊的刊均下载频次 2019 年为 13.08 万次，比 2015 年（9.15 万次）增长了 42.88%；刊均 Web 即年下载率 2019 年为 77.48，比 2015 年(31.71)，增长了 144.34%，显示了我国科技期刊对经济建设、科技文化建设及知识传播和教育的重要作用。见表 1-88。

表 1-88 WJCI 中国期刊国内影响力统计

年份	刊数/种	刊均 复合总被引频次	刊均 复合影响因子	刊均 复合即年指标	刊均下载频次	刊均 Web 即年下载率
2015	1284	3807.14	1.012	0.136	91545.26	31.71
2016	1302	4039.09	1.092	0.135	106622.83	36.38
2017	1309	4086.70	1.149	0.148	105408.89	45.65
2018	1323	3846.70	1.213	0.167	111907.87	51.96
2019	1332	3628.95	1.307	0.208	130799.40	77.48

注：按照统计年排序。
数据来源于《影响因子年报》2016 版～2020 版，刊数为被 WJCI 和《影响因子年报》同时收录的期刊。

（三）被 WJCI 收录中国期刊高被引论文表现亮眼

中国学术精要数据库（https://xsjy.cnki.net/）对近十年的期刊文献进行统计、分析，在同年度、同学科发表论文中遴选出总被引频次排名前 1%的论文，定义为“高被引论文”，2016～2020 年发表的高被引论文共 57912 篇，其中发表于 WJCI 收录的中国期刊的高被引论文共 36699 篇，占中国科技期刊高被引论文总数的 63.37%。2016～2020 年中国科技期刊高被引论文的总被引频次为 208.90 万次，WJCI 中国期刊高被引论文的总被引频次为 139.22 万次，占高被引论文总被引频次的 66.64%。各年高被引论文数量详见表 1-89。

表 1-89　中国期刊 TOP1%高被引论文统计

年份	中国科技期刊（4399 种）		WJCI 收录中国期刊（1332 种）		
	高被引论文总数（*A*）/篇	刊均高被引论文/篇	发表高被引论文数（*B*）/篇	刊均高被引论文/篇	占比（*B*/*A*）/%
2016	11429	2.6	7557	5.7	66.12
2017	11206	2.5	7278	5.5	64.95
2018	11177	2.5	7326	5.5	65.55
2019	11672	2.7	7423	5.6	63.6
2020	12428	2.8	7115	5.3	57.25

三、队伍结构不断优化，编辑人才脱颖而出

（一）科研人员积极参与科技期刊，编辑队伍结构不断优化

国家对科技期刊事业发展的关注和支持，带动了高水平人才向科技期刊领域流动，统计数据显示，我国科技期刊编辑人员数量近几年呈小幅稳定上涨态势，硕博士高学历人才和副高级及以上职称人员比例稳定增长，编辑队伍结构的专业化不断提升。如表 1-9 呈现数据，2020 年我国科技期刊从业人员数量达到 36907 人，相比 2019 年，从业人员总数增长了 1.92%，其中硕博士学历人员增幅为 5.96%，特别是博士学历人员增加了 8.19%，经过本领域科研训练的高学历专科人才的增长量明显高于全体人员增长量。同时，副高级及以上编辑人员比例相比 2019 年增长 4.18%，其中正高级人员增长幅度为 4.40%。我国科技期刊行业人员的高学历、高职称特点加快形成中。

面对世界科技期刊行业的深度变革，我国科技期刊行业积极强化质量建设和传播能力建设。2020 年，采编人员数量为 19704 人，相比 2019 年增加了 2157 人，增幅为 12.29%；新媒体人员为 2209 人，相比 2019 年增长了 13.34%。在科技期刊总数变化甚微的背景下，采编人员和新媒体人员数量和比例均有较大增长，反映我国科技期刊行业对内容建设更加重视，对基于新媒体的宣传推广更加侧重。

参与我国科技期刊发展的院士等领域泰斗级重要专家和国际科研人员也已经成为重要的办刊力量。以中国科技期卓越计划入选期刊为例，入选领军、重点、梯

队项目的 250 种期刊中，由院士担任主编的期刊有 142 种，院士编委占编委总数的 12.25%，有国际编委的期刊有 229 种，占期刊总数的 91.60%。

（二）编辑行业交流活跃，编辑人才培训形式多样

学术会议和专业培训是否标准化、专业化、规范化是一个行业是否活跃的重要标志。近年来，我国科技期刊领域的学术会议和专业培训涉及面广、层次丰富、参与度高。由中国科协与中宣部共同主办的中国科技期刊发展论坛、中国科协主办的世界科技期刊论坛等，已经成为我国层次高、覆盖面广、参与人数广的行业盛会，论坛也从聚焦科技期刊编辑业务交流，扩展为科技出版生态圈建设、科技出版产业链建设、开放科学等主题鲜明、前瞻部署的行业引导型盛会。国家新闻出版署主编培训班、“中国科技期刊卓越行动计划选育高水平办刊人才”等培训项目，不仅注重科技期刊编辑人才业务能力提升，同时注重扩展编辑人才国际出版视野和面向科技出版行业专业人才培养，类似的培训项目近年来火热开展。

面向科技期刊编辑的课题研究、实践活动、编辑大赛也在热烈开展中。为支持编辑人员进一步提升业务能力，2020 年起，“中国科技期刊卓越行动计划选育高水平办刊人才子项目”面向期刊编辑个人开展了“青年人才支持项目”，项目支持青年编辑人才立足岗位开展课题研究和新媒体实践，至 2021 年，项目累计支持课题研究 60 项，实践活动 20 项。各学协会、科技期刊主管、主办部门对人才的培育和培养项目也进一步加强，中国高校科技期刊研究会 2021 年青年基金课题有 50 项入选，中国科学院自然科学期刊编辑研究会也设立委托项目和立项项目，北京市科协、江苏省科协、上海科技期刊编辑学会等地方科技期刊相关机构团体组织不同内容的科技期刊研究或活动。“科技期刊青年编辑大赛”自 2017 年举办以来，已连续举办五届，参赛选手具备良好的学术素养、前瞻的国际办刊视野、出色的组约稿专业能力和高超的学术交流能力，已成为我国新一代科技期刊编辑的目标和榜样。

（三）编辑培养机制与时俱进，优秀编辑人才脱颖而出

《意见》明确提出“采取多种形式加强编辑队伍建设，创造条件吸纳高水平国

际编委和经营人才，提升出版传播的核心竞争力”，把编辑人才培养作为着力提升科技期刊国际竞争能力的首要任务，中国科学院自 2015 年起持续实施“中国科学院人才培养引进系统工程”，对优秀办刊人才予以配套资金支持，为吸引海内外优秀科研人才投身科技期刊建设有引领和推动作用。2021 年 7 月，中国科技期刊卓越行动计划办公室开展了“2021 年度中国科技期刊卓越行动计划选育高水平办刊人才子项目——优秀编辑、优秀审稿人案例遴选汇编项目”，对中国科技期刊卓越行动计划项目实施中表现突出的优秀编辑和优秀审稿人给予表彰。各级科技期刊相关部门也开展了各项人才支持计划，上海市科技期刊编辑学会、中国农林科技期刊集群等团体也都对优秀编辑人才进行表彰。

我国科技期刊事业蓬勃发展中，涌现出众多具有国际视野和专业学术造诣的优秀科技编辑，这些编辑人才的重要贡献也得到了国家和行业的肯定，期刊、集群单位、科技期刊出版企业的各类突出人才都有入选“第五届中国出版政府奖”。

四、科技期刊协同发展，集约化办刊能力不断增强

（一）科技期刊管理专业化，行业支持力度不断加强

2020 年，部分省区市对标“中国科技期刊卓越行动计划”，出台了当地支持科技期刊发展的政策和计划，可以统称为“地方版科技期刊卓越行动计划”。2020 年 10 月，山西省科学技术协会发布《关于开展山西省科技期刊能力提升项目申报工作的通知》。2020 年 11 月，湖南省委宣传部、湖南省科技厅联合印发《湖南省培育世界一流湘版科技期刊建设工程实施方案（试行）》，并于 2020 年 12 月正式实施。2020 年 12 月，广西科协、中共广西党委宣传部、广西教育厅、广西科技厅联合印发《关于贯彻落实<关于深化改革 培育世界一流科技期刊的意见>的实施意见》。2021 年 1 月，陕西省科学技术协会、陕西省委宣传部、陕西省教育厅、陕西省科技厅联合印发《关于推进陕西省科技期刊深化改革高质量发展的意见》，推出《三秦卓越科技期刊发展计划实施方案》。2021 年 7 月，四川省科学技术协会下发《四川省科学技术协会关于组织实施 2021 年科技期刊卓越行动计划的通知》。从国

家到省区市的科技期刊政策支持不断推出，对全国科技期刊事业发展起到了巨大的促进作用。

（二）科技期刊多模态发展，集约运营能力不断提升

《意见》明确“着力提升科技期刊出版市场运营能力”是我国科技期刊发展的重要任务之一，强调产业链建设，强调集约化、集团化发展思维。我国科技期刊出版行业正在探索多模态发展路径，*Cell Research*、*Light: Science & Applications*、*National Science Review* 等具有成功办刊经验和一定国际影响力的科技期刊正在探索子刊、姊妹刊创办；中华医学会、中国激光杂志社等集群化试点单位在注重创建更多优质期刊的同时，加紧数据资源整合和出版能力建设，实现出版资源的充分利用和知识服务体系建设；科学出版社布局中外出版市场，全力打造国有数字出版平台和科技期刊全流程出版解决方案，已建成全面的科技期刊出版服务体系和科技期刊产品系列。科技期刊经营模式创新推动我国科技期刊出版机制改革，2021 年 6 月，中宣部、教育部、科技部联合印发《关于推动学术期刊繁荣发展的意见》，明确“支持规模性出版企业探索协作办刊等模式，跨地域、跨部门、跨学科整合期刊出版资源”“支持符合条件的学术期刊出版企业上市融资”。

集群化试点单位在产业资本融合+资源协同+校企刊跨领域合作中创新发展理念，探索发展途径，统筹关联科技期刊产业链上、中、下游的各界资源，推进中国科技期刊依法有序吸纳业外资本、拓宽融资渠道。有科出版和中南大学出版社合作，通过增资扩股，整合优质资源，加快科技期刊产业的布局优化，在科技期刊产业与社会资本融合方面做出了有益尝试，开创了学会、高校、科研机构联合出版的中国科技期刊产业新模式。

（三）全球视野开放办刊，深层次多领域合作发展

伴随着中央《意见》等一系列政策的出台，中国科技期刊在立足自身发展的同时，正在以开放包容、互惠共享的姿态，进一步加强国际合作，贡献中国智慧。2020 年 12 月 11 日，中华医学会杂志社与 Wiley 签署战略合作，共同探索期刊集群发展

和出版生态系统建设。2021 年 7 月 6 日，中国科学技术信息研究所与 Springer Nature 成立开放科学联合实验室，这是中信所首次与外部组织成立开放科学领域的研究机构。在此之前的 2019 年 7 月，双方签署了合作备忘录，并于 2020 年联合发布旨在促进科研诚信建设的《学术出版第三方服务的边界蓝皮书》。2021 年 7 月 21 日，中国科学院文献情报中心与威科集团（Wolters Kluwer）战略合作签约暨“中国科学院文献情报中心-威科集团医学评价与数据智能联合实验室”揭牌仪式成功举行，双方将就医学领域科技评价和绩效评价展开长期合作，深入支撑科研计划的落实和科研政策的制定。2021 年 7 月 28 日，第四届世界科技期刊论坛上，中国科协与国际科技与医学出版商协会、威立出版集团签署合作备忘录，探索在开放科学等领域开展合作。

我国科技出版领域与外国出版机构的合作不再是单纯的科技期刊出版业务的合作，越来越多的与科技出版、科技信息、科技管理相关的研究和管理机构开始了活跃而深入的国际合作，从“借船出海”到“造船出海”的路径更加明确，参与国际科技学术活动的步伐更加快速。

第二章 开放科学发展概述[①]

内容提要

开放性是现代科学的本质属性，这决定了开放科学是一个不断丰富和发展着的动态概念。开放科学的具体表现形式包括科技论文的开放获取、科学数据的开放共享、科技平台的知识融合、科研群体的广泛参与，以及不断涌现的其他新型科学生产与交流模式。开放科学的发展离不开科研人员、出版机构、科研资助机构及科研教育机构等主体的内在推动，同时也需要法规政策等制度建设的外在保障。开放科学需关注知识开放与知识产权保护间的平衡，也需要建立国际合作与独立自主间的双赢机制。最终，开放科学旨在建立一种促进科学创新的生态系统，特别是为人类面临的复杂性全球问题寻找科学的解决途径。

中国已具备发展开放科学的基础。在全球开放科学大趋势下，中国也在不断探索开放科学的多种实践形式。中国开放获取出版、开放数据、开放平台和参与式科研等实践经历了从无到有、从小到大、从少到多的发展历程。具体体现在：①中国的开放获取论文、开放获取期刊、开放平台和参与式实践活动数量不断增加。2011～2020 年，中国共发表开放获取论文 700634 篇，占全球开放获取论文总量的

① 第二章执笔：顾立平、赵昆华（牵头）；李海博（第一节）；刘金亚（第二节）；赵昆华（第三节）。

17.32%。自2012年起，共创办了4种数据期刊。2014～2020年，共发表数据论文702篇，占世界数据论文总量的8.80%。②科研人员、出版机构、资助机构和科研教育机构等主体对开放科学的关注与推动逐渐增强。③与开放科学相关的制度建设为其发展奠定良好基础。总之，中国开放科学处于蓄势待发的阶段。不断丰富的开放要素、积极推动的主体和良好的法律制度环境为开放科学在中国的落地生根起着重要作用，但就如何结合实际情况，发展本土开放科学事业，使其成为科学研究赖以生存与发展的环境，是未来较长时间内需要思考的问题之一。

中国将继续探索开放科学的发展实践。我国政府部门、科研教育机构、科研人员、出版机构等利益攸关方对于开放科学的理论探讨和实践追求早已兴起，但由于各种实践形式所基于的政策成熟度、支持度、执行度不同，因此各种实践的发展速度和程度差异较大，极具符合我国国情的中国特色。虽然目前我国尚未形成明确的开放科学政策，但基于国际开放科学发展趋势和国内科技资源共享需求，开放科学必将成为我国科技与社会发展的重要议题。我国已成为具有全球影响力的科技创新大国，我国开放科学发展将对世界开放科学进程产生重要影响。我国推动开放科学进程中必须着眼全球人类福祉，探索多元、多样的开放道路；加快建设基础设施，有序有组织做强资源共享等技术支撑；加强知识产权保护、科技伦理和科技共同体自律。

第一节　国际开放科学发展概述

一、开放科学的发展历程

（一）开放科学的发展动因

1. 开放科学成为现代科学传播的新模式

开放科学（Open Science）概念的提出和发展与科学传播和交流需求密切相关。16 世纪至 17 世纪，科研成果不全公开，科学家之间主要以会面交谈、纸笔记录和书信往来的方式，进行成果发布和意见交换。此时的科学活动和科研产出仅局限于少数科学家中，科学的交流渠道也仅限于个别科学家内部。

随着科学活动的日益活跃，科学家们不满足于点对点的书信交流，开始创建科技期刊，以增加科研成果的传播范围和速度。1665 年，英国皇家学会创建世界第一本科技期刊《哲学汇刊》（*Philosophical Transactions*）。而后，两次工业革命推动社会显著发展，科技期刊的数量迅速增加。在此期间涌现了一系列国际顶尖期刊，如 1823 年的《柳叶刀》（*The Lancet*）、1869 年的《自然》（*Nature*）以及 1880 年的《科学》（*Science*）等。以纸质期刊为载体进行学术出版的科学信息交流机制由此完善成熟。

20 世纪 50 年代开始，随着计算机和互联网的出现和普及应用，科学传播渠道发生了巨大变化。越来越多的科研成果以原生数字资源（born digital resources）的形式出版和传播，出版商和服务商纷纷建立可供在互联网快速获取信息的平台——期刊数据库。这一时期，科学传播的数字化、信息化及网络化趋势增强，人们对科学传播的速度和效率要求也逐步提高。

为使信息获取和知识分享变得更加便捷与快速，开放共享理念在信息领域率先被提出。21 世纪初，面对数据库订阅费用不断上涨的难题，图书馆开始就数据库价格与出版商展开博弈。学术界也开始讨论论文的开放问题，并逐渐扩大至科研数据、基础设施等科研活动各要素，随后教育资源也被纳入开放的讨论范围内，公民参与式科研亦成为一种新形式。开放的理念覆盖范围不断扩大，开放科学的影响力日益深远。

2. 开放科学成为现代科学自我监督的新要求

科学的独特价值体现在能够对概念进行基于证据的公开审查，并经受现实、逻辑和同行的质疑[1]。英国皇家学会的座右铭为 Nullius in verba[2]（不要轻信任何说辞），表达了其对待科学的态度——追求真理乃是不断质疑。开放科学的原始动力由此产生，即通过增强科研活动及产出的透明度，来维护对科研成果的反思和质疑机制，从而确保对科学的批判与质疑精神永存。

在科学家点对点沟通的时代，科学产出的结果与实验记录只流通于少数科学家之间，对科研成果真伪的检验及优先发现权的归属问题往往存在争议。随着科学事业的逐渐成熟，科学共同体建立同行评议制度和学术伦理委员会来确保科研诚信和学术道德。而如今，当科技创新成为国家战略之一，科学研究成为基础性社会建制，科研活动出现了一系列重大变革时，科研诚信问题的治理也日益复杂化，并面临新的考验[3]。开放共享作为一种科研理念的出现，为科研成果的重复检验和科学事业良性发展提供一种解决之道。

开放科学旨在建立一种生态系统，使得科学过程及产出更透明、有效和可重复利用，使得科研群体对知识的获取更加便捷。在此基础上，开放科学可将其影响扩大到经济、公共政策、公民及整个社会中，创建基于科学、新技术产品和服务的新岗位[4]，在鼓励全民参与科研的过程中，最大限度地释放公众的创新力和创造力。

随着科学技术的日新月异，科学产出的数量在过去半个世纪以来呈现激增态势，科学的传播手段在互联网时代也产生了新的模式。因此，现代科学应为一项开放的公共事业，使得科学家及普通公众均有条件跨越地理和信息技术等障碍，获取并传播科学信息[5]。目前，开放科学也正在成为一场改变科学实践的运动，以适应 21 世纪数字时代的变化、挑战、机遇和风险，增强科学的社会影响，以便应对人类面临的越来越多的复杂性全球问题[6]。

（二）开放科学的特点剖析

1. 开放科学需要国家多个主体共同推动

开放科学的目标是以合作和分享的方式使得所有求知者免费获得科学研究成果，让更多的人关注科学并参与其中，促进全球科学发展进程，激发科学创新。这一过程包含科研活动的建立、运行、产出及传播等多方面，涉及科研人员、出版机构、科研资助机构、科研教育机构等多元参与主体。

参与主体各自扮演不同的角色，需要分别承担不同的责任，在履行自身义务的同时也行使自身权利，享受开放科学的益处。科研人员身处科学共同体，通过发表开放获取论文与共享数据等实际行动推动开放科学进展，与此同时，也通过开放获取基础设施建设，加速其科研产出效率。出版机构作为科学传播重要主体，通过变革现有的学术交流出版模式，提供开放获取期刊等新型出版服务，丰富和扩大出版业务范围，实现科研活动的全流程出版。科研资助机构作为政府支持科学事业的管理部门，通过各种新型的科研资助方式，制定开放科学政策，提高公共资助效益，促进科研诚信。科研教育机构需制定符合机构情况的开放共享规定，在开放科学环境下为机构科研人员提供更有效的资源保障服务，发挥新型科研支撑作用。

2. 开放科学通过国际多个渠道构建网络

开放科学涉及科研活动多个科研要素的开放共享，包括产出环节的科研论文、研究过程中的科研数据、支撑科研活动的基础设施以及开放共享理念的文化培育，这些都包含在开放科学研究和讨论范围内。

科技论文开放获取较早发端于欧洲，2014 年欧盟发布“地平线 2020 计划”（Horizon 2020），将开放科学定义为“使科学研究和数据能够被社会各阶层获取和传播的运动”，包含开放获取、开放数据、开放可重复研究、开放科学评估、开放科学政策和开放科学工具等要素。2020 年，联合国教育、科学及文化组织（简称“联合国教科文组织”，UNESCO）发布的《联合国教科文组织开放科学建议书草案》（Draft Text of the UNESCO Recommendation on Open Science）认为，开放科学至少涉及开放获取、开放数据、开放源代码/软件、开放硬件、开放科学基础设施、开放评估、开放教育资源、社会的开放参与、知识多样性的开放态度、承认原有开放社区及其组织者对知识数据的管理权利[6]等内容，进一步增加内容和扩大范围。

开放科学涉及论文、数据、软件、硬件、基础设施以及在此基础上建立的开放科研评估体系、教育体系和文化氛围等要素。各要素不再是孤立存在，而是结合科研产出内容和流程，实现关联共享。例如，一项科研计划借助开放式的基础设施进行资金、人员、设备的募集与协作，其研究成果以论文形式开放获取，其研究过程以开放数据形式予以存储和共享，其他研究者可公开对其进行评价、交流和监督，由此形成满足研究透明和质量保障的科研社群和共享文化，推动全社会科学进步与发展。

3. 开放科学延展知识产权战略的范围

在开放科学的萌芽阶段，人们主要是认识、辩驳和理解知识产权的角色。在一国社会尚未形成知识产权的伦理共识和行为习惯时，提倡知识产权主要用于促进商业繁荣和收税。例如 1710 年英国《安妮女王法令》生效，这是世界上第一部现代意义的著作权法，首次明确了作者、书商与印刷出版商各自享有的专有权利。此时期的主要矛盾在于保护一部分人的创新能力和营收机会，但损失了全体人民的知识共享和创新机会。不过，当时科技发展的重要性是为第一，全面普及是第二。

在开放科学的发展阶段，人们主要是探索、试验和制定知识产权的规则。科技发达的国家，希望制定更为严格的审查制度和保护策略；科技追赶的国家，希望采取更为弹性的解释体系和共享策略。例如 2002 年知识共享许可协议（Creative Commons license, CC）创建一种开放许可授权的模式，使作者能在保留必要权利的基础上，让渡更多权利给社会公众。此时期的主要矛盾在于国际上形成一组共同规范和概念，但是国家、机构和个人具有不同的实施方式。此时，科技发展与全面普及，两者并行不悖，因为合作共赢的前提是互相尊重知识产权，并且扩大社会参与。基于知识产权（即作者愿意共享并且明确载于协议声明）的开放获取和开放数据是开放科学的两大重要基础。

在开放科学的成熟阶段，人们主要是再造、重构和发挥知识产权的文化。科学重新找回开放性的本质，并且科学共同体的范围，从科学家扩展到公众，从国家扩展到全球，从个人行为扩展到组织起来的社群规范。在论文、数据、软件、代码、资金、评价、检验，乃至新的数据产品和商品形态，都有别于工业社会和后工业社会的发展状态和规律。因此，符合开放科学发展的知识产权战略至关重要，决定科技发展是内卷式的内部资源争夺模式，还是外扩式的吸收全球科技人才和贡献全体人类社会。战略之下靠战术，灵活运用著作权及其著作权限制与例外，运用法律合同或者开放许可协议授权机制等，是具体实现诸多开放科学的活动操作细节。

4. 开放科学要求在科技自主创新中开展国际合作

秉持自由开放、协作共享的理念，开放科学旨在创建一个更加包容、合作和透明的研究世界，促进人类命运共同体的社会创新和人类进步。因此，开放科学需要更加广泛的国际合作，共同推动科学进步。然而，开放科学并不是完全依赖国际合作的科研活动，也不是所有科研产出“一股脑倒麻袋”就可开放共享。秉持“科学无国界，科学家有祖国”的原则，开放科学仍然是在坚持国家科技自主创新的基础上，建立起的促进全人类科学事业进步的知识共享机制。开放科学需要在遵守国家相关科技法、知识产权法、信息安全法等法律法规的前提下合理开展，在科研创新的国际合作与独立自主间寻求双赢。

总之，开放科学在参与主体、科技要素、知识产权及合作机制方面，均展现出与以往科学不同的形态特征，这也对开放科学事业的发展提出了新要求（图 2-1）。

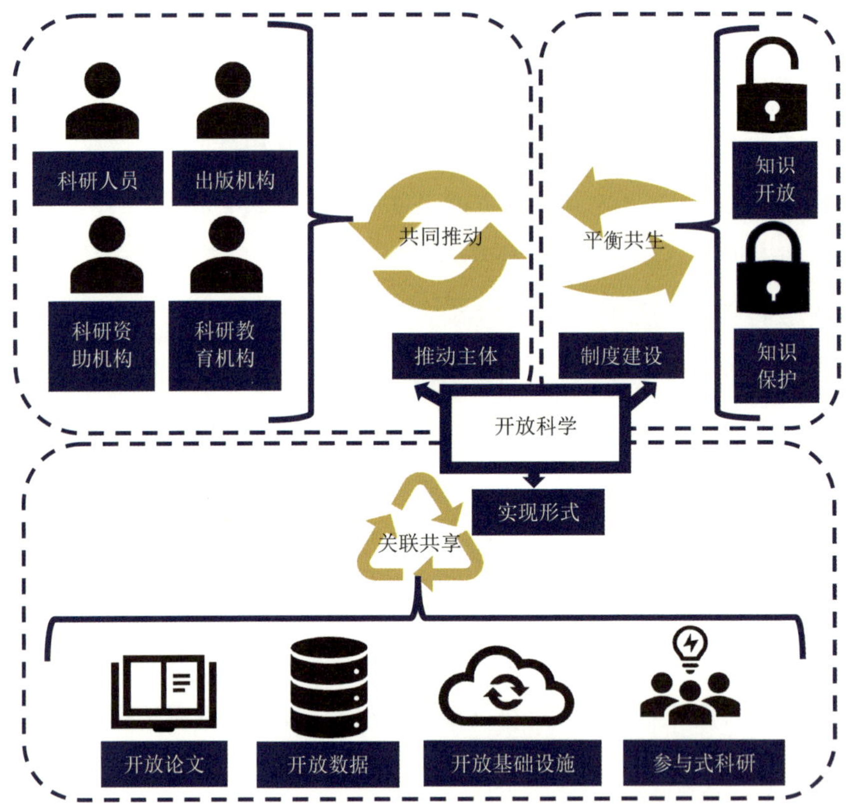

图 2-1 开放科学的特点剖析

（三）开放科学的实现形式

开放科学涉及范围广泛，要素众多。结合国际开放科学实践及其与学术出版的关系，从开放获取、开放数据、开放平台以及参与式科研四个方面探讨开放科学的实现形式及发展现状。

1. 开放获取

（1）开放获取的定义

开放获取（Open Access, OA）一词于 2002 年德国马普学会在布达佩斯召开的研讨会上首次提出，会后发布的《布达佩斯开放获取倡议》（The Budapest Open Access Initiative, BOAI）界定了开放获取含义：开放获取是指同行评议后的研究文献在互联网上免费可用，允许任何用户阅读、下载、复制、分发、打印、搜索或链接至这些文章的全文，以及为建立索引而爬取、将其作为数据进行软件传递或出于其他合法目的的使用[7]。

随后，美国霍华德·休斯医学研究所（The Howard Hughes Medical Institute, HHMI）于 2003 年召开的研讨会中对如何实现开放获取进行了阐述。同年，德国马普学会于柏林召开会议，探讨科学研究成果的开放共享问题，会议发布《关于自然科学与人文科学知识开放获取的柏林宣言》（Berlin Declaration on Open Access to Knowledge in the Sciences and Humanities），号召学术界、出版商、科研机构共同推动开放获取。宣言中将开放获取出版物的范围界定为“包括原创科研成果、原始数据和元数据、原始资料、图片和图像材料的数字表达以及多媒体学术材料”[8]。

2020 年联合国教科文组织发布关于全球推动开放科学的建议书《联合国教科文组织开放科学建议书草案》，提出“开放获取通常意味着用户能够全面、立即获取世界各地产生的科学成果，包括科学出版物、数据、软件、源代码和协议，并可不受限制地免费使用及重复使用。在用户适当注明来源和作者身份的前提下，赋予所有用户免费、不可撤销和在全球范围内有效的权利，可以出于任何负责任的目的在任何媒介上获取、复制、保留、使用、发布、传播和公开展示作品以及制作和发布衍生作品”[6]。

（2）开放获取实践

2002 年《布达佩斯开放获取倡议》中提出实现开放获取的两种策略：自存储以及开放获取期刊[9]，而后逐渐规范说明为两种开放获取形式，即绿色 OA（Green OA）和金色 OA（Gold OA）。自存储即绿色开放获取，开放获取期刊即金色开放获取。

1）绿色开放获取　绿色开放获取是指在科研论文发表后，将其稿件的版本存储至机构知识库中（institutional repository），供读者免费获取。为了平衡读者与出版商的利益，绿色开放获取需要经过时滞期（embargo period）后开放，时滞期通常为 6～12 个月。

2）金色开放获取　金色开放获取是指科研论文在出版后，立即提供给所有读者免费获取，一般需要作者支付开放获取论文处理费（article processing charge, APC）。根据出版期刊类型的不同，金色开放获取还可分为完全开放出版（full OA）——整本期刊采取开放出版模式，期刊所有论文均为开放出版形式，读者不需订购即可免费获取全刊；复合开放出版（hybrid OA）——期刊为作者提供开放出版选项，作者可以通过支付 APC 将自己的论文开放出版[10]。

3）其他　除上述常见的开放获取模式，在实际出版的过程中还有以下其他模式（表 2-1）。

表 2-1　其他开放获取模式

OA出版模式	描述
延迟开放获取（delayed OA）	论文发表在订阅型期刊上，但经过一定的时滞期后可以进行开放获取
免费开放获取（free OA）	论文可以免费阅读，但是其重用依然受到限制，例如仅供阅读，但不可复制和存储等
自由开放获取（libre OA）	论文是在开放许可下提供的，可以开放许可授权，进行共享和重用，但依赖于许可协议的具体内容。例如，论文被限制不能存储在知识库或其他平台，或者只在具有某一个时限开放等，这种模式可作为订阅型期刊的附加服务
钻石开放获取（diamond OA）	目前许多出版商与科研机构达成的合作形式，即由数家科研机构或科研教育机构，按照一定的比例提供开放获取的资助经费，来支持出版工作的运转，并且使得这类机构的研究人员发表开放获取论文时，不收取论文版面费地实现金色开放获取
青铜开放获取（bronze OA）	科研论文的许可并不明确，出版商可能限时授予文献免费访问权限。在推广期结束时，文献访问可能需要收取费用

学术出版还产生了一种预印本模式（pre-print）。预印本是提前发布尚未正式受到同行评审的稿件。目前，国际上已建立了一批预印本平台，如 arXiv 平台，收录了包含物理学、数学、计算机科学、定量生物学、定量金融、统计学、电气工程和系统科学以及经济学领域的 190 多万篇未经同行评审的学术论文，供读者免费获取[11]。

据 Scopus 数据库对全球 2011～2020 年十年间论文发表数量及 OA 论文（所有类型 OA）发表数量进行统计显示（图 2-2），2011～2020 年，全球科研人员的发文总量为 21640872 篇，OA 论文的发表总量为 8202013 篇，占 37.90%。OA 发表的论文中，金色 OA 论文数量为 2054706 篇（25.05%），绿色 OA 论文数量 6032056 篇（73.54%），混合 OA 论文数量为 714608 篇（8.71%），青铜 OA 论文数量为 2043728 篇（24.92%）。从全球数据来看，OA 论文的发表数量以及占比持续上升。至 2020

年，OA 论文增长了 16.23 个百分点①。

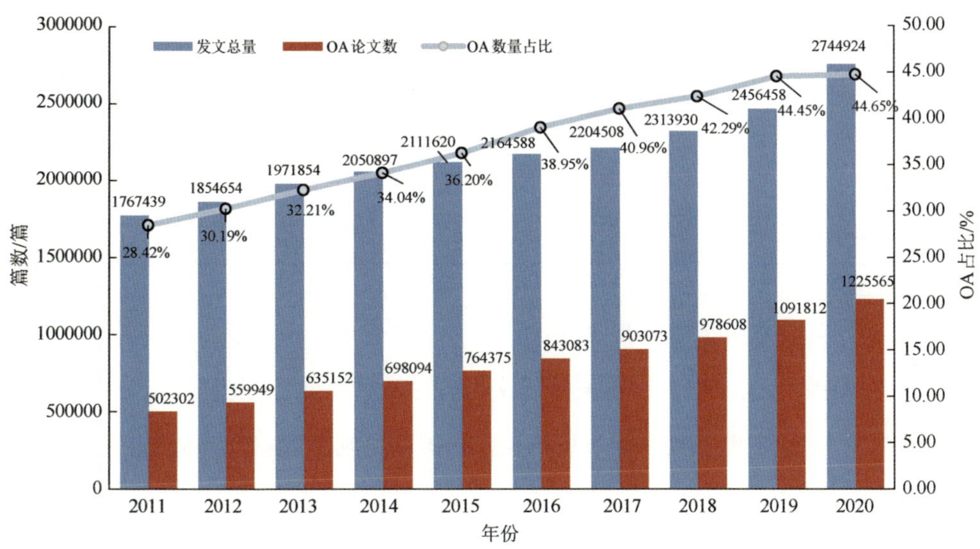

图 2-2　2011～2020 年全球 OA 论文数量及占比情况

2. 开放数据

在数据密集科研模式下，科研数据的体量急剧增加，数据的类型丰富多样，数据的管理与重用成为提高科研效率、减少重复浪费的重要议题。开放科学环境下的学术信息交流范围愈加广泛，开放内容由期刊论文拓展到专著、科学数据、软件和硬件等，以增强研究的可重复性。

（1）开放数据的定义

本书提到的开放数据主要指开放科学数据，即科学研究过程中产生的各类型数据的开放共享。开放数据是开放科学中必不可少的一个环节。开放数据是任何人均可自由获取、重复使用和重新发布的数据[6]。开放数据能够减少重复实验，降低科研投入成本，提高数据的传播率和再利用率，增强研究的可验证性和透明度，促进科研诚信。开放数据其他相关概念详见表 2-2。

① 检索时间：2021-08-09；检索方法——Scopus 高级检索；出版时间 2011～2020；后在检索结果界面的分面导航框筛选 All OA 及文献类型（article、review、data paper、business article）等筛选检索结果。依 Scopus 开放获取类型标准，四种开放获取类型的 OA 论文（金色 OA、绿色 OA、混合 OA、青铜 OA）在数量统计上存在一定的重叠。

表 2-2　开放数据相关概念

数据开放与重用	描述
数据访问（data access）	在数据库或其他机构知识库中的存储、访问、检索等行为。数据访问重在区分知识库访问者的权限，以分辨管理者和用户的可操作内容
数据共享（data sharing）	一种能增进科研人员信息交流的共享学术研究数据的做法，任何人可在作品出版后一段时间向作者要求共享数据和研究方法
数据重用（data reuse）	将科研数据用作原始目的以外的研究活动或研究目的
数据治理（data governance）	控制机构成员访问权限，使数据输入输出过程标准化（如遵守商业条款、明确数据定义、保证数据完整性等），进而确保数据作为重要资产得以规范应用

（2）国际开放数据原则及实践

目前，国际上正在积极构建数据开放共享的国际性通用原则，并在国家层面制定政策框架，科研资助机构和出版机构也依据国际原则和国家政策制定了相应的资助政策和出版政策。

在国际通用性原则方面，目前国际上主要有 FAIR 原则、TRUST 原则及 TOP 指南。FAIR 原则即实现数据的可发现（findable）、可获取（accessible）、可互操作（interoperatable）、可再用（reusable），强调可查找、可获取，互操作和可重用，以解决科学数据存储、发现与重用的障碍问题[12]。信用原则（TRUST）包括透明性（transparency）、负责任（responsibility）、用户关注（user focus）、可持续性（sustainability）、技术（technology），用于遴选值得信赖的数据知识库[13]。TOP 指南（transparency openness promotion guidelines）针对期刊设定了数据引用、数据透明、分析方法透明等八个标准，用于期刊进行开放数据透明度的自我评估[14]。

世界各国日益重视开放数据的政策制定与实施，一些国家在制定开放科学框架时重点关注开放数据的发展。例如，2021 年 1 月印度科学技术署（DST）发布新的科学技术和创新政策草案（STI），建立开放科学框架，要求根据 FAIR 原则共享公共资金资助的科研成果所产生的数据。

目前很多国家的科研资助机构都制定了开放数据政策。根据英国联合信息系统委员会（JISC）创建的全球科研资助机构开放获取政策索引平台 Sherpa Juliet 显示，制定开放数据政策的资助机构有 82 个，其中英国资助机构制定的开放数据政策数量最多（图 2-3）。

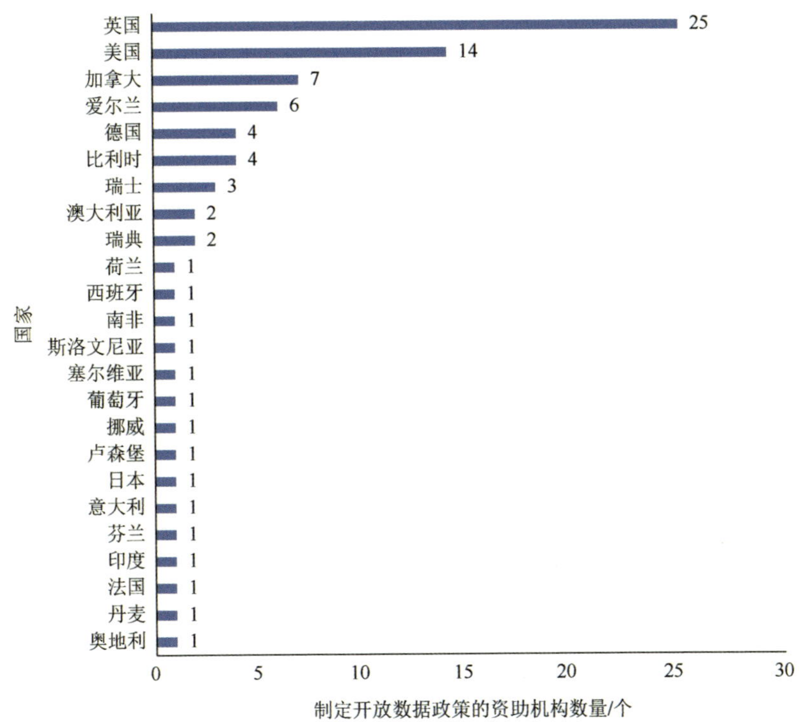

图 2-3　Sherpa Juliet 数据库关于各国制定开放数据政策的资助机构统计[15]

除此以外，由欧洲多个科研和基金组织组成的科学欧洲（Science Europe, SE）发布《可持续研究数据实用指南》，为科研资助者、执行者和开放平台管理者如何快捷共享和重复使用科研数据提供指导。该指南提出用于评估机构数据政策和实践的互补型成熟度矩阵，支持新规则的制定并使新规则与其他机构的实践相协调[16]。

在出版机构的开放数据实践方面，国际出版商针对数据制定了分级数据共享政策，从数据共享程度、可用性声明、审查规定、存储要求和引用要求等方面进行划分。此外，科学数据的出版也受到广泛关注，正在成为推动科学数据开放共享的主要力量[17]，例如 Wiley 旗下的 *Geoscience Data Journal*，Nature 旗下的 *Scientific Data* 等。

3. 开放平台

（1）开放平台的定义

开放科学的发展需要基础平台设施予以支撑。开放平台作为基础设施的一类，为用户提供科研论文和科研数据的管理、索引及获取渠道，也为科学活动提供专题资源服务。这些平台在科研成果的发布、传播和共享过程中起到重要作用，是开放科学发展过程中必不可少的组成部分。

（2）国际开放平台实践现状

国际开放平台发展迅速，既有国家级平台设施，也有领域内的专业开放平台。按照这些平台对学术出版的作用及影响来划分，可以分为三类：一是直接影响学术出版发展的开放科学平台；二是间接辅助学术出版发展的开放科学平台；三是新兴引领趋势潮流的开放科学平台。

1）直接影响学术出版发展的开放科学平台　开放科学重塑了学术传播流程，激发了新的学术出版模式。国际上创建了一批新型出版模式的开放平台，为科研人员提供了更多出版的渠道。目前国际上大致有以下直接影响学术出版发展的开放科学平台：

F1000Research 是面向科研人员提供即时的开放出版服务平台。F1000Research 采用作者主导模式，在几天内将科学研究成果进行发布，从而节省了等待审核的所需时间。审稿人的评审意见会在成果刊发后予以公布，但只有经过同行评议的论文才能被其他数据库检索。F1000Research 在科技论文开放获取的同时，也要支撑论文论点的数据实施开放共享[18]。2020 年 1 月，F1000Research 加入泰勒-弗朗西斯出版集团（Taylor & Francis Group，简称 Taylor & Francis）。

PUBLISSO 是一个专门面向生命科学领域的开放获取出版平台，目前由欧洲著名的生命科学信息中心和文献提供商 ZB MED 运营。科研工作者可以在 PUBLISSO 上发表开放获取论文、专著和数据。此外，PUBLISSO 也搭建了生命科学领域机构知识库，供作者免费存储[19]。

Open Research Europe 是欧盟在 2021 年正式启动的学术出版平台，旨在为欧盟地平线 2020 计划所资助所有学科领域的科研成果提供开放出版服务。Open Research Europe 采用提交后快速发表再进行公开同行评审的出版模式，之后经过同行评审的论文将被推送文摘索引数据库与机构知识库[20]。

Octopus 是一种与传统科研论文出版不同的新型出版尝试。该平台将科研成果拆分为八个要素：问题、假设、方法/协议、数据/结果、分析、解释、应用程序和评论，认定每种要素均为可发布的科研成果。Octopus 免费面向所有作者提供成果发布，也面向所有读者提供免费阅读。该平台目前仍在建设发展中，2021 年 8 月，英国国家科研与创新署宣布为其提供 650000 英镑，以支持该平台发展[21]。

2）间接辅助学术出版发展的开放科学平台　除了直接实现开放出版的平台之外，国际上还建设了一批间接辅助学术出版发展的开放科学平台。这些平台为开放共享的科研成果提供目录和索引。目前国际上主要运营的开放内容索引目录平台包括：

DOAJ（Directory of Open Access Journals）是一个开放获取期刊目录平台，由瑞典隆德大学图书馆于 2003 年正式推出。目前该平台上已有 16575 种开放获取期刊，总计 6298936 篇开放获取论文[22]。

DOAB（Directory of Open Access Books）是一个开放获取专著目录平台，由 OAPEN 基金会与 DOAJ 以及服务提供商 SemperTool 于 2012 年合作创建。目前 DOAB 已收录来自 653 家出版商的 43701 本经过同行评审的学术专著[23]。

OpenDOAR（Directory of Open Access Repositories）是一个开放获取机构知识库目录平台，由诺丁汉大学和隆德大学于 2005 年合作创建，提供全球开放获取机构知识库目录，读者可以根据自身需求进行机构知识库的检索和浏览[24]。

BASE 是一个针对学术网络资源的开放获取搜索引擎，由德国比勒费尔德大学图书馆于 2004 年创建并运营。BASE 提供来自 8000 多家内容提供者的超过 2.4 亿条标题，其中大约 60%的内容可获取全文，供用户免费下载和浏览[25]。

3）新兴引领趋势潮流的开放科学平台　随着技术的发展，国际出版商以及互联网公司纷纷创建新的出版服务，利用大数据、人工智能、云计算以及移动服务来支持论文的开放获取以及数据的开放共享。大型出版机构通过开发数据服务工具，探索出版路径，深层次开发数据价值[26]。例如，Elsevier 旗下的 Mendeley Data 平台旨在促进数据的综合利用。这个开放的基于云的平台由五个模块组成，可帮助研究机构管理研究数据的整个生命周期，并使研究人员无论身在何处都能安全地访问和共享信息[27]。

此外，一些互联网公司在开放科学潮流下也凭借其强大的数据和服务能力为用户提供一系列开放共享服务。例如，谷歌公司在其谷歌学术（Google Scholar）中添加了作者论文的开放获取信息，以颜色区分其论文是否实现了开放获取[28]。亚马逊公司创立网络服务（AWS）开放数据赞助计划，用户可在其平台上存储和共享数据集，这些数据集可依托亚马逊的大数据和计算服务进行分析和再利用，共享给全球用户[29]。

4. 参与式科研

（1）参与式科研的定义

在开放科学的潮流下，科学活动的参与者不仅局限于科学家群体，公众及社会各界也可参与到科学创新活动中来。参与式科研作为一种非传统科学工作者为主的分工合作模式来发展，通常以电子邮件和社交媒体为中介，与机构的科学计划或专业科学者合作展开[6]。这是一种非传统意义上的共同参与，科研人员与公众同在科学研究过程的全新科研范式[30]。公众参与的形式有多种，例如可作为实验观察、识别图像、分析数据、提供数据的参与者[31]。社会公众参与到科学活动中，是一种新型开放科研模式，有益于提高公民素养，促进公民进一步参与政府科技决策，特别是在生态保护等领域发挥了积极作用[30]。

（2）参与式科研典型实践案例

目前，国际上已开展一系列公众参与科学研究的项目、平台和工具，旨在为普通公众提供和来自不同地区的科学工作者合作交流的平台。例如，开放科学项目（The Open Science Project）是一个由全球科学家和工程师团队共同组建的，致力于编写和发布免费的开源软件的项目计划[32]。Experiment 在线平台是一个由科学家发起的可用于众筹项目资金、开展研究并且与公众分享成果的平台，适用于所有学科。该平台可以为没有资金支持的科研人员和科学爱好者提供发布研究计划和研究进展的渠道，并为研究募集支持经费。目前该平台已发布了1003个资助研究项目[33]。

此外，全社会参与科学事业需要优质教育做支撑。在开放科学潮流下，开放教育资源（open education resources, OER）也成为促进全社会开放共享重要的一环。开放教育资源是以各种媒介为载体的多方互动的学习、教学和研究途径，在公共领域提供资料使用或以开放许可授权的方式服务，允许他人获取、再利用、转用、改编和重新发布内容[6]。2020年以来，受新冠肺炎疫情影响，开放教育资源的重要性日益凸显[34]。联合国教科文组织和英联邦学习共同体（Commonwealth of Learning, COL）于2013年联合成立的开放教育资源大学[35]，是面向全球学生免费提供在线课程的平台，学生可参与开放的线上课程，并获得授课机构的学历学分[36]。

二、开放科学的推动主体

开放科学需要参与科学事业的所有主体共同努力。在全球开放科学潮流中，科研人员、出版机构、科研资助机构、科研教育机构和国际组织等利益相关方均对开放科学发展起到促进作用。科研人员从事符合开放科学理念的科学研究活动，出版机构通过提供支持开放科学相关服务促进科学成果的传播，科研资助机构为开放科学的实施制定指导政策以保障科学活动的有序开展，科研教育机构通过推出符合自身机构特点的规章和要求，并为科研人员提供相应服务来促进开放科学的发展。与此同时，国际组织通过搭建全球开放科学框架，确立开放科学核心价值观和指导原则，以解决全球视野下的开放科学问题。以相关政策要求为指引深化落实开放科学实践，这些参与主体在科学事业中各司其职，但彼此合作，共同推动开放科学发展。

（一）科研人员

科研人员是开放科学的关键参与主体，是开放科学的实际践行者，也是开放科学的受益者。不应因为国籍、族裔、性别、学科和社会经济条件而有差别对待，科学家是开放科学的核心[6]。科研人员的最大利益是充分理解开放科学理念的前提下，积极践行开放科学计划下的一系列学术交流活动，包括但不限于：发表开放获取论文，共享开放科研数据和融入参与式科研等。

1. 科研人员的范围

科研人员包括专业从事科学研究活动的科学家、科研工作者以及教师和学生。同时，对科学研究感兴趣的具有专业背景的个人及其他社会群体也可成为科研活动的公民参与者，例如参与科学研究的医生、患者、政府机构的工作人员等。此外，思考开放科学如何发展也成为目前学术界关注的重要议题。有一批以开放科学为研究方向的学者正在从事开放科学的理论与实践研究，其专业领域包含图书馆学、编辑出版学、组织行为学、社会心理学、科学社会学等，他们在开放科学的推动方面起到了重要宣传引领作用。

2. 科研人员的作用

科研人员通过实际行动践行开放科学理念。如一些科研人员以个人身份公开支持开放科学活动，倡导开放科学的学术理念。2003 年，来自德国的 12 位科学家以个人身份签署了《柏林宣言》。有些科研人员积极参与开放科学政策的制定与落实、开放获取论文的出版与传播、开放数据的管理与共享、开放平台的开发与优化，以及主导参与式科研的开展。与此同时，以图书馆和网络计算机中心为主的信息科学家在探索开放科学理论与实践、应用信息技术、服务科研用户等方面发挥了重要作用[6]。从而支持开放科学各项活动的顺利开展。

（二）出版机构

出版机构作为学术交流系统中重要的一环，是推动开放科学发展的重要参与者。出版机构通过向开放出版转型、建立新型出版服务等方式参与开放科学进程，积极与学术界展开关于开放获取、开放数据、开放评价、开放可重复研究等方面的合作，以支持开放科学发展。

1. 国际重要出版机构

出版机构的成立宗旨各有不同，大致可以分为：商业出版社、学协会出版社、高校出版社等。在开放获取发展过程中，诞生一些出版社，专注开放获取期刊，称为开放获取出版社。目前，国际上知名商业出版社有爱思唯尔（Elsevier）、施普林格·自然（Springer Nature）、约翰·威立（John Wiley & Sons Inc.）、世哲出版（SAGE Publishing）以及泰勒-弗朗西斯集团（Taylor & Francis）等，这五大出版商占据着全球近一半的科学出版物份额[37]。学协会出版社主要出版某专业领域的学术成果，如英国物理学会（Institute of Physics, IOP）、美国电气和电子工程师协会（Institute of Electrical and Electronics Engineers, IEEE）以及美国化学学会（American Chemical Society, ACS）等。高校出版社主要是高校旗下负责出版的部门或机构，如牛津大学出版社（Oxford University Press, OUP）、剑桥大学出版社（Cambridge University Press, CUP）等。此外，在开放科学的潮流下出现越来越多的开放获取出版社，如 2000 年成立的生物医学中心（BioMed Central, BMC）是最早的开放获取出版社之一。

2. 出版机构的作用

出版机构具有编辑、复制、发行等促进学术信息交流传播的功能。通过出版，科研人员可以争取科学发现优先权、验证研究成果可靠性、扩大学术交流范围和丰富知识体系。在开放科学背景下，出版机构的服务功能更加丰富，不仅仅局限于最终研究成果的出版印刷，而是嵌入从科学发现、实验、产出、传播、应用到重用的整个科研生命周期，提供全流程服务。出版机构凭借对科学出版市场的敏锐性和丰富的学术出版经验，逐渐从开放科学的跟随者成长为开放科学的重要推动者，纷纷创办开放获取期刊、引入开放同行评议、搭建开放交流平台。

（三）科研资助机构

科研资助机构作为支持科学研究、引领科学发展、发现培育人才和促进科技社会进步的重要机构，是开放科学政策制定和规划落实的引领者。欧洲和北美洲科研资助机构作为开放科学的合作倡议者，积极采取了一系列行动。

1. 国际主要科研资助机构

国家科研资助机构的职责主要有：运用与管理国家投入的科研资金；发现、挖掘和培养人才；开展部会合作与国际合作等。如美国国家科学基金会（The National Science Foundation, NSF）、荷兰科学研究组织（Netherlands Organization for Scientific Research, NWO）、英国国家科研与创新署（UK Research and Innovation, UKRI）等。此外，一些大型慈善基金会也会针对科学研究予以资助，如英国惠康基金会（Welcome Trust）、美国比尔及梅琳达·盖茨基金会（Bill & Melinda Gates Foundation）等。

2. 科研资助机构的作用

欧美科研资助机构近年强力推动开放科学，从政策制定、实践落地等多角度支持开放科学发展，包括发表宣言和声明支持开放科学、颁布相关开放科学政策和实践路线图、开发开放科学基础设施、积极响应国家开放科学政策以及拨款资助作者发表开放出版论文等[38]。2016 年，欧盟委员会制定欧洲开放科学云计划，推动欧洲地区的开放科学进程。英国科研资助机构设立开放出版专项基金，资助作者发表开放出版论文，科研项目经费中不再包含开放出版费用。2020 至 2021 财年，英国国家科研与创新署提供了 2300 万英镑的开放出版资助资金[39]。荷兰科学研究组织 2020 年启动“开放科学基金”计划，在第一阶段提供 100 万欧元，支持与开放科学相关的项目申请[40]。目前国际上最有力推动科研成果开放共享的资助者计划是由欧盟主导的“S 计划”（Plan S），该计划强调欧盟科研资助机构所资助的科研成果必须实现开放获取。

（四）科研教育机构

科研教育机构通过出台本机构的开放科学政策、与出版机构建立合作以及向科研人员宣传开放科学理念等方式促进开放科学发展，是开放科学的积极倡导者。

1. 国际主要科研教育机构

科研教育机构包括专门从事科学研究的科研机构和高校。前者包括德国马克斯·普朗克科学促进学会（Max-Planck-Gesellschaft zurFörderungder Wissenschaften e.V, MPG）、英国皇家学会（The Royal Society）、日本科学技术振兴机构（Japan Science and Technology Agency）等，后者包括哈佛大学、麻省理工学院、剑桥大学、牛津大学等。科研教育机构通过制定本机构政策，提供和完善图书馆等信息服务机构的各种开放科学信息保障服务，积极倡导和推动开放科学实践。

2. 科研教育机构的作用

科研教育机构的作用主要是负责出台机构层面促进开放科学的政策，包括开放获取出版计划、开放数据政策等。如美国麻省理工学院（MIT）设立了开放获取执行工作组（OATF-IT），针对 MIT 的学术成果进行开放获取政策的探索和制定，并于 2019 年发布开放获取政策最终意见[41]。英国的科研教育机构发布了一系列数据管理政策以支持开放数据发展，如剑桥大学发布《科学数据管理政策框架》、牛津大学发布《牛津大学开放获取声明》《牛津大学开放获取出版物政策》、爱丁堡大学发布《数据保护政策》等。与此同时，科研教育机构中的教育工作者，如大学教师开展开放科学原则和实践有关的培训，面向所有行为者传授开放协作知识，在各级教育中充分发挥作用[6]。

科研教育机构中的图书馆是开放科学事业的积极参与者。国际图书馆协会和机构联合会（IFLA）作为图书馆行业的主要国际组织，代表图书馆和信息中心等，就联合国教科文组织发布的开放科学建议书草案表示，IFLA 将就开放科学在国际层面促进著作权改革，充分调动图书馆员发挥全方位作用[42]。

三、开放科学的制度建设

开放科学的发展需要建立在遵守法律规章制度的基础上，达成国家间、区域间乃至全球间的统一共识，并依此制定相应的实践行动方案。因此，法律规章在开放科学发展的过程中，起到了坚实的外部环境保障作用。其政策、宣言及其共识为开放科学发展提供了统一的方向指引，具体的行动方案则从实践者角度建立起开放科学实施路线图。法律规章、宣言建议及实践计划三者共同构成了开放科学的制度建设。

（一）推动开放科学的法律规章

法律规章从根本上保障了开放科学的健康发展。目前，与开放科学较为相关的法律主要有著作权法、网络安全法、数据安全法以及科学技术进步法等。例如美国颁布了《美国国家科学技术、组织与重点法》，日本以及韩国颁布了《科学技术基本法》，法国颁布了《科学研究与技术发展指导与规划法》等。这些法律从科技事业层面保障和规范了科学活动的有序进行。

随着开放科学的逐步推进，有的国家率先关注开放科学的制度建设。例如美国于 2006 年颁布《联邦研究公共获取法案》，2013 年颁布《公平获取科学技术研究法案》[43]。发展中国家的开放科学发展起步相对较晚，但也在积极制定相关的法律规章。2013 年，阿根廷发布《开放科学法》。同年，秘鲁国会公布《国家科技创新数字知识库开放获取法》，这也是拉丁美洲最早创设开放科学法律制度[44]。2019 年，塞尔维亚议会通过《科学和研究法》，该法律将开放科学原则作为科学和研究的基本原则，并且表示塞尔维亚将完全致力于推进开放科学发展[45]。

（二）推动开放科学的宣言建议

随着开放科学理论与实践的深入发展，联合国教科文组织加强开展对开放科学体系构建的研究，并将其纳入联合国重要议程。2017 年，联合国教科文组织向会员国发布《关于科学和科学研究人员的建议书》，提出科学数据的自由流通问题[46]。2019 年，《可能拟定的教科文组织开放科学建议书的综合路线图》提出对实施开放科学开展技术、财务和法律方面的初步研究[47]。2020 年 9 月，《联合国教科文组织：开放科学建议书草案》初稿提出了开放科学的定义、主要目标、共同价值观和原则框架等，草案将于 2021 年 11 月在联合国教科文组织大会商议决定[48]。

其他关于开放获取、开放数据、开放教育资源的重要国际宣言的发布，也有力推动了开放科学的发展。其中，《布达佩斯开放获取倡议》《关于开放获取出版的贝塞斯达声明》及《柏林宣言》作为开放获取运动的重要文件，在开放获取的意义目标、概念定义和实践形式等方面具有关键影响。2004 年，经济合作与发展组织（OECD）发布《关于公共资助研究数据开放获取的宣言》，促进创建公共资助研究数据的开放共享机制，并于 2006 年发布指导成员国完善科学数据共享政策的《公共资金资助的研究数据获取原则与指南》。2019 年，联合国教科文组织大会第四十届会议通过了教科文组织《关于开放式教育资源的建议书》，鼓励各利益相关方制定相应的支持政策、创建可持续的开放教育资源模式，在增强能力的同时促进国际合作。

（三）推动开放科学的实践计划

在相关法律规章和政策宣言的指引下，国际上推出了各种促进开放科学发展的实施计划和路线图。2013 年，全球研究理事会发布开放获取行动计划，并于 2014 年发布开放获取监测计划。欧洲地区作为开放获取运动的主要推动者和先行实践者，较早开始实行开放科学计划。除了发布《布达佩斯开放获取倡议》及《柏林宣言》等倡议以外，英国皇家学会于 2012 年发布《科学是开放事业》[49]，欧盟于 2016 年发布《开放获取，开放创新，向世界开放》[50]等报告，均阐述了开放科学理念，并针对开放科学实践提出一系列建议。法国于 2018 年开启国家开放科学计划，设计了一系列开放科学相关项目。目前，法国已开启第二个国家开放科学计划，将开放范围扩大至数据和源代码以及开放科学在不同学科领域中的实践。

发展中国家对于开放科学的实践起步较晚，但在不断学习完善理论研究、参与国际事务的同时，发展中国家也在积极探索促进科技资源数字化、网络化和共享化的发展模式，尝试建立支撑开放科学的基础设施平台。1997 年，巴西建立了首个开放出版平台 SciELO，采取政府资助的公益性开放出版模式，通过加强对收录期刊的质量控制与遴选、注重出版语种平衡等策略，成功地提升了巴西本国期刊的国际影响力[51]。2018 年，南非科学论坛上来自非洲各地的科学机构共同启动非洲开放科学战略，并创建非洲开放科学平台（African Open Science Platform, AOSP）。该平台通过联合非洲的硬件、通信和软件基础设施，搭建开放科学网络，支持科学家和其他社会参与者积累和使用数据资源，以最大限度地提高科学、社会和经济效益[52]。

第二节　中国开放科学发展概况

一、中国开放科学的发展现状

（一）开放获取出版

中国开放获取出版的发展与世界同步，特别是在论文开放出版和期刊向开放获取转型方面均取得较大进展，并成为未来发展的一种重要趋势。

1. 开放获取论文

近 10 年中国开放获取论文数量和比例持续增加，占全球的比重逐年递增。基于 Scopus 数据库统计显示①，中国科研人员在 2011～2020 年，共发表论文总数为 4225372 篇，开放获取论文总数为 700634 篇，占比为 16.58%（图 2-4）。10 年间，中国开放获取论文增长了 20.40 个百分点，在全球开放获取论文中的比重从 2011 年的 8.93%增长至 2020 年的 19.68%，增长了 10.75 个百分点（图 2-5）②。

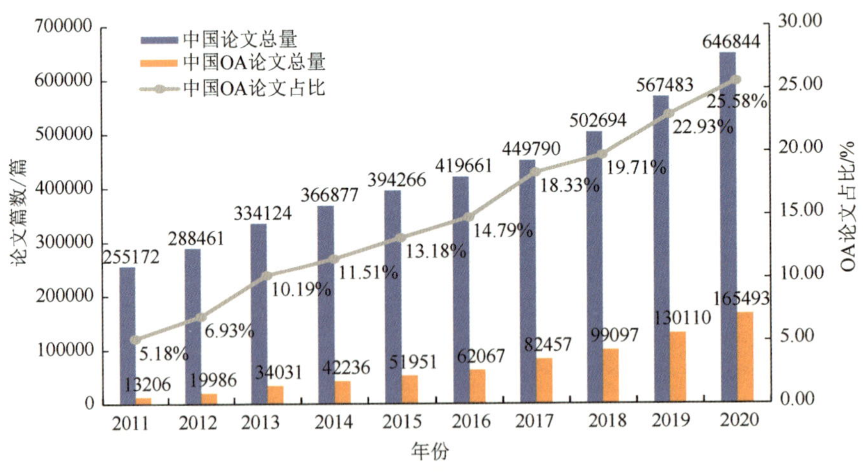

图 2-4　2011～2020 年中国论文总数和中国开放获取论文数量及占比情况

① 检索时间：2021-10-01；检索方法——Scopus 高级检索；出版时间（2011～2020）；后在检索结果界面的分面导航框筛选国家（China），文献类型（Article、Review、Letter，OA（Gold、Hybrid Gold））。

② 检索时间：2021-10-16；检索方法——Scopus 高级检索；出版时间（2011～2020）；后在检索结果界面的分面导航框筛选国家（China/All），文献类型（Article、Review、Letter，OA（Gold、Hybrid Gold））。

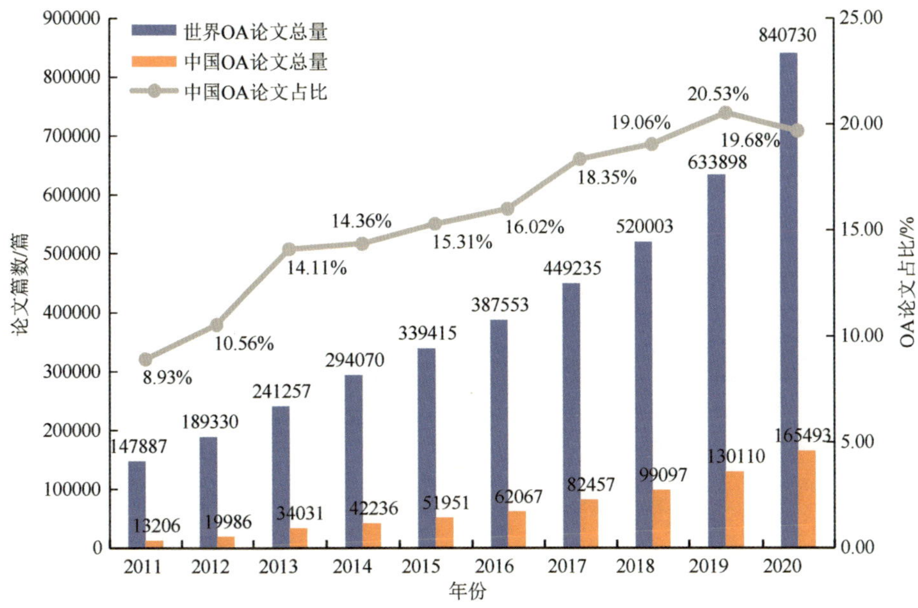

图 2-5　2011～2020 年世界开放获取论文和中国开放获取论文数量及占比情况

2. 开放获取期刊

中国的开放获取期刊总量逐年递增。截至 2021 年 7 月 11 日，DOAJ 共收录中国期刊 143 种[53]，占全部 DOAJ 期刊总数（16635 种）的 0.86%（附表 3）。DOAJ 收录的中国期刊以英文刊为主（113 种），占收录总数的 79.02%，中文刊（23 种）和中英文刊（7 种）数量较少[54]。

3. 特点分析

中国开放获取论文数量的快速增长，代表了中国科研人员对开放获取的认可和支持。中国开放获取期刊的出现和发展，也意味着中国出版界对开放获取理念的接受和应用。

但目前中国开放获取出版面临两个主要问题：一是虽然中国的开放获取论文数量不断增加，但大部分都发表在国外出版平台；二是中国开放获取期刊大多搭载在国外出版商平台。因此中国出版界仍需在平台本土化以及提升期刊吸引力、影响力和活跃度等方面做更多努力。

（二）开放数据

1. 数据论文

中国数据论文数量快速增长。2014～2020年，中国数据论文总量累计达到702篇，占全球数据论文总量的8.80%。2020年中国的数据论文达到237篇，占历年发文总数的33.76%，成为目前数据论文发表最多的一年（图2-6）。

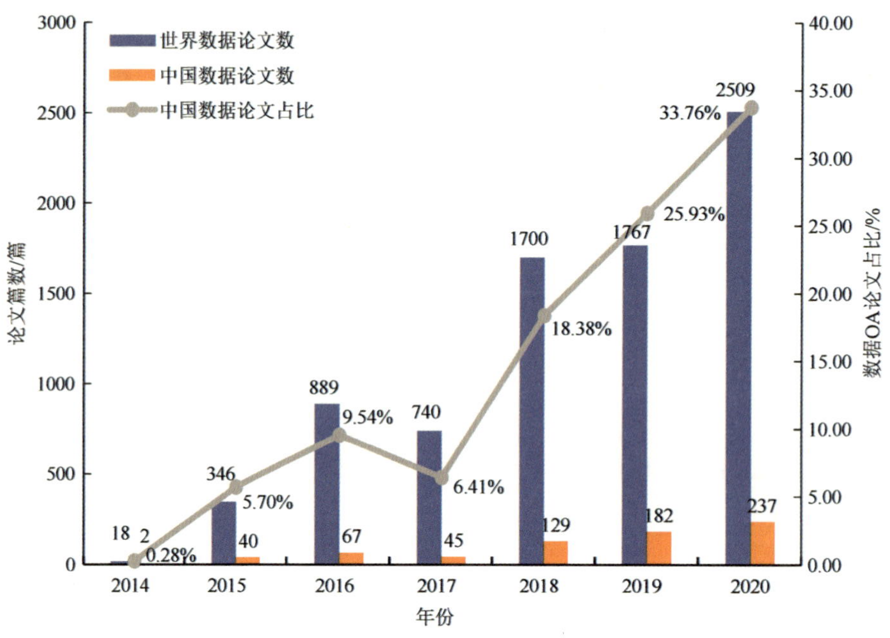

图2-6　2014～2020年世界数据论文和中国数据论文数量及占比情况

2. 数据期刊

自2012年起，中国先后创办了四种数据期刊，分别为*GigaScience*、《中国科学数据（中英文网络版）》（*China Scientific Data*）、《全球变化数据学报》（*Journal of Global Change Data & Discovery*）、《地球大数据》（*Big Earth Data*）（表2-3）。

表 2-3 中国数据期刊概况

期刊名称	创办时间	主办单位	归属学科	期刊简介
GigaScience	2012 年 7 月	华大基因和 BioMed Central	生命科学	该刊采用标准全文文献、数据库信息以及信息分析工具相结合的崭新模式，为科研工作者提供免费公开的有效数据以及生物学发现等资源。致力于数据开放工作，发布未发表研究成果的数据集，以供其他研究项目使用[55]
中国科学数据	2015 年 8 月*	中国科学院计算机网络信息中心	多学科	该刊在平台建设、内容融合、传播渠道、知识服务等方面进行了初步实践和创新，为科技期刊网络创新出版和媒体融合发展提供可借鉴经验[56]
全球变化数据学报	2017 年 3 月	中国科学院地理科学与资源研究所、中国地理学会	地球科学	该刊与科学数据（实体数据）关联的数据论文出版，构建全球变化科学研究的元数据、实体数据和数据论文关联一体出版的新模式；中英文双语同刊，采用相同的 DOI、图表、页码、参考文献等[57]
地球大数据	2018 年 2 月	中国科学院遥感与数字地球研究所	地球科学	该刊通过发表有关地球科学各领域的论文，促进数据开放与共享，推动地球科学相关大数据的共享、处理与分析技术的发展，创造新的理论与方法，发展并革新人们对地球系统的认知与理解。该刊不仅发表与地球大数据相关的研究论文、综述文章、快讯，还发表数据论文，鼓励作者通过把数据和算法等存储在被认可的公共存储器中，促进数据共享和利用[58]

注：*中国首个获得 CN 号的数据期刊。

3. 数据平台

为有效实现科学数据的共享和利用，完善科技资源共享服务体系，我国科技部和财政部于 2019 年在国家科技资源共享服务平台基础上进行优化调整，形成 20 个国家科学数据中心[59]（表 2-4），突出国家平台科技资源主体和数据资源共享服务能力。各数据平台汇聚了大量数据资源。以中国科学院微生物研究所搭建的国家微生物科学数据中心为例，该平台目前已汇聚微生物领域超过 2PB 数据资源，拥有超过 40 亿条的数据记录[60]。它是中国和国际同行在该领域的科学数据的主要存储地点和权威引用位置。

《科学数据管理办法》为各家机构建设数据共享平台提供依据和规范原则。以中国科学院为例，中国科学院于 2019 年启动建设了以“总中心–学科中心–所级中心”三类科学数据中心为核心，安全体系、运行体系和评价体系共同保障与驱动的一体化科学数据中心网络。目前初步建成包括 1 个总中心、18 个学科中心和 16 个优秀所级中心共同组成的院科学数据中心体系，为院级各类项目和论文等各类数据汇交管理、安全共享和分析服务提供基础[61]。

表 2-4 国家科学数据中心概况

序号	国家平台名称	依托单位	主管部门
1	国家高能物理科学数据中心	中国科学院高能物理研究所	中国科学院
2	国家基因组科学数据中心	中国科学院北京基因组研究所	中国科学院
3	国家微生物科学数据中心	中国科学院微生物研究所	中国科学院
4	国家空间科学数据中心	中国科学院国家空间科学中心	中国科学院
5	国家天文科学数据中心	中国科学院国家天文台	中国科学院
6	国家对地观测科学数据中心	中国科学院遥感与数字地球研究所	中国科学院
7	国家极地科学数据中心	中国极地研究中心	自然资源部
8	国家青藏高原科学数据中心	中国科学院青藏高原研究所	中国科学院
9	国家生态科学数据中心	中国科学院地理科学与资源研究所	中国科学院
10	国家材料腐蚀与防护科学数据中心	北京科技大学	教育部
11	国家冰川冻土沙漠科学数据中心	中国科学院寒区旱区环境与工程研究所	中国科学院
12	国家计量科学数据中心	中国计量科学研究院	市场监督管理总局
13	国家地球系统科学数据中心	中国科学院地理科学与资源研究所	中国科学院
14	国家人口健康科学数据中心	中国医学科学院	卫生健康委
15	国家基础学科公共科学数据中心	中国科学院计算机网络信息中心	中国科学院
16	国家农业科学数据中心	中国农业科学院农业信息研究所	农业农村部
17	国家林业和草原科学数据中心	中国林业科学研究院资源信息研究所	国家林业和草原局
18	国家气象科学数据中心	国家气象信息中心	中国气象局
19	国家地震科学数据中心	中国地震台网中心	中国地震局
20	国家海洋科学数据中心	国家海洋信息中心	自然资源部

4. 特点分析

我国开放数据数量的不断增加，为数据出版提供了大量高质量的数据资源，为科研人员提供了丰富的研究资料。虽然目前我国数据期刊稿源有限，但数据平台在国家强有力的政策支持下和机构全方位的实践发展中积累了丰富的数据管理、存储、服务等方面的经验，可为进一步开展数据出版提供强有力基础[62]。同时，中国开放数据平台的建设也不能满足于简单的数据汇聚，要真正实现数据的深度挖掘和广泛共享[63]。

（三）开放平台

1. 机构知识库

截至 2021 年 7 月，我国收录在开放获取知识库目录平台（Directory of Open Access Repositories，OpenDOAR）的中国机构知识库共有 54 个（附表 4），未统计中国港澳台地区数据。其中，54 个机构知识库的所属机构以科研院所、高校为主，也涉及个别科研机构、商业公司（表 2-5）。上述机构知识库存储的文献类型以期刊论文为主，其次为学位论文和会议论文。

表 2-5　中国机构知识库的机构分布（按 OpenDOAR 的数据）

序号	机构名称	数量	序号	机构名称	数量
1	中国科学院	39	9	兰州财经大学	1
2	OAlib	1	10	南方科技大学	1
3	北京大学	1	11	清华大学	1
4	北京科技大学	1	12	厦门大学	1
5	福建师范大学	1	13	西安交通大学	1
6	广西民族大学	1	14	中共甘肃省委党校（甘肃行政学院）	1
7	国家自然科学基金委员会	1	15	中欧国际工商学院	1
8	教育部科技发展中心	1	16	自然资源部第一海洋研究所	1

注：按照机构知识库数量排序；未统计中国港澳台地区数据。

2. 开放资源平台

开放资源平台可以为用户提供集中、便捷、免费的查询、统计、下载等服务，有利于促进开放资源的共享利用。目前中国开放资源平台主要以集成学术论文为主（表 2-6）。

3. 开放出版平台

我国出版界为推动出版的开放化、国际化，开始探索新型出版平台，通过自建或合作方式，搭建不同类型的开放出版平台（表 2-7）。

表 2-6 中国开放资源平台（部分）

平台名称	所属机构	该平台的自我定位
国家哲学社会科学学术期刊数据库	中国社会科学院图书馆	平台于 2013 年 7 月 16 日上线开通，旨在建设成为国内最大的公益性社会科学精品期刊数据库，最大的社会科学开放获取平台。以实现学术资源的开放共享，为学术研究提供有力的基础条件，促进学术成果的社会传播，推动我国哲学社会科学繁荣发展[64]
中国科技论文在线	教育部	中国科技论文在线利用现代信息技术手段，打破传统出版物的概念，免去传统的评审、修改、编辑、印刷等程序，给科研人员提供一个方便、快捷的交流平台，提供及时发表成果和新观点的有效渠道，从而使新成果得到及时推广，科研创新思想得到及时交流[65]
国家科技期刊开放平台	中国科学技术信息研究所	该平台以“公益普惠、开放共享、权威精品”为定位，以开放整合国内科技期刊为途径，汇聚国内千余学术期刊（核心期刊占比超 70%），收录论文超 500 万篇；充分依托中国科学技术信息研究所资源，实现了论文引文全融合，统计分析多角度展示，面向科技人员提供即时的一站式获取服务，全面促进我国科技论文的传播利用[66]
GoOA	中国科学院文献情报中心	开放获取论文一站式发现平台，是中国科学院立项启动、由中科院文献情报中心实施建设的开放获取期刊服务平台，集成严格遴选的 2570 种期刊，472 家开放获取出版社，591777 篇开放获取论文，提供开放获取期刊和论文集成发现和免费下载、开放获取期刊投稿分析、关联检索、知识图谱分析、用户分享等特色功能[67]
Socolar	中国教育图书进出口有限公司	Socolar 开放存取一站式检索服务平台是一个非盈利性项目，旨在为用户提供开放获取资源检索和全文链接服务的公共服务平台[68]
CNKI 开放存取集成平台	清华同方	以全球开放获取资源为基础，致力于突破学科、地理和语言等因素的限制，通过资源整合、智能检索、知识组织系统互操作等相关技术，为用户提供海量的开放获取资源，让用户以最小的成本了解同行的研究情况和学科的发展动态，感知当前国际开放获取运动的发展态势。同时，促进学术交流和知识共享，助力开放科学生态系统的良性发展，提高全球开放获取资源的可见性和可访问性[69]

表 2-7 中国开放出版平台（部分）

平台名称	所属机构	该平台的自我定位
SciEngine	科学出版社、中国科学院	中国首个自主研发的集全流程数字出版与国际化传播于一体的科技期刊服务平台，充分借鉴国外先进出版机构的平台建设经验，具有先进性、开放性、无缝对接等特点，功能和技术达到国际先进水平[70]
Digital Twin	北京航空航天大学、F1000	该平台允许所有研究成果以开放获取的方式出版，结合预印本和同行评审等的优势。为研究人员提供开放、透明的出版体验。利用强制的数据政策，实现研究结果源数据的全面访问。同时，实现覆盖形式多样的数字孪生技术研究，包括研究论文、研究方案、注册报告、数据说明、案例研究等[71]

4. 预印本

ChinaXiv 是国内首家科技论文预发布平台，按预印本的国际规范和模式，其所公开的成果多为尚未同行评审的学术论文[72]。截至 2021 年 7 月，该平台发布论文总数达到 15050 篇。ChinaXiv 还通过与学术团体、高校、政府部门合作，建立了学科化和区域性预印本平台（表 2-8）。

表 2-8 中国预印本平台（部分）

平台名称	所属机构	描述
中国心理学预印本平台	中国科学院心理研究所	中国科学院心理研究所与 ChinaXiv 共建，支持全球心理学预印本交流
中国生物工程预印本出版平台	中国生物学会	与中国生物工程学会共建，支持全球生物学预印本交流
岩石力学与工程预印本平台	中国科学院岩石力学研究所	与中国科学院武汉岩石力学研究所共建，支持全球力学预印本交流
中国语音乐律预印本平台	北京大学	与北京大学中国语言学研究中心语音乐律实验室共建，支持全球语音乐律研究预印本交流
中国图书馆学情报学预印本平台	中国科学院文献情报中心	面向中国图书馆学情报学人，支持全球图书馆学情报学预印本交流
贵州省学术预印本平台	贵州省科学技术厅	贵州省科学技术厅与 ChinaXiv 共建，支持贵州省预印本学术交流

5. 特点分析

开放平台作为资源共享的重要基础设施，日益受到各界主体的重视。随着平台建设不断深入，包含的技术要素和内容要素也在不断丰富升级。但我国开放平台目前重点集中于资源的汇聚和存储工作，对于平台的高效使用、知识成果快速传播、平台国际影响力提高及配套服务设施的完善，正在持续与中国科技期刊界进行合作共赢中。

（四）参与式科研

1. 创新应用大赛

（1）全国高校数据驱动创新研究大赛

全国高校数据驱动创新研究大赛是由国家信息中心大数据发展部、北京市信息资源管理中心作为行业指导单位，北京大学图书馆、北京大学信息管理系等联合主办，面向全国高校在读学生，开展的数据驱动创新研究大赛[73]。大赛每两年举办一次，自 2017 年以来，已成功举办两届。两届大赛共吸引 1193 支队伍，3596

名来自全国高校及研究院（所）的学生参赛，覆盖到全国 200 多所高校和 56 个一级学科[74]。该赛事于 2021 年成功举办第三届。

（2）上海图书馆开放数据竞赛

上海图书馆开放数据竞赛是由上海图书馆主办，面向全社会征集以上海图书馆家谱知识库数据服务平台为基础的移动应用产品原型或服务创意，以充分发挥平台中开放数据的价值[75]。大赛每年举办一次，自 2016 年，已成功举办五届，凝聚了一批数据创客团队，积累大量优秀作品和创意[76]。

（3）中国创新挑战赛

中国创新挑战赛是由中国科技部主办，聚焦国家区域发展战略和战略性新兴产业发展问题，面向全社会征集解决方案，构建产学研深度融合的科技创新体系，激发创新主体活力，支撑经济高质量发展。自 2016 年以来，中国创新挑战赛共成功举办五届[77]。

2. 开放教育

中国大学 MOOC 于 2014 年正式上线，是由网易与高等教育出版社联合推出的在线教育平台，负责承接教育部国家精品开放课程任务，向社会大众提供中国知名高校的在线课程学习。截至 2021 年 8 月，该平台参与组织达到 450 个，推出国家精品课程 1317 个[78]。

二、中国开放科学的推动主体

（一）科研人员

科研人员在推动中国开放科学事业过程中起着宣传和引导的作用。中国科研人员通过发表相关学术论文、参与国际活动、开展课题研究、提出政策建议、组织会议论坛和参与开放科学实践等多种形式，宣传和支持开放科学（图 2-7）。

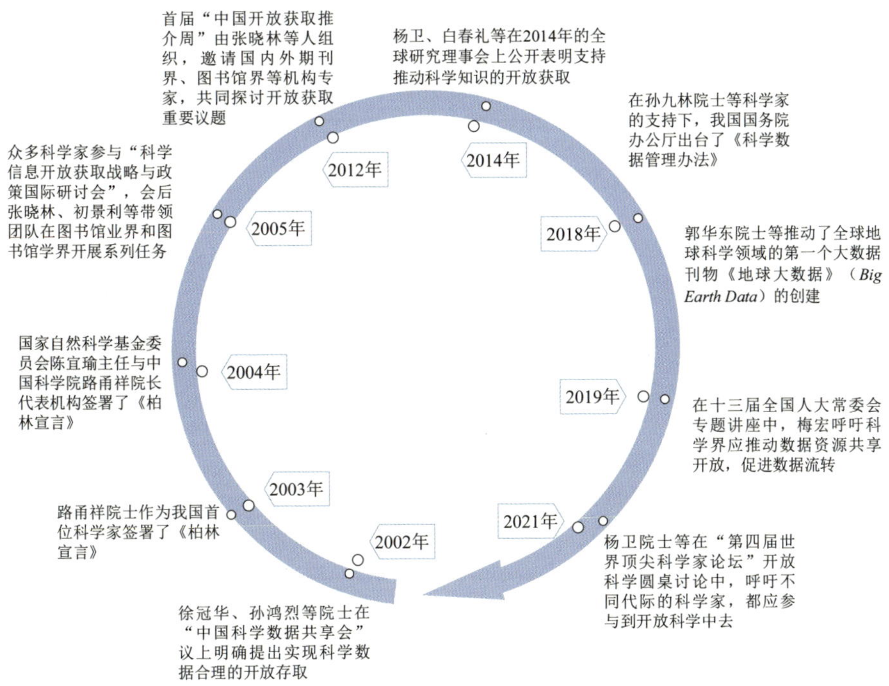

图 2-7　中国开放科学运动中的代表性科研人员（部分）

（二）出版机构

出版机构是推动中国开放科学事业的重要载体。目前中国出版机构面对开放科学尚未形成统一认知，相关实践探索差异较大。目前在开放出版实践方面取得突破性进展的为科学出版社。科学出版社是中国最大的综合性科技出版机构，旗下的北京科爱森蓝文化传播有限公司（简称“科爱”）是与 Elsevier 于 2007 年成立的合资公司，以推动中国英文科技期刊国际化为目标，创办了一批高水平开放获取科技期刊，推动中国优秀科研成果的国际化传播[79]。

（三）科研资助机构

科研资助机构在推动中国开放科学事业中，起到培养人才和促进合作作用。中国科研资助机构通过资助与开放科学相关研究项目（表 2-9）、发布开放获取政策、建立机构知识库、组织相关主题研讨会和参与国际活动发声等多种方式，激发国内科研人员对开放科学的探索热情，为中国开放科学事业提供重要支持。

表 2-9 国家社科基金资助开放科学研究项目

项目名称	立项年份/年	项目负责人	承担单位
开放科学理念下的科研数据治理研究	2017	刘桂锋	江苏大学
开放科学环境下的科学数据开放共享机制与对策研究	2018	盛小平	华南师范大学
基于“开放科学”的数据伦理及治理研究	2019	廖苗	长沙理工大学
开放科学数据集统一发现的关键问题与平台构建研究	2020	王继民	北京大学
开放科学环境中数据馆员服务模式研究	2021	顾立平	中国科学院
协同共治视角下图书馆推进开放科学的服务模式研究	2021	虞为	南京大学
面向开放科学的科技期刊产业链整合研究	2021	许洁	武汉大学
开放科学环境下图情机构与智库协同创新模式及运行机制研究	2021	黄长伟	哈尔滨商业大学
开放科学数据的经济价值及其测度研究	2021	涂志芳	中国科学院

（四）科研教育机构

科研教育机构目前在推动中国开放科学事业过程中发挥着主力军的作用。科研教育机构在开放获取实践中积累了丰富的促进公共科研资助成果传播的经验。随着开放科学的国际呼声越来越大，中国科研教育机构也在不断思索如何将开放科学纳入机构发展战略中来，如清华大学科研管理部门启动“开放科学支持计划”[80]，中国科学技术信息研究所与 Springer Nature 宣布成立 ISTIC-Springer Nature 开放科学联合实验室等[81]。

三、中国开放科学的制度建设

2020 年 9 月，联合国教科文组织向 193 个会员国提交《联合国教科文组织开放科学建议书草案》[6]，鼓励会员国考虑将开放科学纳入国家科技创新政策、战略和政策框架中，以促进科学的共同进步。这一建议得到了世界各国的积极响应，中国也是其中一员。我国已有开放获取政策、数据管理与共享政策，但是结合两者，面向未来的开放科学政策仍需审慎考虑和规划。因此，本部分则从现行制度内容出发，介绍针对不同开放科学要素发布的具体举措。

（一）推动开放科学的政策

1. 开放获取方面

在 2014 年 5 月 15 日召开的全球研究理事会 2014 北京会议的新闻通气会上，中国科学院和国家自然基金委员会共同发布了各自的开放获取政策：《中国科学院关于公共资助科研项目发表的论文实行开放获取的政策声明》和《国家自然科学基金委员会关于受资助项目科研论文实行开放获取的政策声明》，政策要求得到公共资助的科研成果科研论文在发表后把论文最终审定稿存储到相应的知识库中，在发表后 12 个月内实行开放获取[82]。

两项政策，均以政策声明的形式发布，虽两家机构仅能代表各自机构，但其范围几乎覆盖全国科研人员。政策内容支持绿色开放获取，推动了中国的开放获取工作。此外，中国科学院的开放获取政策，具有初步开展金色开放获取的内容：①支持公共资助科研项目在具备可靠质量控制和合理费用的开放出版学术期刊上发表论文；②建立可资助发文的开放出版学术期刊遴选指南；③试验支持把中国科学院有影响力的学术期刊转换为开放出版期刊。金色开放获取的部分，均为试验性质，所以政策声明，指出一种发展方向，更为合适。

根据 2014 年开放获取政策，在 2015 年 5 月国家自然科学基金委员会正式运行“国家自然科学基金基础研究知识库”并且发布《基础研究知识库开放获取政策实施细则》。该实施细节共分为八大模块，分别为总则、术语、内容（存储内容、存储版本）、提交、使用、系统互操作、知识产权、免责声明。其中存储内容主要来源于受国家自然科学基金全部或部分资助的科研项目同行评议后录用的最终审定稿[83]。

此外，早于 2012 年 10 月，由中国科学院主管、中国科学院文献情报中心主办的《图书情报工作》杂志社联合图书情报学理论、教育与实践界代表及其他图书情报学期刊召开学术研讨会，会上共同通过了《中国图书馆学情报学期刊开放获取出版苏州宣言》。倡议鼓励得到公共科研经费的论文实行开放获取，鼓励作者在 12 个月或更短时滞期内，及时将成果存储到机构知识库中，同时鼓励学术界积极探索开放出版的新模式，发布开放获取政策，增强开放获取领域的深度合作[84]。

2. 开放数据方面

2018 年 3 月，国务院办公厅颁布《科学数据管理办法》[85]，标志着我国正式在国家层面加强和规范科学数据管理工作[86]。目前共有陕西、黑龙江、甘肃、云南等 22 个省区市发布了科学数据管理办法的实施细则，还有机构层面的《中国科学院科学数据管理与开放共享办法（试行）》[87]《中国农业科学院农业科学数据管理与开放共享办法》[88]等规范。

3. 开放平台方面

早在 2004 年，科技部、发改委、教育部、财政部联合发布《2004～2010 年国家科技基础条件平台建设纲要》，搭建具有公益性、基础性、战略性的科技基础条件平台，以促进全社会科技资源高效配置和综合利用，提高科技创新能力[89]。后在 2015 年国务院发布的《国务院关于国家重大科研基础设施和大型科研仪器向社会开放的意见》提出应加快推进科研设施与仪器向社会开放，以进一步提高科技资源利用效率[90]。为了推动国家重大科研基础设施和大型科研仪器的开放共享，充分释放服务潜能，提高使用效率，科技部、发展改革委、财政部又于 2017 年 9 月发布《国家重大科研基础设施和大型科研仪器开放共享管理办法》[91]。此外，2018 年 10 月科技部、财政部发布的《国家科技资源共享服务平台管理办法》则要求深入实施创新驱动发展战略，规范管理国家科技资源共享服务平台，推进科技资源向社会开放共享[92]。

（二）影响开放科学的政策宣言

2015 年 5 月，国务院发布《国务院关于印发促进大数据发展行动纲要的通知》[93]，要求加快推动数据资源开放共享流通，强化数据资源在各领域的应用，促进产业转型升级。

除数据共享外，不断培育的开放研究文化也给开放科学的发展奠定了良好基础[94]。在推动开放资源成果转换及科技资源开放共享方面，教育部 2016 年发布《促进高等学校科技成果转移转化行动计划》，提出要为创新创业群体提供开放科技数据、论文等创新资源，提供科技成果相关信息以加强高校创新资源开放共享[95]。

2019 年，《关于深化改革培育世界一流科技期刊的意见》要求科技期刊界全力推进数字化、专业化、集团化、国际化进程，构建开放创新、协同融合、世界一流的中国科技期刊体系[96]。中国科技期刊在取得“四化”成就的基础上，将顺应开放科学潮流，以开放创新、协同融合的姿态向建设世界一流期刊的目标迈进。

第三节　中国开放科学发展态势

一、中国开放科学的发展脉络梳理

2014 年，习近平总书记在出席国际工程科技大会发表的主旨演讲中指出：“发展科学技术是人类应对全球挑战、实现可持续发展的战略选择”[97]。我国高度重视科学技术发展和创新型国家建设，大力营造开放社会环境，积极促进科技成果传播共享和转化应用，着力满足社会公众对科学的迫切需求。

虽然目前我国尚未形成明确的开放科学政策，但我国对于开放科学的理论和实践探索早已兴起。从最初的中国科学家率先签署国际倡议支持公共资助科研成果的开放获取，到越来越多的国内科研教育机构建立机构知识库，再到国家政府部门推动科研基础设施和科学数据的开放共享，我国开放科学经历了由科研人员的个人研究与支持上升到国家和机构的政策与行动、由单种实践形式扩大到多种探索途径并行、由国内建设实施拓展到国际联合协作的发展历程。就整体而言，我国对于开放科学的重视程度不断增强，实践形式持续丰富，开放科学是未来科学发展的必然趋势已经达成共识。但各方主体对于开放科学的内涵外延、开展形式、推进速度等具体内容尚未形成统一意见，各地区、各机构、各实践形式和各学科之间的发展差异较大。

开放科学的发展演变离不开各利益攸关方，我国政府部门、科研资助机构、科研教育机构、科学家与科学共同体、出版机构、企业、社会公众等众多利益主体均在以不同形式、不同程度地参与到开放科学各阶段发展历程中，并基于各自职能定位，在探索推动不同的开放科学实践形式中发挥了不同作用（图 2-8）。

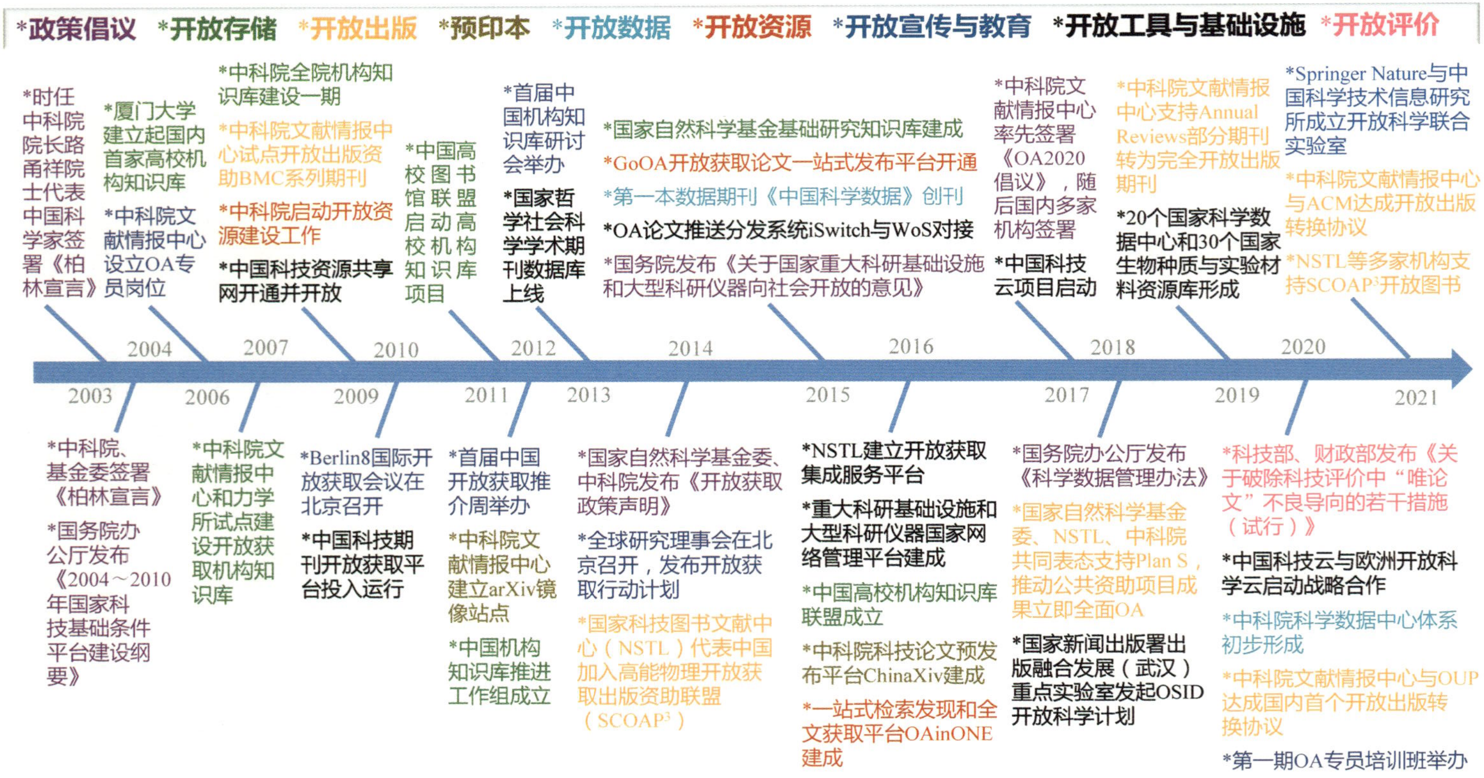

*政策倡议 *开放存储 *开放出版 *预印本 *开放数据 *开放资源 *开放宣传与教育 *开放工具与基础设施 *开放评价

2003
*时任中科院院长路甬祥院士代表中国科学家签署《柏林宣言》
*中科院、基金委签署《柏林宣言》
*国务院办公厅发布《2004～2010年国家科技基础条件平台建设纲要》

2004
*厦门大学建立起国内首家高校机构知识库
*中科院文献情报中心设立OA专员岗位

2006
*中科院文献情报中心和力学所试点建设开放获取机构知识库

2007
*中科院全院机构知识库建设一期
*中科院文献情报中心试点开放出版资助BMC系列期刊
*中科院启动开放资源建设工作
*中国科技资源共享网开通并开放

2009
*Berlin8国际开放获取会议在北京召开
*中国科技期刊开放获取平台投入运行

2010
*中国高校图书馆联盟启动高校机构知识库项目

2011
*首届中国开放获取推介周举办
*中科院文献情报中心建立arXiv镜像站点
*中国机构知识库推进工作组成立

2012
*首届中国机构知识库研讨会举办
*国家哲学社会科学学术期刊数据库上线

2013
*国家自然科学基金委、中科院发布《开放获取政策声明》
*全球研究理事会在北京召开，发布开放获取行动计划
*国家科技图书文献中心（NSTL）代表中国加入高能物理开放获取出版资助联盟（SCOAP³）

2014
*国家自然科学基金基础研究知识库建成
*GoOA开放获取论文一站式发布平台开通
*第一本数据期刊《中国科学数据》创刊
*OA论文推送分发系统iSwitch与WoS对接
*国务院发布《关于国家重大科研基础设施和大型科研仪器向社会开放的意见》

2015
*NSTL建立开放获取集成服务平台
*重大科研基础设施和大型科研仪器国家网络管理平台建成
*中国高校机构知识库联盟成立
*中科院科技论文预发布平台ChinaXiv建成
*一站式检索发现和全文获取平台OAinONE建成

2016
*中科院文献情报中心率先签署《OA2020倡议》，随后国内多家机构签署
*中国科技云项目启动

2017
*国务院办公厅发布《科学数据管理办法》
*国家自然科学基金委、NSTL、中科院共同表态支持Plan S，推动公共资助项目成果立即全面OA
*国家新闻出版署出版融合发展（武汉）重点实验室发起OSID开放科学计划

2018
*中科院文献情报中心支持Annual Reviews部分期刊转为完全开放出版期刊
*20个国家科学数据中心和30个国家生物种质与实验材料资源库形成

2019
*科技部、财政部发布《关于破除科技评价中“唯论文”不良导向的若干措施（试行）》
*中国科技云与欧洲开放科学云启动战略合作
*中科院科学数据中心体系初步形成
*中科院文献情报中心与OUP达成国内首个开放出版转换协议
*第一期OA专员培训班举办

2020
*Springer Nature与中国科学技术信息研究所成立开放科学联合实验室
*中科院文献情报中心与ACM达成开放出版转换协议
*NSTL等多家机构支持SCOAP³开放图书

2021

图 2-8 中国开放科学发展历程中的部分重要事件

（一）科研教育机构率先推动开放获取，为开放科学奠定基础

开放获取作为开放科学的先行实践，其发展程度直接影响着向开放科学过渡的进程。2003 年，时任中国科学院院长路甬祥院士代表中国科学家签署《柏林宣言》；2004 年，国家自然科学基金委员会和中国科学院签署《柏林宣言》，我国对于公共资助出版物开放获取的支持上升到国家资助机构和科研机构层面；2006 年，厦门大学创建国内首家高校机构知识库；2007 年，中国科学院文献情报中心和力学研究所试点建设机构知识库，随后开启全院规模化建设；2013 年，中国科学院建成国内最大规模机构知识库群；2014 年，国家自然科学基金委员会和中国科学院各自发布开放获取政策声明，我国开放获取发展有了明确的政策引导；同年，国家科技图书文献中心代表我国加入国际高能物理开放出版资助联盟（$SCOAP^3$），与世界主要科技国家共同支持高能物理领域期刊论文转为开放出版；2017 年，中国科学院文献情报中心率先签署大规模实现期刊论文开放获取的 OA2020 倡议意向书，目前中国（未统计港澳台地区数据）有 18 家机构签署该意向书，并已有机构与出版社达成开放出版转换协议。由此可见，我国开放获取的推动主体是由个人到机构再到国家，这种自下而上的发展进程相对平缓，但也为开放科学奠定了良好基础。

总体而言，我国开放获取实践先于政策，发展路径以开放存储为主，开放出版尚在探索实验，开放获取发展还有较大提升空间。科研教育机构是推动我国开放存储发展的重要主体，我国大部分重点科研院所和高校都建立了机构知识库，用于机构科研成果的存储共享，并不断丰富存储成果类型与数量，持续完善系统功能，呈规模化、联盟化发展趋势。而面对开放出版这样一种全新的学术出版传播模式，我国已经认识到其对于社会公众快捷、免费获取最新公共资助科研成果的益处，但基于我国科研发文大国、文献经费渠道多元化、科研评价导向固化等现实国情，仅有少部分机构开展开放出版转换实践，大部分机构仍处于观望状态。因此，我国开放获取发展仍处于基础阶段，缺少国家层面明确统一的政策推动，需进一步加速和深化开放获取政策实践，实现全社会对最新科研成果的数据挖掘、知识关联、智能学

习等更充分重用，使开放获取向开放科学的目标更迈近一步。

（二）政府部门要求基础设施和科学数据开放共享，强势助力开放科学

基础设施和科学数据的开放是实现开放科学的关键步骤，特别是可获取、可使用、可评估和可理解的智能型开放数据是开放科学的重要基础[98]。2004 年，国务院办公厅转发科技部等部门《2004～2010 年国家科技基础条件平台建设纲要》，从国家层面要求建设以资源共享为核心的国家科技基础条件平台；2009 年，科技部、财政部共同推动建设的中国科技资源共享网开通，向全社会开放大型仪器设备、科学数据和最新科技成果；2015 年，国务院发布《国务院关于国家重大科研基础设施和大型科研仪器向社会开放的意见》，要求科研基础设施向社会开放共享，并详细规定了促进开放的激励引导机制、评价体系、奖惩办法、责任主体、组织实施和进度安排；2016 年，科技部组织启动的重大科研基础设施和大型科研仪器国家网络管理平台建成，集成各省区市和机构的科研设施与仪器在线服务平台统一管理评估；2018 年，国务院办公厅发布《科学数据管理办法》，要求加强和规范科学数据管理，保障科学数据安全，提高开放共享水平；2019 年，为实现规范管理，将原有 28 个国家科技资源共享服务平台优化调整，形成 20 个国家科学数据中心和 30 个国家生物种质与实验材料资源库，这些平台与重大科研基础设施和大型科研仪器共同由中国科技资源共享网集成管理，构成全国范围的逻辑统一、高度集成、高效共享的科技资源网络服务体系，有效推动了科技资源的统筹管理和共享服务，实现了以信息共享带动实物共享的平台理念[99]。由此可见，我国开放基础设施和开放数据的发展始终由国家政府部门牵头主导，各省区市级政府和重点科研教育机构落实执行，这种自上而下的发展进程快速有效，为开放科学提供强势助力。

无论是开放基础设施还是开放数据，都受到国家层面强有力的政策、经济和人力支持，以实现科技信息资源共享的相关政策文件为指导，以整合分布式资源、服务科技界和社会公众为出发点，以促进国家经济建设和科学技术进步为发展方向，以激励引导和评价奖惩机制为配套措施，边建设边改造，边整合边升级，体现了我

国社会主义制度能够集中力量办大事的制度优势。

（三）科研人员对开放科学的认知逐渐加深，积极关注和参与开放科学实践

科学家从事科学研究的最高使命是增加社会福祉，促进人类文明进步。科研人员既是科学的贡献者，又是科学的受益者，因此科研人员是开放科学的核心，其对开放科学的认知度和认可度对开放科学的发展起着决定性作用。

我国大部分科研人员对开放科学的认知始于开放获取。随着全球范围内开放获取运动不断壮大，我国科研人员对开放获取的态度也发生了较大转变，整体认知程度逐渐提高（表 2-10）。从最初的不了解，到被假借开放获取名义实质为“掠夺型期刊”（APC 定价不合理的期刊）或“兜底型期刊”（论文评议流程和质量把控不严格的期刊）误导，对开放获取持否定态度；再到对开放获取有所认知，但却对著作权侵权、数据安全、经费问题存在诸多担心。随着机构知识库和开放出版期刊逐渐成为学术传播交流的重要途径，我国科研人员开始越来越多的参与开放获取实践，将自己的科研成果上传到机构知识库，支付 APC 发表开放出版论文。根据本章第二节统计数据（图 2-4 和图 2-5）显示，近 10 年来，中国开放出版论文年均增长率为 32.43%，高于全球开放出版文章年均增幅（21.30%）。其中，2020 年中国开放出版论文总量为 165493 篇，占中国全年发文的 25.58%。

表 2-10 中国科研人员对于开放获取认知变化 （%）

对 OA 认知程度	2005 年李麟对 223 位中科院科研人员调研（仅以其中 64 位工程科学科研人员调研结果为例）[100]	2014 年张新鹤等对 287 位教育机构人员调研[101]	2020 年黄金霞等对 101 位科研教育机构人员调研[102]
非常了解	3.00	3.83	8.91
比较了解	-	15.33	32.67
一般了解	45.00	34.84	30.69
不太了解	-	27.53	18.81
完全不了解	52.00	18.47	8.91

相比开放获取，我国科研人员对开放数据的认知与支持更为积极主动，这主要基于进入信息时代后科研人员对于数据共享的迫切需求。早在 1994 年，中国科学院

就有一批科学家给国家有关部门写报告，要求实现数据共享[103]。后期经过长期酝酿和试点建设，2018 年，在孙九林院士等科学家的支持下，国务院办公厅出台了《科学数据管理办法》。2019 年，Springer Nature 联合中国科学院文献情报中心共同对我国 2000 多名科研人员开展的数据分享相关调研结果显示，93%的科研人员制定过数据管理计划，其中一半及以上的科研人员表示是为了确保有效的数据管理以及做研究时的良好实践[104]（图 2-9）。因此，我国绝大多数科研人员早已认识到开放数据对于科技工作的重要性，并积极推动和参与开放数据的政策制定和实践发展。

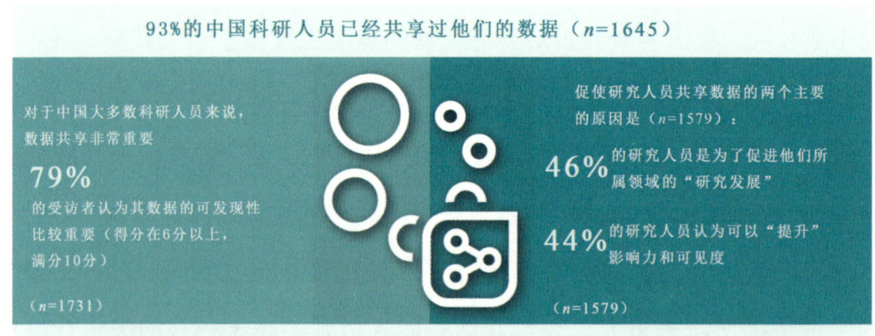

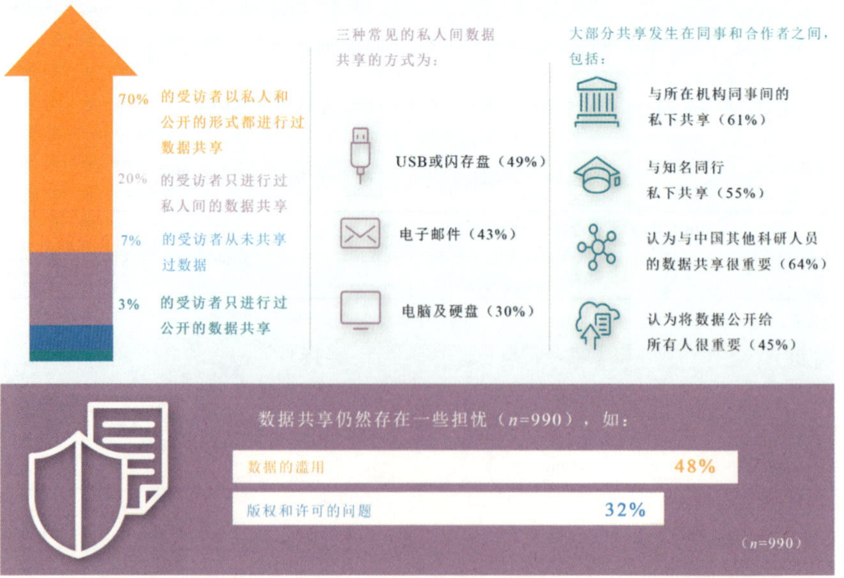

图 2-9　Springer Nature 2019 年对中国科研人员数据共享认知调研结果

我国科研人员对于开放科学及其各项主要内容的需求、认知、态度和行为存在显著差异。2019 年，赵延东等在第八届中国开放获取推介周的会议报告中展示，通过对 30 余名科研教育机构人员进行初步访谈调研，了解到被访者对开放科学的具体内涵认知度较低，除对开放获取、开放数据和开源软件较为熟悉外，对开放社区、开放评价等其他实践形式较为陌生。其中，地球科学、天文学等高度依赖数据资源的学科对于开放数据的认知度更高，计算机学科基于对开源软件的频繁使用也较为熟知。2021 年，叶钰铭对 567 名科研教育机构人员进行初步问卷调研（被访者以理工、管理学科的青年科研人员和学生为主），对开放科学非常了解的被访者仅占 10.41%，但非常不了解和比较不了解的被访者占到了 43.03%（图 2-10）。

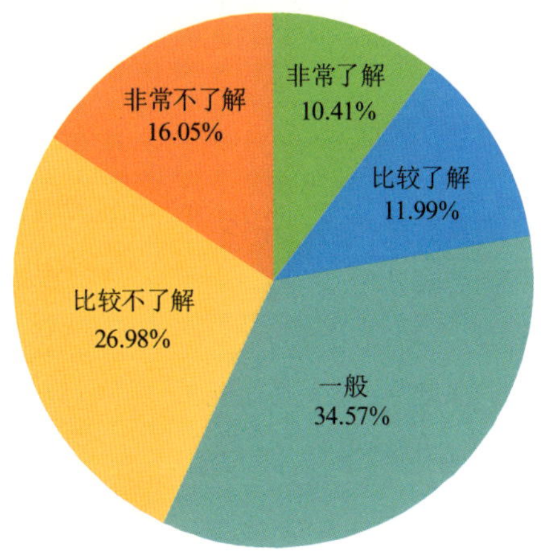

图 2-10　叶钰铭开展的中国科研人员关于开放科学的认知调查结果

（四）出版机构立足科技期刊，探索开放科学趋势下的创新发展路径

出版机构作为学术成果交流传播的重要环节，是最直接受到开放科学影响并需要做出应对变革的主体。在数据信息环境下，出版机构既是科学出版物开放获取的主要阵地，又是科学数据作为一种新型出版内容传播共享的重要载体。

面对国际科技期刊学术出版内容和形式不断丰富、开放获取交流模式日益获得认可的发展局势，我国出版机构对开放获取的态度经历了从对各种变革挑战的担心到主动抓住机遇的转变，并采用多种途径探索开放科学趋势下的创新发展路径。我国出版机构从最初对开放获取带来的期刊发行量和收入降低、版权侵权和稿源流失等一系列挑战的担心[105]，逐渐转变为以我国国情和科研需求为依据，结合期刊发展现状，因地制宜采用“免费获取”形式，促进出版物的开放共享。免费获取往往通过将出版的论文成果免费发布在期刊网站上，使广大读者能够快捷获取本领域最新科技文献，进一步提升期刊影响力，吸引更多稿源[106]。但由于这些期刊缺乏明确的开放获取政策声明和开放许可协议，文献开放状态和权益不稳定，因此并不是真正的开放获取期刊。也有出版机构通过“借船出海”的国际合作方式，与全球知名出版集团共同创办国际高水平开放获取期刊，助推中国优秀科研成果国际化传播，增强中国科技期刊的全球竞争优势。还有出版机构通过创办新型科学数据期刊促进数据共享，搭建全流程数字出版与国际化传播的科技期刊服务平台[107]。

二、中国开放科学的特点剖析

（一）开放共享，共建科技共同体

中国作为科技大国，在开放科学进程中发挥着举足轻重的作用。中国古代的科学技术在很长一段历史时期都处于世界领先地位，对世界文明的发展起到了重要推动作用。但从 15 世纪开始，中国科学技术开始逐渐落后于西方，其中重要原因之一就是长期的闭关锁国政策，拒绝科学交流与开放。随后的洋务运动、戊戌变法和辛亥革命逐渐打开了近代科学技术传播的通道，新文化运动奠定了中国近代科学思想的基础，改革开放加强了我国与世界的经济互动。当下我国大力实施创新驱动发展战略，加快建设创新型国家，科技创新实现了历史性、整体性、格局性的重大变化[108]。2021 年，我国成为全球高质量科技论文第二大贡献国，材料科学、化学、工程技术、数学、物理学等 12 个学科的高水平学术论文被引次数排名世界前两位[109]，我国已成为具有全球影响力的科技创新大国。

开放科学是一项全球事业，中国的开放科学发展将对世界开放科学进程产生重大影响。从签署国际倡议，到加入国际开放获取组织，再到与世界各国共同支持加速知识开放共享，以及着力提高数据与基础设施互联互通，中国始终在国际开放科学舞台上发挥着重要作用。而作为具有重要影响力的科技大国，世界各国也对中国的开放科学充满期待。联合国教科文组织有代表表示，中国近年来持续上涨的科研经费投入、不断增加的专利数量等数据显示，中国已经做好了迎接开放科学的准备。

（二）顺应趋势，立足本国国情

我国开放科学以实际国情为基础，受到国外发展趋势和国内实际需求的双重驱动。一方面，开放科学是全球科技发展大势所趋。随着新科技革命和产业数字变革的不断深化，各国相互依存和相互影响更加密切，开放科学有利于建立更加透明、开放的世界协作网络[110]；另一方面，开放科学顺应我国国民经济和社会发展的“十四五”规划布局。我国将在“十四五”时期乘势而上开启全面建设社会主义现代化国家新征程，开放科学符合创新驱动发展战略和促进社会公平的发展需求，有助于在全社会坚定不移贯彻开放、共享的新发展理念。

我国开放科学实践虽然受到了欧美等国家的影响，但在具体实践中仍以我国实际国情为主，对开放科学发展的本土化进行了大量探索实验，例如开放存储系统软件的本土化。为方便在本地环境下简易部署，原中国科学院兰州文献情报中心祝忠明团队在 Dspace1.4.2 版本基础上开发了新的系统软件 CSpace，以进行更好的中文本地化适配，并对开源系统功能进行不断拓展[111]；又例如科技期刊开创的免费获取模式。我国本土科技期刊基于管理体制、出版规模和运营模式等条件的限制，在无法快速、大规模实现向开放出版转换的情形下，通过在期刊网站免费发布最新出版内容，既未改变收费方式（作者和读者均无需为此付费）影响稿源和运营，又能满足广大科研人员和社会群体快速获取最新学术成果的迫切需求。

（三）实践先行，发展差异较大

我国已经有了多种形式的开放科学实践，但尚未从国家层面形成统一政策，因此开放科学实践走在了政策前面。又由于各种实践形式所基于的政策成熟度、支持度、执行度不同，因此各种实践的发展速度和程度差异较大。有国家层面政策支持的开放基础设施和开放数据在我国发展势头迅猛，有机构层面政策支持的开放获取则发展较为缓慢，其他无政策支持的开放科学实践形式仍在摸索尝试之中，例如公民科学、开放评价等。

（四）逐步规范，关注机制建设

开放科学改变的不仅仅是原有学术交流模式，也对科学规范和评价产生较大影响。开放并不意味着毫无约束，开放获取的发文质量和价格控制、开放数据的安全与隐私、开放科研评价的导向与规范、科研诚信与伦理道德等新问题都在开放科学的不断推进中逐渐得到改善。例如，我国科技部先后印发《科技部、自然科学基金委关于进一步压实国家科技计划（专项、基金等）任务承担单位科研作风学风和科研诚信主体责任的通知》[112]《关于破除科技评价中“唯论文”不良导向的若干措施（试行）》[113]等文件，规范论文发表费用和科研评价导向，推动开放科学更加规范化发展。

三、中国开放科学发展的重要议题

2021 年，习近平总书记在省部级主要领导干部学习贯彻党的十九届五中全会精神专题研讨班的开班重要讲话中提出，“十四五”规划和 2035 年远景目标纲要深入贯彻党的十九届五中全会精神，全面落实“立足新发展阶段、贯彻新发展理念、构建新发展格局”要求[114]。要积极促进科技开放合作，实施更加开放包容、互惠共享的国际科技合作战略[115]。我国科学发展已经跻身世界前列，倡导并推动开放科学，有利于打破那些不合时宜而且限制发展的陈规，建立国际科学新格局，促进建立“共商、共建、共享”的全球治理理念，推动构建人类命运共同体。

2021 年 7 月，中国科学技术协会（简称“中国科协”）举办第四届世界科技期刊论坛，论坛以“推动开放科学：共享•共赢•可持续”为主题，与会者围绕开放获取、开放数据、开放科研、开放评价以及科研诚信协同治理等热点话题进行了深入研讨。时任中国科协党组书记、常务副主席、书记处第一书记怀进鹏出席并讲话。

怀进鹏提出，中国科技共同体要积极参与国际开放科学活动，顺应开放科学发展大趋势。同时他对开放科学发展路径提出三点倡议[110]，也是中国推动开放科学发展过程中必须重视的议题。

（一）着眼全球人类福祉，探索多元、多样的开放道路

面对21世纪的新形势与新挑战，尽管世界各国都已经认识到科学发展的重要性，认真思考和积极部署科学发展战略，但全球科学发展水平仍然存在较大差异。开放科学被认为是能够调整、缩小国家之间、地区之间以及国家和地区内部存在的科技创新和数字技术差距的重要变革途径[116]。开放科学的核心价值观之一是公平公正，要确保发达国家与发展中国家研究人员之间的公平发展，让科学投入和产出能够实现互惠共享，让知识的生产者和消费者能够平等获取科学知识。虽然《联合国教科文组织开放科学建议书草案》提出了关于开放科学的统一框架，但草案也鼓励世界各国在坚持开放科学核心价值观基础上，根据自身科学制度、科研能力和科技水平的实际情况，灵活向开放科学演变。因此，我国开放科学的发展规划必须从具体国情出发，以科技经济社会进步需求为依据，探索具有中国特色的开放科学之路。

（二）加快建设基础设施，有序有组织做强资源共享等技术支撑

支持协作、共享和互操作的基础设施在开放科学实践中发挥着不可或缺的作用。开放科学基础设施的建设需要政府部门、科研机构和出版机构等利益主体的共同合作。面对当下世界百年未有之大变局、数字环境带来的颠覆性挑战和新时期国家创新驱动发展的战略目标，我国基础设施建设必须面向发生根本性变化的资源数量、领域与深度需求，面向“卡脖子”技术，面向“双一流”重点学科建设和科研用户情景敏感服务提供充分保障[117]，打造能够吸纳全球科研成果的基础设施，争夺国际科技话语权与主导权[118]，激发科技自立自强的举国体制。同时必须打破“信息孤岛”，增强各类公共资源体量和分布、内容价值度和整合度、链接有效性和互通性，实现资源有序、有组织的开放共享。

（三）在变革时代加强知识产权保护、科技伦理和科技共同体自律

相对于传统科研模式中的封闭性、不透明性带来的种种弊端，开放科学是一种能够促进科学的全员参与、全过程透明、全阶段协同以及知识信息充分共享的新兴科研模式，但同时也引发多方的利益诉求变革。诸如，开放科学倡导科研高度透明化与社会化，但由于社会个体的伦理道德水平和法律知识素养不同，必须正确处理在开放科学发展过程中人们担忧的知识产权侵权、学术剽窃、学术不端等不可忽视的问题[119]。因此，强化知识产权保护、科技伦理与科技共同体自律是实现开放科学可持续发展的必要条件。开放科学要求在尊重所有创作者的智力劳动成果的基础上开放，旨在实现知识的广泛传播利用，从而推动科学创新与社会进步，而知识产权是激励创新的政策工具，因此，开放科学与知识产权有着共同的目标，两者并非相互排斥的关系。同时，开放科学必须厘清不同利益相关者在参与开放科学实践中发生利益变革和冲突的根本原因，使责任型创新与负责任研究理念深入人心，真正实现我国开放科学的健康可持续发展。

参考文献

[1] International Science Council.Opening the record of science: making scholarly publishing work for science in the digital era[EB/OL]. [2021-07-23]. https://council.science/wp-content/uploads/2020/06/2020-02-19-Opening-the-record-of-science.pdf.

[2] The Royal Society. Nullius in verba[EB/OL]. [2021-07-15]. https://royalsociety.org/about-us/history/.

[3] 段伟文. 从私密科学走向开放科学[N]. 中国社会科学报, 2019-03-05(1).

[4] The Royal Society. Science as an open enterprise [EB/OL]. [2021-06-15]. https://royalsociety.org/topics-policy/projects/science-public-enterprise/report/.

[5] BOULTON G, RAWLINS M, VALLANCE P, et al. Science as a Public Enterprise: The Case for Open Data[J]. Lancet (London, England), 2011, 377(9778): 1633-1635.

[6] UNESCO. 教科文组织开放科学建议书草案初稿[EB/OL]. [2021-06-16]. https://unesdoc.unesco.org/ark: /48223/pf0000374837_chi.

[7] BOAI. Budapest Open Access Initiative[EB/OL]. [2021-08-10]. https://www.budapestopen-accessinitiative. org/.

[8] Max-Planck-Gesellschaft. Berlin Declaration on Open Access to Knowledge in the Sciences and

Humanities[EB/OL]. [2021-08-10]. https://openaccess.mpg.de/Berlin-Declaration.

[9] BOAI. Read the Budapest Open Access Initiative[EB/OL]. [2021-07-10]. https://www.budapest-openaccessinitiative.org/read.

[10] 张晓林, 陆彩女, 李麟. 学术期刊支持开放获取的良好实践指南[J]. 中国科技期刊研究, 2014, 25(11): 1333-1339.

[11] arXiv.org[EB/OL]. [2021-07-20]. https://arxiv.org/.

[12] GO FAIR. FAIR Principles[EB/OL]. [2021-07-20]. https://www.go-fair.org/fair-principles/.

[13] FAIRsFAIR. The TRUST Principles for digital repositories[EB/OL]. [2021-07-20]. https://www.fairsfair.eu/articles-publications/trust-principles-digital-repositories.

[14] Center for Open Science. The Standards[EB/OL]. [2021-07-20]. https://www.cos.io/initiatives/top-guidelines.

[15] Jisc. Juliet Statistics[EB/OL]. [2021-10-29]. https://v2.sherpa.ac.uk/view/funder_visualisations/1.html.

[16] Science Europe. Practical Guide to Sustainable Research Data[EB/OL]. [2021-07-20]. https://scienceeurope.org/our-resources/practical-guide-to-sustainable-research-data/.

[17] 李思经, 宋立荣, 王健. 面向开放共享的科学数据出版：机遇、挑战与对策[J]. 中国科技期刊研究, 2021, 32(5): 671-679.

[18] F1000. About F1000[EB/OL]. [2021-07-13]. https://f1000.com/about/.

[19] PUBLISSO. About PUBLISSO[EB/OL]. [2021-07-27]. https://www.publisso.de/en/working-for-you/about-us/.

[20] Open Research Europe. About Open Research Europe[EB/OL]. [2021-07-28]. https://open-research-europe.ec.europa.eu/.

[21] UK Research and Innovation. Funding agreed for a platform that will change research culture[EB/OL]. [2021-08-24]. https://www.ukri.org/news/funding-agreed-for-a-platform-that-will-change-research-culture/.

[22] DOAJ. About DOAJ[EB/OL]. [2021-07-11]. https://doaj.org/about/.

[23] DOAB. Directory of Open Access Books[EB/OL]. [2021-07-28]. https://www.doabooks.org/.

[24] OpenDOAR. About OpenDOAR[EB/OL]. [2021-07-21]. https://v2.sherpa.ac.uk/opendoar/about.html.

[25] BASE. What is BASE[EB/OL]. [2021-07-11]. https://www.base-search.net/about/en/index.php.

[26] 徐丽芳, 赵雨婷, 陈铭, 等. 战“疫”·开放·包容——2020海外科技期刊出版动态研究[J]. 科技与出版, 2021(3): 13-23.

[27] Mendeley Data. About Mendeley Data[EB/OL]. [2021-08-11]. https://data.mendeley.com/.

[28] LEM P. Google Scholar’s open-access move ‘sends a powerful message’[EB/OL]. [2021-07-23]. https://www.researchprofessionalnews.com/rr-news-world-2021-3-google-scholar-s-open-access-move-sends-a-powerful-message/.

[29] Amazon. Open Data on AWS[EB/OL]. [2021-07-23]. https://aws.amazon.com/cn/opendata/wwps-cards.sort-by=item.additionalFields.sortDate&wwps-cards.sort-order=desc.

[30] 金瑛, 张晓林, 胡智慧. 公众科学的发展与挑战[J]. 图书情报工作, 2019, 63(13): 28-33.

[31] Europa. Citizen science[EB/OL]. [2021-07-27]. https://ec.europa.eu/digital-single-market/en/citizen-science.

[32] The OpenScience project. About OpenScience[EB/OL]. [2021-07-31]. https://openscience.org/about-openscience/.

[33] Experiment. About Experiment[EB/OL]. [2021-08-30]. https://experiment.com/about.

[34] 金慧, 王陈欣, 罗纯源, 等. 后疫情时代的高等教育: 宏观趋势、关键技术与发展思考——《2021 地平线报告(教与学版)》解读[J]. 远程教育杂志, 2021, 39(3): 3-10.

[35] 吴莎莎, 刘永权, 张春华, 等. 探索在线非正式学习成果认证新模式——以开放教育资源大学(OERu)的实践为个案[J]. 现代远程教育研究, 2018(5): 49-58.

[36] OERu. About OERu[EB/OL]. [2021-06-16]. https://oeru.org/about-oeru/.

[37] MACDONALD F. These Five Companies Control More Than Half of Academic Publishing[EB/OL]. [2021-07-20]. https://www.sciencealert.com/these-five-companies-control-more-than- half-of-academic-publishing.

[38] 龙艺璇, 赵昆华, 王胜兰, 等. 从开放获取到开放科学：科研资助机构的选择与挑战[J]. 信息资源管理学报, 2021, 11(4): 70-79.

[39] FTI Consulting LLP. Economic Impact Assessment[EB/OL]. [2021-7-25]. https://www.publishers.org.uk/publications/ economic-impact-assessment/.

[40] NWO. Open Science (OS) Fund 2020/2021[EB/OL]. [2021-05-20]. https://www.nwo.nl/en/calls/open-science-os-fund-2020/2021.

[41] OATF Implementation Team. OATF Implementation Team Progress Report[EB/OL]. (2020-11-09) [2021-07-25]. https://mitoataskforce.pubpub.org/pub/1120progressreport/release/3.

[42] IFLA. IFLA Submits Comments on draft UNESCO Open Science Recommendation[EB/OL]. [2021-07-13]. https://www.ifla.org/node/93594.

[43] 吕昕, 董敏, 张辉. 欧美国家开放科学发展模式研究及启示[J]. 中国科技资源导刊, 2021, 53(3): 7-16+90.

[44] Sadosky Foundation. Es ley el acceso libre a la información científica[EB/OL]. (2013-11-21) [2021-08-20]. http://www.fundacionsadosky.org.ar/es-ley-el-acceso-libre-a-la-informacion-cientifica/.

[45] EIFL. Open science included in new Serbian law[EB/OL]. (2019-07-24) [2021-08-20]. https://www.eifl.net/news/open-science-included-new-serbian-law.

[46] UNESCO. Recommendation on Science and Scientific Researchers[EB/OL]. [2021-08-20]. https://en.unesco.org/themes/ethics-science-and-technology/recommendation_science

[47] 联合国教育、科学及文化组织. 可能拟定的教科文组织开放科学建议书的综合路线图[EB/OL]. [2021-08-20]. https://unesdoc.unesco.org/ark:/48223/pf0000369699_chi.

[48] UNESCO. Milestone in UNESCO's development of a global recommendation on Open Science[EB/OL]. [2021-05-20]. https://en.unesco.org/news/milestone-unescos-development-global-recommendation-open-science.

[49] The Royal Society. Final report - Science as an open enterprise [EB/OL]. [2021-08-10].

https://royalsociety.org/topics-policy/projects/science-public-enterprise/report/.

[50] Directorate-General for Research and Innovation. Open innovation, open science, open to the world[EB/OL]. [2021-08-10]. https://op.europa.eu/ en/publication-detail/-/publication/3213b335-1cbc-11e6-ba9a-01aa75ed71a1.

[51] 曾燕, 申艳, 顾立平, 等. 巴西 SciELO 平台国际化发展策略及启示[J]. 中国科技期刊研究, 2021, 32(5): 586-595.

[52] CODATA. African Open Science Platform: Strategy and Vision[EB/OL]. [2021-07-25]. https://codata.org/initiatives/strategic-programme/global-open-science-cloud/african-open-science/.

[53] DOAJ. The Directory of Open Access Journals[EB/OL]. [2021-07-11]. https://doaj.org/.

[54] STM. The STM Report[EB/OL]. [2021-07-11]. https://www.stm-assoc.org/2018_10_04_STM_Report_2018.pdf.

[55] Oxford Academic. About the journal[EB/OL]. [2021-07-29]. https://academic.oup.com/gigascience/pages/About.

[56] 刁妍, 孔丽华, 姜璐璐. 科技期刊融合出版中网络平台效能的发挥——以《中国科学数据(中英文网络版)》为例[J]. 编辑学报, 2019, 31(S2): 169-173.

[57] 申艳, 马军花, 石瑞香, 等. 中英文双语同刊图表编辑规范与错例分析——《全球变化数据学报》(中英文)出版规范研究[J]. 全球变化数据学报(中英文), 2019, 3(2): 116-123+215.

[58] 中国科学院. 全球地球科学领域首个大数据刊物《地球大数据》(Big Earth Data)创刊[EB/OL]. [2021-07-28]. https://www.cas.cn/yx/201802/t20180208_4635477.shtml.

[59] 中华人民共和国科学技术部. 科技部财政部关于发布国家科技资源共享服务平台优化调整名单的通知[EB/OL]. [2021-07-28]. http://www.most.gov.cn/xxgk/xinxifenlei/fdzdgknr/qtwj/qtwj2019/201906/t20190610_147031.html.

[60] 国家微生物科学数据中心. 关于我们[EB/OL]. [2021-07-28]. https://nmdc.cn/introduction.

[61] 科学数据中心. 成员社区——数据中心[EB/OL]. [2021-07-28]. http://www.casdc.cn/member/dataCenter.

[62] 李思经, 宋立荣, 王健. 面向开放共享的科学数据出版: 机遇、挑战与对策[J]. 中国科技期刊研究, 2021, 32(5): 671-679.

[63] 地球大数据科学工程. 地球大数据共享服务系统基本操作导引[EB/OL]. [2021-07-28]. http://data.casearth.cn/aboutDetail.

[64] 国家哲学社会科学学术期刊数据库. 国家哲学社会科学学术期刊数据库(NSSD)——国内最大的公益性期刊数据库[EB/OL]. [2021-07-23]. http://www.nssd.cn/about.aspx?id=7.

[65] 中国科技论文在线. 在线简介[EB/OL]. [2021-07-23]. http://www.paper.edu.cn/templates/introduction.shtml.

[66] 中国科学技术信息研究所. 国家科技期刊开放平台[EB/OL]. [2021-07-28]. https://doaj.istic.ac.cn/#/pingtai.

[67] 中国科学院文献情报中心. GoOA 开放论文一站式发现和开放期刊投稿分析[EB/OL]. [2021-07-28]. http://gooa.las.ac.cn.

[68] 中国教育图书进出口有限公司. 关于 SOCOLAR[EB/OL]. [2021-07-28]. http://www.socolar.com/Home/About.

[69] 中国知网. CNKI 开放存取集成平台(COAA)[EB/OL]. [2021-07-28]. http://coaa.discovery.cnki.net/public/about.

[70] 中国科学院科技创新发展中心. SciEngine: 助力中国科技期刊走向国际[EB/OL]. [2021-07-28]. http://www.bjb.cas.cn/jcdt2016/201605/t20160516_4603002.html.

[71] Digital Twin. About[EB/OL]. [2021-09-18]. https://digitaltwin1.org/about/.

[72] 王颖, 张智雄, 钱力, 等. ChinaXiv 预印本服务平台构建[J]. 数字图书馆论坛, 2017(10): 20-25.

[73] 北京大学. 首届全国高校数据驱动创新研究大赛[EB/OL]. [2021-07-28]. https://opendata.pku.edu.cn/competition-2018.xhtml#introduction.

[74] 北京大学. 第三届全国高校数据驱动创新研究大赛[EB/OL]. [2021-07-28]. https://data-competition.pku.edu.cn/.

[75] 中华人民共和国文化和旅游部. 上海图书馆举办全国首个公共图书馆开放数据应用开发竞赛[EB/OL]. [2021-07-28]. https://www.mct.gov.cn/whzx/qgwhxxlb/sh/201606/t20160603_781731.htm.

[76] 上海图书馆. 第六届上海图书馆开放数据竞赛[EB/OL]. [2021-07-28]. http://opendata.library.sh.cn/.

[77] 中国创新挑战赛. 关于挑战赛[EB/OL]. [2021-07-28]. http://challenge.chinatorch.gov.cn/challenge/gytzs/gyds.shtml.

[78] 中国大学 MOOC. 关于我们[EB/OL]. [2021-07-29]. https://www.icourse163.org/about/aboutus.htm#/about.

[79] 中国新闻出版广电报. 北京科爱森蓝文化传播有限公司期刊建设之路[EB/OL]. [2021-07-28]. https://www.chinaxwcb.com/info/550155.

[80] 第四届国际科技期刊论坛. 主题报告会[EB/OL]. [2021-07-29]. http://www.world-stm-journals-forum.com/index.php?m=content&c=index&a=lists&catid=12.

[81] 科技日报. 施普林格·自然与中信所成立开放科学联合实验室[EB/OL]. [2021-07-29]. https://baijiahao.baidu.com/s?id=1704527904818868991&wfr=spider&for=pc.

[82] 国家自然科学基金委员会. 国家自然科学基金委员会关于受资助项目科研论文实行开放获取的政策声明[EB/OL]. [2021-07-29]. http://www.nsfc.gov.cn/csc/20313/20331/20508/index.html.

[83] 国家自然科学基金委员会. 国家自然科学基金委员会基础研究知识库开放获取政策实施细则[EB/OL]. [2021-07-30]. http://www.nsfc.gov.cn/csc/20313/20331/20511/index.html.

[84] “国外图书馆学研究与本土化”学术研讨会代表. 中国图书馆学情报学期刊开放获取出版苏州宣言[J]. 图书情报工作, 2012, 56(21): 147-148.

[85] 国务院办公厅. 国务院办公厅关于印发科学数据管理办法的通知[EB/OL]. [2021-07-29]. http://www.gov.cn/zhengce/content/2018-04/02/content_5279272.htm.

[86] 王瑞丹, 杨静, 高孟绪, 等. 加强和规范我国科学数据管理的思考[J]. 中国科技资源导刊, 2018, 50(2): 1-5.

[87] 中国科学院办公厅. 中国科学院印发《中国科学院科学数据管理与开放共享办法(试行)》[EB/OL]. [2021-07-29]. http://www.go.cas.cn/gzdt/201902/t20190221_4679909.html.

[88] 中国农业科学院农业信息研究所. 中国农业科学院开放获取与科学数据管理办法印发[EB/OL]. [2021-07-29]. http://aii.caas.net.cn/bsdt/zhdt/216208.htm.

[89] 国务院办公厅. 国务院办公厅转发科技部等部门2004—2010年国家科技基础条件平台建设纲要的通知[EB/OL]. [2021-09-18]. http://www.gov.cn/gongbao/content/2004/content_62878.htm.

[90] 国务院办公厅. 国务院关于国家重大科研基础设施和大型科研仪器向社会开放的意见[EB/OL]. [2021-09-18]. http://www.gov.cn/zhengce/content/2015-01/26/content_9431.htm.

[91] 国务院办公厅. 科技部 发展改革委 财政部关于印发《国家重大科研基础设施和大型科研仪器开放共享管理办法》的通知[EB/OL]. [2021-09-18]. http://www.gov.cn/gongbao/content/2018/content_5257406.htm.

[92] 国务院办公厅. 科技部财政部关于印发《国家科技资源共享服务平台管理办法》的通知[EB/OL]. [2021-09-18]. http://www.most.gov.cn/xxgk/xinxifenlei/fdzdgknr/fgzc/gfxwj/gfxwj2018/201802/t20180224_138207.html.

[93] 国务院办公厅. 国务院关于印发促进大数据发展行动纲要的通知[EB/OL]. [2021-07-30]. http://www.gov.cn/zhengce/content/2015-09/05/content_10137.htm?url_type=39&object_type=webpage&pos=1.

[94] 李秋实, 陈传夫. 推进中国开放科学发展的政策环境建设[J].图书情报知识, 2020(3): 11-21.

[95] 教育部办公厅. 教育部办公厅关于印发《促进高等学校科技成果转移转化行动计划》的通知[EB/OL]. [2021-07-29]. http://www.moe.gov.cn/srcsite/A16/moe_784/201611/t20161116_288975.html.

[96] 新华社. 培育世界一流科技期刊四部门联合发文推动科技期刊改革发展[EB/OL]. [2021-07-28]. http://www.gov.cn/xinwen/2019-08/16/content_5421699.htm.

[97] 新华网. 习近平出席2014年国际工程科技大会并发表主旨演讲[EB/OL]. [2021-08-05]. http://www.xinhuanet.com/video/2014-06/03/c_126576520.htm.

[98] The Royal Society. Science as an open enterprise[EB/OL]. [2021-08-05]. https://royalsociety.org/-/media/policy/projects/sape/2012-06-20-saoe.pdf.

[99] 中国科技资源共享网. 关于共享网[EB/OL]. [2021-08-05]. https://www.escience.org.cn/about/escience/.

[100] 李麟. 我国科研人员对科技信息开放获取的态度——以中国科学院科研人员为例[J]. 图书情报工作, 2006, 50(7): 34-38+50.

[101] 张新鹤, 刘晓霞. 我国科研人员参与学术信息资源开放获取的调查研究[J]. 图书情报工作, 2014, 58(20): 45-54.

[102] 黄金霞, 赵展一, 王昉, 等. 国际反思背景下我国科研群体OA认知画像研究[J]. 现代情报, 2020, 40(11): 44-53.

[103] 孙九林. 孙九林院士：科学数据是重要战略资源[EB/OL]. [2021-08-05]. http://news.sciencenet.cn/htmlnews/2018/4/408234.shtm.

[104] Mithu L, Katie A, Grace B, et al. Challenges and Opportunities for researchers in China[EB/OL]. [2021-08-05]. https://figshare.com/articles/journal_contribution/Challenges_and_Opportunities_for_Data_Sharing_in_China/7326605/2.

[105] 程维红, 任胜利, 路文如, 等. 2007～2011 年中国科协科技期刊开放存取出版进展[J]. 中国科技期刊研究, 2012, 23(5): 710-714.

[106] 武学良, 肖宏, 刘清, 等. 中国科学院科技期刊开放获取问题分析与发展探讨[J]. 中国科技期刊研究, 2012, 23(4): 526-529.

[107] 科学出版社. SciEngine: 助力中国科技期刊走向国际[EB/OL]. [2021-08-05]. https://www.sciengine.com/#.

[108] 袁于飞. 如何从科技创新大国迈向世界科技强国[EB/OL]. [2021-08-05]. http://www.xinhuanet.com/tech/2018-02/27/c_1122457535.htm.

[109] 科技部. 我国成为全球高质量科技论文第二大贡献国[EB/OL]. [2021-08-05]. https://m.gmw.cn/baijia/2021-07/27/1302435552.html.

[110] 中国科学技术协会. 第四届世界科技期刊论坛在京举办[EB/OL]. [2021-08-05]. https://www.cast.org.cn/art/2021/7/28/art_79_164941.html.

[111] 李慧佳, 祝忠明, 王思丽. 基于 CSpace DR 的专业领域异构知识资源整合研究[J]. 情报资料工作, 2019, 40(5): 54-60.

[112] 科技部, 自然科学基金委. 自然科学基金委关于进一步压实国家科技计划(专项、基金等)任务承担单位科研作风学风和科研诚信主体责任的通知[EB/OL]. [2021-7-29]. http://www.most.gov.cn/xxgk/xinxifenlei/fdzdgknr/fgzc/gfxwj/gfxwj2020/202007/t20200729_158040.html.

[113] 科技部. 科技部印发《关于破除科技评价中“唯论文”不良导向的若干措施(试行)》的通知[EB/OL]. [2021-08-05]. http://www.most.gov.cn/xxgk/xinxifenlei/fdzdgknr/fgzc/gfxwj/gfxwj2020/202002/t20200223_151781.html.

[114] 人民网. 从任理轩系列文章读懂“立足新发展阶段、贯彻新发展理念、构建新发展格局”要求[EB/OL]. [2021-08-05]. http://theory.people.com.cn/n1/2021/0513/c148980-32101883.html.

[115] 中新社. 中国将实施更加开放包容、互惠共享国际科技合作战略[EB/OL]. [2021-08-05]. https://m.gmw.cn/baijia/2021-02/27/1302136216.html.

[116] UNESCO. Draft recommendation on Open Science on its way to final adoption[EB/OL]. [2021-08-05]. https://en.unesco.org/news/draft-recommendation-open-science-its-way-final-adoption.

[117] 夏立新. 国家科技文献保障高端交流平台建设的思考[J]. 数字图书馆论坛, 2021(3): 9-16.

[118] 陈悦, 王智琦, 胡志刚, 等. 加快建设国家科研论文和科技信息高端交流平台[J]. 创新科技, 2021, 21(5): 8-21.

[119] 陈劲, 阳镇. 数字化时代下的开放科学：伦理难题与推进路径[J]. 吉林大学社会科学学报, 2021, 61(3): 116-128+236.

第三章　开放科学环境下的科技期刊出版[①]

内容提要

开放科学运动推动了学术出版生态的变革与重塑，是科学发展的必然趋势，是学术交流生态系统变化与科学研究范式转变的关键驱动力和重要表现。科技期刊具有注册、审核、传播、保存科研成果的功能，对于开放科学发展起到关键作用。其中，学术出版标准以科学价值和开放程度，把科技论文和科学数据，与其他互联网信息区别开来；国际出版集团在开放科学的背景下采取了一系列战略调整以及业务布局；新型的学术出版交流平台，要求既能符合科学规范，又能满足开放共享，既有不同的服务受众，又有不同的经营方式；尽管开放同行评议在科技期刊领域尚有争议，但仍然还在持续发展并扩大影响。开放科学环境下的国际科技期刊出版现状具体表现在：①科技论文开放获取以金色 OA 与绿色 OA 为基本实现途径，内容质量、论文版本、开放方式、版权所有、开放许可、价格费用与开放利用等成为国际科技论文开放获取规范化和标准化建设过程关注的重要内容。②国际出版集团所进行的各种开放科学的战略与举措，既有知识服务的创新，也有商业模式的创新，包括：与科研资助机构合作；大力拓展业务版图；发展新的开放获取模式；创办开放获取期刊、制定个性化的开放获取规范。③开放获取平台在开放

① 第三章执笔：顾立平、刘晶晶（牵头）；段美珍、陆彩女、王译晗（第一节）；陈新兰、陆彩女、刘金亚（第二节）；顾立平（第三节）。

科学环境下为研究成果的不限制访问发挥着至关重要的作用，平台的数量随着全球开放科学与开放获取运动的推进也在不断攀升，包括但不限于：开放获取平台；开放获取知识库网络；预印本平台；数据中心、数据知识库和数据出版。④随着开放获取运动和开放科学的蓬勃发展，越来越多的期刊开始采用开放同行评议模式，进一步促进同行评议的公平、可靠和高效，保证期刊学术质量，提高开放科学的透明度。该模式主要包括发表后开放同行评议、发表前开放同行评议、第三方独立同行评议等实施方式，呈现出参与主体多元化、组织形式多样化、多边合作不断加深等发展特点。

中国科技期刊正在朝向开放科学转型。已有许多科技期刊通过自身努力成为开放获取期刊，也有许多科技期刊通过与国际出版集团合作，在开放科学领域扩大影响力、增强服务能力。我国科技期刊的开放出版现状，主要聚焦在不同机构的开放共享声明、我国学术论文实现全文开放的不同形式及其代表案例等，我国科研数据的出版，有一些数据中心建立了数据出版机制，也有一些数据期刊发展了数据仓储服务，更有许多数据论文源自科研团队和数据知识库，这些都在不断形成具体的流程规范和质量控制。与此同时，文献领域和数据领域正在相互学习与融合，在全球开放科学的影响下，正在尝试新的论文评价与数据评价。总体而言，开放获取对促进科技成果的可见度、提升科研成果的引用率、扩大其学术影响力和社会影响力具有重要作用。

中国科技期刊能够为世界开放科学作出贡献。开放科学在扩大传统出版领域的同时，也为中国科技期刊带来了新的发展空间；在实践过程当中所产生的创新举措，能为中国的开放科学发展提供助力。科技期刊会在开放科学环境下谋求新的发展，新兴科技领域则是产生创办新刊的需求。持续增加的青年作者、读者以及海外受众，仍具增长潜力。我国科技期刊正在与国际同行合作发展，并且支持其他地区的科技成果出版。我国科技期刊面临开放科学理念下的全球学术论文发表、记录、传播、存储、服务、共享模式的学术出版传播新挑战，正在进行从内容、质量、规范到发展模式的重大变革，并进一步探讨这些新兴变化以及未来可能的发展态势。

第一节 开放科学环境下的国际科技期刊出版

在全球文化交流与科学发展过程中，科技期刊作为科学知识传播和出版的重要载体，持续推动开放科学运动向前发展，同时也因开放科学运动的演进而不断革新。以开放科学为契机，推动学术成果高质量、快速发表，需要有良好的出版工具、技术平台和制度规范来保证。

一、开放科学背景下的学术出版标准规范

开放科学是一项系统性的工程，其标准规范及原则指南为系统互操作以及流程协作创造了可能，是开放科学实践深入发展的基础。根据联合国教科文组织开放科学建议书，开放科学主要包括开放获取、开放数据、开放教育资源、开放源码、开放基础设施、开放实验室、开放创新、公民科学、开放评估和开放软件等[1]。其中，与学术出版直接相关的开放获取和开放数据是开放科学发展的关键领域，其标准化发展对文献与数据的互操作性、可追溯性和有效重用具有至关重要的意义[2]。它是实现科学研究传播共享和数据效用最大化的重要保证。

（一）科技论文开放获取的行业标准规范

科技论文开放获取行业标准规范指针对开放获取具体事项而做出的详细规定，是行业内相关机构间约定而成的、在一定范围内实施后可获得最佳秩序且具有可操

作性和落地性的实施细则，通常是对国际、国家和政府机构开放获取相关政策制度的回应和落实。从当前开放获取的实践现状来看，科技论文开放获取的主要方式包括金色 OA 和绿色 OA 两种途径，二者在开放标准规范方面具有不同价值。

1. 开放出版的行业标准规范

规范化标准化出版机制是学术期刊开放出版质量保证的关键，能够促进学术资源实现更广泛交流和利用。当前，全球利益相关主体普遍认可和遵循的代表性开放出版行业标准主要来自两个层面：一是对全球学术期刊发展具有重要指导作用的国际出版伦理委员会（Committee on Publication Ethics, COPE）制定的相关原则；二是面向全球发行的各类开放获取期刊所确定的相关准则。

COPE 在 2017 年将原有的“编辑行为准则与实践指南”和“期刊出版商行为准则”合二为一，推出了新的核心实践，给出了十个方面的明确指南，包括对不当行为的指控、作者和贡献者身份、利益冲突、投诉和申诉、数据与再现性、道德监督、知识产权、期刊管理、同行评审流程和发布后更正，其中涉及了学术成果共享相关内容。之后，COPE 还与 DOAJ、OASPA、WAME（世界医学编辑协会）四家机构联合推出了“关于学术出版的透明性原则和最佳实践”（principles of transparency and best practice in scholarly publishing），从同行评审过程、管理主体、编辑团队、联系信息、论文处理费和版权等 16 个方面要求其透明公开[3]。这些标准规范的推出对加入 COPE 的会员期刊具有一定的约束力，对非会员期刊发展也具有重要的指导意义。

开放获取期刊方面，按照出版机构的性质，国际科技期刊开放出版的类型主要包括商业集团出版、学协会出版、大学出版、非营利组织和机构出版以及推动学术期刊转为开放出版的联盟出版，这些由不同机构实施的开放出版类型，共同构成了开放出版的行业标准体系。商业集团出版以 Springer Nature、Elsevier、Wiley 和 Taylor & Francis 四大出版集团为代表；学协会出版以英国物理学会（Institute of Physics, IOP）为代表；大学出版以牛津大学出版社（Oxford University Press, OUP）为代表；非营利组织和机构出版以美国科学公共图书馆（The Public Library of Science, PLoS）为代表；推动学术期刊转为开放出版的联盟出版以 SCOAP³ 为代表。其中，四大出版集团将结合其开放科学战略与举措在下一节中进行说明。

（1）学协会出版的 IOP 案例

IOP 出版社是英国物理学会下属的非营利出版机构，专注于物理及相关学科研究成果的出版传播，积极支持并参与开放获取实践，1998 年便与德国物理学会合作出版开放获取期刊 *New Journal of Physics*[4]，截至 2021 年 7 月已拥有开放获取期刊 98 种[5]。为促进物理学研究的普及和开放共享，IOP 出版社制定了以出版社层面发布的开放获取标准为宏观指导，以各期刊开放获取规范细则为微观指南的系统性开放获取标准。

为保证作者能够以开放获取的形式发表其作品，保证所有期刊都具有相同的高标准同行评议和出版，IOP 出版社提供金色 OA 和绿色 OA 等一系列不同的开放选项。对于金色 OA，IOP 规定在其自主出版或者代表社会合作伙伴出版的研究期刊上，作者可以免费阅读和重用其发表的最终版本。所有在 IOP 出版社所属期刊上以开放获取方式出版的作者可享有合理著作权，其作品出版也必须符合 CC BY 许可协议。与此同时，IOP 还制定了与金色 OA 相关的论文处理费标准规范，指出开放出版论文的 APC 可由机构、资助者或研究人员支付，在某些情况下 APC 的费用全部或部分由 IOP 或社会合作伙伴赞助，对于一些低收入国家可以实施 APC 减免和折扣政策[6]。

对于绿色 OA，IOP 出版社规定在其所属期刊出版的同时，作者可以将已接受稿件的副本存档到机构或学科知识库。其中，在 IOP 出版社基于订阅的期刊上发表文章的作者可以在发表后 12 个月立即将其论文最终审定稿存储在个人网站上、机构知识库或学科知识库中。论文的预印本可以随时发布在非商业数据库或预印本服务器（例如 arXiv）上。但如果论文是由 NIH 和 Wellcome Trust 资助，IOP 出版社会自动将论文存入 PubMed Central（PMC）[7]。除此之外，IOP 还建立了转换性和制度性开放获取协议，通过与相关机构和资助者等达成转换协议，保证机构作者在开放获取的基础上免费发表文章。

（2）大学出版社的 OUP 案例

OUP 是世界上规模最大的大学出版社，多年来 OUP 持续进入全球出版五十强榜单，是全球为数不多的进入排行榜的大学出版社。为促进高质量研究的广泛传播，OUP 于 2004 年推出开放获取项目 Oxford Open，次年将旗下 *Nucleic Acids Research* 转成完全 OA 模式出版。目前，OUP 共出版 60 多种完全 OA 期刊，还有 300 多种选择性 OA 期刊[8]。

OUP 支持绿色 OA 和金色 OA 的知识共享方式，就科技论文开放获取制定了一系列的政策标准，包括资助者政策、许可标准以及开放获取预付费制度，在推动科技期刊的开放获取、科学知识的广泛传播和交流方面发挥了重要的作用[9]。在绿色 OA 实施过程中，OUP 同意作者在指定时间段后将其论文手稿或者正式出版版本存放在机构知识库中。对于金色 OA 出版，OUP 期刊开放获取通常以混合 OA 为主，同时还出版完全 OA 期刊，期刊出版后牛津大学出版社将自动把开放获取论文存放在 PMC 中。混合 OA 期刊的可选许可包括 CC BY、CC BY-NC 和 CC BY-NC-ND[10]。OUP 规定在开放获取许可下发表的论文，在发表后立即在线免费提供给公众使用，以杜绝订阅访问障碍。如果作者选择在开放获取许可下发表论文并付费让他们的论文在线免费获取，那么他们需要签署开放获取许可协议；选择以标准许可证出版的作者则需要符合期刊的标准出版后进行自存储的政策[11]。

（3）完全开放获取期刊出版社 PLoS 案例

PLoS 是一个由科学家和医生参加的致力于使全世界的科技和医学文献成为公共资源的非营利性组织，其 OA 理念始于 2000 年，目前已有来自 180 个国家的近 34000 名科学家签署了协议。多年以来，PLoS 先后出版了 *PLoS Biology*、*PLoS Medicine*、*PLoS Computational Biology*、*PLoS Genetics*、*PLoS Pathogens*、*PLoS ONE*、*PLoS Neglected Tropical Diseases* 等开放获取期刊。

PLoS 同时支持金色 OA 和绿色 OA。为推进科技期刊开放出版，PLoS 发布了《PLoS 数据政策》[12]，要求作者将支持论文论点的数据进行无限制开放获取，并且在提交论文时签署声明，保证其遵守数据政策[13]。为保证开放获取期刊质量，PLoS 一方面建立了以同行评议为标准的质量控制政策，另一方面确立了一系列核心原则，包括严格遵守正规的编辑程序、论文发表与否的标准是内容是否具有科学性和重要性、拓展范围、广泛合作、财务公正透明、服务社会、国际性和视科学为公共资源[14]。为保证作者权益，PLoS 采取了知识共享许可协议中的 CC BY 协议，在使用过程中只需保留作者“署名”便可不限使用。此外，在开放获取的过程中，PLoS 采用多种商业模式来推动开放获取，所有 PLoS 期刊都为机构提供 APC 替代模型，即利益相关者通过 APC 来抵消出版费用。但在具体实践中，PLoS 会根据实际情况针对不同作者给予不同的照顾，比如对于贫穷国家的作者，会根据实际情况对费用做出调整[15]。对于绿色 OA，PLoS 制定了关于自存储的开放获取政策，同意作者将最终发表的论文上传至其他知识库。

（4）国际粒子物理开放出版资助联盟 $SCOAP^3$

$SCOAP^3$ 是由来自 44 个国家和 3 个政府间组织的 3000 多个图书馆、主要资助机构和研究中心组成的一种合作伙伴关系组织。$SCOAP^3$ 集中支付出版商提供开放获取所涉及的成本，由各国高能物理资助机构和科研机构联合出资支付开放出版费，向出版高能物理高水平论文的出版社招标购买开放出版服务，将高能物理领域的期刊或期刊中与高能物理相关的论文转为开放出版。出版商随之减少其所有客户的订阅费，而这些客户可以将节省的订阅费捐给 $SCOAP^3$，以促进这一开放获取生态的持续发展。关于捐赠费用的多少，各国都以与其在该领域的科学产出相称的份额贡献经费[16]。

作者发表论文无需支付费用，论文发表时即通过期刊网站免费开放获取，论文的 PDF 和 XML 版本可存储在作者及其机构的知识库中长期保存[17]，作者可以根据 CC BY 许可协议允许用户对其论文进行文本和数据挖掘。

2. 开放存储的行业标准规范

根据开放获取建设方式，开放存储的实现模式包括机构知识库、开放获取期刊目录、开放存储搜索引擎、学者个人主页及论坛，其中前三类为当前开放存储的主流模式，本节根据领域发展现状，按照开放存储的主流模式分别选择典型案例 OpenDOAR、DOAJ 和 BASE 进行分析。

（1）OpenDOAR

OpenDOAR 是由英国诺丁汉大学和瑞典隆德大学图书馆于 2005 年 2 月共同创

建的开放获取知识库目录检索系统，由 OSI、Jisc、SPARC 和 CURL 资助。

OpenDOAR 设置了开放获取知识库入选必须满足的标准[18]：①网站必须有可获得的开放获取内容，且这些内容必须是免费、无障碍访问、可全文获取的，知识库中的某些内容有访问权限/时滞的限制，只要关键性内容未受到限制，并且实际上有可用的完整文本副本，就可以提交到 OpenDOAR。②网站必须是最新且世界各地的网络用户都可以稳定访问的。③网站必须包含学术成果产出和（或）学术资源，有足够的元数据或文档确保材料可重复使用。④知识库网站不能只是一个电子期刊网站，也不能只是一些电子出版物组合的门户网站。⑤网站不能是一个包含指向外部网站上开放获取内容链接的聚合器。

（2）DOAJ

DOAJ 是由瑞典隆德大学图书馆主办的开放获取期刊目录，可对高质量、开放获取、同行评审的期刊进行索引并提供访问权限。

DOAJ 从可申请期刊类型、期刊开放获取方式、期刊网站、国际刊号、质量控制流程、许可方式和版权等方面设置了收录期刊的入选标准[19]：①任何语言出版的拥有国际刊号的开放获取期刊均可申请加入 DOAJ，但期刊必须持续发表学术研究（每年至少发表 5 篇），且主要目标受众为科研人员。②新推出的期刊申请 DOAJ 之前必须证明出版时间超过一年，或者至少发表了 10 篇文章。③DOAJ 只接受有开放获取声明的开放获取期刊，发表论文必须立即免费开放获取，论文著作权持有者必须执行开放许可。④期刊需遵守《学术出版的透明度和最佳实践原则》，设立专有的可随时随地供用户访问的网站，且网站上必须呈现期刊的目标和范围、编委会、作者须知、编辑过程、许可条款、版权条款和作者收费、联系方式等内容。⑤加入 DOAJ 的期刊必须具有规范化制度化的编辑出版流程和明确的版权条款，且鼓励执行知识共享许可。⑥除以上基本要求外，DOAJ 还对艺术人文类、临床病例报告类、数据类和会议录等特殊类型的期刊设定了相应的附加条件。

此外，DOAJ 还设置了 DOAJ Seal 标识，颁给遵循最佳行为准则和较高出版标准的 OA 期刊，以证明其 OA 程度较高。获得 DOAJ Seal 标识的条件包括[20]：数字保存、论文通常有标识符、论文元数据上传、期刊必须同意作者允许用户重用作品的知识共享许可，在论文文本嵌入机器可读的知识共享协议信息、作者可以不受限制地实施自存储开放获取。

（3）BASE

BASE 由德国比勒费尔德大学图书馆管理运营，是一个针对学术网络资源的开放获取搜索引擎。

BASE 对加入的开放获取学术期刊等内容提供者设置了规范化的收录标准，指出内容提供商/来源必须满足三个标准才能添加到 BASE 索引：①来源仅包含学术内容。②源文件中至少有一些文件可以开放获取。③文档的元数据可通过有效的 OAI-PMH 接口提供[21]。关于 OAI-PMH，其界面应该是免费访问的、响应稳定且持续的，返回的每个列表应该提供 50～1000 条记录。此外，BASE 还对开放获取期刊在 OAI-PMH 接口界面的内容呈现规则（如字符编码）等进行了明确[22]。

（二）科学数据开放共享的行业标准规范

科学数据开放共享是科学数据管理的重要环节，对科学研究与学术交流具有深远影响，对人类文明的发展具有重要的意义[23]。近年来，从国际组织、政府机构再到具体实践机构，开放科学相关政策制度不断推出，科学数据共享理念与实践也在全球范围内深入发展。

1. 国际组织科学数据开放共享的行业标准规范

国际组织作为科学数据开放共享活动的重要参与者与利益相关者，在推动全球科研数据共享和开放科学全球化发展方面发挥了关键性的作用。早在 2000 年，国际科学技术数据委员会（Committee on Data for Science and Technology, CODATA）就在《网络时代的科学原则》中提出了支持研究和教育数据“完全与开放”获取的六条原则[24]。该原则虽然未对科学数据共享给出详细的实施指导，却为之后更为详细的标准规范制定奠定了理念基础。2006 年 12 月，经济合作与发展组织（Organization for Economic Co-operation and Development, OECD）颁布了《OECD 公共资金资助的研究数据获取原则与指南》，提出了科学数据开放共享的 13 条具体原则，开启了国际组织科学数据开放共享标准规范的先例。十多年来，国际地球观测组和欧洲研究型大学联盟等全球性和区域性国际组织积极作为，不断细化科学数据开放共享相关标准规范和指导原则（表 3-1），推动开放科学活动向更深远方向发展。当前备受学界和业界关注的几项原则，包括：FAIR 数据原则、数据引用原则、透明度和开放促进准则、世界数据系统（World Data System, WDS）数据共享原则、TRUST 原则。

表 3-1 国际组织科学数据开放共享标准规范一览表

发布年份	政策制定机构	政策名称
2000	国际科学技术数据委员会（CODATA）	网络时代的科学原则[24]
2006	经济合作与发展组织（OECD）	OECD 获取公共资助的研究数据的原则与指南[25]
2009	国际地球观测组（GEO）	全球地球观测系统数据共享原则实施指南[26]
2012	欧洲研究型大学联盟（LERU）	LERU 开放研究数据声明[27]
2013	欧洲研究型大学联盟（LERU）	LERU 研究数据路线图[28]
2013	国际北极科学委员会（IASC）	北极数据管理原则与实践声明[29]
2013	八国集团（G8）	G8 科学部长伦敦声明[30]
2013	八国集团（G8）	G8 开放数据宪章[31]
2013	欧盟委员会（EC）	地平线 2020 科学出版物和研究数据开放获取指南[32]
2014	FORCE11 工作组	FAIR 数据原则[33]
2014	FORCE11 工作组	数据引用原则[34]
2014	国际科学技术数据委员会（CODATA）	发展中国家数据共享原则[35]
2015	美国开放科学中心（COS）	透明度和开放促进准则[36]
2015	国际科学理事会世界数据系统（ICSU-WDS）	WDS 数据共享原则[37]
2015	科学国际联盟（SI）	大数据世界中的开放数据[38]
2016	欧洲研究理事会（ERC）	ERC 资助研究成果开放获取指南[39]
2017	欧洲研究理事会（ERC）	开放获取科学出版物和研究数据的实施指南[40]
2018	全球原住民数据联盟	土著数据治理的 CARE 原则[41]
2019	研究数据联盟（RDA）	TRUST 原则[42]

（1）FAIR 数据原则

2014 年 1 月，在荷兰莱顿举办的以“Jointly Designinga Data Fairport”为主题的研讨上，来自学术界、工业界、资助机构和学术出版等领域的代表共同商讨，提出了一套各利益相关者都能够接受的 FAIR 原则[43]，之后由 FORCE11 完善，于 2016 年在 *Scientific Data* 上正式发表。该原则一经发布就引起国际社会的关注，各利益相关者深入探索、互相协作、共同实施，对 FAIR 原则进行不断完善，努力创造 FAIR 数据生态系统，推动科学数据共享社会目标的实现[44-45]。其中，欧盟在开放科学战略中最早全面采纳 FAIR 原则并取得显著成效[46]。在实际应用过程中，澳大利亚国家数据服务中心(Australian National Data Service, ANDS)基于 FAIR 原则，开发了一套评估数据开放度的数据评估工具，用于评估数据集的 FAIR 原则遵循度“FAIRness”，并提供了 FAIR 度增强方法[47]。

FAIR 原则包括四个主要原则（表 3-2），每个原则下又包含若干具体细则，适用于三种类型的实体，包括数据（或任何数字对象）、元数据（关于数字对象的信息）和数据描述。该原则以提高数字资产的可发现性和可利用性为宗旨，强调机器可读（machine-readable），以适应处理数据的发展需要。

表 3-2　FAIR 原则释义[38, 48]

原则	知识库指南
可发现（findable）	F1 数据（元数据）被分配全球唯一且持久的标识符
	F2 使用丰富的元数据描述数据
	F3 元数据清楚明确地包含所描述的数据的标识符
	F4 数据（元数据）在搜索工具/应用服务中注册或索引
可访问（accessible）	A1 数据（元数据）可以使用标准化通信协议，通过其标识符进行检索
	A1.1 该协议是开放的、免费的，并且可普遍实施
	A1.2 协议允许在必要时进行身份验证和授权过程
	A2 即使数据不再可用，也可以访问其元数据
可互操作（interoperable）	I1 数据（元数据）使用正式的、可访问的、可共享的和广泛适用的语言来表示
	I2 数据（元数据）使用遵循 FAIR 原则的词汇表
	I3 数据（元数据）包括对其他数据（元数据）的合法引用
可重用（reusable）	R1 数据（元数据）用多个准确且相关的属性进行充分描述
	R1.1 发布的数据（元数据）包含清晰且可访问的数据使用协议
	R1.2 数据（元数据）包含详细的出处信息
	R1.3 数据（元数据）符合领域相关标准

FAIR 原则注重数据的一般化特性，这些特性有助于增加实体之间的数据共享，但该原则忽略了不同国家和地区的数据权益差异和历史背景。为弥补 FAIR 原则带来的不足，全球原住民数据联盟（Global Indigenous Data Alliance）出台了土著数据治理的 CARE 原则（集体收益，collective benefit；控制权，authority to control；责任，responsibility；伦理，ethics），该原则鼓励在开放数据的同时考虑以人和目的为导向，反映了数据在推动土著创新等方面的关键作用[49]。

（2）数据引用原则

数据引用原则（Data Citation Principles）由 FORCE11 于 2014 年提出，旨在规范数据的引用，且已被 DataCite 及众多数据知识库采纳。包括：①重要性，即认识到数据与数据引用的重要程度；②贡献与归属，即认识到数据集所有的贡献，统一规范；③证据，即数据被提及之处应引用该数据；④唯一身份，即数据引用应包括一个机器可操作性、全球唯一且被广泛采纳的唯一标识符制定方法；⑤获取，即数据引用应促进对数据及元数据、文献、代码及相关材料的获取；⑥永久性，即描述数据的唯一标识符、元数据及其存储位置应永久有效；⑦特指性和可验证性，即数据引用应有助于识别、获取、验证特定的数据；⑧互操作性和灵活性，即数据引用方法应足够灵活以适应不同学科社群的做法，但应能保持最低程度的互操作性。

（3）TOP 准则

TOP 准则由美国开放科学中心在 2015 年发表，该准则建立了包括 8 项准则在内的评价系统，即数据引用（data citation）、数据和材料及代码透明度（data, materials, and code transparency）、设计与分析（design and analysis）、预注册和复制（preregistration and replication）等，每个准则有披露、要求或验证（disclose, require, or verify）不同程度的透明度要求。TOP 准则将研究质量的检验从审稿过程提前至研究过程，其主要目的是改变期刊在遴选稿件时过分考虑科研内容的热度而非科研成果质量的问题，是期刊编辑、出版商及基金赞助者制定相关准则的有力工具，能够促使期刊工作人员的工作更严谨、更透明。

TOP 准则有以下优点：首先，该系统更加注重文章的质量而非其科研结果的新奇有趣；其次，由于科研成果在不同领域不同维度的赋值权重不一样，使用者可筛选不同维度的分值对科研成果进行评价；最后，TOP 准则因子的赋分计算方法和过程都是官方网站公开发布的，计算和使用过程透明。到目前为止，该评价系统已受到很多心理学、教育学、经济学和通用科学领域的出版商、期刊及组织的响应，并有 250 多种期刊政策接受了评估。

（4）WDS 数据共享原则

世界数据系统于 2015 年制定数据共享原则，要求 WDS 认证成员必须遵循，并欢迎其他组织和机构积极采用，以此希望能够通过普遍认可的数据标准改善数据获取机制。WDS 数据共享原则包括：①数据、元数据、产品和信息应完全公开共享，遵守国家或国际司法法律和政策，包括尊重合理范围内的限制，并符合国际伦理研究行为标准；②为研究、教育和公共领域使用而产生的元数据、产品和信息将在最短延迟时间内免费提供，或以不超过传播成本的费用提供，以保证低收入社区用户可以公平获取数据；③产生、共享和使用数据和元数据的人员是数据的管理者，他们有责任确保数据的真实性、质量和完整性得到保护，并通过确保适当的隐私来维护对数据源的尊重，鼓励适当引用数据集和原始工作，并承认数据知识库；④仅在经过批准并遵循明确定义的协议的情况下，才可以将数据标注为敏感或受限数据，并且无论如何，应尽可能在限制最少的基础上使用这些数据。

WDS 数据共享原则符合国际倡议的数据政策，包括八国集团科学部长伦敦声明和开放数据宪章、OECD 获取公共资助的研究数据的原则与指南，以及国际科学理事会、国际科学院联盟、国际社会科学理事会和世界科学院联合发布的《大数据世界开放数据科学国际协议》（Science International Accord on Open Data in a Big Data World）等数据政策[50]，该原则对于促进高质量科学数据、数据服务、产品和信息能够被普遍和公平地获取，推动数据管理可持续发展具有重要的意义。

（5）TRUST 原则

数据符合 FAIR 原则并长期保存的前提是有值得信赖的数据知识库，且该数据知识库需要具有可持续管理和组织的框架、可靠的基础设施和支持社区许可实践的综合政策。因此，为充分发挥数据知识库在维护数据价值等方面的作用，就必须有一套能够为社区和用户所接受的、能够保证数据质量和利用标准，为此 TRUST 应运而生[42]。

TRUST 原则是透明性、负责任、用户关注、可持续性、技术原则的简称，主要用于遴选可信任的数据知识库。TRUST 原则提供了一种助记符，提醒数据知识库的利益相关方有必要开发和维护基础设施，以促进数据的持续管理和可持续利用（表 3-3）。

表 3-3　TRUST 原则的主要内容

原则	知识库指南
透明性	特定知识库服务与其拥有的数据应透明，且能被公开获取内容验证
负责任	负责确保数据知识库的真实性和完整性，并确保其服务的可靠性和持久性
用户关注	确保满足目标用户社区的数据管理规范和期望
可持续性	能够长期保存数据并提供持续性服务
技术	提供支持安全、持久和可靠服务的基础设施和能力

2. 数据期刊科学数据共享的行业标准规范

科学数据开放共享的主要方式包括数据期刊论文、学术论文的数据说明文件，其中数据期刊是当前学术交流系统中能够保证科研人员提供的科研数据对科学进步产生贡献的数据记录方式，是适应当前及未来发展趋势的一种新兴科技期刊类型。本书从大学出版、学协会出版、商业出版和新兴 OA 出版四种出版类型的数据期刊中，分别选择 *GigaScience*、*The Journal of Chemical & Enigineering Data*、*Scientific Data*、*F1000Research* 对其在科研数据开放共享方面的制度规范进行介绍（表 3-4）。

表 3-4 典型数据期刊的标准规范

期刊名称	简介	标准规范制度				
		指导性制度规范	内容与数据管理	出版模式	开放许可	编辑出版政策和标准
GigaScience	由牛津大学出版社出版管理，主要发布来自生命和生物医学科学整个领域的“大数据”研究的所有科研对象（数据、软件工具和工作流程等）	遵守 FAIR 原则、COPE 规定的出版道德标准、世界医学编辑协会（WAME）关于地缘政治干扰编辑决策的政策声明；内容撰写中，文献和数据引用需符合软件引用原则[51]和 FORCE11 数据引用原则[52]；特殊领域与研究的数据论文应遵守相关领域的标准规范[53]	鼓励作者使用权威预印本服务器存储数据，期刊平台与 bioRxiv 和 Publons 平台进行了集成，所有 *GigaScience* 内容出版后都会自动存档在 PMC 中	数据论文出版：标准手稿出版与数据知识库（GigaDB）连接的出版模式[54]	所有文本内容都根据 CC BY 4.0 标准发布；数据开放共享遵循知识共享 CC0 1.0 公共领域免责声明[55]	覆盖期刊编辑出版全流程的规则制度，包括同行评议和开放科学等在内的一般性政策制度、数据和材料可用性相关的规定、资源识别等报告标准，以及出版过程中存在的不当行为处理等[56]
Journal of Chemical & Engineering Data[57]	美国化学学会唯一专门刊登实验和计算数据的数据期刊，关注物理学、热力学和传播属性定义的材料[58]	COPE 出版伦理以及《在学术合作网络上共享文章的自愿原则》，ACS 出版中心的开放获取计划和开放科学框架[59]	投稿前手稿存放在 bioRxiv 和 arXiv 等权威预印本服务器，出版后与手稿一起提交的任何补充信息将自动分配 DOI 并托管在 Figshare	以数据论文的方式出版，提供 SciMeetings 等新出版服务	-	构建了从稿件准备、准备提交到制作出版流程的内容质量与格式控制规范与标准
Scientific Data[60-61]	Springer Nature 集团于 2014 年推出，聚焦生命科学、生物医学和环境科学等自然科学领域，用于描述有科学价值的数据集	Springer Nature 制定的标准化研究数据政策，以及研究数据联盟数据政策标准化和实施兴趣小组的要求，遵循 FAIR 数据原则，制定了信任、重用、质量、发现、开放和服务六大关键原则[62]	鼓励提交数据到社区认可的数据知识库，如果没有可用的社区资源，则将数据提交到通用知识库。如果最合适的社区存储库不支持盲审的同行评审，*Scientific Data* 可帮助作者临时托管在其综合通用数据知识库中	数据论文出版：将传统的描述内容与数据的结构化描述（元数据）相结合的数据描述符（data descriptor）出版方式	内容类型均在知识共享署名 4.0（CC BY）下发布使用，每个数据描述符中包含的元数据文件在 CC0 下可用	遵循 *Nature* 相关政策，制定了严格的专门针对本刊的编辑和出版制度，涉及同行评议、内容可用性等多个方面
F1000 Research[63]	面向科学家、学者和临床医生的开放研究出版平台，提供论文和其他科研成果的快速发布	将 FAIR 数据原则作为促进研究数据最广泛重用的准则，并对数据共享应遵循的基本原则和详细过程进行了细化	数据应该尽量存储在 CC0 许可下的稳定且公认的开放知识库中，对于一些特殊的数据类型，*F1000Research* 设置了个性化的选择	数据可以与研究论文一起发表，也可以单独以数据论文的形式发表	论文、幻灯片以及海报遵守 CC BY 4.0 许可协议；论文所含的数据遵守 CC0 1.0 共享协议	有规范的数据提交、审核与出版规范，并制定了数据共享的规范化流程

（三）开放获取学术出版标准规范的发展特点

科技论文开放获取以金色 OA 与绿色 OA 为基本实现途径，内容质量、论文版本、开放方式、版权所有、开放许可、价格费用与开放利用等成为国际科技论文开放获取规范化和标准化建设过程关注的重要内容[64]。虽然相关出版机构与平台在许可方式和开放利用方式等多个方面都基本形成规范统一的局面，但在实质影响科技论文互操作和深度融合的内容质量和权益管理方面还参差不齐，科技论文开放获取的实践主体及其载体的发展水平和重点不一。

科研数据开放共享将文献与数据关联，促使人们能够快速验证、模仿学习、更新乃至创新。在开放科学运动持续发展过程中，国际性和区域性国际组织积极推动数据共享标准规范建设，学术出版主体从提交规范、质量控制规范和利用权益规范等数据共享的环节出发，对科学数据的内容格式、共享方式和传播方式等进行明确，其中 FAIR 数据原则和知识共享许可等标准规范得到了广泛关注和应用，但不同主体在科研数据共享的落地实施过程中又存在个性化的差异。

开放科学的关键核心在于版本管理，版本管理的核心是元数据标准规范，但当前全球开放科学实践发展还存在结构性的差异。未来，国际及国内开放科学事业的发展仍然需要在包容性政策的指导下，通过标准化基础设施建设，推动学术出版的元数据标准规范标注以及互操作[2]，从而在更大范围内促进科技创新与知识共享的发展。

二、国际出版集团的开放科学战略与举措

从 e-science 到 science2.0 再到开放科学，新的科学研究和交流模式在提高科研水平、实现科研效益最大化、加快知识进步和传播的同时，也给国际科技期刊的发展带来了新一轮的革命。近年来，随着 OA2020 和欧洲云（European Cloud）计划等项目的推出以及 cOAlition S 计划的提出，开放科学已逐渐成为科技发展的重要趋势[65]。在此期间，以国际四大出版集团为主力的学术出版体系也开始逐渐向开放科学延伸，在开放获取路径、出版政策、存储政策、APC 政策等多个方面细化落

实相关措施，增强其影响力与竞争力。

（一）Springer Nature 开放获取战略与举措

1. 开放科学战略行动[66]

积极回应国际社会关于开放科学的行动方案。针对 Plan S 提出相应建议并开展相关工作，一方面与不同国家的资助者联盟签署“出版和阅读”协议，另一方面支持并建立期刊出版平台。如 2018 年末，Springer Nature 和匈牙利电子信息服务国家计划（EISZ）签署协议并合作建立平台系统，进一步扩大旗下期刊的开放获取范围[19]。

提出转换期刊（transformative journals）理念[67]。2014 年以来，Springer Nature 率先推出了转换协议，并与全球多个国家和机构达成了协议。为了帮助作者和机构选择 OA，Springer Nature 还提供便于机构承担的完全 OA 期刊的 APC 协议，如在 2019 年与瑞典 Bibsam 联盟签订协议，由瑞典的四个资助机构（Swedish Research Council、Formas、Forte 和 Vinnova）共同承担作者在 Springer Nature 开放获取期刊上的 APC，该协议生效后将覆盖瑞典 99%的出版量。

持续开展推动开放科学实践发展的软硬件开发。除源生数字（born-digital）资源外，开放科学还涉及传统论文发表以外的评价、共享、引用和计量等领域，Springer Nature 在向开放科学拓展的过程中，推出了大批新的数据共享平台与服务。如与英国开放大学的知识媒体研究所（KMi）合作开发计算机科学本体（CSO）及其门户，提供科研社交软件以及语义词表共享等新型服务[68]；与 ResearchGate 合作扩展共享内容[69]。

2. 开放获取实施政策

（1）开放许可与版权政策

Springer Nature 金色 OA 期刊上的文章通常是在知识共享许可下发表的，期刊首选 CC BY 4.0，但包括在 Adis 名下出版的少数期刊则使用 CC BY-NC 作为默认许可。此外，Springer Nature 还为作者提供了其他便利性的选择，如：期刊可根据作者所属机构要求，提供政府间组织版本的知识共享许可；在 Springer Nature 期刊上通过即时开放获取途径发表文章的作者可以在发表后更改与他们论文相关的知识共享许可协议，但作者只能要求将限制性更强的许可证改为限制性最小的许可证，且除非科研资助者有特殊的要求，否则仅可要求更改为期刊提供的标准许可。但无论以何种许可发表文章，作者在 Springer Nature 所属期刊上发表 OA 论文都具有合法的著作权。

（2）开放获取方式

Springer Nature 提供了多样化的绿色 OA 开放获取实现途径，主要包括以下四种。①自存储：鼓励将通过金色 OA 方式发表的论文出版稿存储在机构知识库或任何合适的学科知识库中。同时作者应该在发表论文的期刊网站提供一个从存储版本到已发表文章版本的 URL 链接。②出版商存储的开放获取论文：如果文章符合 PMC 存储指南，则会自动存储在 PMC 和 Europe PubMed Central（EPMC）中。此外，Springer Nature 针对在完全 OA 期刊、混合 OA 期刊和转换期刊上发表的 OA 文章，设置了个性化的存储规则。③通过订阅途径发表的论文的自存档：Springer Nature 同意作者在其个人网站和（或）资助者或机构的知识库中自存储最终审定稿，这些手稿是经过同行评议后未编辑和排版的论文版本，在时滞期解除后可向公众开放。④数字保存：为确保出版物能够长期保存，保证研究成果在任何突发情况下都能够使用，Springer Nature 与数字保存组织（Controlled LOCKSS-Many Copies Keep Stuff Safe, CLOCKSS）和 Portico 建立了合作[70]。

（3）APC 政策

Springer Nature 对不同类型的 OA 期刊设置了不同的 APC 策略。发表在完全 OA 期刊上的论文可享受 APC 减免和折扣，前提是这些论文的通讯作者必须来自世界银行定义的世界最低收入国家；对于不符合条件的其他作者的 APC 减免和折扣请求，在资金允许的情况下也会根据具体情况予以考虑；另外，如果文章是对过去在同一完全 OA 期刊上发表的一篇论文的实质性评论，则可申请 APC 减免。发表在混合 OA 期刊和转换期刊上的开放获取论文不享受 APC 减免和折扣，Springer

Nature 标定了相应的 APC 价格，且每年都会对定价进行审核调整。特殊情况下，如在 COVID-19 大流行期间，COVID-19 相关科研成果无论选择订阅或金色 OA 出版路线，Springer Nature 都提供立即免费获取和发现服务。

（4）其他 OA 政策

除以上政策规定外，Springer Nature 还设置了回溯性 OA（retrospective open access）选项，并制定了科研数据存储和共享等相关的开放获取政策。其中，回溯性 OA 指的是，最初选择在混合期刊或转换期刊上以订阅模式发表论文的作者可以回溯性地支付 APC 费用，使他们的论文开放获取。

（二）Elsevier 开放获取战略与举措

1. 开放科学战略行动[66]

更新开放获取相关协议。将其数据库访问权限和免费发表 OA 论文的两种协议合并为“阅读与出版协议”，该协议允许参与合作协议的联盟及其成员，使用其数据库，且联盟所属机构的科研人员可以免费投稿和出版 OA 论文。例如，瑞典 Bibsam 联盟、挪威高等教育和研究联盟与 Elsevier 签署“阅读与出版协议”后，他们的科研人员可以访问隶属 Elsevier 的 2000 多种期刊并开放获取出版他们的科研成果[71-72]。

制定满足科研资助机构个性化要求的阅读与出版方案。Elsevier 集团与一些国家级的科研资助机构合作，并根据这些机构围绕其自身发展提出的要求，施行不同的阅读与出版补充方案。例如，Elsevier 与荷兰大学协会（VSNU）、荷兰大学医学中心联合会（NFU）、荷兰科学委员会（NWO）达成协议，设定 2020-01-01～2020-05-01 为开放获取过渡期，承诺在此期间为荷兰科研人员提供所有期刊的阅读访问权限，并允许科研人员将其研究成果在其期刊 OA 出版[73]。

积极发展从开放获取扩大到开放科学的增值服务。Elsevier 集团通过收购创新型公司或与其合作来扩大其开放科学增值服务。如：2018 年底，Elsevier 收购 Science-Metrix Inc.公司，拓展其科研评估和分析决策业务[74]；2019 年，Elsevier 收购一家将人工智能应用于科学、技术和医学领域消歧难题的公司（Parity Computing

Inc.)，它为 Elsevier 的摘要和索引数据库提供歧义消除技术，协助科研人员、大学、国家机构和其他利益相关者改善决策过程。该公司可解决出版物中的实体和关系的歧义，最主要的是为 Scopus 的分析和决策支持功能奠定基础[74]。

在开放科学实践方面，Elsevier 集团也积极扩展新服务。例如卡内基•梅隆大学和 Elsevier 达成转型协议，允许该校学者访问所有 Elsevier 学术期刊，且自 2020 年 1 月 1 日起在 Elsevier 期刊上发表的该校作者的论文均都可以选择公开发表。这是 Elsevier 与美国高校之间的首例协议[75]。此外，Elsevier 还与我国腾讯公司签署战略协议，鼓励交流最新的全球健康和医学信息，加速全球健康信息在中国的传播[76]。同时，腾讯公司推出的医疗 App 提供并开放购买来自 Elsevier 旗下期刊的医疗科普论文。

2. 开放获取实施政策

（1）开放获取方式

为适应当前学术出版发展趋势，Elsevier 在金色 OA 和绿色 OA 两种开放获取实现方式的基础上，制定了转换期刊标准，并在旗下 160 多种期刊中试行。此外，集团还面向一些特殊的科研成果实施免费开放共享，包括与突发卫生事件（包括 COVID-19 大流行）相关的内容、患者和护理人员需要的与医学和保健相关的研究论文、每年诺贝尔奖获得者的作品集[77]。

（2）质量控制机制

Elsevier 推出多项举措来保证开放获取期刊质量：一是实施严格的同行评议，通过专业编辑和审稿人提高文章质量标准；二是加入高质量门户平台（如 Scopus、DOAJ、WoS 和 PMC）以及支持行业计划（如 ORCID、CrossRef 和 CHORUS）的索引，以维护出版记录；三是通过培育审稿人与作者，提高论文发表质量，包括设立研究者学院（Researcher Academy）[78]以及在作者撰写和出版论文的过程中提供帮助等。

（3）APC 政策

Elsevier 开放获取期刊的 APC 是按各期刊的实际情况设定的，其价格各有差异，价格设定过程中考虑的主要因素包括期刊质量、期刊的编辑和技术流程、竞争考虑、市场状况、广告等与期刊相关的其他收入。在 APC 付费机制实施过程中，Elsevier 坚持最佳价格承诺，采用“价格梯度”，根据不同作者（国家、机构隶属关系和社会组织成员）以及所涉及的期刊的情况，提供个性化的 APC 付费标准，以确保向作者提供最佳（即最低）价格。如果作者所属机构加入 OA 商业协议、期刊支付协议、会员折扣、产品折扣和 Research4Life（适用于低收入和中等收入国家）等优惠计划，其 APC 通常享受一定的折扣甚至是豁免。对于那些不在优惠范围且没有经济能力的作者，Elsevier 根据具体情况豁免其 APC[79]。

（4）开放许可政策

Elsevier 期刊根据开放获取的不同方式设置了开放许可政策。其中，为金色 OA 论文提供了介于商业和非商业知识共享许可的选择[80]，不同的期刊其许可选项存在一定的差异。对于以绿色 OA 方式开放的论文，论文的投审稿可以按照 Elsevier 的共享指南[81]自行存储，并且需要附上 CC BY-NC-ND 许可。无论金色 OA 还是绿色 OA，一旦选择便不可撤销[82]。

（三）Wiley 开放获取战略与举措

1. 开放科学战略行动[66]

将开放获取作为集团发展的两大战略主轴之一。Wiley 通过研究和数据的开放性、可获取性和透明度向全世界开放科学发现过程，并从开放获取、开放数据、开放实践、开放协作、开放认可和奖励五个领域推动开放科学的发展[83]。自 2016 年将开放获取作为集团发展的两大战略主轴之一后，Wiley 积极顺应全球开放获取发展，加入 OASPA 和 RDA 国际组织以及 DOAJ 和 PMC 等开放目录，并签署 FAIR 数据原则、TOP 准则、数据引用原则联合声明（Joint Declaration of Data Citation Principles, JDDCP）、等国际开放获取倡议[84]。通过部署科研教育部门、出版部门和解决方案部门等开放获取部门，推动其开放获取实践的发展。

面向不同机构提供开放获取出版服务，与科研资助机构签订协议，推进其开放获取出版实践。截至 2021 年 4 月 30 日，Wiley 在全球达成第十四个过渡协议。例如，2019 年 12 月与瑞典 Bibsam 联盟达成合作，决定于 2020 年 1 月起实施开放获取出版和期刊论文订阅的合并协议[85-86]；2021 年 4 月 29 日宣布与瑞士大学达成一项新的为期四年的阅读与出版协议，提供无限的阅读访问权限[87]。

2. 开放获取实施政策

（1）开放获取方式

Wiley 基于金色 OA 和绿色 OA 开放获取方式，出版了许多权威的同行评议开放获取期刊，其科研论文一经发表便可以通过 Wiley 在线平台（Wiley Online Library）立即免费阅读、下载和分享[88]。与此相关，Wiley 还制定了预印本政策，允许期刊在预印本服务器上提交可用的手稿，但在具体执行过程中混合 OA 期刊与完全 OA 期刊还存在一定的差异[89]。Wiley 开放获取方式见表 3-5。

表 3-5　Wiley 开放获取方式

内容项	金色 OA	绿色 OA
含义	作者支付论文处理费，论文可立即在线免费阅读、下载和分享	作者在在线知识库或网站中自行存储订阅期刊论文的一个版本
选项	完全开放获取期刊 混合开放获取	作者可以存储论文投审稿，被接受的版本有 12～24 个月的时滞期（时滞期因期刊而异）
许可	具有 Creative Commons license 的开放获取协议	CTA 或 ELA 标准
费用	APC（不同期刊的 APC 标准不同）	不收费

（2）质量控制方式

为保证期刊出版的内容质量，Wiley 开放获取期刊实施了同行评议政策和手稿转移政策。在同行评议过程中，所有科研论文均由至少两名具有适当资格的专家审阅，国际编辑委员会的成员一般会向主编提供建议和指导，总编辑和编辑助理承担的行政支持工作保证 Wiley 开放期刊同行评审的完整性和期刊处理过程的效率，所有出版决定均由期刊主编根据各方评审结果做出最终质量审核。Wiley 开放获取期刊还加入了集团内部的期刊转移网络，若作者投稿与所投期刊主题内容不吻合，期刊编辑会建议通过集团内部快速推荐程序将手稿转移到一个更合适的 Wiley 期刊。

（3）APC 政策

Wiley 期刊采用了两种不同的开放出版路径，相应的 APC 付费政策也各不相同。一是订阅期刊中的混合 OA，如果机构与 Wiley 建立了合作伙伴关系，便可为其机构作者提供 APC 折扣；二是完全 OA，Wiley 对此设置了多种付费选择和优惠，包括为发展中国家提供折扣和减免，为成员会员和转移稿件提供折扣，并同意机构付款。

（4）数据共享和引文政策

Wiley 致力于提高研究的开放性、透明度和可重复性，制定了详细的数据共享政策、数据引用政策和数据共享服务[90]。其中，数据共享政策包括鼓励数据共享、期待数据共享、授权数据共享和同行评议数据四种标准化数据共享政策[91]；在数据引用政策方面，Wiley 认可数据引用原则[92]，并推荐其数据引用格式，指出数据的引用方式必须与论文、著作和网络引用的方式相同，并且作者必须将数据引用作为参考列表的一部分[93]；在数据共享服务方面，Wiley 通过与 Dryad 合作，为作者提供数据存储，以符合资助者和期刊的要求。

（5）版权政策

针对不同类型的期刊，Wiley 设置了不同类型的版权政策。其中，在 Wiley 开放获取期刊上发表论文时，作者仍有合法著作权利，但必须签署一份带有知识共享许可的开放获取协议，该许可允许在任何媒体中使用、分发和复制，前提是正确引用原始作品[94]。

（四）Taylor & Francis 开放获取战略与举措

1. 开放科学战略行动[66]

基于调查事实对 Plan S 提出的实施指南提交八条建议[95]：①利益相关者（尤其是科研人员）的多方参与；②向科研人员宣传开放获取和 Plan S；③进行风险评估和公开活动；④允许论文稿件的各种许可方式；⑤与图书馆员和出版商合作审查

时滞期问题；⑥考虑不同的开放获取途径；⑦考虑论文版面费的价格管制的问题；⑧制定明确可行的时间表。

积极与各大学会和协会建立合作关系，共同开发新的开放获取期刊。2018 年，Taylor & Francis 宣布新的数据共享政策后，在出版系统中增加了数据引用和数据发现功能[96]。这些新功能，使得该集团对外合作时多了支持开放数据、开放科学的案例，并且能够吸引其他国家地区的本土科技期刊，与国际出版集团合作进行开放获取出版。例如，Taylor & Francis 及欧洲材料学会推出新的开放获取期刊 *European Journal of Materials*，以及与中国科学院合作推出 *Big Earth Data*[97]。

跨界合作引入新的开放科学模式。Taylor & Francis 通过跨界合作推出新的开放科学模式，发展出开放同行评议评估机制、移动跟踪前沿服务，以及语音播报科技论文等新形式。如，2019 年 Taylor & Francis 与 F1000Research 跨界合作，开展开放研究服务[98]。与 Research App 合作为用户提供随时跟踪最新研究的移动服务[99]。此外还引入 Readspeaker 服务，为读者提供音频播放服务[100]。

2. 开放获取实施政策

（1）开放获取方式

Taylor & Francis 向作者、机构及相关基金会提供了金色 OA 和绿色 OA 两种开放获取的途径，金色 OA 要求科研成果的最终定稿、排版和编辑版本（也就是记录版本即 VoR 或者最终出版版本 FPA）在出版后立即上线，绿色 OA 要求将已出版论文的早期版本可存储在机构知识库或数据库中[101]。

（2）开放获取期刊品牌建设

Taylor & Francis 积极推动开放获取期刊品牌建设，为作者提供了 CogentOA、DovePress 和 F1000Research 等完全 OA 选项，以及以 OpenSelect 为代表的混合 OA 选项，这些期刊品牌在 Taylor & Francis 开放科学发展框架下运行，同时又有适合自身发展的特定规则（如编辑政策与 OA 要求），旨在最大限度地提高研究成果的可发现性和影响力。

CogentOA 是一个多学科系列的开放获取期刊品牌，重点关注建设性同行评议、快速出版和作者作品的普遍传播，致力于发表所有合理有效的研究，使用 Altmetric 和其他论文级别计量的影响指标跟踪分析服务[102]；DovePress 于 2017 年由 Taylor & Francis 收购，是专注于出版科学、技术和医学领域的开放获取同行评议期刊组合，该期刊论文同行评审快速、彻底，可以在文章页面显示其统计数据[103]；F1000Research 是 Taylor & Francis 旗下的开放研究出版平台，提供文章和其他研究成果的快速出版，该平台的出版模式结合了预印本平台的优势，作者在整个出版过程中享有自主权[104]；OpenSelect 为作者提供了混合 OA 的选项。目前 Taylor & Francis 已经与全球重要机构和资助者合作，签订 OA 转换协议，协助科研人员在他们选择的期刊上以金色 OA 方式出版论文[105]。

（3）APC 费用与资金资助

为了让尽可能多的科研人员可以选择在开放获取期刊上发表文章，Taylor & Francis 提供了 APC 减免和折扣，其中减免仅适用于完全 OA 期刊的作者。在完全 OA 期刊上发表论文的作者，要想拥有减免或折扣优惠须符合以下任意一个条件：一是主要隶属机构处于世界银行定义为低收入经济体国家的通讯作者，可以申请 100%的 APC 减免；二是主要隶属机构处于世界银行定义为中低收入经济体国家的通讯作者，可以申请正常 APC 的 50%折扣。对于不符合以上标准的作者，Taylor & Francis 也会对其提出 APC 减免的请求酌情考虑，如主要隶属机构为 37 个 EIFL 联盟国家之一的通讯作者可能有资格享受正常 APC 的 100%或 50%折扣。除以上优惠政策外，Taylor & Francis 还为作者提供了通过开放获取转换协议抵消 APC 费用的选项[106]。

（4）数据共享政策

Taylor & Francis 支持科研数据开放共享，鼓励作者分享或提供支持其论文中提出的结果或分析的数据和材料，其数据共享政策由集团层面的基本数据共享政策和各期刊的个性化数据共享政策组成。在基本数据共享政策[107]中，Taylor & Francis 鼓励研究人员在存储数据时考虑 FAIR 数据原则，通过 FAIRsharing 和 re3data 查找合适的知识库；鼓励作者在提交论文手稿时，提供数据可用性声明，声明中需详细说明可以在何处找到与论文相关的数据以及如何访问这些数据；如果数据无法公开，作者应在声明中说明原因。在数据引用方面，支持 Force11 数据引用原则联合声明[108-109]，作者在文章正文中引用数据集时，必须在参考文献列表中提供相应的参考信息。此外，在论文提交时，期刊还鼓励作者提供 DOI、预先注册的 DOI、超链接或其他与数据集相关的持久标识符，以便于论文评审人能够获得数据。

（5）授权许可与推广方式

Taylor & Francis 对期刊许可类型、申请要求及步骤等进行了说明[110]，并提供了推广开放获取研究的方式，包括：一是通过社交媒体分享开放出版的论文；二是通过 Taylor & Francis Group Newsroom 发布与研究相关的新闻稿；三是在 Mendeley 及 Academia.edu 等学术网站上发表开放出版研究成果；四是通过作者所在研究机构，与机构内的同事分享科研成果。

（五）出版集团的开放获取发展特点

在学术交流生态发展中的开放获取向开放科学转型的背景下，国际出版集团采取了一系列战略调整以及业务布局。总体而言，各大国际出版集团在口头支持开放获取的同时，在行动上也部分实施开放获取。实质上，它们主要通过大力发展新型业务来重新定义开放科学的方式。不同出版集团因地域、经济与科学技术水平、扣减和抵消制度，以及各自在开放科学中的角色定位等方面的差异，在应对开放实践探索中的各种挑战时，所采取的具体措施和施行的方案也不尽相同，大体可总结为以下四种对策[66, 111]：

一是与科研资助机构合作。为保证开放获取运动中经济收入的持续增长，各大出版商积极与各国科研资助机构签署合作，在填补出版资金缺口的同时，保障资助机构支持的科研人员访问其期刊论文和在其期刊上免费发表开放获取论文。

二是大力拓展业务版图。在响应各开放获取计划的同时，出版商纷纷拓展原有业务，并购创新型公司和与创新研发部门合作，致力于发展新的出版生态体系（如开展开放研究、推行开放获取出版平台、推行开放同行评议等）。

三是发展新的开放获取模式。出版集团在支持开放获取出版计划的同时，开展用户调查与研究，提出实践中存在的问题和不足，并从出版商立场对开放获取计划提供改进建议与可采取的新对策。

四是开发开放获取期刊，制定个性化的开放获取规范。出版商通过创建新的开放获取期刊、推动传统期刊向开放获取期刊转换等多种方式部署其开放获取业务，通过明确开放获取方式、质量控制方式、APC 付费方式、数据共享政策、版权许可方式等具体的实践规则，来定义其开放科学发展方式。

三、开放科学背景下的学术出版平台

自 2002 年布达佩斯开放获取倡议被明确提出以来，开放获取出版蓬勃发展，开放的学术出版交流平台也越来越多。开放获取出版平台包括传统出版商推出的完全开放获取期刊、混合开放获取期刊，还有学界、科研机构与科研资助机构发起的众多预印本平台及机构知识库平台。此外，开放获取集成平台的需求和数量也在增加，机构知识库联盟与统一协作的需求也越发强烈。随着开放科学理念的提出与发展，全球范围内涌现了众多数据中心与数据知识库，数据期刊、数据出版的概念也被推出及实践。

（一）开放获取平台

Plan S 将开放获取平台（Open Access Platforms）定义[112]为：“是原始研究成果的发布平台，所有同行评议的科研论文都可以在其中公共访问”。表 3-6 介绍了全球开放获取平台典型案例，主要包括：①发挥行业标准作用的目录型开放获取平台（DOAJ、DOAB、BASE）；②全球开放获取学术交流联盟（Global Alliance of Open Access Scholarly Communication Platforms, GLOALL）成员建设的 6 个期刊和图书出版平台。

1. 开放获取期刊目录（DOAJ）

开放获取期刊目录（Directory of Open Access Journals, DOAJ）是一个收录

开放获取同行评审期刊的在线目录，是开放获取期刊认证、宣传和推广的重要渠道[113]。DOAJ 参考开放获取学术出版商协会的会员规范和标准，同时结合知名出版商在学术出版透明度方面的实践经验，形成了收录期刊的质量控制标准[114]。DOAJ 与 COPE、OASPA、WAME 联合发布的《学术出版的透明原则与最佳实践》几乎已成为全球通用的学术期刊出版准则。DOAJ 有专业的审核流程，期刊填写申请表后会经 DOAJ 团队成员的评估和手动审查（通常需要 6 个月），审核通过后期刊会收到 DOAJ 团队分配的 LCC 代码，从而可以上传期刊元数据[115]。

表 3-6 开放获取平台典型案例

名称	类型	网址	建设年份	数据量	功能	收录范围	学科类别
SciELO	出版型	scielo.org	1997	1860 种期刊；889836 篇论文全文	期刊、论文检索与下载	拉丁美洲、西班牙	多学科
AJOL	出版型	www.ajol.info	1998	538 种期刊（278 种 OA 期刊）；188498 篇论文全文	期刊浏览与检索	非洲	多学科
Érudit	出版型	www.erudit.org	1998	276 种期刊；96 本图书与会议集；117407 本学位论文	期刊、论文等检索与浏览	加拿大	人文社会科学
J-STAGE	出版型	www.jstage.jst.go.jp	1998	3326 种期刊；5250322 篇论文题录；5028660 篇论文全文	期刊、论文检索与下载	日本	多学科
DOAJ	目录型	doaj.org	2003	17001 种期刊；6641714 篇论文题录	期刊认证；期刊、论文检索；元数据开放服务	全球	多学科
BASE	目录型	www.base-search.net	2011	274558930 篇论文题录	论文检索与浏览	全球	多学科
OpenEdition	出版型	www.openedition.org	2011	11818 本图书；564 种期刊	期刊、图书检索与浏览	法国与加拿大法语区	人文社会科学
DOAB	目录型	doabooks.org	2012	44496 本图书	图书检索、元数据开放服务	全球	多学科
AmeliCA	出版型	amelica.org	2018	241 种期刊；2848 本图书；9583 篇论文全文	期刊、论文检索与浏览	南美洲、西班牙语国家	多学科

注：数据获取日期为 2021 年 10 月 15 日。平台按照建设年份排序。

2. 开放获取图书目录（DOAB）

开放获取图书目录（Directory of Open Access Books, DOAB）是一项面向开放

获取同行评议图书和图书出版商的发现服务，目的是最大限度地传播可信赖的开放获取图书，提高其可见性和影响力。DOAB 依靠学术交流中利益相关者的支持来维持其服务，大学或图书馆可以通过捐赠成为 DOAB 的会员。同时，DOAB 还积极与出版商合作，例如 Brill 和 Springer 就是其第一批赞助商[116]。出版商参与需满足 DOAB 的要求[117]：①学术图书在开放获取许可协议下提供访问；②DOAB 的学术图书在出版前应接受独立和外部同行评议。

3. 科技在线图书馆（SciELO）

科技在线图书馆（Scientific Electronic Library Online, SciELO）是一种区域合作性的网络电子出版模式及开放获取平台，发起于巴西，目标是遵循开放获取模式，提高区域间期刊显示度，保证研究人员在自己的地区可以免费获取研究成果。1998 年，SciELO 平台是全球首个国家级开放出版平台[118]。2002 年后，巴西国家科学技术发展委员会开始支持该项目，2005 年阿根廷加入该平台，此后推广到南非等 15 个国家和地区。作为国家公益性项目，SciELO 平台获得了稳定的国家经费支持，各国政府在基础设施上投资数十亿美元来支持该项目的运转[119]。SciELO 平台不干预期刊的编辑及生产模式[120]，而是通过建立严格的质量控制标准去解决期刊编辑出版中存在的问题。SciELO 的巴西咨询委员会负责定期更新收录期刊的内容标准、形式标准以及技术标准等，阶段性更新质量控制要求、优化期刊遴选评估程序[118]。SciELO 平台采取了渐进式向英文期刊转变、双语模式期刊、与文摘索引系统合作、全面跟踪期刊影响力等一系列国际化发展策略，以提升巴西期刊的国际化水平[118]。

4. 日本科技信息聚合在线平台（J-STAGE）

日本科技信息聚合在线平台（Japan Science and Technology Information Aggregator, Electronic, J-STAGE）是日本科技信息电子期刊平台，承担了日本科学技术情报类论文发行电子化、流通国际化的工作[121]。J-STAGE 由日本科学技术振兴机构负责运行平台及相关的服务，主要收录科技期刊、会议和报告[121]。平台为出版商免费提供从论文提交、同行评议到出版整个流程中办刊所需的技术支持，还为用户、图书馆提供数据库建设等支持与帮助，并定期向各图书馆提供数据汇总报告。J-STAGE 作为出版平台，不影响期刊的运营决策，所有的发展策略和政策规定全部由日本各科技学会自行指定，期刊内容的上传和修改则由日本科技学会完成，出版物的版权归各日本科技学会所有[122]。通过与国际平台和索引系统（如 CrossRef、PubMed、LinkOut、ChemPort 和 JOISLink 等）双向链接、提供双语界面等，J-STAGE 在实现期刊出版网络化的同时，又能共享数据，发挥数据集成的优势，进而靠规模扩大了影响力[122]。

（二）开放获取知识库网络

机构知识库是用于收集、保存和传播机构（尤其是研究型机构）知识产出的开放获取资源。学者将机构知识库联盟界定为：两个以上大学、研究机构及相关组织通过合作的方式构建机构知识库或共享机构知识库资源，以集中存缴、元数据收割等方式统一提供知识传播和知识服务，以实现不同机构间知识产出的共享、利用[123]。机构知识库联盟同时按地理位置范围被划分为：国家层面机构知识库联盟、区域性机构知识库联盟、校（所）际机构知识库联盟等。根据 OpenDOAR 2021 年 10 月统计，聚合型和政府的机构知识库数量已达 282 个；而 ROAR 统计的跨机构知识库数量达到了 290 多个。

国家层面机构知识库联盟主要包括：法国 FAL、荷兰 DAREnet、澳大利亚 ARROW、日本 JAIRO、德国 OA-Network、英国 JISC RepositoryNet、欧盟 DRIVER。区域性机构知识库联盟主要有：英国 SHERPA-LEAP 联盟、英国白玫瑰知识库联盟、美国 ALADIN 联盟、美国犹他知识库联盟、美国科罗拉多数字知识库联盟、美国德州数字知识库联盟、美国俄亥俄州数字知识库联盟、美国乔治亚知识库联盟。中国有中国科学院机构知识库及网格，中国高校机构知识库联盟，台湾学术机构典藏，香港机构知识库等[123]。表 3-7 介绍了目录型和联盟型开放获取知识库网络典型案例。

表 3-7　开放获取知识库网络典型案例

名称	建设年份	网址	收录范围	数据量
ROAR	2003	roar.eprints.org	全球	4725 个机构知识库
OpenDOAR	2005	sherpa.ac.uk/opendoar	全球	5749 个机构知识库
COAR	2009	www.coar-repositories.org	全球	154 个成员
CAS IR Grid	2013	www.irgrid.ac.cn	中国科学院	114 个成员
CHAIR	2016	chair.calis.edu.cn	中国	51 个成员
JPCOAR	2016	jpcoar.repo.nii.ac.jp	日本	684 个成员

注：数据获取日期为 2021 年 10 月 15 日。按照建设年份排序。

1. 开放获取知识库目录（OpenDOAR）

开放获取知识库目录（Directory of Open Access Repositories, OpenDOAR）是由英国诺丁汉大学和瑞典隆德大学在 OSI、Jisc、CURL、SPARC Europe 等机构的资助下共同创建的开放获取知识库收录、展示与检索系统，是公认的收录开放获取知识库最为权威的目录网站[124]。OpenDOAR 是首个专门收录开放获取知识库的在线目录，通过对开放获取知识库的揭示，提高开放获取知识库学术资源获取和使用效益，进而扩大开放获取知识库的影响[125]。与 DOAJ 一样，OpenDOAR 事先制定严格的收录标准，由专业人员从学术水平、资源状况、运行情况等多方面进行评估和筛选[125]。OpenDOAR 依据元数据信息，全面揭示了每个知识库的特点和学科内容，并提供多种检索途径。

2. 开放获取知识库联盟（COAR）

开放获取知识库联盟（Confederation of Open Access Repositories, COAR）是一个国际协会，汇聚了全球机构知识库和知识库网络，旨在提供知识库的能力建设、加强知识库政策一致性、调整知识库的实践。COAR 的愿景是基于开放获取知识库网络建设可持续、包容和可信赖的全球知识库共享网络，通过全球知识库网络的协作，提高研究成果的可见性和适用性。COAR 从 2009 年成立至今，已有 154 个成员和合作单位，包括全球知名图书馆、高校、研究机构和政府资助机构等。中国科学院文献情报中心和北京大学图书馆都是 COAR 的成员机构。

3. 中国高校机构知识库联盟（CHAIR）

中国高校机构知识库联盟（Confederation of China Academic Institutional Repository, CHAIR）由中国高等教育文献保障系统（China Academic Library & Information System, CALIS）组织部分高校图书馆于2016年9月共同发起成立。联盟工作内容包括：机构知识库相关政策及标准规范的研究与制定、平台系统建设、宣传推广与培训。CHAIR组织开展的研究主要有：机构知识库建设参考指南、政策声明、互操作机制及数据共享权益研究、元数据参考方案、学者信息服务框架体系和机制、成果共享机制等[126]。CHAIR平台提供检索与结果查阅等功能。

4. 日本开放获取知识库联盟（JPCOAR）

日本开放获取知识库联盟（Japan Consortium for Open Access Repositories, JPCOAR）于2016年7月，由日本机构知识库推广委员会、日本数字机构知识库联盟、日本机构知识库在线联合成立[127]。截至2021年10月，JPCOAR成员数已由成立之初的376家发展至684家[128]。JPCOAR主要工作有[127]：①促进日本学术信息传播、促进开放科学；②推进日本机构知识库基础设施共建共享，保证开放获取基础设施稳定运行；③充实、完善日本机构知识库数据资源，推进开放获取前沿功能研发；④举办各种研讨班，培训相关负责人；⑤积极与国际组织开展合作以促进世界性开放获取的发展。

（三）预印本平台

预印本是指科研工作者的研究成果还未在正式出版物上发表，而出于和同行交流目的自愿先在学术会议上或通过互联网发布的科研论文、科技报告等论文[129]。与科技期刊发表的论文相比，预印本交流速度快、极大促进了学术交流，因此，各国纷纷建立电子预印本平台以发布、检索、利用和评价预印本[130]。自第一个预印本系统arXiv发布至今，各类学术组织、知识服务团体不断推出各领域的预印本平台，构建了众多“Xiv”预印本平台[131]。此外，开放获取平台或开放科学组织也在构建预印本平台，如SciELOPreprints、OSFPreprints、PeerJPrerints等。预印本及预印本平台在2020年新冠肺炎疫情暴发以来对加快研究成果的传播共享发挥了重要的作用。截至 2020 年 10 月，由预印本平台发布的全球新冠病毒研究外文论文达 9806 篇，占全球新冠病毒研究外文论文的 23.4%[132]。

本书按照时间久、覆盖区域广、数据量大等标准选取预印本平台案例，同时介绍预印本聚合平台（表 3-8）。

表 3-8 预印本平台典型案例

名称	网址	建设年份	所属国家	学科范围	论文数量（篇）
arXiv	arxiv.org	1991	美国	物理学、数学、计算机等	1959862
SSRN	papers.ssrn.com	1994	荷兰	社会科学	816075
OSF Preprints	osf.io/preprints	2011	美国	多学科	2339241
bioRxiv	www.biorxiv.org	2013	美国	生命科学	136922
Preprints	www.preprints.org	2016	瑞士	多学科	25149
ChemRxiv	chemrxiv.org	2016	英国	化学	10269
ChinaXiv	eprint.las.ac.cn	2016	中国	自然科学	15334
medRxiv	www.medrxiv.org	2019	美国	医学	25153
SciELO Preprints	preprints.scielo.org	2020	巴西等	多学科	1232

注：数据获取日期为 2021 年 10 月 15 日。平台按照建设年份排序。

1. arXiv

arXiv最初是由量子物理学家P.H. Ginsparg于1991年在美国洛斯阿拉莫斯国家实验室建立，自 2001 年开始转由美国康奈尔大学图书馆运营。2010 年 1 月，为了确保 arXiv 的可持续发展，康奈尔大学图书馆开始了历时 3 年的 arXiv 长期可持续发展模式探索，以促进 arXiv 向多机构协同管理模式转变[133]。arXiv 经营资金来自康奈尔大学图书馆捐赠、成员机构成员费、西蒙基金会捐赠等[133]。2017 年，arXiv 启动了 Next Generation arXiv 改造计划，获得了斯隆基金会和艾伦人工智能研究所的捐赠[133]。为保证论文质量，arXiv 自 2007 年起开始采用反剽窃软件[134]。此外，arXiv 还设立了审核机制——认证制度，规定首次提交论文的作者需与合格的认证人联系，证明其是该学术领域的活跃学者。arXiv 规定预印本论文作者仍有合法著作权利，可选择知识共享协议授权论文发布后的共享范围。arXiv 在中国、德国、印度、西班牙、洛斯阿拉莫斯 5 个国家有镜像站点[133]。

2. bioRxiv

bioRxiv 是由冷泉港实验室主办的生命科学领域开放获取预印本知识库。bioRxiv 创造性地推出了直接传送计划（Direct Transfer Program），以吸引生命科学领域内的期刊加盟，支持预印本发布，实现稿件共享[135]。bioRxiv 只接受相应学科领域中的研究性论文、系统评价及分析、临床实验方案/计算方法及数据类论文，为每篇文献提供 DOI，同时提供同一篇预印本在传统期刊上发表的论文信息。bioRxiv 为作者提供 CC BY、CC BY-NC、CC BY-ND、CC BY-NC-ND、CC0 或不重用等 CC 许可协议，并要求遵守冷泉港实验室隐私政策[136]。截至 2021 年 8 月，bioRxiv 共有约 180 家合作期刊，预印本发表后可直接推荐到期刊接受同行评议。运营方面，bioRxiv 在 2017 年获得陈扎克伯格基金会（Chan Zuckerberg Initiative, CZI）的资助[136]。

3. SSRN

社会科学研究网络（Social Science Research Network, SSRN）是一个致力于快速地在全球范围内传播社会科学研究成果的网站，在 2016 年被 Elsevier 收购，与 Elsevier 学术出版、文献管理、文献计量等服务联通，合力支持科研绩效评估[135]。其中，First Look 就是 SSRN 专门为学术期刊打造的一款产品，为传统期刊提供专属主页等定制化服务，为加盟期刊提供预印本存缴的托管服务，以满足作者预印本发布的需求[135]。

4. ChinaXiv

中国科学院科技论文预发布平台（ChinaXiv）是由中科院科学传播局组织实施，中科院发展规划局提供具体指导，中科院文献情报中心联合相关研究所和相关科技期刊联合打造的国内第一个按国际通行模式规范运营的预发布平台[137]。该平台于 2016 年正式上线，面向全国科研人员接收中英文科学论文的预印本和已发表科学论文的开放存储。提交到系统的论文会通过自动检查和关联匹配以辅助论文管理人员进行审查管理，确保论文符合规范。论文提交过程中，作者可选择 CC BY 4.0、CC BY-SA 4.0、CC BY-NC-SA 4.0、CC0 1.0 中的一种许可协议。截至 2021 年 8 月，

ChinaXiv 已与 22 家期刊合作，建立优秀稿件双向推送机制；ChinaXiv 还与 4 家单位分别合作共建了 4 个预印本子库。资金来源上，ChinaXiv 依靠政府拨款运营[138]。

（四）数据中心、数据知识库和数据出版

在数据密集型科研范式下，数据成为重要的研究对象，被社会各界广泛关注[139]。国际科技与医学出版者协会在“STMTechTrends: Outlook2020”中明确指出“科学数据是一级科研产出”[140]。围绕数据的学术出版平台大致可以分为数据中心、数据知识库和数据出版三种。

1. 数据中心

这里的数据中心指的是科学（或研究）数据中心，它是科学数据管理的重要载体之一[141]，承担着科学数据汇集、管理、开放共享和长期保存的任务[142]。欧美等发达国家将国家科学数据中心建设作为科学数据管理的重要手段，同时依靠数据中心，持续整合和汇聚全球科学数据资源，并逐渐形成标准化的科学数据收集、管理和存储解决方案[143]。以美国为例，美国经过多年持续发展，已经形成了一系列上至国家级下至各行业部门的科学数据中心[141]。我国也在积极建设国家级数据中心。2019 年，我国科技部、财政部对原有国家平台开展了优化调整工作，经研究共形成了“国家高能物理科学数据中心”等在内的 20 个国家科学数据中心[144]。目前国际上比较知名的数据中心有：美国国家航空航天局空间科学数据中心、美国国家生物技术信息中心、美国国家大气研究中心、欧洲生物信息中心、英国海洋数据中心、英国剑桥晶体结构数据中心、英国环境数据分析中心、日本筑波尖端情报计算中心、澳大利亚国家数据服务中心等。

与数据中心紧密联系的机构是世界数据系统。它是由国际科学理事会于 2008 年创建的一个跨学科机构。WDS 的使命是促进所有学科的科学数据和数据服务、产品和信息的长期管理和广泛开放获取，旨在通过协调和支持值得信赖的科学数据服务来提供、使用和保存相关数据集[145]。WDS 在全球范围内建立科学数据服务的“卓越社区”，通过使用国际公认的标准，认证成员组织（数据或数据产品的所有者和

提供商）[145]。截至 2021 年 7 月，WDS 共有 128 个成员组织，其中包括 86 个常规成员、11 个网络成员、11 个合作伙伴成员、20 个助理成员[146]。常规成员是数据管理和（或）数据分析服务机构。86 个常规成员中来自中国的有 11 个（表 3-9）。

表 3-9　世界数据系统中的中国成员

序号	名称	所属学科或行业领域	网址
1	Chinese Astronomical Data Center 国家天文科学数据中心	天文学、空间科学、物理学	nadc.china-vo.org
2	WDC-Renewable Resources and Environment 世界数据中心-可再生资源与环境数据中心	地球科学、地理学、环境研究和林业、区域研究、自然资源、生态	wdcrre.data.ac.cn
3	The Fish Database of Taiwan 台湾鱼类资料库	生命科学、农学、生命科学（生物多样性）	fishdb.sinica.edu.tw
4	WDC-Oceanography, Tianjin 国家海洋信息中心	地球科学、海洋科学	www.nmdis.org.cn
5	WFCC-MIRCEN World Data Centre for Microorganisms 世界微生物数据中心	生命科学、微生物学	www.wdcm.org
6	National Space Science Data Center of China 国家空间科学数据中心	天文学、空间科学、计算机科学、空间物理、空间天气、行星科学	www.nssdc.ac.cn
7	Cold and Arid Regions Science Data Center at Lanzhou（CARD） 兰州寒区旱区科学数据中心（CARD）*	地球科学、地理学	sdb.casnw.net
8	WDC for Geophysics, Beijing 世界数据中心-中国地球物理学科中心**	空间科学、地球科学	geospace.geodata.cn
9	Global Change Research Data Publishing and Repository 全球变化科学研究数据出版系统	地球科学、经济学、地理学、农学、环境研究和林学、历史学、区域研究、地球生态系统	www.geodoi.ac.cn
10	Survey Research Data Archive 学术调查研究资料库	文化和民族研究、经济学、性别和性研究、地理学、政治学、心理学、社会学、统计数据、商学、家庭和消费者科学、健康科学、运输、历史学、语言和语言学、区域研究	srda.sinica.edu.tw
11	Geoscientific Data & Discovery Publishing System 地质科学数据出版系统	地球科学、工程学、地质数据科学	geodb.cgs.gov.cn

注：*现为国家冰川冻土沙漠科学数据中心。
**现为国家地球系统科学数据中心地球物理分中心。

2. 数据知识库

数据知识库，又称数据仓储、数据档案（馆）、数据馆藏，英文名称有 data library、data archive、data repository，它可以被定义为保存数据、使数据可供使用并以一种符合逻辑的方式组织数据的地方[147]。同样，本书的数据知识库是指科研数据知识库。数据知识库按学科领域被分为面向多学科的通用型数据知识库和面向特定学科的专业型数据知识库，其中通用型数据知识库包括 Dryad、figshare、Zenodo、Science Data Bank 等，专业型数据知识库包括 GenBank、全球蛋白质数据银行（Worldwide Protein Data Bank, wwPDB）、日本 DNA 数据银行（DNA Data Bank of Japan, DDBJ）等。

科研数据知识库注册目录（Registry of Research Data Repositories, re3data）是由德国研究基金会资助建设的一个科研数据知识库的全球注册表，涵盖不同学科的科研数据知识库，于 2012 年上线。2013 年 3 月，为了建立一个单一的、可持续的科研数据知识库登记目录表，re3data 宣布和另一个数据知识库注册目录表 Datalib 合并，并在 2015 年末由 DataCite 管理。作为科研数据知识库的目录表，re3data 正积极与其他服务和基础设施连接起来，以提供可自定义和可扩展的核心存储库描述，这些描述具有持久可识别性，可通过适当方式引用。

截至 2021 年 7 月，re3data 已收录了 2700 多个科研数据知识库[148]。从通用型数据知识库覆盖范围广和专业型数据知识库权威性强（被顶级期刊认可）两个方面考虑，本书列举了典型的数据知识库（表 3-10）。

表 3-10　数据知识库典型案例

名称	类型	网址	国家/地区	建设年份	学科领域	数据量	所属数据中心	是否收费	合作出版商数量
re3data	目录型	www.re3data.org	德国	2012	全学科	2748 个数据知识库	-	-	-
DataONE	聚合型	www.dataone.org	美国	2009	地球科学	836836 个数据集	橡树岭国家实验室等节点	否	-
Dryad	发布型	datadryad.org	美国	2009	科学与技术领域	43549 个数据集	无	是	12
Figshare	发布型	figshare.com	英国	2012	全学科	1362794 个数据集	无	部分收费	34
Mendeley Data	发布和聚合型	data.mendeley.com	荷兰	-	全学科	29058940 个数据集	无	否	-
Harvard Dataverse	发布和聚合型	dataverse.harvard.edu	美国	2007	全学科	123100 个数据集	无	否	4
Science Data Bank	发布型	www.scidb.cn	中国	2015	全学科	756225 个数据集	无	否	5
Zenodo	发布型	zenodo.org	欧盟	2017	全学科	125780 个数据集	无	否	-

注：数据获取日期为 2021 年 10 月 15 日。

（1）Dryad

Dryad 数据知识库于 2008 年 9 月由美国国家科学基金会资助建立，是由董事会管理的非营利性会员制组织，会员资格开放给所有科研相关机构，其中包括期刊与出版商、科研机构、图书馆和资助机构等。到 2013 年，Dryad 从最初的靠基金资助状态过渡到将非营利性和实行数据公开收费融合的状态。Dryad 的目标是维持和促进学术文献中基本数据的长期保存和再利用。Dryad 提出的联合数据存储策略被许多主流期刊采纳，并被众多期刊推荐为数据存储网站。Dryad 支持存储各种类型数据，包括：文本、图像、表格、音频、视频等，提交的数据文件拥有永久可解析的 DOI 标识。

（2）Zenodo

Zenodo 是在欧洲 OpenAIRE 计划下开发并由欧洲核研究组织运营的通用型开放获取数据知识库。Zenodo 的初心是为单位没有机构知识库的教职员工提供开放科学的合规存储位置。Zenodo 鼓励用户将早期研究成果上传并设定为保密，等相关论文发表后，数据集会自动开放。Zenodo 不限制上传文件的类型，科研人员可上传文件大小不超过 50 GB 的数据集。

（3）科学数据银行

科学数据银行（Science Data Bank, ScienceDB）是由中科院计算机网络信息中心自主研发的论文关联数据存储平台，为论文关联数据的汇聚、管理、开放、共享提供解决方案[149]。科学数据银行积极开展与国际高端学术出版平台的交流，2020 年被国际知名学术出版机构 Springer Nature 列为推荐的通用型数据知识库，而且是国内唯一一家[150]。科学数据银行提供了与论文关联数据的开放共享，为加快数据流转、促进国际合作提供了平台和服务保障[150]。

3. 数据出版

数据出版（data publishing）是指通过一定的公共机制发布科研数据集，使公众根据一定规则可以发现、获取、评价和应用这些数据集[151]。数据出版大致可以分为以下三类：①独立数据出版（数据中心或数据知识库）；②数据作为论文的辅助材料出版；③数据论文方式出版[152]。上文已对数据知识库展开论述，本小节将主要介绍后两种形式的数据出版。

数据论文（data paper）是出版有关数据集的描述性文章[152]，数据期刊（data publishing journal）就是出版这些数据论文的期刊。全球绝大多数数据期刊都在近五年或近十年内创办，同时都遵循开放获取原则[153]。数据论文与数据期刊通常提供相关数据的存储与访问等支持服务。

近年来，国际主流出版商纷纷推出数据期刊，如 Springer Nature 创办的 *Scientific Data*、Wiley 创办的 *Geoscience Data Journal* 等；一些传统科技期刊也相继开设了数据论文栏目，接收数据论文的投稿[154]。据调研，截至 2019 年 4 月，全球共创办了 168 种数据期刊，其中处于正常出版状态的期刊有 162 种[139]，中国创办的有 4 种。表 3-11 列举了国际典型的数据期刊。

表 3-11 国际典型数据期刊介绍

期刊名称	创刊年份	是否 OA	是否需要付 APC	论文数量/篇	学科范围	出版商	数据集存储政策	数据集存储仓储的要求
Earth System Science Data	2009	是	是	882	地球系统科学	Copernicus Publications	第三方数据仓储，给定清单但未指定	持久标识符（DOI）、开放访问、自由版权、长期可用性
Scientific Data	2014	是	是	1701	自然科学、社会科学	Springer Nature	第三方数据仓储，给定清单，建议按学科专业存储	被广泛认可、长期可用性、提供专家策划、评审专家匿名访问、开放访问、持久标识符等
Geoscience Data Journal	2014	是	是	126	地球科学	Wiley	第三方数据仓储，给定清单但未指定	持久标识符（DOI 或 PID）、长期可用性、数据文件格式兼容性、评审专家匿名访问、开放访问
Data in Brief	2014	是	是	7389	全学科	Elsevier	第三方数据仓储，给定清单但未指定	持久标识符（DOI）、数据拥有者为作者或其所属机构
Journal of Chemical & Engineering Data	1956	否	否	18322	材料科学	ACS	-	-
GigaScience	2012	是	是	927	生命科学	OUP	自建数据仓储 GigaDB 或给定清单但未指定的第三方数据仓储	必须以 CC0 协议开放访问

注：数据获取日期为 2021 年 10 月 15 日。

（五）开放获取学术出版平台发展特点

开放获取学术出版平台数量多、发展快，国家/地区主导与建设，利益相关方（如学术机构、出版机构、开放获取组织等）积极参与建设。部分平台之间的互操作、可持续化运营、内容质量控制有待加强，少量平台内容尚未完全开放、相关标准待设立。对于用户而言信息资源现状属实分散、众多，有用信息的获取难度增大，目前也缺乏一个集成的检索平台，在统一元数据标准的同时，提供信息的高效甄别。

开放获取平台在开放科学环境下为科研成果的不限制访问发挥着至关重要的作用，平台的数量随着全球开放科学与开放获取运动的推进也在不断攀升。目录型开放获取平台可以帮助科研人员识别、发现高质量的开放获取期刊、论文与图书，以尽可能规避欺诈型期刊与出版商；出版型开放获取平台则为科研人员提供了一种学术交流与出版的渠道。国际上，开放获取平台仍然在快速发展当中，因为开放科学更进一步地提出了更高的要求，如何开放同行评审、如何实现论文与科研数据的关联等，已经成为了欧盟开放科学云和日本 J-Stage 平台的开发计划。

开放获取知识库社区化、联盟化才能发挥替代性作用。全球科研人员“苦付费墙久已”。所以，开放获取运动在全球得到了广泛支持，包括金色 OA 和绿色 OA。尽管知识库中存缴的内容是最终审定稿，而不是出版版本，但是对于科研人员而言，已能免费获得所需的知识信息了。全球开放获取知识库的数量在过去二十年中急剧增长，不过开放获取知识库存在着变身另一数据库而不开放、数据孤岛现象、元数据不完善等问题，无法充分发挥平衡制约垄断性出版集团的作用。因此，建立开放获取知识库网络至关重要。全球已有知识库注册表机制和开放获取知识库联盟，但是并不是所有知识库都提交注册，其联盟成员参差不齐，各知识库也并未采用统一的标准与规范，知识库之间存在着亟需打破的壁垒。所以，开放获取知识库联盟与网络平台的成立意在解决这些问题，以提供一个互联互通的、相互兼容的开放获取知识库网络，以最大化开放获取知识库的作用。

预印本平台加快了科学交流与共享的速度，已成为学术交流体系中的重要一环。一方面，对于国家和科研机构来说，预印本平台促进了科研成果的快速交流和发布，满足了优秀的科研成果保存并服务于科学研究的需要，同时也推动了全球范围内开放的学术交流机制的形成；另一方面，对于科研人员自身来说，在开放获取的大环境中，预印本平台已经成为科研战争的主战场，是争取论文首发权的必备工具。尽管之前有些出版商不愿意接收提前在预印本平台发布过的论文，但是近几年随着开放科学的深入、疫情的信息共享需求，预印本平台大爆发，数量持续增长，传统商业出版商、开放获取出版商、学术组织、知识服务团队等都积极建设预印本平台[155]。一则，开展合作并且抢先占据预印本交流平台的建设先机；一则与开放获取知识库相类似，预印本平台也存在着数据孤岛、部分平台不提供论文唯一标识符导致引用混乱、为了抢占优先权或缺乏严格的同行评审而导致的内容质量参差不齐、可持续运营等问题。要想解决甚至避免预印本平台的这些问题，预印本平台的未来趋势也应是成立预印本平台网络或联盟。

各国决策者、科研人员、出版商等纷纷认识到了数据在学术交流中的贡献和重要作用。数据中心、数据知识库、数据论文也如雨后春笋般冒出。我国也明确了 20 个国家级科学数据中心，部分数据中心也已经获得国际认可。全球数据期刊与数据论文仍处于起步阶段，仍有很多标准和规范需要设立和统一。相同内容的数据论文、数据集、科研论文之间的关联与引用问题；数据期刊、数据论文、数据集的质量与评价问题；数据论文、数据集的发现与重用问题等，都需要一一解决。在科研数据共享方面，尽管我国已有中国科技资源共享网等平台，但是可供科研人员上传、交流、保存自己科研数据的平台几乎仅有 ScienceDB 一个数据库。许多论文中的科研数据都保存在国外的平台上，如 Genbank、Zenodo 等。我国应积极建设国家级的研究数据开放共享与保存平台，在要求公共资金资助的研究论文开放共享的同时，也要求论文底层的研究数据开放共享。

四、开放同行评议

同行评议是编辑部围绕稿件，邀请审稿人对其质量进行评估的活动[156]，是当前科技期刊普遍采用的评估稿件质量、遴选高质量稿件的方式[157]，是学术期刊出版工作中重要的质量控制机制之一，其主要类型如表 3-12 所示。学术期刊的同行评议制度伴随着 1665 年世界第一批科技期刊《学者杂志》（*Journaldes Scavans*）、《哲学汇刊》（*Philosophical Transactions of the Royal Society*）的创刊而开始，但早期的期刊同行评议并未被广泛采用且认可度较低[158]；19 世纪末至 20 世纪末，随着科学技术的发展，期刊同行评议制度遵循着一定的流程，标准更加完善，逐渐成为科学研究的质量控制制度；20 世纪末至今，随着开放获取运动和开放科学的蓬勃发展，传统“单盲”或“双盲”的封闭同行评议模式受到挑战，科技期刊逐步演化发明开放同行评议（open peer review, OPR）模式，来促进同行评议制度的公平、可靠和高效，保证期刊学术质量，提高开放科学的透明度。

表 3-12　同行评议的主要类型

名称	说明
单盲同行评议（single blind peer review）	评审者知晓作者身份，但作者不知晓审稿人身份的评议方式
双盲同行评议（double blind peer review）	评审者和论文作者互不知晓身份的评议方式
发表后同行评议（post publication peer review）	在论文发表后，同行对于论文内容进行评价
可转移同行评议（transferable peer review）	当一篇论文被一种期刊拒稿后，与之一同进行传递至下一种推荐或自由选择期刊编辑部的评审意见
开放式同行评议（open peer review）	当论文发布时，所有人均可以参与论文进行评议的方式。这类评议也是可以公共获取的
署名同行评议（signed peer review）	被审稿人公开署名的独立同行评审意见，并且评论人表示对论文评论内容负责
便携式同行评议（portable peer review）	与稿件一起被提交到后续投稿期刊中的独立评议，用来降低同行评审过程中冗长、冗余的情况。在一些科研院所，在投稿之前，将已经过同行评审的论文及其评议内容一同转移至目标投稿期刊的现象。例如，从预印本平台转向开放获取期刊的论文及其评议。或者一篇经过审核后的学位论文，进行发表之前，可将其审核意见与学位论文一道进行投稿的行为
注册报告（registered reports）	在数据收集和分析之前，需要首先对于所提出的方法进行评议的出版物形式。如果作者遵循注册的方法，被接受注册报告所产生的出版物将保证在期刊上发表。在若干学科里，首先进行数据采集方法和途径的评审，通过评审的注册报告，其之后所产生的研究成果，期刊承诺给予刊登

OPR 这一术语最早于 1982 年由 Armstrong J. Scott 首次提出，是源于开放科学之前的一种“前沿”的同行评议方法[159-160]。最初的开放同行评议是指评议双方互相公开身份，彼此透明[161]。随着 OPR 采用率的稳步增长，以及不同出版机构采用了不同的 OPR 模式，OPR 的内涵也随之不断发展，包含作者和评议者身份公开、评议报告公开、公众参与公开、互动内容公开、预印本公开、最新评论公开和开放

平台 7 个特征[162-163]。OPR 意味着整个评议过程的透明化，强调作者、读者、审稿人之间的公开交流，能够改进封闭式同行评议中主观评议存在的缺陷和偏见，缩短发表论文所需周期，提升科学质量，加速科学传播。但 OPR 也存在着开放程度有限、不同模式开放程度参差不齐、评议人学术水平参差不齐导致评议意见的科学合理性受到质疑等问题，限制了 OPR 的进一步发展。

结合 OPR 现有研究与实践，将其模式总结为以下三种：发表后开放同行评议；发表前开放同行评议；第三方独立同行评议。

（一）发表后开放同行评议

发表后 OPR 模式是指论文发表后，邀请专家或公众进行在线公开评议。其主要实施过程为：论文经过编辑的非限制性审查后，公开发表于网络上，再邀请同行专家和公众对论文进行评议，然后作者根据评议意见进行修改完善并与审稿人进行公开讨论，直到论文被认可和录用，同时，每个阶段论文的修订版本以及审稿人意见都将与论文一起实时发布。

发表后 OPR 模式有利于解决传统学术期刊发表论文速度慢、同行评议中作者和审稿人之间交流不畅、学术研究数据难以发表等问题，可以充分利用融合出版技术，降低学术论文的发表门槛，提高学术期刊的评议质量、出版质量和出版速度。但发表后 OPR 模式也存在一些问题，如研究者对出版后同行评议意见缺乏回应的动力，评议者参与出版后同行评议的积极性有限，读者对出版后评议信息的阅读可能受限，以及学术期刊担心增加工作量和声誉受损[164]。就具体实践而言，出版平台 F1000Research、The Winnower、Science Open，以及 OA 期刊 *PLoS ONE*、*eLife*、*PeerJ* 都采用发表后 OPR 模式，下面以出版平台 F1000Research 和 OA 期刊 *eLife* 为例，介绍其发表后 OPR 模式的具体流程。

1. F1000Research

F1000Research[165]作为一个开放学术出版平台，在 2012 年实行发表后 OPR 模式，其具体实施流程及评审规则如下。

（1）论文提交发布阶段：作者在线投稿后，编辑部对论文进行快速初始检查，若论文未通过，则被退回给作者；若论文通过，编辑部将分配相应的 DOI 并将论文标记为“等待同行评议”状态在线发布。

（2）开放同行评议和用户评论阶段：论文发布后，编辑部邀请专家审稿人对论文进行评议。评审专家一是要评估论文是否科学合理并提供同行评议报告，二是勾选评议状态。评议过程完全公开透明，每份评议报告和评议状态都会随着论文一起发布，直到至少发布两份同行评议报告。同时，任何网络读者也可以对论文提出自己的观点和意见。

（3）论文修改阶段：F1000Research 鼓励作者根据专家和读者意见，发布论文修订版本和（或）在同行评议报告中发表作者评论来回应评议者的意见。论文所有版本均公开提供且可被独立引用，作者可随时更新论文版本。论文一旦通过同行评议，编辑部会将该论文录入索引，论文可被相关数据库收录，同时论文的所有版本及同行评议报告都将被录入。目前收录 F1000Research 的数据库有 PubMed、PMC、Medline、EPMC、Scopus、Chemical Abstract Service、British Library、CrossRef、DOAJ 和 Embase。此外，F1000Research 上的所有论文都可以在 Google Scholar 中被检索。

F1000Research 的发表后 OPR 模式向科研人员提供了不具手稿偏好的快速发表论文和其他研究成果的渠道，使所有在此平台上发布的论文都可以得益于透明的同行评议和公开的编辑指导。

2. eLife

eLife[166]是一个由资助者创建并由科研人员领导的非营利组织，旨在通过其拥有的学术交流平台，鼓励和识别负责任的研究，来加速科学发现[167]。*eLife* 期刊采用发表后 OPR 模式，其具体实施流程及评审规则如下。

（1）初始提交阶段：*eLife* 仅评审已作为预印本（bioRxiv 或 medRxiv 最佳）发布的科研论文，以将预印本的即时性、公开性与同行评议出版物的审查和管理相结合。作者上传论文手稿后，编辑部对论文内容进行评估，必要时与审查编辑委员会成员或外部客座编辑协商，以确定论文是否适合进行同行评议。

（2）完整提交阶段：论文通过编辑部初始评估后，进入同行评议阶段。约 30%的提交稿件会被送至外部专家进行同行评议，目前验收率在 16%左右。专家审稿人一是要对论文的优缺点、论文观点结论是否与数据证据相符进行公开评议，这些评议和结论可以与预印本一起发布；二是对作者论文手稿提供详细的反馈意见，包括修改建议。编辑需要编写简明扼要的摘要，以概述专家审稿人对论文的评议，以及评议结果可能产生的实际影响。编辑和专家审稿人之间还将相互协商以决定论文是否适合在 *eLife* 发表，并将决定书传达给作者。

（3）修订后提交阶段：论文一旦录用，编辑部会要求作者对决定书中的修订要求做出答复，修订要求和作者答复将根据知识共享许可协议在 *eLife* 上公布。

eLife 采用的发表后 OPR 模式具有身份透明、高度互动、评议信息公开出版、评议公开的特征，通过减少非必要的修订次数，加速同行评议的进程，以促进科学研究更加公平开放。

（二）发表前开放同行评议

发表前 OPR 模式是指论文发表前，邀请专家进行公开评议。其主要实施过程为：作者将学术论文在线投稿后，编辑将经过初审的论文送交同行专家评阅，同行评审专家对论文的学术观点和出版意见提出自己的看法；之后，编辑将所有专家的审稿材料和论文原稿上传至网页，作者可以根据评议意见进行修改，也可以与审稿专家交流修改意见；经过作者和审稿专家的交流和稿件的多次修改，直到论文达到发表的要求后，才会将论文正式在期刊上发表[168]。

发表前 OPR 模式中，论文的评议和修改是相对公开的，包括审稿人与作者身份的双向公开、作者与审稿人的互动交流、公开科研数据和审稿意见等[169]，评议过程可以得到监督；同时该模式便于作者在修改论文时与审稿人进行交流，增加评审过程的透明度，提高发表成果的有效性与公信度。但是，发表前 OPR 模式局限在论文发表之前，局限于审稿者和作者、编者之间的公开，广大的读者被排除在论文的审查和监督之外。就具体实践而言，出版商 BioMed Central（BMC）和

British Medical Journal（BMJ）旗下的多种期刊，都是采用的发表前 OPR 模式。下面以出版商 BMC 和著名期刊 *British Medical Journal* 为例，介绍其采用的发表前 OPR 模式。

1. BMC 案例

BMC[170]是 1999 年首批实行开放同行评议的出版商之一，拥有约 300 份同行评议期刊，采用的同行评议模式有开放同行评议、透明同行评议和双盲同行评议 3 种。BMC 实行的开放同行评议模式[171]属于发表前 OPR 模式，其具体实施流程及评审规则如下。

（1）论文投稿阶段：所有提交给 BMC 期刊的论文均由编辑进行评估，编辑将审查论文是否适合同行评议。论文通过审查后，编辑邀请专家对论文进行同行评议，通常交由两个独立的同行专家进行。

（2）论文评议阶段：实行发表前 OPR 模式的 BMC 期刊，其开放性体现在开放身份和开放内容，即作者和审稿人彼此知晓姓名，若论文被发表，则该论文的审稿人报告随论文一起发表。同时，作者可向编辑部推荐专家审稿人，由编辑部决定是否采纳。但在评议阶段，作者与审稿人之间没有直接的通讯，作者与审稿人在评议过程中或之后的任何通讯都通过期刊编辑进行。

（3）论文修改阶段：编辑将根据审稿人的评议报告做出是否录用的决定，作者将收到这些报告以及期刊关于其论文的编辑决定。

实行发表前 OPR 模式的 BMC 期刊主要有 *Biology Direct*、*Environmental Health*、*Trials* 等。BMC 认为，实行发表前 OPR 模式有助于完善问责制度，提升期刊认可度，帮助早期专职科研学者了解同行评议流程。

2. *British Medical Journal* 案例

British Medical Journal [172]是 BMJ 公司出版的代表性期刊，对所有论文都实行发表前 OPR 模式[173]，其具体实施流程及评审规则如下。

（1）论文提交阶段：编辑首先对论文进行初始审查，判断其是否适合本刊，如不适合则会将论文转送到BMJ旗下的其他期刊。

（2）论文评议阶段：论文所有的审稿人姓名都向论文作者公开，并且要求审稿人在其评议报告上签字，以表明其与论文之间不存在任何相互竞争的利益冲突。编辑部根据审稿人意见决定论文是否录用并邮件通知作者，邮件包含审稿人意见。在此阶段，作者可跟踪整个评议流程，查看审稿人意见。

（3）论文发表阶段：被接收的论文通常会和其发表前的历史版本一起发布在期刊官网。这份正式出版前的历史版本通常包括所有早期版本的手稿、研究方案、原稿委员会会议报告、审稿人意见以及作者对审稿人和编辑意见的回应。

发表前OPR模式有助于*British Medical Journal*通过审稿人来评估论文的质量和实用性，一定程度上能够避免作者和审稿人之间的利益冲突和学术不端，以发表原创、重要且可靠的论文，为全球科研人员和读者提供科学检验。

（三）第三方独立同行评议

第三方独立同行评议，是指学术期刊将论文转交给独立于期刊的第三方审稿服务平台进行同行评议。其主要实施过程为：作者/编辑在平台上传稿件后，平台会向作者/编辑收取审稿费用以向审稿人支付一定的酬劳或奖励，平台根据论文内容，在平台专家信息库中筛选审稿专家并发送审稿邀约。当专家完成审稿后，作者可通过平台获得专家审稿意见，改进论文质量，从而选择合适的期刊投稿；期刊编辑可在平台中寻求优质稿件进行编辑加工或发布组稿通知。

第三方独立同行评议具有很多优点：一是平台独立性强，平台稿件可供整个科技期刊编辑群体选择使用；二是评审专家可自主选择感兴趣的稿件进行评议，充分发挥专家审稿的主动性和积极性[174]；三是不单以学术道德的义务来督促审稿人评阅，同时加以一定报酬或其他激励措施来保证专家评审效率；四是简化了论文审稿流程，大大加快了论文审稿周期和发表速度。但第三方独立同行评议也存在一些不足，如与第三方独立同行评议平台合作的审稿人数量有限，仅限于平台注册用户，审稿意见相对局限；平台向投稿作者收取审稿费用，可能会降低经济紧张的作者的投稿意愿；以及审稿人可能不愿意在平台上公开审稿记录，使得评议透明度有所折扣。就具体实践而言，Publons、Reviewer Credits、Peerage of Science、Research Square、JMIR Preprints 等在线平台都为作者和（或）期刊编辑提供第三方独立同行评议服务，下面以运营发展态势良好、影响力相对较大的 Publons 和 Reviewer Credits 为例，介绍其第三方独立同行评议模式。

1. Publons

Publons[175]创立于 2012 年，旨在帮助研究人员快速便捷地追踪和展示他们作为被引用作者、期刊编辑或同行评议者所产生的研究影响的更完整记录，同时通过一系列同行评议方案，帮助出版社提升其同行评议过程中的透明度、认可度、评议质量和效率[176]。Publons 同行评议模式的具体实施流程如下：

首先，Publons 与审稿人、出版机构、高校以及资助机构合作，建立审稿人档案数据库，形成审稿人网络平台，审稿人的审稿历史都会被记录在案，并且审稿人可以主动选择是否公开。Publons 还与 ORCID 系统进行了关联，审稿人的审稿信息将会和个人信息一样通过 ORCID 能够被查看。Publons 通过多方面统计分析和比较审稿人的各项指标，为合作的出版机构寻找适合的审稿人，出版机构也可通过审稿人特点分析选择适合自己的审稿人[177]。

稿件提交后，Publons 首先邀请合适的审稿人进行审稿，审稿人同意邀约后提交评议内容。Publons 会记录每位审稿人的评议活动，并由期刊编辑进行验证可靠性。通过验证后，Publons 将自动检索和上传验证后的评议细节，验证后的评议记录与论文一起更新和公开。Publons 通过一定的指标量化审稿人工作，使审稿人对学术出版的贡献得到认证和认可。评议完成后，期刊编辑对论文是否录用做出决定，一旦论文被接收则会进入最终的出版环节。Publons 与审稿人的评议流程紧密结合，以便作者实时跟踪和检验每一次审稿意见和编辑贡献，直到论文完全符合期刊的评估政策[178]。

2. Reviewer Credits

Reviewer Credits[179]是一个为同行评议者的同行评议活动提供注册、认证和奖励的第三方独立平台，用户可在平台上免费注册同行评议账户，平台为评议活动提供可靠认证。Reviewer Credits 同行评议活动的具体实施流程如下：

针对同行评议者：Reviewer Credits 与 ORCID、Twitter、Google、LinkedIn 合作向同行评议者提供公共档案库。该档案库建立了评议者索引，可展示评议者个人资料并显示给期刊、出版商、科研人员和读者用户。Reviewer Credits 为评议专家颁发的评议者证书是其评议活动的证明，评议者可将证书添加在个人简历上公开共享，提高同行评议透明度。评议专家完成评议工作后将获得评议者分数和积分，评议者分数是评判评议活动参与程度的指标；评议者积分则是通过评议活动赚取的虚拟硬币，可兑换由 Reviewer Credits 合作伙伴提供的各类折扣优惠[180]。Reviewer Credits 认为，对评议活动给予认可，能够提高同行评议者和科技期刊之间的合作和信任，使整个出版工作流程都更加有效和高效。

针对期刊和出版商：Reviewer Credits 面向期刊和出版商提供“免费”“附加”“付费”三种类型的服务[181]。通过“免费”服务，期刊可以通过与平台技术进行集成，手动或自动验证评议过程，将同行评议数据从提交管理系统转送到 Reviewer Credits 平台。“附加”和“付费”服务则提供了不同程度的同行评议流程认证、评议者地理定位、专属标识、搜索和联系评议者功能。

（四）开放同行评议的现状与展望

随着开放科学的发展，各种开放形式、不同开放程度的 OPR 模式不断涌现，OPR 虽存争议，但总体正在朝着更加开放、透明、公正的方向发展。当前发展阶段，从 OPR 实施规模来看：国内外采用 OPR 的期刊总体数量偏少，OPR 还没有被世界主要期刊出版社广泛接受并实施，不过已有部分期刊开始尝试 OPR，虽然数量增长较为缓慢，但说明出版商愿意尝试实施 OPR 且对如何实施 OPR 保持着谨慎的态度[182]。从 OPR 实施内容来看：评议者身份公开和评议报告公开是体现 OPR 透明度的重要因素[162]。目前国内外期刊采用的 OPR 主流模式是评议报告公开，期刊普遍采取自愿署名或匿名评审的政策，少部分期刊通过给审稿报告添加 DOI 方式激励审稿人审稿。从 OPR 实施效果来看：OPR 模式得到了研究人员的高度赞同和支持，但对 OPR 的总体满意度因学科而异，OPR 的具体实施中需要进一步关注学科之间的差异[163]。

综上所述，在国际学术出版领域同行评议发展趋势日益呈现多样化的背景下，未来 OPR 的发展将呈现以下特点[183]：一是参与主体多元化，例如 BMC 和 BMJ 部分期刊引入患者参与 OPR，提高研究可靠性；二是组织形式多样化，众多第三方独立同行评议平台的介入，使得 OPR 独立于传统的期刊出版流程，为论文提供快速评议和发表的路径；三是多边合作不断加深，跨期刊、跨出版商、跨平台之间的合作日益紧密，评议内容和评议数据可以实现共享和使用；四是对同行评议的认证和激励机制日益完善，如 Reviewer Credits 为审稿人提供的物质回报、Publons 为高质量评议提供的学术认证等，通过同行评议的激励机制促进开放研究实践[184]；五是对审稿人的同行评议技能培训更加全面、系统，OPR 质量得到不断完善，如 BMJ 和 Publons 都为评议者提供一系列的培训课程和培训资料，提升评议质量；六是对同行评议中失当行为的监督力度不断增强，如 PubPeer 开放出版后评议通道，引入大众监督，F1000Research 对审稿人与作者之间关系的独立性进行详细规定和验证等；七是新技术对 OPR 的辅助日益增强，如将人工智能技术用于辅助初审、自动筛选和匹配审稿人、控制同行评议质量，将区块链技术用于开发 OPR 系统[185]；八是 OPR 与其他同行评议模式的结合将更加紧密，复合型同行评议模式渐成主流，如 OA 期刊 *Atmospheric Chemistry and Physics*、OA 出版商 Copernicus 等将传统同行评议模式与 OPR 相结合，在全面保证论文质量的前提下实现快速的科学交流[186]。

相对于传统双盲同行评议，OPR 的评议过程更加透明、开放和公正，有利于建设开放自由的科学研究环境，可以且应融入当前的学术出版范式中[187]，也是我国科技期刊融入国际开放科学运动的重要突破点和创新点。不过我国科技期刊的开放同行评议实践尚处于初级阶段[188]。推动国内科技期刊引入 OPR 还有较长的路要走，需要发挥优势，规避劣势。例如，鼓励出版集团或单刊对 OPR 进行探索和试验，结合国外经验，制定开放透明的评议标准和规范，不断完善同行评议政策；鼓励出版机构与政府部门、科研机构、学术组织等多方合作推进实施 OPR，优化稿件质量和编辑出版流程；建立健全审稿贡献的认定与激励机制，将审稿人的评审贡献纳入学术评价体系，提高审稿专家的参与积极性，促进 OPR 良性循环；呼吁政府部门对 OPR 的实施予以政策制度和实验项目上的支持投入等。虽然目前传统的封闭式同行评议仍是我国科技期刊同行评议的主要模式，但在复合型同行评议模式渐成主流的背景下，我国科技期刊可以考虑引入 OPR 的一些做法，将多种评议模式有机结合、取长补短，共同提升同行评议质量和科技期刊质量，推动我国科技期刊繁荣发展，加速打造世界一流、代表国家学术水平的知名期刊。

第二节　开放科学环境下的中国科技期刊发展现状

开放科学环境下中国科技期刊的出版主要围绕开放出版、数据出版和期刊评价展开。开放获取对促进科技成果的可见度、提升科研成果的引用率、扩大其学术影响力和社会影响力具有重要作用。为出版科研数据，数据期刊和数据出版平台应运而生。期刊评价方面，在当前打破“唯期刊、唯论文”的大背景下，积极探索并实践基于论文和数据的新型评价指标和评价服务已成为科技期刊重点关注的问题。

一、开放科学环境下中国科技期刊开放出版现状

（一）开放共享声明

按照科研资助机构、科研机构和高校三种机构类型，选取中国科学院、国家自然科学基金委员会，以及北京大学作为案例，介绍其开放共享政策。重点关注成果类型、存储位置、时滞期、资助形式以及内容的存储、提交、使用、保存等。

1. 科研机构和科研资助机构的开放共享政策

2014 年 5 月 15 日，中国科学院和国家自然科学基金委员会同时发布《中国科学院关于公共资助科研项目发表的论文实行开放获取的政策声明》[189]和《国家自然科学基金委员会关于受资助项目科研论文实行开放获取的政策声明》[190]，对以公共资金资助的科研成果为主所撰写发表的学术论文实施开放获取的要求（表 3-13），随后他们又分别公布各自机构知识库的开放获取政策实施细则[191]。

表 3-13　中国科学院和国家自然科学基金委员会的开放获取政策声明

政策要点	中国科学院	国家自然科学基金委员会
存储类型	科研论文	科研论文
提交版本	同行评议后的最终审定稿	同行评议后的最终审定稿
存储位置	所属机构的知识库	国家自然科学基金基础研究知识库
时滞期	12 个月	12 个月
存缴主体	公共资助	国家自然科学基金委员会全部或部分资助
开放形式	支持公众通过网络开放获取	支持公众通过网络检索开放获取内容

注：科学院政策，另有试验金色开放获取以及跟踪监测的相关内容。

2. 高校的开放共享政策

国内大学的开放共享政策大多由其图书馆或机构知识库制定。2016 年 9 月，由北京大学图书馆牵头的 17 所高校图书馆共同成立“中国高校机构知识库联盟”（Confederation of China Academic Institutional Repository, CHAIR），截至 2021 年 7 月末，CHAIR 已有 51 个成员机构[192]。CHAIR 倡导各成员机构制定和发布开放获取政策，目前武汉大学机构知识库[193]、山东大学机构知识库[194]、厦门大学学术典藏库[195]、西安交通大学机构知识库[196]、西北工业大学机构知识库[197]等均已发布自己的开放共享政策。下面对较早发布的北京大学机构知识库开放获取政策予以重点介绍。

2013 年 7 月，北京大学发布机构知识库开放获取政策（试行）文件[198]，对北京大学教师和科研人员的学术成果存储和开放共享制定一系列政策，政策对学术成果的内容、提交、使用、保存、撤回和隐私等方面进行了具体的规定（表 3-14）。

表 3-14　北京大学的开放获取政策

政策要点	具体内容
成果类型	书籍、期刊论文、会议论文、学位论文、研究报告、数据集、学习对象、预印稿、技术报告、演讲介绍、工作文档、图片、录音记录、软件、视频
提交要求	作者必须签署《北京大学机构知识库授权协议书》，自愿提交数字化格式成果，同时提交作品的描述元数据
时滞期	遵循出版社或资助方要求
使用要求	以个人学习、教研等非营利目的的使用，使用时须给出作者、标题、书目信息
开放形式	在网上对公众开放，用户可免费获取所有元数据，所有内容永久长期可获取

（二）论文全文开放

目前我国科技成果的开放获取最主要的两种形式是以机构知识库为代表的绿色 OA 和以开获取期刊为代表的金色 OA。

1. 机构知识库的开放获取

机构知识库对论文的开放出版形式是最典型的绿色 OA。为响应开放共享声明，中国科学院、国家自然科学基金委员会于 2014～2015 年先后建立自己的机构知识库并上线[199-200]，同年，北京大学机构知识库 3.0 版[201]正式上线。2016 年，中国高校机构知识库联盟[202]成立。

（1）综合性机构知识库

以国家自然科学基金基础研究知识库为例，截至 2021 年 7 月 23 日，该知识库中开放出版的成果领域涉及数理、化学、生命、地球、工程与材料、信息、管理和医学共八类，开放获取论文 763311 篇，参与科研机构 2052 个，相关作者 789669 位（表 3-15）。目前，国家自然科学基金基础研究知识库中开放出版的所有论文任何人均可以免费阅读和下载全文，无需专门注册账号。

表 3-15 国家自然科学基金基础研究知识库开放共享发布情况

划分依据	分类	数据量/篇
学科领域	数理	81388
	化学	77090
	生命	84921
	地球	72421
	工程与材料	146792
	信息	120404
	管理	59503
	医学	117898
研究领域	控制理论与技术	8207
	无机非金属半导体与信息功能材料	4946
	配位化学	4161
	机械动力学	3822
	结构工程	3580
	催化化学	3430
	农林经济管理	3429
	遥感科学	3404
	计算机图像视频处理与多媒体技术	3360
	作物基因组及遗传学	3120
发表期刊	*RSC Advances*	4499
	Scientific Reports	3812
	PLoS One	3158
	Journal of Alloys and Compounds	2011
	Applied Physics Letters	1652
	Chinese Physics B	1545
	Chemical Communications	1529
	Oncotarget	1479
	Optics Express	1474
	Applied Surface Science	1466
资助类型	面上项目	356059
	青年科学基金项目	211883
	地区科学基金项目	49903
	重点项目	19331
	联合基金项目	6171
	国家杰出青年科学基金	5955
	优秀青年科学基金项目	4201
	重大研究计划	3594
	创新研究群体项目	3450
	重大项目	3275

（2）专业机构知识库

中国科学院机构知识库网格现有下属单位机构知识库总计 114 个，其中高能物理所机构知识库[203]目前上传数据量、浏览量、下载量和用户数据量最多。截至 2021 年 7 月 23 日，该知识库中开放出版数据 66705 条，浏览量达 2304060 次，下载量达 219963 次，拥有 2266 位成员（表 3-16）。目前中国科学院有部分机构知识库仅向各研究所内部人员开放，用户需要使用机构内账号登录才能阅读和获取原文。

表 3-16 中国科学院高能物理研究所机构知识库开放共享发布情况

成果类型	数据量/篇	占比/%
会议论文	32821	49.20
学位论文	2298	3.44
期刊论文	27021	40.51
专利	345	0.52
专著	210	0.31
演示报告	78	0.12
获奖成果	37	0.06
研究报告	1	0.00
其他	3894	5.84
总量	66705	100

2. 科技期刊的开放获取

（1）论文处理费（APC）定价低于全球平均价格

绝大多数 DOAJ 收录的期刊不收取 APC（84 种），占收录总数的 58.74%。收取 APC 刊物的定价大约为 100～25000 元之间不等，平均价格为 5333 元。中国开放获取期刊 APC 定价（P/元）大多为 4000～6000 元。其中，有 13 种期刊的 APC 定价为 $P<2000$，有 8 种期刊的 APC 定价为 $2000\leqslant P<4000$，有 18 种期刊的 APC 定价为 $4000\leqslant P<6000$，有 13 种期刊的 APC 定价为 $6000\leqslant P<8000$，有 7 种期刊为 $P\geqslant 8000$。因此，除个别 APC 定价较高外，DOAJ 收录的中国开放获取期刊 APC 定价整体低于全球完全开放获取期刊平均 APC 定价（9721 元）。

（2）在 2016 年和 2020 年多种刊物被 DOAJ 新增收录

DOAJ 自 2008 年起开始收录中国开放获取期刊，每年都有新增收录期刊，但新增数量呈波动状（图 3-1）。其中，2020 年新增收录期刊达最高值 33 种，占 DOAJ

收录期刊总数的 23.08%。

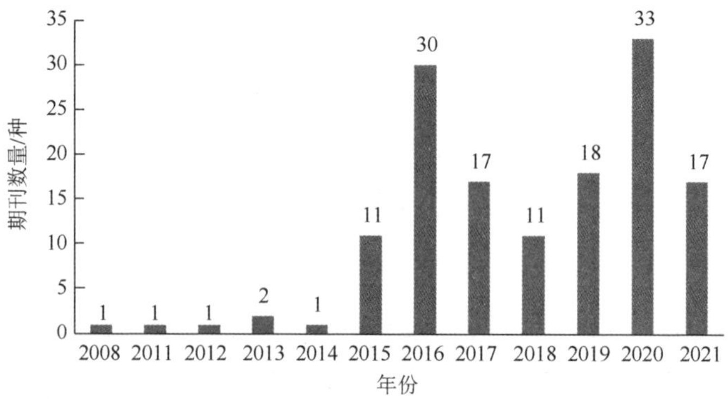

图 3-1　2008～2020 年 DOAJ 收录新增中国期刊数量

截至 2021 年 7 月，DOAJ 收录的中国期刊发文总数显示为 51617 篇①（见附表 5），发文总量超过 1000 篇的期刊有 11 种（表 3-17）。11 种期刊总发文量为 23896 篇，占比 46.29%。其中，发文数量最多的期刊为《国际眼科学（英文）》（4250 篇），占比 8.23%。根据《中国学术期刊影响因子年报》2020 版的统计结果显示，上述 11 种期刊的影响因子为 0.587~5.084，平均影响因子为 2.139。

表 3-17　被 DOAJ 收录的中国期刊中总发文量超过 1000 篇的期刊信息

期刊名称	发文量/篇	影响因子	加入日期	更新日期
International Eye Science	4250	0.879	2017-01-23	2017-01-23
Chinese Journal of Clinical Hepatology	3233	1.556	2017-02-24	2017-02-24
Journal of Hainan Medical University	3103	1.393	2018-01-08	2018-01-08
International Journal of Ophthalmology	2210	0.587	2016-11-11	2016-11-11
Chinese Journal of Lung Cancer	2152	2.131	2008-06-05	2020-02-18
Chinese Journal of Contemporary Neurology and Neurosurgery	2081	1.265	2013-04-03	2020-09-02
Chinese Journal of Aeronautics	1665	1.256	2016-01-07	2021-05-20
Acta Geodaetica et Cartographica Sinica	1418	3.548	2014-09-12	2021-05-25
Petroleum Exploration and Development	1333	5.084	2018-11-09	2021-01-26
Journal of Materials Engineering	1278	1.632	2016-10-12	2016-10-13
Geoscience Frontiers	1173	4.202	2016-12-01	2021-01-26
总计	23896	-	-	-

① 由于大部分期刊被 DOAJ 收录后，未及时在 DOAJ 网站更新其发文数量，因此该发文总数低于期刊实际发文总数。

（3）在 DOAJ 收录的中国科技期刊以医学期刊占比较大

统计结果显示（见附表 3）DOAJ 收录的中国期刊多以医学类期刊为主（41 种），其次为工学（28 种）、化学（8 种）、和农业科学（8 种）（表 3-18）①。

表 3-18　DOAJ 收录的中国期刊学科分布

序号	学科	刊数/种	序号	学科	刊数/种	序号	学科	刊数/种
1	医学	41	10	计算机科学	4	19	生物化学	1
2	工学	28	11	物理学	3	20	天文学	1
3	化学	8	12	地质学	3	21	天文物理学	1
4	农业科学	8	13	基础科学	2	22	图书情报与目录学	1
5	地理学	6	14	社会科学	2	23	农业与环境	1
6	多学科	6	15	海洋学	2	24	医学地理学	1
7	技术	6	16	药学	2	25	语言与文学	1
8	生物学	6	17	军事科学	1	26	植物学	1
9	环境学	5	18	美术学	1	27	动物学	1

注：按照学科期刊数量排序。

（4）DOAJ 中的中文期刊

我国收录在 DOAJ 中的中文期刊如表 3-19 所示[104]，这些期刊采用的开放许可协议包括 CC BY、CC BY-SA、CC BY-NC、CC BY-NC-ND 以及出版商自己的协议多种情况，APC 定价从 0 元到 8000 元人民币不等（个别期刊 APC 单位为美元）。自加入 DOAJ 以来，已有 19576 篇中文开放获取论文（截至 2021 年 7 月 23 日），这些文章中有 51.8%出自医学研究领域、17.4%出自地理科学相关研究领域、其次为材料科学、计算机科学、工程领域的研究，此外也有一些大学学报已开放获取部分论文，还有个别期刊以及一些近期刚加入 DOAJ 的期刊目前发文数量较少。

① 检索时间：2021-07-08；检索方法——Scopus 高级检索；出版时间（2011～2020）；后在检索结果界面的分面导航框筛选国家（China/All）；文献类型（Data Paper）。

表 3-19 DOAJ 中的中文（含中英文）期刊

序号	期刊名称	语言	许可协议类型	APC/人民币	加入时间	发文量
1	临床肝胆病杂志	中文	CC BY-NC-ND	2500	2017-02-24	3233
2	中国肺癌杂志	中文	CC BY	1000	2008-06-05	2163
3	中国现代神经疾病杂志	中英文	CC BY	600 USD	2013-04-03	2082
4	测绘学报	中文	CC BY-NC-ND	600	2014-09-12	1418
5	石油勘探与开发	中文	CC BY-NC-ND	0	2018-11-09	1333
6	材料工程	中文	CC BY-NC	2400	2016-12-12	1278
7	电子技术应用	中文	CC BY-NC	1696	2018-12-13	947
8	上海师范大学学报（自然科学版）	中英文	CC BY-SA	100	2015-08-28	907
9	第三军医大学学报	中文	CC BY	0	2021-03-31	904
10	口腔疾病防治	中文	CC BY	0	2019-05-16	872
11	肿瘤防治研究	中文	CC BY	500	2019-07-15	724
12	农业资源与环境学报	中文	CC BY-NC	2000	2016-10-24	652
13	中国舰船研究	中英文	CC BY	1200	2017-04-25	645
14	西北工业大学学报	中文	CC BY	8000	2021-04-28	559
15	河北科技大学学报	中文	CC BY	0	2015-03-12	505
16	航空材料学报	中文	CC BY-NC	1500	2016-12-12	387
17	全球能源互联网	中文	CC BY-NC-ND	0	2019-07-15	242
18	波谱学杂志	中文	CC BY-NC	1000	2016-12-30	189
19	同位素	中文	CC BY-NC-ND	200	2015-10-20	163
20	知识管理论坛	中文	CC BY	0	2017-2-10	152
21	宏观语言学	中英文	CC BY	0	2017-10-6	112
22	哈尔滨理工大学学报	中文	CC BY	4000	2015-09-11	76
23	中国烟草学报	中文	CC BY	0	2018-01-28	30
24	计算机科学与探索	中文	CC BY-NC	3500	2021-06-24	2
25	红外与毫米波学报	中英文	CC BY-NC-ND	300 USD	2011-01-04	1
26	中国油料作物学报	中文	CC BY-NC-ND	6000	2021-07-05	0
27	作物学报	中文	CC BY-NC-ND	6480	2021-04-07	0
28	航空兵器	中文	CC BY	0	2021-03-31	0
29	工程设计	中文	Publisher's own license	3000	2016-12-13	0
30	渔业科学进展	中英文	CC BY-NC	220	2016-03-23	0

（三）开放获取协议

为保护开放出版的知识创作的作者权益，适用一定的知识共享许可协议是必要的。目前较为常见和最为广泛使用的知识共享协议是 CC 协议，我国目前也较多采用该协议，以下将对 CC 协议的版本、类型、区别，以及在国内的应用情况进行简介。

1. 知识共享许可协议

CC 协议的最初版本在 2002 年 12 月 16 日发布，之后经历了几次版本的演变（表 3-20）。为使 CC 协议具有更广泛的适用性，通用版本的 CC 3.0 于 2007 年面世[205]，各司法管辖区可根据自己的法律制度进行本地化。2013 年，更适用于国际环境和更多情况（例如数据共享）的 4.0 版本颁布[205]，该版本被沿用至今。CC 3.0 的优势是各国能够进行诠释，CC 4.0 的优势是更适用于各类数字对象，但是没有各国诠释的权利，而是一项国际标准。

表 3-20　CC 协议的版本

版本	发布时间	属性
CC 1.0	2001	通用
CC 2.0	2004	通用
CC 2.5	2006	通用
CC 3.0	2007	可本地化
CC 4.0	2013	国际

CC 协议由署名（Attribution, BY）、相同方式共享（ShareAlike, SA）、禁止演绎（No Derivative Works, ND）和非商业性使用（Noncommercial, NC）四个授权要素组成（表 3-21），由这些要素组合成常用的六种协议类型。每种类型的协议简易版都包括允许行为、限制行为和声明三个部分。此外，还有一种 CC0 协议，采用此协议表示作者放弃该创作的一切知识产权。

表 3-21　CC 协议的类型及图标

协议类型	授权要素	图标
署名	BY	
署名-相同方式共享	BY-SA	
署名-禁止演绎	BY-ND	
署名-非商业性使用	BY-NC	
署名-非商业性使用-相同方式共享	BY-NC-SA	
署名-非商业性使用-禁止演绎	BY-NC-ND	

2. 中国的 CC 协议

2006 年 3 月，“数字化时代的知识产权与知识共享国际会议”在北京召开，会上中国正式与知识共享组织签署合作，发布了 CC 协议[206]。知识共享中国大陆项目[207]自 2010 年开始 CC 3.0 协议的本地化工作①，根据《中华人民共和国著作权法》和相关法律法规对协议进行修订。在适应中国法律法规和兼容未本地化版或其他司法管辖区的 CC 3.0 的基础上，中国大陆版 CC 3.0①在邻接权、数据库、原始作者、公开传播、著作权管理体系、著作人身权及非限制性条款等方面做了调整[208]。

3. CC 4.0 的优化改进

与 CC 3.0 相比，CC 4.0 有了更大改进和多种优点，首先在文字上，CC 4.0 更加清晰易读。同时，在原有的基础上对一些尚未明确的权利增加了更为清晰的限定：①更国际化的许可协议；②明确著作权以外的权利；③署名要求调整；④提升匿名性；⑤允许 30 天内纠正违反许可证的行为；⑥增加可读性；⑦明确 BY 和 BY-NC 的区别[209]。

4. 开放获取资助协议

除了 CC 协议，我国还签署了另外两项开放获取协议意向书，一个是 OA2020 倡议，另一个是 Plan S。2017 年 10 月 26 日，中国国家科技图书文献中心（National

① 知识共享中国大陆项目名称如此。

Science and Technology Library, NSTL）成为我国首个正式签署了 OA2020 倡议的国家级机构[210-211]，截至 2021 年 7 月 22 日，我国已有 17 个机构与 OA2020 签署协议[212]。2018 年 12 月初，中国国家自然科学基金委员会、国家科技图书文献中心、中科院文献情报中心组成的代表团参加了第 14 届柏林开放获取会议，会上明确表示我国支持 OA2020 倡议和开放获取 Plan S，支持公共资助项目研究论文立即开放获取[213]。

（四）开放获取提升影响力

新时期下，学术成果的开放获取正在成为新趋势。在 2015 年，中国发表的 OA 论文数量首度跃居世界第一[214]。近年来，越来越多的学术论文开始发表在国内外的 OA 期刊上，加大了本土研究成果在国际范围内的可见度，为持续提升本土论文的影响力提供可能。而随着网络用户、网络信息资源、社交媒体和工具的不断增加，OA 论文的总体影响呈现累积增长的趋势[215]。

1. OA 促进科技成果的国际可见度

开放获取实践提升了本土科技成果在国际范围内的可见度。2020 年初 COVID-19 大肆暴发，为尽快在全球范围内开放共享相关研究数据，很多出版商推出新冠病毒专栏或数据备份系统，第一时间发布学术出版相关成果。有研究表明，与 COVID-19 相关研究的出版物中，近 75%的都是开放获取期刊[216]。疫情期间，国际合作研究和开放获取出版的比例有一定程度增加[217]。特殊时期下，科研资助机构除了加快相关研究项目的审批进度，也积极邀请世界各地学者交流与分享。全球资助卫生健康研究的公共与私人机构有 11 家对旗下的 COVID-19 相关研究数据进行开放获取[218]。我国国家自然科学基金委员会也积极呼吁，确保新冠病毒数据和科研成果及时开放共享[219]，中国科学院推出新型冠状病毒专题和知识服务与科研攻关交流平台[220]，国家生物信息中心等机构联合推出 2019 新型冠状病毒信息库[221]，整合了大量最新发布的 2019-nCoV 基因组和蛋白质序列数据、元信息、学术文献、新闻动态、科普文章等信息，开展了不同冠状病毒株的基因组序列变异分析并提供可视化展示。

2. OA 促进科研成果的引用率提升

已有研究表明，开放获取期刊对科研成果的传播具有显著影响，科研人员越来越多地选择将研究成果发表在开放获取期刊上[222]。调研发现，多数科研人员认为，开放获取出版可以显著提高科研成果的传播速度、传播广度和利用率，期刊实施开放获取的时间越提前，这种影响就越明显[223]。近几年也有学者指出，开放获取可以提高科研成果的可见度、可访问性和使用率[224]。可见，开放获取实践可以促进科研成果的重复使用，进而提升其价值的外延和衍生，开放获取对学术交流体系的良性发展和科学的可持续发展具有重要推进作用。

3. OA 提升学术影响力和社会影响力

学术期刊的影响力由学术影响力、社会实践影响力、社会信誉度和读者认可度等因素共同影响[225]。随着开放获取运动的不断发展深化，开放获取期刊也发展迅速。研究显示，许多从业人员认可开放获取可以加快学术信息的交流，提升期刊的阅读量，提高期刊的影响力[226]。将学术期刊收录在开放获取平台（如 DOAJ）上有助于提高声誉[227]。近年来，数据出版逐渐受到学界和出版界重视，有研究指出，数据出版除了在保护作者知识产权、确保数据质量和长期保存数据方面具有增值作用外，还能提高数据自身的影响力[228]。

如今互联网技术不断发展进步，社交媒体类型愈发丰富，社交平台的影响力也日渐提升，是网络环境中传播信息的重要媒介[229]。日益丰富的社交媒体在学术出版领域也扮演着重要角色，它们不仅为科研人员提供学术信息和研究成果的分享和交流平台，也为人们获取学术资源提供多样化的途径[227]。例如 Research Gate、微信公众号等交流平台，因为用户数量多、传播速度快、范围广、成本低等优势，极大地促进了科研成果向社会各阶层推广的力度，扩大了学术交流的范围，加快了知识的传播速度，与此同时，基于各类社交媒介推出的新型服务也不断满足着不同用户的个性化信息需求。

为积极响应开放获取行动的号召，我国科研资助机构和科研机构各自发布自己的开放获取政策，高校则均以各自的图书馆为牵头机构制定部署开放政策及相关工作。近年来，学界、图书情报界和出版界开始关注开放获取出版，当前我国的开放出版主要有绿色 OA 和金色 OA 两种形式，不过，目前我国真正意义上的开放获取期刊数量仍然较少，有其诸多原因；不过，经过十余年的发展进步，已有许多期刊逐渐采取开放许可协议，并且许多新刊创立之初便定位为开放获取期刊。研究和实践证明，开放获取在促进科研成果的可见度、引用率和影响力方面具有重要作用，因此，学术成果的开放获取出版对知识传播和学术体系良性发展具有重要意义。

二、开放科学环境下中国科技期刊数据出版现状

（一）数据出版总体概况

数据出版是指将经过同行评议的数据发布在网络或其他媒介上。数据期刊（data journal）是随着信息需求的发展，在互联网和科研数据共享趋势下产生的一种新型学术期刊。与传统学术期刊相比，数据期刊在对象、受众、特点和实质等方面均有明显差别[230]。和传统学术期刊相同的是，数据期刊也需要同行评议、公开发表、被权威索引机构认可，以及计算引用程度等[231]。

1. 我国现有数据出版刊物

我国数据出版起步相比国外较晚，近几年我国陆续创办了一些本土的数据期刊。2015 年，中国科学院计算机网络信息中心创办《中国科学数据（中英文网络版）》；2017 年，中国科学院地理科学与资源研究所、中国地理学会联合创办《全球变化数据学报（中英文）》数据期刊。2018 年，中国科学院遥感与数字地球研究所与 Taylor & Francis、国际数字地球学会共同创办全球首个地球科学开放获取期刊《地球大数据（英文版）》（*Big Earth Data*，发表研究论文的同时也发表数据论文）；2020 年 6 月，《全球变化数据仓储电子杂志（中英文）》正式创办。

2. 我国的数据出版的政策与标准规范

2018 年 4 月 2 日，国务院发布《科学数据管理办法》[232]，其中第二十二条明确指出，为促进科学数据的共享和利用，主管部门和法人单位应积极推动科学数据出版和传播工作，支持科研人员整理发表产权清晰、准确完整、共享价值高的科学数据。第二十三条指出，科学数据使用者应遵守知识产权相关规定，在论文发表、专利申请、专著出版等工作中注明所使用和参考引用的科学数据。

《信息技术 科学数据引用》[233]标准自 2018 年 7 月 1 日起开始实施，标志着科学数据可以同科研论文一样被标准化引用[234]。2021 年 3 月 9 日，国家标准化管理委员会发布 3 项科学数据标准：《科技计划形成的科学数据汇交 技术管理与规范》[235]《科技计划形成的科学数据汇交 通用数据元》[236]《科技计划形成的科学数据汇交 通用代码集》[237]，于今年 10 月 1 日正式实施。由此可见，我国已对数据出版工作予以充分重视，并从政策层面予以支持。

3. 国家科学数据基础设施建设

除了政策层面对数据出版给予支持，我国也已开始在基础设施方面积极推进数据出版工作，为数据出版创造良好的发展环境。顺应国家数据政策的要求，为规范管理国家科技资源共享服务平台和完善科技资源共享服务体系，积极推动科技资源向社会开放共享，我国科技部、财政部对原有国家平台开展了一系列优化调整工作，通过部门推荐和专家咨询，共形成 20 个国家科学数据中心[143]。今后，这批数据中心将成为我国重要的科学数据长期保存体系，科研资料、工具与产品的集成体系，以及数据评估和数据服务体系。

（二）数据出版流程规范

与传统学术出版相似，数据出版也遵循完整的出版流程，数据出版流程通常指在网络出版数据、相关元数据与文档附件、软件代码等的活动和过程[238]。不同模式下的出版流程和规范也各有特色，本小节将按照不同的数据出版模式分别介绍数据出版的流程规范。

1. 数据出版模式

学界较多学者将数据出版总结为三种模式[239-242]：独立数据出版；作为论文支撑材料的数据出版；以数据论文形式出版[243]。

（1）独立数据出版

独立数据出版是指数据在数据中心或数据知识库中存储发布，而非依赖于出版物。这类出版方式在将数据存储到指定存储地时，为数据集分配一个唯一标识符用以检索和使用。而这些数据知识库往往都是政府或国家级的数据中心、公共知识库和科研机构的知识库。

（2）作为论文支撑材料的数据出版

作为论文支撑资料的数据出版是指，将数据作为学术论文的支撑材料一并提交至指定的知识库进行共享，是一种附属在出版物上的数据出版。这类数据都与关联的论文高度相关，它们很多都是科研结果数据，是论文的重要组成部分。为增强论文附加数据的审查，一些出版商为论文引用提供相应数据可用性声明[244-247]。

（3）以数据论文形式出版

以数据论文形式出版是指，数据作为出版物本身进行出版。数据论文是对具有科学价值的某类或某个数据集进行规范化描述所形成的科学研究论文[248]。完整的数据论文出版应当包括数据论文和对应数据集两部分，二者通过唯一标识符实现关联，在经同行专家评议后出版。这类出版一般需遵循一定的开放获取协议。

2. 国际数据出版流程

（1）独立数据出版流程

科学数据在独立出版时主要有两种方式：一是数据生产者自主提交；二是工作人员协助提交。自主提交时，数据提交者需根据数据平台的提交指南独立完成。以Dryad[249]为例，提交者使用 ORCID 登录，在提交数据前先输入元数据，然后上传一份能够打开的数据（确保不包含敏感信息并遵循 CC0 协议），同时上传一份.txt格式的数据描述文件（readme），提交后平台工作人员将会审查数据，一经审核通过，该数据集将被出版和公开，并以电子邮件的形式通知数据提交者，邮件中会告知知识库为数据注册的 DOI，如果数据集的成本不是由期刊、机构或国家报销，提交者将会收到电子发票；工作人员协助提交数据时，需由数据知识库的工作人员协助数据生产者，将数据进行评估、格式化调整后上传至知识库。具体操作又可以分为数据评估环节、数据准备环节和数据提交环节。评估主要是依据一定的标准评估数据集是否符合知识库要求；准备环节包括制定数据提交计划、描述数据集、规范数据格式、确定数据获取和使用条件和传递方式等[250]。

（2）作为论文支撑材料的数据出版流程

数据作为论文附件一起出版时，除了对论文进行同行评议，也要对数据集进行必要的审查。近年来，随着学术出版要求的不断提高，许多出版商都制定了自己的数据审查要求和数据政策，以增加研究数据的透明度。在审查数据时主要关注研究方法是否适用研究问题，以及收集的数据是否能够支持研究结论[243]。以 Dryad 为例，集成出版主要包括以下几个流程：①作者向期刊编辑部提交稿件；②期刊对稿件进行同行评议并为其创建临时记录；③期刊邀请作者提交数据并为临时记录提供链接；④作者提交数据并使用临时记录的链接；⑤期刊将密码和 DOI 发送至作者；⑥论文被接受后编辑部通知知识库；⑦知识库出版带有关联论文链接的数据集，期刊将知识库提供的 DOI 添加到所有形式的论文中[251]。

（3）数据论文的出版流程

数据论文出版流程可参考全球生物多样性信息网络（Global Biodiversity Information Facility, GBIF）联合 Pensoft 出版社启动的数据论文示范项目，具体出版流程包括下述几个步骤[252]：①数据发布者为数据集创建元数据并分配永久 ID；②元数据创建后，自动集成数据论文；③作者自查并将论文上传至期刊在线投稿系统；④同行评议后，初稿审稿意见返回给作者；⑤作者根据审稿意见修改论文；⑥同②，标记的修改版在此自动转换成论文；⑦论文被接受，进入校样阶段，加上投稿日期、修改日期和接收日期，并注册 DOI 号；⑧数据论文经过校对最终确认后，将以多种形式发表，打印版、与打印版一致的 PDF 格式、语义增强 HTML 格式和 XML 格式。

3. 我国数据出版流程

我国数据独立出版的流程可参照国家青藏高原科学数据中心的数据汇交流程（图 3-2），主要包括：作者提交数据和元数据；提交专家评审；系统自动分配评审专家、审核通过后数据发布。

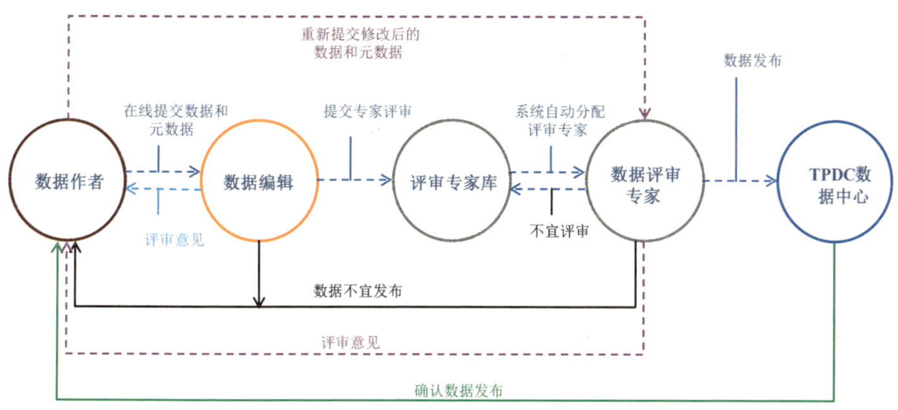

图 3-2 国家青藏高原科学数据中心的数据汇交流程[253]

我国数据作为论文支撑材料出版的流程可参照科学数据银行 ScienceDB 的数据发布流程，主要包括：注册和登录；数据提交；数据审查；数据发布[254]。图 3-3 展示了 ScienceDB 完整的业务流程。

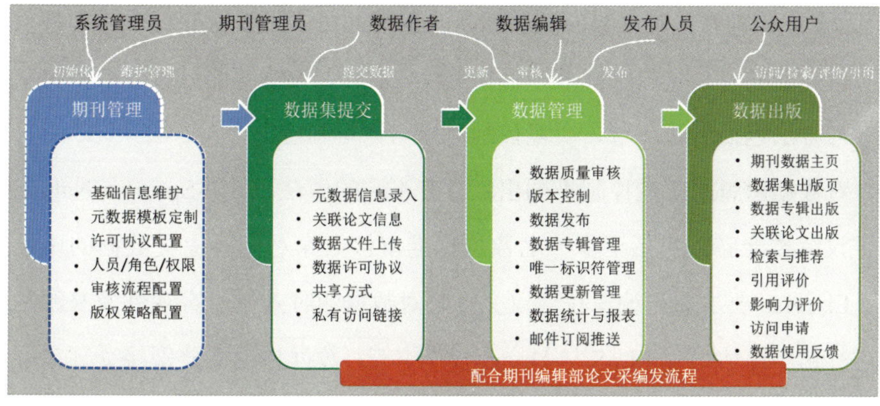

图 3-3 Science Data Bank 的业务流程[255]

我国的数据论文的出版流程可参照我国自主创办刊物《全球变化数据学报（中英文）》，主要包括图 3-4 所示的几个环节：接受作者投稿 → 数据评审和数据论文评审 → 编辑加工 → 校对 → 期刊印刷 → 期刊发行，其中还涉及了版面费收取、印刷费缴纳、稿费发放，出版顺序是数据首先出版，数据论文随后出版。

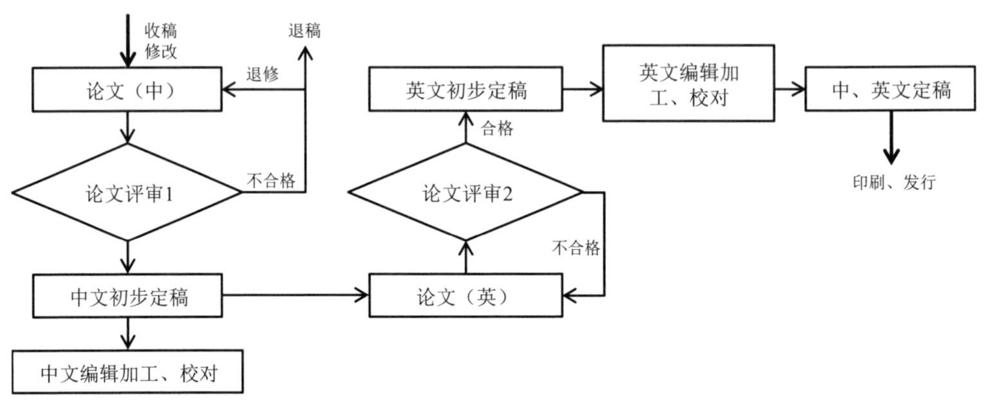

图 3-4 《全球变化数据学报（中英文）》论文出版流程[256]

（三）数据出版质量控制

数据出版是为了数据的共享和重用，质量审核是学术出版的核心环节[257]，数据出版的质量控制包含了数据质量、论文质量、元数据质量等的控制，以及数据库的遴选等。数据质量控制是在明确数据出版的含义及范畴、确定不同的数据出版模式及其流程、了解数据质量的内涵及标准的基础上使得出版后的数据达到甚至超过数据质量标准的一系列政策标准、工具平台、活动、方法等的过程。数据质量控制的内容与方法包括出版环节、质量控制对象与评审制度等[258]。

针对数据出版的质量控制不同出版方有不同的做法，例如 Springer Nature 规定数据评议编委会必须包括至少一名数据标准审核专家对作者提交数据的质量进行评估；Elsevier 要求期刊编辑在评议文章时对数据的时效性、客观性及来源的真实性等进行初步评估[259]；PLoS 与 Dryad 合作审查，数据与论文分别接受评审并同时出版[260]。除了数据质量的控制，针对论文的质量控制主要采用同行评议的方法[261]，针对数据知识库的质量控制也包含了数据本身和元数据质量以及相关文档等的质量控制[262]。

1. 不同数据出版模式的质量控制

（1）独立数据出版的质量控制

独立数据出版模式下的质量控制主要是数据知识库的选择和元数据质量。这种模式是由用户自主将数据提交在指定的存储库中，对于数据本身的质量没有专门的标准和要求。在这种出版模式下，数据知识库多为国家级数据中心、国家研究机构数据知识库、专业数据中心等，数据提交后由数据知识库的管理员来执行数据审查（技术层面）的工作，包括：数据文件的完整性、数据的完整性、数据的标准性等。也有个别数据知识库通过实施数据管理计划来评议数据。数据知识库的质量控制标准，可以参照 TRUST 原则中指出的：透明度、责任、关注用户、可持续性和技术支持[42]。数据出版质量也与元数据质量密切相关，高质量的元数据不仅可以保障知识库的有用性，还能够有效描述数据资源，帮助用户更好地理解和使用数据。为此，在提交数据时，数据知识库通常会要求提交者提供一些必备的描述性元数据，有些知识库还会提供一些可供提交者选择的元数据来进一步丰富数据描述。元数据质量评价通常重点关注几个特征：完整性、准确性、来源、一致性、及时性和可访问性等[263]。经质量控制的数据应满足 FAIR 原则：可发现、可获取、可交互、可重用[264]。

（2）数据作为论文支撑材料出版的质量控制

数据作为论文支撑材料的出版模式下，质量控制重心多在论文的同行评议和审查。这种出版模式下，期刊通常与一些大型的数据知识库合作，而数据质量控制工作则倾向于交给知识库管理人员完成，质量审查内容包括数据本身和元数据，为了方便引用和追踪，有些知识库还会为数据集单独分配 DOI。出版时，很多期刊会要求作者提供作为研究结论的重要证据（原始数据经过处理后的数据）以供同行评议专家和编辑部审查，但是不会对数据质量进行严格要求，且评议过程也没有统一的标准。

（3）数据论文出版的质量控制

数据论文出版的质量控制主要包括论文评议、数据评议和其他要求[265-270]。为保证论文质量，数据期刊继续沿用传统学术期刊采用的同行评议机制。论文评议重点关注内容和格式、参考引用资料的完整性和有效性，以及出版要求；数据评议环节重点关注：数据可访问性、数据格式、数据完整性（包括工具和环境等）、研究方法描述详尽程度、元数据质量、数据与论文和元数据的一致性、数据科学性和独特性、数据的可重用性等；其他可能关注的重点有数据收集和分析背景、知识共享许可协议、科学贡献等。

尽管数据论文在出版前都会进行质量控制，但是目前数据出版质量控制仍缺乏统一流程和评价标准，也缺乏学界公认的理解[271]。上述三种数据出版模式具有几个相似之处：①都重视数据的可访问性；②建议提交完整的数据；③要求将数据存储在某个待定的知识库中。几种模式的不同之处在于：①基于知识库出版或是依赖于期刊出版；②是否进行同行评议。

2. 我国数据出版的质量控制

我国数据出版质量控制主要表现为，少数数据出版主体针对自身存在的问题和面向未来的发展，自主进行探索和尝试。大部分数据知识库的质量控制由领域内具有特色或代表性的科研院所负责[272]。

《地球大数据（英文版）》（*Big Earth Data*）的论文质量和数据质量的控制整合在一个过程中，主要包括三方面的内容：检查数据存储的位置；审核数据论文的质量；评价关联数据的质量[154]。《全球变化数据学报（中英文）》的数据出版质量控制则主要集中在数据评审环节，重点关注：元数据是否完整规范，数据署名信息是否完整，数据集的产权是否清晰，实体数据内容与数据论文阐述的是否一致，实体数据在内容、空间分辨率、时间频率、光谱波段或数据格式上是否具有智力投入，实体数据中的空间数据和属性数据的质量是否符合既定空间和时间尺度规范条件下误差小于 10%原则、引用他人数据记录是否符合小于 10%原则、数据格式是否规范、数据论文是否完整、数据可视化图是否清晰、表达是否准确、参考文献是否规范、中英文双语对应是否符合语义原则等[273]。

（四）数据出版典型案例

我国的数据出版起步相对较晚，但近几年的探索和实践步伐逐渐加快。

1. 《地球大数据（英文版）》

《地球大数据（英文版）》[274]是一本跨学科、开放获取和同行评议的学术期刊，也是世界上第一本地球科学大数据期刊，被DOAJ、Scopus、Ei Compendex、GEOBASE和ESCI收录。该刊出版论文主题包括但不限于：地球观测、地理位置、地质、大气科学、海洋科学、地球物理学、地球化学等。出版类型包含研究性论文、综述、数据论文、技术笔记（technical notes）和软件论文（software papers）。该刊旨在为促进“大数据”的共享、处理和分析提供一个高效、高质量的平台，从而彻底改变人们对地球系统的认识。截至2021年8月3日，*Big Earth Data*出版的数据论文中的阅读量最多的高达9486次，在CrossRef被引量最高的多达68次。

2. 《全球变化数据学报（中英文）》

《全球变化数据学报（中英文）》[275]共设立四个主要栏目：综述、数据政策与科学计划和数据技术栏目；数据论文栏目；世界地理数据大百科辞条栏目；能力建设、学术活动栏目。截至2021年8月3日，该刊已出版数据集47期，共计932个，拥有来自97个国家或地区的75717名注册数据用户，总访问量达6054574人次。来自12个国家的1482位作者，共发表了337篇数据论文。

《全球变化数据学报（中英文）》的办刊宗旨是采用科学数据与数据论文关联出版模式，刊载全球变化科学数据论文，促进数据共享和知识产权保护，带动科学发现，提高中国在该领域的国际影响力。办刊的基本原则为：领域融合、产权清晰、学术自由、数据开放、信息详实、双语并行、出版规范、网络互连。该刊重大创新举措包括综合领域内容、中英双语同刊组编、科研项目和学术会议作者群与百校传播计划等。

3. 《中国科学数据（中英文网络版）》

《中国科学数据（中英文网络版）》[276]是目前中国唯一的专门面向多学科领域

科学数据出版的学术期刊，是国家网络连续型出版物的首批试点之一，中国科学引文数据库来源期刊。本刊重点关注生命科学与医学、地球系统科学、空间科学与天文学、物理学、化学化工、材料科学与工程、信息科学、社会科学等领域的基础数据及数据产品。该刊所有数据均发布在 ScienceDB[277]。截至 2021 年 8 月 3 日，ScienceDB 已出版 487820 个开放数据集，数据总浏览量达 4018724 次，数据总下载量达 13059750 次。

该刊致力于科学数据的开放、共享和引用，推进科学数据的长期保存与数据资产管理，探索科学数据工作的有效评价机制，推动数据科学的发展，促进科学数据的可发现、可访问、可互操作、可重用。

4. 《全球变化数据仓储电子杂志（中英文）》

《全球变化数据仓储电子杂志（中英文）》[278]是“全球变化科学研究数据出版系统[279]”基础设施的重要组成部分[280]，是一个通过数据作者投稿、经同行专家评审、向全社会开放、与世界学术出版界规范接轨的原创数据集或数据产品进行正式出版和发布的平台。它与《全球变化数据学报（中英文）》分别承担着全球变化实体数据集和数据论文出版的任务。该刊以促进全球变化及其相关领域（包括地理、资源、生态、环境、可持续发展等）高质量、可信赖的科学数据共享为目的，以数据知识产权保护与数据开放共享协调一致作为宗旨，以出版和传播全球变化科学发现最新实体数据成果为核心任务的电子期刊。通过实体数据集出版的途径，确保数据集产权清晰、安全可靠、质量可信、计算机可识别、系统可交互、数据可再用。《全球变化数据仓储电子杂志（中英文）》的主要任务包括：出版实体数据集；出版内容兼顾基础数据、最新科学发现数据和社会可持续发展数据；数据永久保藏和服务；网络互联互通；促进国际合作。

数据作为重要科研资料，将其公开出版的需求日益增长。为出版科研数据，数据期刊和数据出版平台应运而生，顺应国际趋势，我国已有不少机构开始积极带头创办本土数据期刊和数据出版平台，国家也从政策和基础设施层面给予大力支持。当前常见的数据出版有独立数据出版、作为论文支撑资料的数据出版、数据论文形式出版三种模式，不同模式的出版流程和质量控制重点也各有特色。目前，我国已创办的几种数据期刊的发展宗旨重点聚焦在数据的公开、共享、同行评议、引用、长期保存、重用、交互和促进国际范围的合作等。与国际相比，当前我国的数据期刊数量仍较少，学科领域也具有较大的扩展空间，不过，国家现有环境也给予其蓬勃生机，发展形势大好。

三、开放科学环境下的中国科技期刊评价

科技期刊是科研成果集中记录和交流传播的基本载体[281]，对科技期刊进行评价，提供公正、科学的评价依据，有助于科研人员、科研机构客观地了解科技期刊的学术影响力情况，辅助其在论文投稿、学术评价等科研过程中做出合理的决策，是科技评价中的一个重要内容。传统期刊评价主要从定性评价与定量评价两个维度展开。期刊定性评价方法主要是依据领域专家意见进行评判，是期刊评价的重要方面，但是面临专家意见不统一、评价过程费时费力等问题。期刊定量评价方法主要是依据期刊刊登论文构建的相关量化指标，因其具有客观、高效等特点，在科技评价实践中经常被使用[282]。期刊定量评价方法包括以影响因子（Journal Impact Factor，JIF 或 IF）为首的一系列指标，但近年来对期刊影响因子及类似排名指标的滥用，对学术交流体系造成了许多负面影响，包括期刊评价与单篇论文质量之间的混淆、诱导不道德的作者署名与引用行为等局面[283]。

我国政府与有关部门也逐渐意识到了科研评价中滥用类似指标和排名的弊端。2015 年 11 月，中国科协、教育部、国家新闻出版署、中科院、工程院发布了《关于准确把握科技期刊在学术评价中作用的若干意见》[281]，指出要防止出现“唯期刊、唯论文的倾向”，将期刊论文评价与期刊评价适度分离，从重视期刊论文的数量向重视科研成果的质量转变，从看重所发表论文的期刊国别、影响因子和期刊等级向看重论文本身的创新性和社会价值转变。2020 年 2 月，教育部、科技部联合发布了《关于规范高等学校 SCI 论文相关指标使用 树立正确评价导向的若干意见》的通知[284]。指出为扭转当前科研评价中存在的 SCI 论文相关指标片面、过度使用

等现象，规范各类评价工作中 SCI 论文相关指标（包括论文数量、被引次数、高被引论文、影响因子、ESI 排名等）的使用，坚决摒弃“以刊评文”，鼓励定性与定量相结合的综合评价方式，探索建立科学的评价体系。同月，科技部发布了《关于破除科技评价中“唯论文”不良导向的若干措施（试行）》的通知[285]，要求在科技评价中不把代表作的数量多少、影响因子高低作为量化考核评价指标。2021 年 8 月，国办发布了《关于完善科技成果评价机制的指导意见》[286]，再次强调不把论文数量、代表作数量、影响因子作为唯一的量化考核评价指标。

（一）论文评价

开放科学环境下，论文评价回归论文自身。论文评价与期刊评价脱离是未来大势所趋，如何做好论文评价是目前学术界、科技期刊界与出版界、资助机构等需要合作解决的问题。从目前来看，开放科学环境下的中国科技论文评价以定性与定量评价相结合，定量评价手段主要包括论文级别计量和 altmetrics 计量①，其中以论文的引用为主要评价指标，包括下载次数、阅览次数、社交网络提及次数等；定性评价以开放的用户评价为主。但是，目前这些数据还是在各科技期刊出版平台上或者是在中国知网平台或万方数据库中，如何更进一步做好这些评价数据的收集、展示与利用工作，是未来我国科技论文评价的重点。

1. 国外研究与实践进展

在开放科学环境下，一些国际组织和项目正在积极推进新一代研究评估体系，包括发布了《旧金山研究评估宣言》（Declaration on Research Assessment, DORA）、《莱顿宣言》（Leiden Manifesto）、论文级别计量（article-level metrics, ALM）、F1000Prime 领域专家打分方式[287]等。在透明的学术交流体系和开放获取研究成果氛围下，科研人员学术水平和研究质量的合理评价标准，正在被重塑。

旧金山研究评估宣言的基本原则是：不使用基于期刊的指标，如期刊影响因子，去评价单篇文章的质量、单个科学家的贡献，或在招聘、晋升和资助的决策

---

① 指标是指 altmetric.org 所言，但是数据是指 altmetric.com 所供，两者不同。

中使用[288]。

莱顿宣言提出了研究评价的十大指导性原则[289]：①量化的评估应当支持而非取代质化的专家评审；②科研绩效的考量应基于机构、团队及个人的科研使命；③保护卓越的本地化研究；④数据采集和分析过程应公开、透明、简单；⑤允许被评估者检验相关数据和分析；⑥考虑发表和引用的学科差异；⑦对于学者个人的评估应基于对其所有作品质化的评判；⑧避免不当的具体性和虚假的精确性；⑨认清科技指标对科研系统的影响；⑩定期审查指标并更新。

论文级别计量是用来衡量单篇学术论文的使用与影响力的引文指标[290]。2009 年 3 月，开放获取出版商 PLoS 为其出版的所有论文最先引入了论文级别计量指标，包括下载次数、引用次数和替代计量（altmetrics）指标。Altmetrics 统计指标由 Impact Story、Altmetrics.com、PlumX 等公司提供。PLoS、Biomed Central、NPG、Elsevier 等出版商都提供 altmetrics 指标[290]。2014 年 3 月，PLoS 宣布提供论文级别的 COUNTER[291]电子资源使用统计数据。

2. 国内研究与实践进展

国内论文评价研究目前主要还是以传统评价指标（被引频次、引文网络）为主，在深入挖掘论文引用的情感机制、创新性与创新性评价等知识单元内容的同时，逐渐开始融合国外的 altmetrics 指标、同行专家评价（F1000 和同行评议文本）等方法，科技论文评价依然处于多方面探索前进的道路中。

在论文评价的实践方面，部分中国科技期刊也采用了 altmetrics 服务，例如在自然出版集团平台出版的 *Cell Research*、*Acta Pharmacologica Sinica* 和 *Light*，论文首页会实时展示该篇文献被浏览次数（accesses）、被引次数（citations）和 altmetrics 指标。点击 Metrics 可查看详细的指标数据来源与解释。该服务的指数数据来源于 Altmetric.com，是该篇论文收到的在线关注度，主要计算依据社交媒体和主流新闻媒体的提及次数。由于新论文通常得分较低，Altmetric 还分别给出该篇文献在同年出版所有论文及该刊同年出版所有论文中的百分位数。

部分未“搭船出海”的中国期刊尽管可能没有采用 Altmetrics.com 或 PlumX 的替

代计量服务，但其出版平台也会提供类似计量指标。以《有机化学》为例，每篇文献页面都有 Metrics 和本文评价；点击 Metrics 可以查看该篇文献在近 12 个月内的全文和摘要被阅读的次数；点击本文评价还可以登录个人账号后对该篇文献打分并评论。

中国科学院文献情报中心乐小虬教授开发了一个面向引用句内容分析的代表作学术贡献评价循证分析工具[292]，从学者代表作施引文献引用句内容分析着手，发现同行对代表作学术贡献评价的证据（突破性、重大改进/解决关键问题、创新性、应用性等），为学术评价提供客观依据，可作为“代表作学术同行评议制”的辅助工具，实现“同行评议”+“循证分析”的学术评价新模式。

总结来看，目前国内外论文评价依然采用定性与定量相结合的方式，定性评价主要以同行评价为主，逐渐发展出了开放同行评价与用户评价的方法；定量评价在传统引文分析的基础上，更加强调单篇论文的被引用情况与被使用情况，体现单篇论文的学术影响力与社会影响力等。新型评价指标和评价服务也层出不穷，但是并没有出现一个具有绝对权威、普遍适用的方法和指标出现。

（二）数据评价

数据评价可以打破传统学术评价机制，我国数据评价仍有待更多探索和试验。国际上，构建了类似科学引文索引的数据索引数据库。但是，这种评价方法由于其自身问题和科学数据的本质，并未得到广泛认可。目前，国内外的数据评价更倾向于数据级别计量或者是 altmetrics 指标，包括数据引用次数、下载次数等，国内也有科技期刊编辑和科学数据专家们提出了数据质量评价指标体系和影响力指标，也有个别指标体系正在实践中。但是对数据质量的评价和对数据影响力的评价是两方面的内容，如何实现两者结合以更好地用于数据评价并大规模推广是我国科技期刊编辑、图情专家们需要思考和探索的地方。这也是目前我国在科技评价方面可以实现后发优势的地方。

1. 国外研究与实践进展

开放科学环境下的开放科研数据，其质量也愈发重要。国际上，与科学数据评价相关实践主要有：①科睿唯安公司建立的数据引文索引数据库（Data Citation Index, DRCI）；②提出数据级别计量（data-level metrics, DLM）概念并应用于数据集的评价中；③提出一系列科研数据、数据中心或数据知识库的遵循原则（如透明度与开放促进准则、TRUST 原则、FAIR 原则、数据引用原则），通过这些原则保障数据开放共享的同时，也在一定程度上确保了数据的规范与质量。

数据引文索引是科睿唯安公司于 2012 年建立的一个发现全球所有学科领域数据知识库中高质量科研数据的索引[293]。DRCI 主要收录存储于已建成的、有数据治理的数据库中的数据集或数据研究，而且数据知识库的数据管理方面最好有质量控制和编辑政策。DRCI 不存储、不上传实际的科学数据。DRCI 提供数据引用检索，但是引用不是来自数据，而是来自 WoS 平台上其他类型的文献（如图书、期刊、会议等）对某条数据的引用。

数据级别计量是一套多维指标，衡量围绕数据作为研究产出的影响力范围与使用，主要包括规范数据引用、数据使用统计数据、面向数据的 altmetrics 指标。数据级别计量主要应用于规范论文中对数据（集）的引用以及数据使用。通过使用统计数据来评价科学数据，如 Google Analytics 和 Jacobs and Worley 可以提供某些数据知识库的用户下载数据记录[294]。面向数据的 altmetrics 指标在概念上与期刊论文的替代计量指标并无二致，研究数据也同样可以生产与其他类型学术产出类似的指标，即在博客文章或推文中提及数据的次数。另外也有一些特定于数据的替代计量指标，可以实现数据重用和实验（如 GitHub forks）以及协作模式（GitHub 协作者）[295]。

2. 国内研究与实践进展

国内数据评价方面的研究主要包括：①构建数据质量评价指标体系；②数据引用与数据使用等数据影响力方面的研究；③数据计量、数据级别及数据替代计量。研究内容主要还是在国外研究与实践的基础上进行引进与拓展，或是将传统期刊评价、论文评价等研究内容与方法基础上引到数据评价上来。

在数据评价实践方面，2009 年，中国科学院计算机网络信息中心科学数据中心起草了《数据质量评测方法与指标体系》，指出要从基本层与准则层分层次评价数据质量。基本层包括形式质量、内容质量、效用质量；准则层包括：可获得性、一致性、可理解性、完整性；准确性、正确性、客观性、有效性、可靠性；相关性、有用性、背景性、适量性、及时性。2018 年国务院办公厅发布的《科学数据管理办法》中指出应由法人单位建立科学数据质量控制体系，保证数据的准确性和可用性[296]。全国信息技术标准化技术委员会于 2018 年发布的数据质量评价指标（GB/T 36344—2018 ICS 35.24.01），从规范性、完整性、准确性、一致性、时效性和可访问性构建了数据质量评价指标框架[297]。2021 年 3 月 19 日，由中国科学院计算机网络信息中心牵头的国家标准《数据论文出版元数据》立项启动会在北京举行，项目未来将对数据论文的元数据做规范[298]。

部分学科领域和数据期刊也在积极探索数据评价。孔丽华等[299]依据 FAIR 原则提出了科学数据质量评价指标体系并已经使用在了《中国科学数据》的同行评审中。刘闯[300]构建的数据影响力积分方法也用在了《全球变化数据学报》出版的数据中。“中国科学院数据应用环境建设与服务”项目构建了面向数据生命流程的科学数据质量框架和《中国科学院人地关系数据质量管理规范》，提出了面向生产机构数据质量能力的科学数据质量成熟度模型，提出了面向专家测评的质量功能展开（quality function deployment, QFD）质量评价方法，开发了基于专家知识库的科学数据质量软件[301]。项目成果均在科学数据质量工作中得到了验证和实践，其中基于专家知识库的科学数据质量软件在中国生态系统研究网络综合中心以及土壤分中心对长期生态检测数据进行质量控制的实践中得到了充分应用。《中国科学院人地关系数据质量管理规范》经测试和改进后，已在中国科学院科学数据库地学领域的多个专题库进行了应用推广[302]。

简而言之，国内的数据评价从偏重于信息系统中的元数据评价，慢慢发展到对科学数据本身的评价，甚至未来会开展对数据期刊的评价。但是，总体来说，国内在实践方面主要以地理科学为主，实践主体以中国科学院为主，其他机构、部门并未真正参与进来，科研人员与科研机构对科学数据、数据论文及其质量的认识还很不够，数据质量评价相关标准也有待设立。

数据（集）作为科研产出的一个类型，随着国家、科研机构与资助机构开放共享的政策与要求的推出，其作用和影响力正在逐渐增强和被人们认识。数据（集）评价与论文评价一样，也会越来越被重视。尽管当前数据（集）评价尚未形成统一、有效的方法和定论，但在开放数据原则、数据引用方面已经形成了相对比较认可的规范，一些国际组织和机构也在积极推进数据唯一标识符、数据引用、数据级别计量等研究与实践。未来，数据（集）评价也极有可能会被纳入科研人员成果评价、机构成果与影响力评价范畴中。我国也在积极探索数据（集）的评价工作。

第三节　开放科学环境下的中国科技期刊发展趋势

改革开放以来，我国始终奉行开放、共享、合作的战略。伴随着我国科学技术的不断进步，我国科技期刊也在成长壮大。如今，我国近 5000 种科技期刊面临开放科学理念下的全球学术论文发表、记录、传播、存储、服务、共享模式的学术出版传播新挑战，正在进行从内容、质量、规范到发展模式的重大变革[303]。

一、开放科学推动产生新的学术出版革命

（一）科技期刊的功能发生改变

1. 科技期刊的注册功能发生改变

在开放科学之前的很长一段时间内，科研人员的劳动成果和结论，主要发表在科技期刊上。如果确认科研工作是由个人或者团队在特定时间所开展工作的成果，就可进行署名，这种学术交流的注册功能可以确定他们在名誉、知识产权、成果解释、成果转移转化甚至财货利益上的优先权利。

互联网的兴起和普及，使得人们能够在任何时间、任何地点，通过各种方式，发布信息以及获得信息。因此，原本通过纸质刊物进行印刷和流通的科学传播方式受到挑战和影响：一方面，科技期刊在数字化和网络化影响下，争取读者和作者以

及办刊条件变得宽松；另一方面，原生数字（born-digital）促使多个真伪科学、真伪版本以及真伪信息的情况愈加明显，科技期刊的自我要求愈发重要。

当前，科技期刊的注册功能不但没有因为互联网普及变得不再重要，反而更加凸显了在科技期刊上进行注册认证的重要性。此外，全球出版事业出现越来越多的“Overlay 期刊”模式，它们选择和发表已经可以在线免费获得的内容。

2. 科技期刊的审核功能发生改变

科技期刊的核心功能之一是认证，即同行评审，这一功能在开放科学时代更加重要并且具备主要不同于其他“数字经济”事业的特性。科研成果的有效性、可靠性、真实性的鉴别，唯有同行能够准确判断，经过同行评审，并且刊载在科技期刊上，对作者是一种认可，对成果也是一种承认。

名为“开放科学”的科技期刊的含义，就在科学共同体的扩大，不仅仅是同行内的小圈子（刊物编委会或者比较熟悉的审稿专家），而且包括了小同行以外的大同行（在一些学科上，有着交叉性质的其他学科的专家），又还扩大到大同行以外的社会各个团体。开放科学营造更为宽松的交流氛围的同时，也在塑造更为严谨的审核机制。

在理论上，可参与科学事业的人员日益增加，然而因其所受专业训练（或者科学素质）的程度不同，所以需要制定更加严格或者更为公开透明的评审机制。为了维持和保障这种学术认可功能的有效性，目前兴起两种做法：一是双向选择是否开放，即作者和评审可以事先选择是否公开姓名和单位等；二是将评审内容引入学术记录，即评审作者及其论文的人和内容本身也应受到评审。

3. 科技期刊的保存功能发生改变

科技期刊在很长一段时间内，是作为保存学术记录的唯一并且最为可靠的载体和途径，学术记录在一定程度上，也意味着：每一项科研的阶段性结果，它被积累、推翻、再研究、再确认等等的一系列成就。所以，科技期刊实为：确保人类社会的“科学记录”得以长期保存的重要媒介。

在开放科学环境中，越来越多科研人员重视尽快发布、尽快注册、尽快沟通、尽快验证、尽快改正、尽快应用等的时效性，所以许多学科的科技期刊已经摒弃传统只接受完整可靠结论的论文的做法，逐步接受那些阶段性研究并且具有部分创新突破的论文。

科技期刊的保存功能，原以“记录版本”为保存目的，即记录某些重大发现或者发明的各种时期、各种思路、各种试验的各种版本；在开放科学时代，增加了“版本记录”的模式，即通过数字化实现各种评估、评论和意见的甲方、乙方、多方的交流内容，所保存的不仅仅是论文的正文（text）而且还要保存正文的脉络（context）信息。

4. 科技期刊的传播功能发生改变

全球开放科学的运动，有许多不同声音，包括但不限于：①开源运动；②反版权（copyleft）；③开放获取（Berlin3）；④开放获取（BOAI, 2015）；⑤开放数据：数据共享、开放科研数据、开放政府数据；⑥其他：开放创新、开放合作、开放研究、开放知识等。这些运动都有“知识共享”（knowledge sharing）的宗旨和理念，但是手段、路径和要求各有不同。

科技期刊也有知识共享的理念，开放科学的上述诸多流派，造成科技期刊的传播功能的变化，主要不是鼓励期刊考虑自身权利的拥有或者失去，而是促使模式变化，影响变大、范围变广。

在互联网兴起的时期，科技期刊的访问获取能力，主要集中在：学术作品及其索引能够容易被发现和获取；在“互联网+”的当前以及未来，主要扩展到：把出版物不断延伸扩展，从实验室记录到科研成果验证的各种便捷服务。

（二）开放科学的标的物具有多种出版可能

1. 科技论文开放获取的标的物是文本、图表和元数据

如果我们把科技期刊作为一种商品（good）的生产和交易形式，那么它的标的物（subject matter）就是论文（article）了。然而，这样描述并不完整，因为论文本

身还包括了：文本（text）、图表（graph and table）、元数据（metadata）及参考线索（list of reference）等。

众多元素构成论文，众多论文构成期刊，众多期刊构成交易对象（target），交易对象通过套餐组合（portfolio）形成采购对象（purchase object）。文本、图表、元数据都可作为一种数字对象（digital object），但是唯有它们成为采购对象才能进行交易。这是出版市场的交易逻辑，与科技事业的生产逻辑并不相同，然而科技期刊需要将它们一致化。

在开放科学时代里，这种一般化和一致化的做法，有两个方向：第一方向是对内细分（segment）期刊的论文的要素，使之能够服务科研生产力；第二方向是把科研过程商品化（commercialize），将论文发表之前的各个阶段的版本，予以区隔和保存，并且标注权利主体和交换形式。期刊论文的不同版本（表 3-22）。

表 3-22　期刊论文的不同版本

版本	说明
预印本（pre-print）	尚未正式受到同行评审的稿件，通过发布得以接收来自同行反馈。在预印本平台上，未经完整的同行评审，具有优先发表的特点。可以进行开放同行评审
后印本（post-print）	经过同行评审或者开放同行评审的稿件，可能部分修正或者还未更改，不是最终的定稿
被接受的作者手稿（accepted author manuscript, AAM）	已经被出版商接收，用于出版的稿件版本（录用稿）
最终论文审定稿（final-peer reviewed manuscript, PRM）①	经作者多次修改，在发表前，形成的对论文内容进行最终修订的版本。其实质性内容与发表的内容无异。该版本通常会带有作者题名、期刊的信息，可能会有卷期号或页码
最终出版论文（final-published article, FPA）	出版社出版的版本，也是其他科研人员，在论文引用时的版本 。通常会标注作者、题名、期刊卷期号、页码等信息。可能还有数字资源唯一标示符，如 DOI 号
作为最终存储记录的版本（version of record, VOR）	经过同行评审和出版商处理稿件的最后版本。通常是具有完整的元数据内容、数字资源唯一标示符。是一个作为档案实体的存在

2. 科学数据开放共享的标的物是数据集、数据描述和元数据

如果科技论文的主要作用是记载思想创建和结果发现，那么证据的记录和保存，以及随之而来的结果复现等，就需要科学数据开放共享（scientific data to open

①PRM 是美国国立卫生研究院要求存储在 PMC 上的版本，也是中国科学院和国家自然基金委员会要求存储在开放获取机构知识库上的版本。

access）。作为标的物的数据，虽然视为一体，但是仍要分为三个组成部分：

1）数据集：又名数据实体（data entity），即用以重复科研结果的证据。

2）数据描述：说明数据集的采集仪器、方法、产生过程、资助者等。

3）元数据：说明数据集的贡献者、所属机构、所属学科、日期、版本等。

其中，不同学科的数据集的形式不同，包括：社会科学经常使用具有变量和数值的试算表（sheet）数据、生命科学等经常描述组织结构的编码数据（code）、物理科学运用计算机进行模拟的模型数据（modeling）和以观测记录方式为主的科学学科的数字图像（image and voice record）等。

而且，数据集出于不同科研目的，在不同加工阶段产生了不同的数据，包括：仪器采集的原始数据（raw data）、经过抽取或者合并的衍生数据（derived data）、经过挑选具有验证结果的科研数据（research data）等。

在论及数据共享时，因为数据体量和敏感程度，所以数据可公开程度，分为四级：①数据应当完全开放共享；②元数据可公开，数据集需要申请；③原则上不可共享，如有必要则共享部分数据集；④不共享或者无法共享。

数据共享的范围和实施，既有甲方乙方签订合同的方式，也有多方参与一个共同组织，在组织内优先共享，经过一段时滞期后公开。前述方式也可约定某些内容开放，某些仅供双方使用；后一种方式，也可约定元数据无偿使用，但是数据集需要申请或者有偿使用，也可约定组织内外的使用顺序、使用程度和方式等。

在开放科学时代里，如果讨论政府数据开放（open government data）通常是指面向公民对于公共政策的决策信息的公共获取（public access），既包括公共部门的一般的统计信息，也涉及科技决策和财政支持的信息公开，因此涉及开放科研数据（open research data, ORD）。所以 ORD 应在数据共享和数据安全的框架下予以实施；而且 ORD 始终是数据出版的主要来源。

然而，科学数据主要是为科学服务。如果社区承认那些提供科学数据的作者团队的贡献，就要设法融入科技期刊体系给予引述。数据期刊的数据论文主要是从数据描述而来，然而，因为三者是一整体不可割裂，所以要求具有完整的其他两个部分：数据集、元数据，都要存储在数据知识库并且实现开放获取。

受到上述各种数据来源的制度影响，科学数据的开放程度有所不同，如表 3-23 所示。为了便于记忆、总结和推广，统称上述各种情况为开放数据（open data），作为开放科学的另一基石，科技期刊于是增加了另一片蓝海。

表 3-23　开放数据的五星部署方案[304]

级别	说明	成本和收益
OL（online）线上	有开放许可（open licence）的数据	在开放许可下，使您的东西在网络上可用（无论格式如何）
RE（machine-readable）重用	机械可读的结构化数据，如 Excel 的文件	使其可用作结构化数据（例如，Excel 而不是表格的图像扫描）
OF（open format）开放格式	无设限的文件格式，如 CVS 可在 Excel，也可在 SPSS 等其他软件上使用	使其以非专有的开放格式（例如，CSV 而不是 Excel）
URI（uniform resource identifier）统一资源标识符	根据开放标准（open standard format from W3C）的“身份证号”等，如 RDF 或者 SPARQL 等	使用 URIs 来表示事物，这样人们就可以指向物件
LD（link-data）关联数据	LOD（link open data）开放关联数据	将数据链接到其他数据以提供上下文（数字对象，事务的关联关系）

3. 科技论文与科学数据通过元数据产生新的标的物

科技论文的文本、图表、元数据和参考文献列表，以及科学数据的数据集、数据描述与元数据，均有能够作为信息传播系统所需要的元数据。根据元数据框架以及互操作标准，能够使得文献领域和数据领域进行初步融合，共同成为开放科学的实现基础，发挥最低程度的科技期刊的注册、审核、传播与保存功能。为了提高元数据的质量水平，以及所指向的文献和数据，许多机构采取“宽松注册，严格审核”的策略，例如比菲尔德学术搜索引擎（BASE），它不仅保存文献和数据，而且提供了检索、可视化以及链接全文的元数据集成，具有全球传播的效果。

元数据对于文献和数据的发现和重用至关重要，并且是目录服务的基础。目录已经成为一种新的标的物，如以商品形式理解，即为一种的数据产品。元数据标准强烈依赖于格式和规则，所以 DataCite 和 DCAT 等组织正在努力扩展更多元数据要素。国际标准化组织（ISO）制定了许多领域特定标准（如地理空间信息的 ISO-19115），所以科技期刊应该认识到开发元数据价值的重要性，并且了解那些标准[305]。在文献领域的元数据集成，既要覆盖面足够大，又要质量足够高，并且还要实时更新，所产生的知识元库（knowledge base）通过市场机制，成为任何一套探索发现系统不可不买的数据产品。目前，数据领域以及文献领域所形成的超大元数据集成，正在朝向类似的数据产品的方向发展。

4. 科技论文与科学数据的引用关系产生新的标的物

在开放科学时代，文献领域和数据领域之间越来越互相依靠对方，当前许多科学资助机构要求科研成果的透明公开，包括论文和数据。科技期刊要求论文作者发布他们的数据，甚至是用于产生结果的代码。数据共享和开放数据对于科学进步非常重要，数据重用已经产生了重要的科学发现。仅仅是公开信息，难以成为商品甚至数据产品，唯有确保：①文献真实存在；②数据真实存在；③文献和文献、数据和数据，以及文献和数据的关联真实可靠，新的标的物才有价值依据。科技期刊的出版体系及其四大功能，目前是唯一可供参考的有效机制。

当前的开放科学生态体系，已从第一代的文献知识库和数据知识库为用户存储、检索和使用，走到了第二代文献和数据之间的引用关联、元数据关联和第三方词表关联的数据产品阶段，因为数据和文献是不断更新的，所以数据产品也是不断更新的，于是有了新的价值，成为新的商品。其交易方式在于提供新的服务，而非贩卖一次性的元数据的数据实体。然而，通过标准规范的互操作性，而非元数据的互操作性，第三代的开放科学生态体系，正在构建软件、代码、数据、文献、引用、评价内容等的“有机生长体”[306]。一方面，依赖FAIR原则，确保数据的真实可靠有用；另一方面，则依赖科技期刊体系，确保生态体系内的各项元素得以成为具有数据产品意义的标的物。

（三）开放科学产生新的出版机制

1. 科研过程各个阶段的出版机制

开放科学促使作为科技论文支撑论点的补充材料(supplement material)的出版，也促使科研生命周期的其他成果出版，例如本体、软件代码、软件程序包、多媒体作为出版对象（实验过程的视频）、开放教育资源（图片、课件等作为数字对象得以分割为出版单元）等。

国外一些新型出版模式，如 Octopus 平台，已产生新的出版机制。它把科研成果拆解为八个要素：问题、假设、方法/协议、数据/结果、分析、解释、应用程序和评论等，将这些要素进行出版。它的理由①是：①科研过程的所有细节的出版，包括如何失败的过程，都是科研成果的一部分；②科研成果的立即出版，使得人们可以发表评论和评分，这可能加速该项研究；③在合作论文或者项目团队里准确评估每位科研人员的个人贡献；④作为一种解决科学是否可复现性的途径。⑤创造科研人员之间的合作机会；⑥科研过程的各项要素的专业化，得以提高整体的科研质量。

2. 论文评价的出版机制

利用论文级别计量（article-level metrics, ALMs）追溯学者工作上的即时性影响和社会化影响，这是引文计量所不能做到的事情[307]。传统文献计量多年来已经成为评估新近论文发表重要性的依据。然而，在数字化、网络化、开放化时代的学术交流模式中，个人论文发表在出版物上的影响力，可以更容易地被解析出来，而单独进行计算。《科研评价的旧金山宣言》的第一条写道：不使用基于期刊的指标去评价单篇文章的质量、单个科学家的贡献，或在招聘、晋升和资助的决策中使用[308]。《莱顿宣言》写道：量化的评估应当支持而非取代质化的专家评审[309]。这些宣言都已说明了科学家们认识到这种变化。

当前中国学者已有替代计量（补充计量）、论文级别计量以及网络信息计量（webometrics）等的探索性研究。多家科技期刊的官方网站，已能提供适用于论文评价的量化服务措施，诸如：摘要阅读量、全文下载量、刊内引用次数等。

3. 数据评价的出版机制

开放科学的主要特征之一是科学知识（包括数据）的开放获取，因此建议进一

①这项内容与《UNSECO 开放科学建议》书草案第 22 条第 3 款 22.vi.（c）的要求相符。

步重视开放数据的提供及其核查标准，以确保科学成果的可靠性和可再现性[310]。常用的计量指标（引文索引、影响因子、H 指数）往往以牺牲开放和共享为代价加剧激烈竞争，如果要挖掘开放科学的全部潜力，那么新指标应超越传统，不再仅仅关注连续出版物，而应朝向新的方向发展，即激励人们进行数据共享以及重视科学数据的价值。

数据级别计量（data-level metrics, DLMs）可精确地计算数据之间的被使用关系，以及精确地计算个人的贡献，相较仅仅根据文献所反映的参考文献引用记录，更为全面、系统和科学。学术记录（scholarly records）被视为科研产出的可计算对象[311]。科研产出的贡献分为两个部分：一是数据发布涉及的方法（包括软件、数字实验室记录、样本架构、仪器观察等）、评价（数据集、新的或增补的第一手来源文献、链接）、论证（博客、会议汇报、资助计划）等；二是数据引用涉及的重用（如 F1000）、修订（如 figshare）、论述等。当前中国学者已有数据审计、数据级别计量以及数据引文索引（DCI）等的探索性研究。已有基于数据之间和数据与文献之间的量化公式及其实验室等。

4. 软件代码和同行评审内容的出版机制

同行评议/同行评审（peer review）是指在科研论文发表之前，通过学术社群中的专家进行匿名评审的过程。目前已经扩大范围，对于软件代码的同行评审，除了是否真实可用，也依照开放标准进行审核、管理、发布和出版。例如，开源软件（OSS）期刊 *Journal of Open Source Software* 自 2016 年 5 月创刊到 2020 年 8 月 31 日为止，已经出版 1000 篇论文[312]。

开源软件与源码的开放标准（open standards）是指一种标准或协议，具有五项特点[313]：①遵循全面公开的评价和使用原则而没有任何限制；②不依赖于不符合开放标准定义的格式或协议的任何组件或扩展部分；③免于遵守利益团体或者商业模式所规定的限制使用的法律或技术条款；④允许人们管理和开发，前提是对第三方不做参与限制和设置障碍；⑤允许进行多样化实现以及给予平等开放的使用权利。协议可能各有不同，但是这些特点具有共性，并且影响学术出版行业在认可所谓开源贡献时的一个重要参考依据。

科研同行评审是科技期刊出版的核心，是发表科研成果之前，用来检验科研的方式。原先这是属于科学界的精英分子之间的社会劳动，唯有被认可成为学界一分子的成员，才有可能担任同行评审的职责以及身负荣誉。开放科学的诸多特性之一是公众参与式科研，在快速增加成员的同时，也扩大评审范围，但不意味降低标准。

开放同行评审的出版机制，主要杜绝网上肆无忌惮的发言和情绪发泄式评论，鼓励针对科研成果的公开共享的理性讨论；基于公共空间理性交流（reasonable communication in public domain/vernünftige kommunikation im öffentlichen bereich）社会同行评审，能够对评审专家进行评审。它考虑了同行评审的过程的多样性，以及评级评估的多元化，两者合起来形成适合各种不同领域以及不同程度的同行评审。

二、中国科技期刊助力开放科学的发展

（一）中国科技期刊助力开放获取的健全发展

1. 机构知识库需要科技期刊的认可与支持

开放获取意味着科学文献应在互联网上免费公开，以便感兴趣的人可以阅读、下载、复制、分发、打印、搜索、参考，并以任何其他可以想象的合法方式使用全文，而不会遇到任何财务问题，除了与互联网治理相关的法律或技术壁垒以外[314]。在实现过程中，各国政治经济的制度不同，各国科技水平的发展不同，各国科技期刊的特点不同，所以衍生出各种开放获取途径。例如，混合型开放获取期刊（hybrid open access journal）是指该期刊有某些论文是开放获取的，通常具有一个显著较高的出版价格（相对于完全开放获取期刊而言，在一些订阅性期刊中，有一些论文由于作者支付了开放获取费，或出于出版社或出版商的开放获取战略考量，使得该期

刊的部分而非全部论文实施开放获取)，而其他的论文仍需付费获取①。

绿色和金色是实现开放获取的互补方式[315]。绿色开放获取，存储科技论文的最终审定稿，并且在期刊正式发表之后仍有开放获取时滞期（6～12 个月），才会实施全文开放获取。它在本质上不能代替论文出版稿，但是保留了科研机构的知识产权，并且通过全球开放获取知识库联盟，可以发挥知识共享的效果，所以具备暂时替代科技论文的功能，能够在开放获取出版协议谈判破裂或者僵持时，提供稳定的知识供应，从而在金色开放获取的定价、价格结构以及透明性上，具有矫正和校正作用。正是因为借此不必顾虑金色开放获取缺乏制度性约束，所以金色开放获取得以具有商业谈判上的可信赖度以及具备公开透明的前提条件。

当前，中国科学院、国家自然科学基金委以及部分高校，已经建成机构知识库，中国科技期刊也已部分成为完全开放获取期刊。中国科技期刊支持中国机构知识库的发展，会使得科研人员重视起所要查证权威版本的责任。即便资助科技期刊转向开放获取的决策，也有“绿色开放获取”作为底牌，才能放心进行商议。

2. 预印本平台需要科技期刊的认可与支持

负责任的科研人员，会去查证权威信息，即科研人员在科技期刊上正式刊登的科技论文。然而，为了尽快获得信息，有时需要在预印本平台上，阅读那些抢先发表的科研成果，以及有时获取不到全文，通过图书馆馆际互借或者绿色开放获取得到其他版本。

科技期刊承认预印本的“迅速披露”功能以及“开放同行评议”的作用，对于预印本平台的发展至关重要，该平台也对科技竞赛的“优先发表”和“透明公开”至关重要。例如拉美开放获取电子期刊平台 SciELO 于 2020 年 4 月开始运营预印本服务器“SciELO Preprints”来鼓励共享研究成果，尤其是冠状病毒疾病的可靠信息[316]。

因为作者手稿与期刊出版稿，分别是预印本平台和科技期刊出版平台的标的

①在术语“开放获取期刊”当中，这类期刊不被称为开放获取期刊。只有在特别情况下，为了说明某些期刊对某些论文实施开放获取的情况，才会使用这个特别的专有名词。

物，两者内容相仿，但是本质不同。所以，许多预印本平台面临发展危机。近期多个预印本服务器，正在考虑关闭或迁移到其他服务，例如 IndiaRxiv（印度）和 ArabiXiv（阿拉伯语）等区域的预印本面临资金问题，而 INA-Rxiv（印度尼西亚）正在考虑自己运营，因为它们使用开放科学中心（COS）提供的昂贵收费服务难以持续[317]。此外，澳大利亚研究委员会（ARC）在 2021 年 9 月对于预印本是否作为科研成果有了多次政策摇摆[318]。如果没有得到科技期刊支持的预印本平台，发展艰难；反之，另一些则不断创新并且带动科技期刊在传播和商业模式上的创新，全球第一家预印本 arXiv 平台近期 2020 年 9 月发布“arXivLabs”社区创新框架，允许 arXiv 合作开发者直接在他们的网站上开发和分享新的 arXiv 功能[319]。中国 arXiv 服务工作组于 2012 年成立并且运作，既支持 arXiv 的界面和推广，也学习和改进平台，于 2017 年开始运营 ChinaXiv 这个中国版本的预印本平台，目前得到了一些中国科技期刊的支持。

（二）中国科技期刊助力开放科研数据的发展

1. 数据共享和开放数据需要满足开放标准

开放科学是集合各种运动和实践于一体的包容性架构，旨在实现人人皆可公开使用、获取和重复使用科学知识，为了科学和社会的利益来增进科学协作和信息共享，并且面向传统科学界以外的社会行为者进行科学知识的创造、评估和传播的开放进程[310]。然而，作者群、读者群、评审群的扩大，并不意味标准降低。

数据共享有赖科研人员掌握那些最适合其所在领域的学科知识库，这些知识库需要具备“可信度（trustworthiness）”以及如何通过认证标准，能够促使人们进行数据访问、检查数据文档，以及使用统计分析等的数据服务[320]。中国科技期刊的论文论点的支撑证据来源，多数来自 TRUST 原则下的数据知识库，目前中国已经开展建设科学大数据中心。开放数据要求数据符合 FAIR 原则，即数据必须是可查找的、可访问的、可互操作的和可重用的，并且在科研工作中努力实现数据共享和研究透明度[321]。目前，中国发展的几本数据期刊，正在朝这个方向制定标准。

2. 中国科技期刊及时地、透明地、无私地公布新冠肺炎疫情数据

人类社会应对全球公共危机事件，愈来愈加重视科技期刊提供正确的、及时的、负责任的信息以及可查证和可咨询的信息源（作者团队、所属机构以及资助者）。在 2019 年新冠肺炎疫情暴发时期，中国的科技部、国家卫生健康委、中国科协和中华医学会，共同建立了“新型冠状病毒肺炎科研成果学术交流平台”[322]，及时提供正确的科研信息。其中，就包括了科技论文、科学数据，以及面向公众关心的议题的专题介绍和专家释疑。

此外，中国科学院在第一时间，选择国际认可的出版平台 Digital Science 进行合作。一方面对于国际社会尽到最大程度的透明公开；另一方面，推荐使用 Dimensions 以跨越出版社和集成商，该平台创造了一个与 COVID-19 病毒的防范建议的深层链接（https://covid-19.dimensions.ai.），中国的科学家们能以最快速度把新冠肺炎疫情的科研信息，通过一站式平台发布在微信（WeChat）等社交媒体上[323]。这种服务模式，既服务于中国社会及其公民，又能在互联网上同时同步披露信息，为其他国家地区争取“黄金时间”，以及消除信息鸿沟。

（三）中国科技期刊参与构建开放科学文化

1. 科学共同体秉持尊重知识产权的原则

开放科学是科研人员工作、合作、相互影响、分享资源和传播成果的一种重要合作方式；它不仅是全球科学社区的合作，还是国家之内的科学与社会的交互，进而影响着全球社会的知识传播、科技应用与文化交流。新技术和大数据驱动了开放科学的系统性变革，为这个时代的诸多挑战提供可能的解决方案；由此，建构知识创新型社会，特别是公众参与到科学事业的意愿、方法和途径[324]。一个国家，越快把科学家和公民力量整合起来，实现开放科学，就越能通过民间交流以及科技服务人类社会的具体案例，来扩散它的国际影响力。

当前我国的《知识产权强国建设纲要（2021～2035 年）》[325]中，特别提到数据资产以及数据交易市场，推动发展高质量文化社会环境等。我国已经制定《数据安全法》（2020 年）以及《倡议全球数据安全协议》（2021 年），我国科技期刊事业已经逐步与科学数据中心进行融合，共同在法律法规和国家战略下，推动惠及全球科技发展的论文与数据的开放共享。在《UNSECO 开放科学建议书》定义的科学行动者（science actors）涉及许多角色。在《关于拟订教科文组织开放科学建议书草案的最后报告》强调了部分会员国指出“学生、图书管理员和处于职业生涯早期的研究人员等其他行为者和利益攸关方增列为开放科学领域肩负特定作用和责任的正当行为者”，侧重于所有知识生产者和使用者的公平参与[326]。

开放科学具有提高科学质量、影响、利益的潜力，让它更可靠、更高效、更准确、更为社会大众所理解，而且还能在社会突发事件中，迅速调整并且作出合适反应。这些优点都将加快知识进步，通过重复利用来自社会所有层面的利益相关者的科学结果，以实现经济增长和创造新的就业岗位。

2. 开放科学是一种文化建设而非一种商业模式

开放科学是创新型国家和世界科技强国的实现道路，也是促进科学传播和技术进步的实现方案，作为负责任大国的中国一直不遗余力促进科技论文的开放获取以及科学数据的开放共享等工作。开放科学的核心是科学知识开放获取，科学出版物是科学知识的主要载体，科技期刊有了新的使命、挑战和发展前景。

科技论文开放获取是学术交流的发展方向。近年来，从科技论文开放获取、科研数据开放共享，已转向开放科学环境构建（图 3-5）。我国开放获取出版加速发展，已开始在培训和业务指导、开放出版平台建设、机构知识库建设、制定开放获取政策等方面取得一些成果。在科学数据开放共享上，国际著名数据中心、数据知识库、数据期刊，如何吸收全球质量兼具的开放数据，形成马太效应。如何借鉴国际经验，并且开展合作共赢，成为中国相关领域发展的重点。如何为发展中国家带来借鉴案例，如何支持发展中国家的科技期刊发展和科技应用发展等，均是在全球开放科学的文化范畴内，需要形成共识和实际行动。中国科技期刊任重道远，当仁不让。

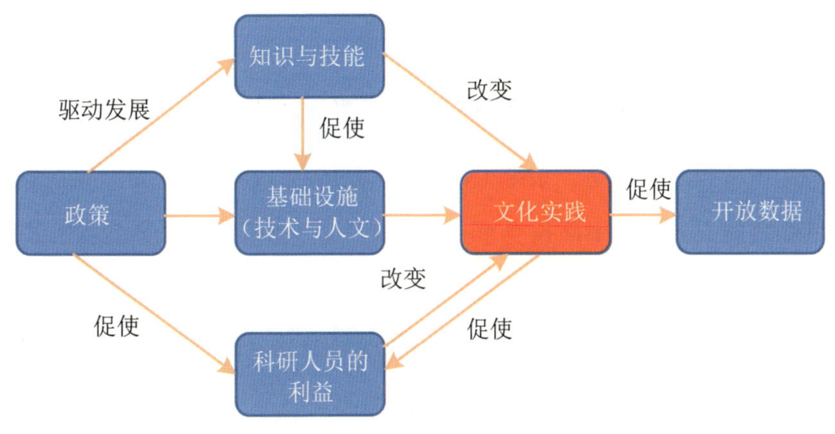

图 3-5 开放科学有赖文化实践[64]

3. 开放科学是科研诚信建设的基础和前提

中国学界历来重视科研诚信，在 2018 年的《关于进一步加强科研诚信建设的若干意见》中[327]，明确要求建立健全学术期刊管理和预警制度，指出“学术期刊应充分发挥在科研诚信建设中的作用，切实提高审稿质量，加强对学术论文的审核把关”等内容。加强科研诚信建设，开放科学是最重要的一步，因为科技论文的开放获取，促使人们能够通过阅读或者文本挖掘进行检验，即最早的思想、论证和结论，是否有被剽窃、抄袭和刻意忽视；科学数据的开放共享，促使人们能够通过数据驱动进行重新组合与检验，即最基础的证据、素材和方法，是否得到应有的共享、承认和注意。

人类社会的发展需要科学进步和技术应用，所以科研诚信之于科技研发的重要性不言而喻。科研诚信的前提是科研成果能够公开透明，人人能够检验，但是如果没有开放科学就做不到。因此，开放科学之于科研诚信的重要性不言而喻。开放科学除了开放获取和开放数据，还有集成两者并且促进科技期刊发展的开放平台；以及扩大科学共同体，在国内人人能够遵循科研诚信的原则，进行或者参与公民科学和数据科学的事业，在国际科学家与科学家、企业与企业、公众与公众，能够以科学精神来共同探讨科技应用和科技议题。这些人类社会的共同进步，是倡导开放科学的主要目标，其原则很多，科研诚信是其中不可或缺的纲要之一，而践行开放科学以及实现科研诚信的主体则是科技期刊。

4. 我国科技期刊为全球开放科学事业培养更多人才

科技期刊事业的振兴是一系统工程，全球开放科学的发展也是一系统工程，它们共同依赖科技人才源源不断投身事业。当前，我国国家战略人才力量的政策重心放在青年科技人才上[328]。

新一代的青年科学家既要面对学术出版的新变化，也要面临开放科学的新冲击，然而，这些改革的最终受益者，仍是青年人才。

科技期刊是汇集科技成果产出，团结科技人才力量，维持良好科技交流秩序的重要力量，通过开放科学能够放大影响和加速传播。开放科学既要扩展科学共同体的范围，又要建立新型科技交流规则，就需要科技期刊在注册、审核、传播与保存四个方面发挥作用。

当前，全球科技人才流动已是常态，甚至引发激烈竞争；我国科技人才如何在全球开放科学潮流中脱颖而出，为人类社会提供贡献，为世界上各地区各民族所期盼。如何吸引全球卓越人才，奔赴我国开创贡献人类发展的新事业，也在考验我国如何创造适合发展的优势环境。当此之时，我国科技期刊具有重要的辅助、支撑、吸引和引领作用。

三、从国际出版集团推进开放科学发展的历程中汲取经验

开放并非毫无前提与限度，在商业与经济利益、个人隐私、机密与安全上，有其开放边界。当前，我国已经陆续颁布新法或者修法，为开放科学的边界以及发展道路，建立开放边界与管理依据，包括：网络安全法（2016 年）、著作权法（2020 年）、数据安全法（2020 年）、个人信息保护法（2021 年），科学技术进步法修订草案于 2021 年 9 月研议完毕。我国 2020 年也适时推出了全球数据安全倡议。

世界各国也已颁布国家开放科学战略。美国自 2011 年成立开放科学中心，于 2013 年奥巴马政府推动开放政府计划，曾透过 G8 峰会要求其他国家颁布和实施，

得到英、法、加、澳、日等国的支持。在特朗普时期，即便废止白宫科技政策办公室，也未废除前任政府的这项法令。欧盟的 EP7、地平线 2020 计划以及 2021 年 1 月启动的欧洲地平线（Horizon Europe），均有科技信息开放获取以及科学数据开放共享的条款和政策。日本文部科学省已将开放科学纳入国家创新战略，并且在其白皮书上连续四年进行年度进展汇报。

国际出版集团，在可预见的国家公共资金投入的情况下，主要是将开放获取从文化模式转向盈利模式，根据发展演变的历史，可分三个阶段，并且迈向第四阶段。

第一阶段，抵制绿色开放，发展混合开放获取期刊。

首先抵制、不支持或者消极支持开放获取柏林宣言中的绿色开放获取，着力发展开放出版，特别是混合开放获取期刊的经营模式，即，科研机构资助作者发表开放获取论文，为出版社支付开放获取费（open access fee）。此一阶段的主要矛盾是割裂开放获取的完整性，在一方面阻碍科研机构保存知识产权，另一方面提高科研作者发表和交流科研成果的成本。

第二阶段，转向研发完全开放获取期刊的经营模式。

国际出版集团旗下的期刊系列，实施在未达订阅期刊收录条件下的论文，推荐到开放获取期刊，促使订阅期刊与开放获取期刊分层分离。在论文质量上，形成第一梯队与第二梯队的品牌期刊和次等期刊，后者多以新刊、巨型期刊、甚至欺诈型开放获取期刊，成为大规模创刊的态势，形成开放获取代表水平不高的印象。此一阶段的主要矛盾是：在世界各地的本土期刊迈向国际化过程中，国际出版集团以开放获取为名，提供这类“期刊办刊模式”的服务，使得科研机构的知识产权（论文最终审定稿）不能或者难以留在科研机构，挤压暂替型知识共享的空间，以及以母语为主、以在地主题为主，以科学学会的办刊内容及其形式，长期居于第三梯队或者勉强进入第二梯队。科研资助机构和科研教育机构的资助不能统一，而是分项、分别、分殊的不断成长支出。在此阶段期间，出现除了绿色与金色以外的其他颜色的开放获取“理论”与实践。

第三阶段，促使订阅期刊成为金色开放获取的“金贵”期刊。

既然订阅期刊与开放获取期刊，绝大多数情况下，已是第一梯队和第二梯队的情况；既然绿色开放获取已经支离破碎，对内得不到本土期刊支持，对外无法形成结构网络，所以丧失暂替功能，不具抵制订阅期刊价格上涨的能力；同时，学术社区以及各国科技部门出于人类共同体的需要，致力推动开放科学，那么，剩下的唯一选项，就是在已经推高价格的订阅期刊，采取“打包销售”和“集团采购”的盈利模式，使得订阅期刊变为开放获取期刊的同时，持续保持优势刊文地位，继续保持高额不受实质性价格抑制的地位，继续保持这类国际高水平开放获取期刊集群高于、优于、强于世界各地的本土期刊的态势。

第四阶段，大力支持包括科技论文开放获取与科学数据开放共享在内的开放科学盈利模式。

开放科学是一系统工程，行动主体包括了科技期刊在内的各方社会代表（即，利益相关者），它的具体实践形式，除了科技论文开放获取，还包括了科学数据开放共享。后者，经过数据出版，能够进入科技出版领域，实行注册、审核、保存和传播的功能，最重要的是数据产品化、数据资产化和数据交易化。这就需要在世界范围内，实施共同标准和规范，然而，世界各地的科技水平和社会需求并不一致，所以，唯有少数国家可将开放科学扩展到：软件硬件的开放标准、仪器设备的公共共享、数字信息的产权保护、教育资源的公平普惠等，其他国家只能跟随与依赖这些新的进展及其后续标准。

与科技期刊息息相关的几个标准，包括：

- 数据生产：为了确保真实可信的 TOP 原则；
- 数据品管：为了确保存储可靠的 TRUST 原则；
- 数据取用：为了确保重用可用的 FAIR 原则；
- 数据交换：为了确保价格可定的 SRD 标准。

为此，科技期刊发展的新态势，包括：

- 注册功能，从出版数字内容到发布源生数字的转变；
- 审核功能，从组织同行评审到审计同行评审的转变；

- 传播功能，从公布最新发现到督促加快实现的转变；
- 保存功能，从存储科研成果到保管科研过程的转变。

国家自然科学基金委员会中德中心于 2014 年 2 月举办中德开放出版研讨班，首次集结国外国内期刊一线工作人员、专家学者、政策智库，探讨本土学术期刊的数字化、国际化和开放化等问题，2014 年 5 月初中国科学院和国家自然科学基金委员会共同发布各自的开放获取政策，2014 年 5 月底国务院总理李克强在全球研究理事会第三届大会上致辞，呼应大会主题，表明中国政府支持开放共享和知识产权的战略决心，表明支持世界青年科技人才的发展和交流。2015 年网上流传出质疑我国订阅期刊与资助开放出版的双向经费外流的声音，尽管已有澄清，但对我国科技期刊在开放获取发展上，起到一定的警醒作用。2017 年 10 月习近平总书记在十九大报告中指出，在全党开展“不忘初心、牢记使命”主题教育。因此，如要发展什么事业，首先考虑如何为人民谋幸福，为中华民族谋复兴。科学是开放事业，开放科学也是如此。科技期刊出版是为科技发展作出贡献，亦复如是。

根据联合国教科文组织的开放科学建议书的内容，根据过去长期吸收、学习和消化国际出版集团的标准和策略，我们可以知道，中国科技期刊的广阔发展空间，至少包括：

- 科学共同体：从专家学者扩展到全民参与；
- 科学出版物：从文献数据扩展到软件硬件；
- 新技术应用：从基础设施扩展到生态体系；
- 新服务范式：从存储取用扩展到增值交易。

然而，这些新的蓝海（可发展、可拓展、可开垦）的时空，有赖我国科技事业的发展，有赖科学共同体的各个组成部分的迅速和有效组织，但更离不开中国科技期刊的积极参与和投入。

当前党中央高度重视人才强国战略，提出八大方针和八大工作方向。我们既要吸引国外人才来中国、海外人才回中国，又要发掘和培养国内人才。开放科学倡导的理想理念，以及我国过去包括中国科学院、国家自然基金委员会、教育部以及高校、科技部以及科研院所在内的开放获取和开放数据的实践基础，如果希望如愿抓住人才、吸引人才，而非遏制人才和流失人才，对外对内最好的具体展现和实践工作，就在于中国科技期刊的改革与发展。

科技期刊在开放科学事业中的贡献，一方面是勇于面对出版事业的功能转变及其世界挑战；另一方面是觉醒体认新时代的科技事业的职责、角色和贡献。中国科技期刊将会面临更多改革，率先引领和呼吁国内各个学术团体，共同关注和推动我国开放科学事业的发展，同时继续支持已经有了重大成果和世界学术影响力的科学家们，并且挖掘、引导和支持那些能够引领国内科技发展、创新和应用，又可逐步走进国际学术圈的核心位置的人才，为科技人才的梯队建设，从学术出版的核心价值，提供可持续发展和深远贡献。

参考文献

[1] UNESCO. UNESCO Recommendation on Open Science: An Upcoming Milestone in Global Science[EB/OL]. [2021-07-05]. https://en.unesco.org/science-sustainable-future/open-science.

[2] 顾立平. 全球开放科学发展的比较研究：包容性与标准化的路径[J]. 数字图书馆论坛, 2021(3): 32-39.

[3] Principles of Transparency and Best Practice in Scholarly Publishing[EB/OL]. [2021-07-05]. https://publicationethics.org/files/Principles_of_Transparency_and_Best_Practice_in_Scholarly_Publishingv2_0.pdf.

[4] 苏静, 曾建勋. 开放信息环境下传统学术出版商的内容运营策略——以英国物理学会出版社为例[J]. 中国科技期刊研究, 2015, 26(7): 693-698.

[5] Sherpa Romeo[EB/OL]. [2021-07-05]. https://v2.sherpa.ac.uk/id/publisher/40?template=romeo.

[6] Article Publication Charges[EB/OL]. [2021-07-05]. https://publishingsupport.iopscience.iop.org/questions/article-publication-charge-pricing-and-the-costs-of-open-access-publishing/.

[7] IOP Publishing's green open access policy[EB/OL]. [2021-07-05]. https://publishingsupport.iopscience.iop.org/questions/what-is-iop-publishings-green-open-access-policy/.

[8] 肖超. 英国大学出版社数字学术出版转型探析[J]. 出版科学, 2019, 27(1): 99-105.

[9] OUP Open Access prepayment account[EB/OL]. [2021-07-05]. https://academic.oup.com/journals/pages/open_access/open_access_prepayment.

[10] Open access licences at OUP[EB/OL]. [2021-07-05]. https://academic.oup.com/journals/pages/

open_access/licences.

[11] Open access at Oxford University Press[EB/OL]. [2021-07-05]. https://academic.oup.com/journals/pages/open_access.

[12] Theo, Bloom. Data Access for the Open Access Literature: PLoS’s DataPolicy[EB/OL]. [2021-07-05]. http://www.plos.org/data-access-for-the-open-access-literature-ploss-data-policy/.

[13] Bloom T, Ganley E, Winker M. Data access for the open access literature: PLOS's data policy[J]. PLoS Biology, 2014, 12(2): e1001797.

[14] 易棋. 中美开放获取期刊比较研究[D]. 哈尔滨: 黑龙江大学, 2018.

[15] Publication Fees[EB/OL]. [2021-07-05]. https://plos.org/publish/fees/.

[16] What is SCOAP^3?[EB/OL]. [2021-07-05]. https://scoap3.org/what-is-scoap3/.

[17] 中国科学院. 高能物理开放出版计划SCOAP^3 正式实施[EB/OL]. [2021-07-05]. http://www.cas.cn/xw/yxdt/201312/t20131206_3992363.shtml.

[18] About OpenDOAR[EB/OL]. [2021-07-05]. https://v2.sherpa.ac.uk/opendoar/about.html.

[19] Basic criteria for inclusion[EB/OL]. [2021-07-05]. https://doaj.org/apply/guide/.

[20] The DOAJ Seal[EB/OL]. [2021-07-05]. https://doaj.org/apply/seal/.

[21] Indexing Content[EB/OL]. [2021-07-05]. https://www.base-search.net/about/en/faq.php.

[22] Golden Rules for Repository Managers[EB/OL]. [2021-07-05]. https://www.base-search.net/about/en/faq_oai.php.

[23] Myneni S, Patel V L. Organization of biomedical data for collaborative scientific research: A research information management system[J]. International Journal of Information Management, 2010, 30(3): 256-264.

[24] 李娟, 刘德洪, 江洪. 国际科学数据共享原则和政策研究[J]. 图书情报工作, 2008, 52(12): 77-80.

[25] OECD. OECD principles and guidelines for access to research data from public funding[EB/OL]. [2021-07-05]. https://www.oecd.org/sti/sci-tech/38500813.pdf.

[26] Group on Earth Observations (GEO). Implementation guidelines for the GEOSS data sharing principles[EB/OL]. [2021-07-05]. http://citeseerx.ist.psu.edu/viewdoc/download?doi=10.1.1.684.1606&rep =rep1&type=pdf.

[27] LERU. Open research data[EB/OL]. [2021-07-05]. http://www.leru.org/files/publications/Open_Access_to_Research_Data-FINALdocx.pdf.

[28] LERU. LERU roadmap for research data[EB/OL]. [2021-07-05]. https://www.fosteropenscience.eu/sites/default/files/pdf/598.pdf.

[29] IASC. Statement of principles and practices for arctic data management[EB/OL]. [2021-07-05]. https://iasc.info/images/data/IASC_data_statement.pdf.

[30] G8 Science Ministers Statement London UK, 12 June 2013[EB/OL]. [2021-07-05]. https://

www.gov.uk/government/uploads/system/uploads/attachment_data/file/206801/G8_Science_Meeting_Statement_12_June_2013.pdf.

[31] G8. G8 open data charter[EB/OL]. [2021-07-05]. http://opendatacharter.net/wp-content/ uploads/2015/10/opendatacharter-charter_F.pdf.

[32] EUROPEAN COMMISSION.Guidelines on open access to scientific publications and research data in Horizon 2020version 1.0[EB/OL]. [2021-07-05]. http://www.gsrt.gr/EOX/files/h2020-hi-oa-pilot-guide_en.pdf.

[33] Wilkinson M D, Dumontier M, Aalbersberg I J, et al. The FAIR Guiding Principles for scientific data management and stewardship[J]. Scientific Data, 2016, 3: 160018.

[34] DataONE. DataONE NEWS[EB/OL]. [2021-07-22]. https://old.dataone.org/sites/default/files/sites/all/documents/newsletters/DataONENEWSSpring2014.pdf.

[35] CODATA. Data sharing principles in developing countries(The Nairobi data sharing principles)[EB/OL]. [2021-07-05]. https://www.rd-alliance.org/sites/default/files/attachment/NairobiDataSharingPrinciples.pdf.

[36] Center for Open Science. The TOP Guidelines were created by journals, funders, and societies to align scientific ideals with practices[EB/OL]. [2021-07-16]. https://www.cos.io/initiatives/top-guidelines.

[37] ICSU-WDS. WDS data sharing principles[EB/OL]. [2021-07-05]. https://www.worlddatasystem.org/files/WDS_Data_Sharing_Principles_2015.pdf.

[38] Science International. Open data in big data world[EB/OL]. [2021-07-05]. http://www.science-international.org/sites/default/files/reports/open-data-in-big-data-world_long_en.pdf.

[39] Open Access Guidelines for research results funded by the ERC[EB/OL]. [2021-07-05]. https://erc.europa.eu/sites/default/files/document/file/ERC_Open_Access_Guidelines-revised_feb_2016.pdf.

[40] EUROPEAN RESEARCH COUNCIL(ERC). Guidelines on implementation of open access to scientific publications and research data[EB/OL]. [2021-07-05]. http://ec.europa.eu/research/participants/data/ref/h2020/other/hi/oa-pilot/h2020-hi-erc-oa-guide_en.pdf.

[41] Principios CREA[EB/OL]. [2021-08-25]. https://static1.squarespace.com/static/5d3799de845604000199cd24/t/5f0621e031811d08f9c4cd27/1594237427481/Principios+CREA.pdf.

[42] Lin D, Crabtree J, Dillo I, et al. The TRUST Principles for digital repositories[J]. Scientific Data, 2020, 7: 144.

[43] THE FAIR DATA PRINCIPLES[EB/OL]. [2021-07-13]. https://www.force11.org/group/fairgroup/fairprinciples.

[44] Mons B, Neylon C, Velterop J, et al. Cloudy, increasingly FAIR; revisiting the FAIR Data guiding principles for the European Open Science Cloud[J]. Information Services & Use, 2017, 37(1): 49-56.

[45] Koers H, Bangert D, Hermans E, et al. Recommendations for services in a FAIR data ecosystem[J]. Patterns, 2020, 1(5): 100058.

[46] 翟军, 梁佳佳, 吕梦雪, 等. 欧盟开放科学数据的FAIR原则及启示[J]. 图书与情报, 2020(6): 103-111.

[47] Australian National Data Service. FAIR data self-assessment tool[EB/OL]. [2021-07-22]. https://www.ands.org.au/working-with-data/fairdata/fair-data-self-assessment-tool1.

[48] 邢文明, 郭安琪, 秦顺, 等. 科学数据管理与共享的FAIR原则——背景、内容与实施[J]. 信息资源管理学报, 2021, 11(2): 60-68, 84.

[49] CARE Principles for Indigenous Data Governance[EB/OL]. [2021-08-25]. https://www.gida-global.org/care.

[50] Data Sharing Principles[EB/OL]. [2021-07-13]. https://www.worlddatasystem.org/services/data-sharing-principles.

[51] Smith A M, Katz D S, Niemeyer K E . Software citation principles[J]. PeerJ Computer Science, 2016, 2016(9).

[52] Policy Statement on Geopolitical Intrusion on Editorial Decisions[EB/OL]. [2021-07-13]. http://www.wame.org/policy-statements#Geopolitical%20Instrusion.

[53] Birney E, Hudson T J, Green E D, et al. Prepublication data sharing[J]. Nature, 2009, 461(7261): 168.

[54] About the journal[EB/OL]. [2021-07-13]. https://academic.oup.com/gigascience/pages/About.

[55] Open Access and APCs[EB/OL]. [2021-07-13]. https://academic.oup.com/gigascience/pages/charges_licensing_and_self_archiving.

[56] Editorial Policies & Reporting Standards[EB/OL]. [2021-07-13]. https://academic.oup.com/gigascience/pages/editorial_policies_and_reporting_standards#Availability%20of%20Data%20and%20Materials.

[57] Journal of Chemical & Enigineering Data[EB/OL]. [2021-07-13]. https://publish.acs.org/publish/author_guidelines?coden=jceaax#manuscript_submission_requirements_checklist.

[58] Journal Guidelines And Templates[EB/OL]. [2021-07-13]. https://publish.acs.org/publish/.

[59] STM. Voluntary principles for article sharing on scholarly collaboration networks[EB/OL]. [2021-07-13]. https://www.stm-assoc.org/2015_06_08_Voluntary_principles_for_article_sharing_on_scholarly_collaboration_networks.pdf.

[60] 刘晶晶, 顾立平. 数据期刊的政策调研与分析——以Scientific Data为例[J]. 中国科技期刊研究, 2015, 26(4): 331-339.

[61] Policies[EB/OL]. [2021-07-23]. https://www.nature.com/sdata/policies.

[62] Scientific Data is founded on six key principles[EB/OL]. [2021-07-23]. https://www.nature.com/

sdata/about/principles.

[63] F1000Research[EB/OL]. [2021-07-23]. https://f1000research.com/.

[64] Pasquetto I V, Sands A E, Borgman C L. Exploring openness in data and science: What is “open, ” to whom, when, and why?[J]. Proceedings of the Association for Information Science and Technology, 2015, 52(1): 1-2.

[65] 段美珍, 顾立平, 赵昆华.2015-2016 年国际开放获取相关政策与实践进展[J]. 图书情报工作, 2017, 61(18): 19-28.

[66] 陈新兰, 顾立平, 刘金亚.开放科学背景下出版集团的开放出版政策转型与实践[J]. 中国科技期刊研究, 2020, 31(11): 1289-1298.

[67] Inchcoombe S. Alternative conditions needed for cOAlition S’s Transformative Journal proposal to succeed[EB/OL]. [2021-8-10]. https://www.springernature.com/de/advancing-discovery/blog/blogposts/alternative-conditions-needed-for-transformative-journals/17511190.

[68] Hawkins E. Springer Nature and The Open University launch a unique Computer Science Ontology(CSO) [EB/OL]. [2021-08-10]. https://group.springernature.com/gp/group/media/press-releases/Springer Nature-and-the-open-university-launch-a-unique/16386730.

[69] Winter S. Springer Nature and ResearchGate extend content sharing pilot following positive feedback[EB/OL]. [2021-08-11]. https://group.springernature.com/gp/group/media/press-releases/Springer Nature-and-researchgate-extend-content-sharing-pilot/16916562.

[70] What is Digital Preservation?[EB/OL]. [2021-07-23]. https://www.springernature.com/gp/librarians/licensing/a-z/digital-preservation.

[71] Elsevier. Elsevier-BIBSAM Agreement[EB/OL]. [2020-07-14]. https://www.elsevier.com/about/open-science/open-access/agreements/sweden-bibsam.

[72] Davis A. Norway and Elsevier agree on pilot national licence for research access and publishing[EB/OL]. [2021-07-23]. https://www.elsevier.com/about/press-releases/corporate/norway-and-elsevier-agree-on-pilot-national-licence-for-research-access-and-publishing.

[73] Boucherie S. Dutch research institutions and Elsevier reach framework agreement[EB/OL]. [2019-12-19]. https://www.elsevier.com/about/press-releases/corporate/dutch-research-institutions-and-elsevier-reach-framework-agreement.

[74] Reller T. Elsevier acquires Science-Metrix Inc., provider of research analytics services and data[EB/OL]. [2021-08-20]. https://www.elsevier.com/about/press-releases/corporate/elsevier-acquires-science-metrix-inc-provider-of-research-analytics-services-and-data.

[75] Mattera J. Carnegie Mellon University and Elsevier reach transformative deal[EB/OL]. [2021-08-20]. https://www.elsevier.com/about/press-releases/corporate/carnegie-mellon-university-and-elsevier-reach-transformative-deal.

[76] Elsevier. Elsevier and Tencent sign strategic agreement to accelerate dissemination of global

health information in China[EB/OL]. [2021-08-20]. https://www.elsevier.com/about/ press-releases/corporate/elsevier-and-tencent-sign-strategic-agreement-to-accelerate-dissemination-of-global-health-information-in-china.

[77] Elsevier. 开放获取[EB/OL]. [2021-07-23]. https://www.elsevier.com/zh-cn/open-access.

[78] Elsevier. 期刊作者-开放获取[EB/OL]. [2021-07-23]. https://www.elsevier.com/zh-cn/authors/open-access.

[79] Elsevier. Price setting[EB/OL]. [2021-07-23]. https://www.elsevier.com/zh-cn/open-access.

[80] Elsevier. user license[EB/OL]. [2021-07-23]. https://www.elsevier.com/about/policies/open-access-licenses/elsevier-user-license.

[81] Elsevier. sharing guidelines[EB/OL]. [2021-07-23]. https://www.elsevier.com/about/policies/sharing.

[82] Elsevier. Open access licenses[EB/OL]. [2021-07-23]. https://www.elsevier.com/about/policies/open-access-licenses.

[83] Wiley. Open Research[EB/OL]. [2021-07-23]. https://authorservices.wiley.com/open-research/index.html.

[84] Wiley. Open Data[EB/OL]. [2021-07-23]. https://authorservices.wiley.com/open-research/open-data/index.html.

[85] Wiley. Wiley and Bibsam sign open access agreement to include 45 Swedish Institutions[EB/OL]. [2021-08-04]. https://newsroom.wiley.com/press-release/all-corporate-news/wiley-and-bibsam-sign-open-access-agreement-include-45-swedish-inst.

[86] National Library of Sweden. Oppen Tillgang Och Bibsamkonsortiet[EB/OL]. [2021-08-17]. https://www.kb.se/samverkan-och-utveckling/oppen-tillgang-och-bibsamkonsortiet.html.

[87] Wiley and swissuniversities Sign Four Year Transitional Open Access Agreement[EB/OL]. [2021-07-23]. https://newsroom.wiley.com/press-releases/press-release-details/2021/Wiley-and-swissuniversities-Sign-Four-Year-Transitional-Open-Access-Agreement/default.aspx.

[88] Access Options[EB/OL]. [2021-07-23]. https://onlinelibrary.wiley.com/researchers/read/ access-options.

[89] Wiley. Wiley's Preprints Policy[EB/OL]. [2021-07-23]. https://authorservices.wiley.com/author-resources/Journal-Authors/open-access/preprints-policy.html.

[90] Wiley. Sharing and Citing your Research Data[EB/OL]. [2021-07-23]. https://authorservices.wiley.com/author-resources/Journal-Authors/open-access/data-sharing-citation/index.html.

[91] Wiley. Data Sharing[EB/OL]. [2021-07-23]. https://authorservices.wiley.com/author-resources/Journal-Authors/open-access/data-sharing-citation/data-sharing-service.html.

[92] FORCE11. JOINT DECLARATION OF DATA CITATION PRINCIPLES–FINAL[EB/OL]. [2021-07-28]. https://www.force11.org/datacitationprinciples.

[93] Wiley. Data Citation Policy[EB/OL]. [2021-07-28]. https://authorservices.wiley.com/author-

resources/Journal-Authors/open-access/data-sharing-citation/data-citation-policy.html.

[94] Wiley. Understanding copyright and licensing[EB/OL]. [2021-07-28]. https://authorservices.wiley.com/author-resources/Journal-Authors/licensing/index.html.

[95] Taylor & Francis Group. Taylor & Francis Group: Feedback on Guidance on the Implementation of Plan S[EB/OL]. [2019-02-12]. https://newsroom.taylorandfrancisgroup.com/taylor-francis-group-feedback-on-guidance-on-the-implementation-of-plan-s/.

[96] Taylor & Francis Group. Understanding our data sharing policies[EB/OL]. [2021-08-13]. https://authorservices.taylorandfrancis.com/understanding-our-data-sharing-policies/?utm_source=newsroom&utm_medium=publicity&utm_campaign=JMO03910.

[97] Taylor & Francis Group. Taylor & Francis partners with the European Consortium for Political Research to launch a new Open Access journal[EB/OL]. [2021-08-16]. https://newsroom.taylorandfrancisgroup.com/taylor-francis-partners-with-the-european-consortium-for-political-research-to-launch-a-new-open-access-journal/.

[98] Taylor & Francis Group. F1000Research joins Taylor & Francis Group[EB/OL]. [2021-08-10]. https://newsroom.taylorandfrancisgroup.com/f1000-research-joins-taylor-francis/.

[99] Taylor & Francis Group. Access Taylor & Francis research easily on the move with Researcher[EB/OL]. [2021-08-10]. https://newsroom.taylorandfrancisgroup.com/access-taylor-francis-research-easily-on-the-move-with-researcher/.

[100] Taylor & Francis Group. Listen to the latest research with improved accessibility on Taylor & Francis Online[EB/OL]. [2021-08-10]. https://newsroom.taylorandfrancisgroup.com/listen-to-the-latest-research-with-improved-accessibility-on-taylor-francis-online/.

[101] Taylor & Francis. 发表开放获取文章：作者指南[EB/OL]. [2021-07-28]. https://china.taylorandfrancis.com/wp-content/uploads/2020/05/%E3%80%90New%E3%80%91%E5%BC%80%E6%94%BE%E8%8E%B7%E5%8F%96%E4%BD%9C%E8%80%85%E6%8C%87%E5%8D%97-_1029_Final.pdf.

[102] Taylor & Francis. What is Cogent OA?[EB/OL]. [2021-07-28]. https://www.tandfonline.com/openaccess/cogentoa.

[103] Taylor & Francis. What is Dove Medical Press?[EB/OL]. [2021-07-28]. https://www.tandfonline.com/openaccess/dove.

[104] Taylor & Francis. What is F1000Research?[EB/OL]. [2021-07-28]. https://www.tandfonline.com/openaccess/f1000.

[105] Taylor & Francis. Publish your research in Open Select journals[EB/OL]. [2021-07-28]. https://www.tandfonline.com/openaccess/openselect.

[106] Taylor & Francis. Open access funding options[EB/OL]. [2021-07-28]. https:s.taylorandfrancis.com/publishing-open-access/oa-funding-options/.

[107] Taylor & Francis. Basic data sharing policy[EB/OL]. [2021-07-28]. https://authorservices.taylorandfrancis.com/data-sharing-policies/basic/.

[108] Taylor & Francis. data availability statement[EB/OL]. [2021-07-28]. https://authorservices.taylorandfrancis.com/data-sharing-policies/data-availability-statements/.

[109] Force 11. Force 11 Joint Declaration of Citation Principles[EB/OL]. [2021-07-28]. https://www.force11.org/datacitationprinciples.

[110] Taylor & Francis. 许可信息[EB/OL]. [2021-07-28]. https://china.taylorandfrancis.com/authors/permissions/#.

[111] 李海博, 顾立平. 国际出版商应对Plan S的策略及其启示[J]. 中国科技期刊研究, 2021, 32(5): 576-585.

[112] Coalition s. What is an Open Access platform?[EB/OL]. [2021-07-05] https://www.coalition-s.org/ faq/ what-is-an-open-access-platform.

[113] 中国科技期刊如何进入 DOAJ 的“白名单”——DOAJ 主编 Tom Olijhoek 北京现场报告会[J]. 中国科技期刊研究, 2016, 27(9): 948.

[114] 贺郝钰, 侯春梅, 迟秀丽, 等. DOAJ 的运作模式及对中国 OA 期刊的启示[J]. 中国科技期刊研究, 2016, 27(8): 874-879.

[115] 王鹏飞. 国内外开放获取平台比较分析——以 DOAJ 与 COAJ 为例[J]. 四川图书馆学报, 2020, (5): 61-64.

[116] 张士男, 彭絮, 张闪闪. 出版类开放资源调研与分析——以 DOAJ、DOAB 中商业与经济领域开放资源为例[J]. 图书馆学刊, 2019, 41(2): 60-65.

[117] DOAB. Requirements & Application[EB/OL]. [2021-08-25]. https://doabooks.org/en/publishers/join-doab.

[118] 曾燕, 申艳, 顾立平, 等. 巴西 SciELO 平台国际化发展策略及启示[J]. 中国科技期刊研究, 2021, 32(5): 586-595.

[119] 中国科学技术协会. 中国科技期刊发展蓝皮书(2017) [M]. 北京: 科学出版社, 2017.

[120] 曾洁. 发展本国特色的期刊出版平台: SciELO 现状研究[J]. 科技与出版, 2013, (11): 94-98.

[121] 郭春玲, 赵俐. 检索日本科技文献的便捷途径——J-STAGE 简介[J]. 图书情报工作, 2013, 57(S1): 260-262.

[122] 任锦. 日本 J-STAGE 期刊平台发展现状及特点研究[J]. 科技与出版, 2013, (11): 98-102.

[123] 曾苏, 马建霞, 祝忠明. 机构知识库联盟发展现状及关键问题分析[J]. 图书情报工作, 2009, 53(24): 106-110.

[124] 袁顺波, 董文鸳, 刘艳华. 机构库实践建设现状研究——基于 OpenDOAR 的调研与分析[J]. 图书馆, 2012, (5): 67-70.

[125] 谭从容. OpenDOAR 的背景、特点和应用[J]. 图书馆建设, 2008, (1): 49-51.

[126] CHAIR. CHAIR 研究任务[EB/OL]. [2021-09-01]. http://chair.calis.edu.cn/pages/list.html?id=a008ee67-b6d8-4d34-90c7-ed9a08f30697.

[127] 孙海燕, 解登峰, 齐晓晨. 日本机构知识库联盟 JPCOAR 的开放获取策略及启示[J]. 数字图书馆论坛, 2019, 4(6): 46-53.

[128] Japan Consortium for Open Access Repository Community[EB/OL]. [2021-07-19]. https://docs.google.com/spreadsheets/d/1oNjykAjC2uvTV0KdUHflOwOq0Y7tMSqc10GivORNFMc/edit#gid=125991070.

[129] 吕世灵. 预印本系统: 国际学术交流的重要平台[J]. 情报学报, 2004, 23(5): 547-552.

[130] 方向明, 董文鸳. 国内外著名学科预印本系统评析[J]. 农业图书情报学刊, 2008, 20(1): 96-98.

[131] 张智雄, 黄金霞, 王颖, 等. 国际预印本平台的主要发展态势研究[J]. 数字图书馆论坛, 2017, (10): 2-7.

[132] 曾建勋. 重视预印本及其系统生态建设[J]. 数字图书馆论坛, 2020, (10): 1-2.

[133] 白林林, 祝忠明. arXiv 可持续发展计划的运营与管理机制剖析[J]. 图书情报工作, 2017, 61(11): 55-62.

[134] 刘银娣. 电子印本仓储——arXiv 运营情况研究[J]. 出版科学, 2009, 17(3): 78-82.

[135] 杨硕. 预印本库与传统期刊合作的典型模式研究[J]. 科技与出版, 2020, (7): 130-136.

[136] 康宏宇, 钱庆, 李姣, 等. 国内外预印本系统比较研究与展望[J]. 医学信息学杂志, 2020, 41(11): 26-31+40.

[137] 中国科学院科技论文预发布平台发布会在京举行[J]. 中国科学院院刊, 2016, 31(6): 719.

[138] 周阳. 国内外预印本系统调研与启示[J]. 图书馆界, 2021, (3): 60-68.

[139] 刘凤红, 彭琳. 国际数据期刊的发展现状调查与分析[J]. 中国科技期刊研究, 2019, 30(11): 1129-1134.

[140] STM Association. STM Tech Trends: Outlook 2020[EB/OL]. [2021-07-05] https://www.stm-assoc.org/2016_04_11_STM_Tech_Trends_Outlook_2020.pdfB.

[141] 王明明, 王卷乐, 赵强, 等. ICPSR 科学数据中心的建设经验与启示[J]. 中国科技资源导刊, 2017, 49(6): 100-107.

[142] 高孟绪, 王瑞丹, 王超, 等. 关于国家科学数据中心建设与发展的思考[J]. 农业大数据学报, 2019, 1(3): 21-27.

[143] 王卷乐, 王明明, 石蕾, 等. 科学数据管理态势及其对我国地球科学领域的启示[J]. 地球科学进展, 2019, 34(3): 306-315.

[144] 科技部. 科技部 财政部发布国家科技资源共享服务平台优化调整名单[EB/OL]. (2019-06-11) [2021-07-05]. http://www.gov.cn/xinwen/2019-06/11/content_5399105.htm.

[145] World Data System. Introduction of World Data Systme[EB/OL]. [2021-07-19]. https://www.worlddatasystem.org/organization/intro-to-wds.

[146] World Data System. Membership of World Data System[EB/OL]. (2020-12-01) [2021-07-19]. https://www.worlddatasystem.org/community/membership.

[147] National Library of Medicine. Data Repository[EB/OL]. [2021-07-20]. https://nnlm.gov/data/thesaurus/data-repository.

[148] Re3data. Search[EB/OL]. [2021-07-20]. https://www.re3data.org/search.

[149] 科学数据银行 ScienceDB 发布[J]. 电子世界, 2021, (3): 2.

[150] 中科院发布"科学数据银行"服务将促进科研成果可信共享[J]. 高科技与产业化, 2021, 27(2): 71.

[151] 孔丽华, 习妍, 张晓林. 数据出版的趋势、机制与挑战[J]. 中国科学基金, 2019, 33(3): 237-245.

[152] Yang D. 数据出版在中国[EB/OL]. (2016-09-02) [2021-07-05]. https://www.editage.cn/insights/shu-ju-chu-ban-zai-zhong-guo-2659.

[153] Walters W H. Data Journals: incentivizing data access and documentation within the scholarly communication system[J]. Insight, 2020, 33(1): 18.

[154] 关琳琳, 马瀚青, 王长林. 创办国际数据期刊的实践与思考——以 Big Earth Data 为例[J]. 中国科技期刊研究, 2020, 31(1): 56-62.

[155] 张智雄, 黄金霞, 王颖, 等. 国际预印本平台的主要发展态势研究[J]. 数字图书馆论坛, 2017, 4(10): 2-7.

[156] 常唯, 曹金, 刘团结, 等. 科技期刊同行评议可检验规范最佳实践[J]. 中国科技期刊研究, 2016, 27(1): 25-32.

[157] 常唯, 曹会聪, 曹金, 等. 国际科技期刊同行评议的实践与特点[J]. 中国科技期刊研究, 2016, 27(1): 10-17.

[158] 张彤, 周云霞, 蔡斐, 等. 学术期刊同行评议的历史演进[J]. 中国科技期刊研究, 2019(6): 588-595.

[159] Peters D, Ceci S J. Peer-review practices of psychological journals: The fate of published articles submitted again[J]. The Behavioral and Brain Sciences, 1982, 5(2) : 187-195.

[160] Wang P, Hoyt J, Pschl U, et al. The last frontier in open science: Will open peer review transform scientific and scholarly publishing?[J]. Proceedings of the Association for Information Science & Technology, 2016, 53(1): 1.

[161] 常唯, 李自乐, 王成, 等. 开放评议与双盲评议在国际科技期刊质量控制中的价值[J]. 中国科技期刊研究, 2016, 27(1): 18-24.

[162] Wolfram D, Wang P, Hembree A, et al. Open peer review: promoting transparency in open science[J]. Scientometrics, 2020(6154): 1-19.

[163] Ross-Hellauer T. What is open peer review? A systematic review[J]. F1000Research, 2017(6): 588.

[164] 于淼, 赵金环. 出版后同行评议及其对国内学术出版的启示[J]. 中国科技期刊研究, 2020, (1): 45-50.

[165] F1000research. How it Works[EB/OL]. [2021-07-15]. https://f1000research.com/about.

[166] eLife. The Editorial Process[EB/OL]. [2021-07-15]. https://reviewer.elifesciences.org/author-guide/editorial-process.

[167] eLife. About[EB/OL]. [2021-07-15]. https://elifesciences.org/about.

[168] 李军纪, 阮爱萍, 王沁萍. 多媒介融合出版条件下学术期刊同行评审制度的发展[J]. 编辑学报, 2016, 28(6): 539-543.

[169] 贺子岳, 张子纬, 陈晓峰. 学术期刊出版后开放式同行评议模式研究[J]. 传媒, 2019(17): 32-34.

[170] BMC[EB/OL]. [2021-07-17]. https://www.biomedcentral.com/.

[171] BMC. Editorial policies[EB/OL]. [2021-07-17]. https://www.biomedcentral.com/getpublished/editorial-policies.

[172] BMJ. The BMJ[EB/OL]. [2021-07-17]. https://www.bmj.com/?utm_source=Corporate_site&utm_medium=Top_Nav&utm_campaign=link_change_July_2015.

[173] the BMJ. Resources for reviewers[EB/OL]. [2021-07-17]. https://www.bmj.com/about-bmj/resources-reviewers.

[174] 张玲. 基于开放式网络平台系统的科技期刊同行评议新模式研究[J]. 中国科技期刊研究, 2018, 29(11): 1122-1126.

[175] Publons[EB/OL]. [2021-07-19]. https://publons.com/about/home/.

[176] Publons. Mission[EB/OL]. [2021-07-19]. https://publons.com/about/mission/.

[177] 刘丽萍, 刘春丽. Publons 管理模式对我国同行评审制度的启示[J]. 中国科技期刊研究, 2018, 29(7): 685-690.

[178] Publons. Publons Reviewer Recognition Service[EB/OL]. [2021-07-19]. https://publons.com/benefits/publishers/reviewer-recognition.

[179] Reviewer Credits[EB/OL]. [2021-07-19]. https://www.reviewercredits.com/.

[180] Reviewer Credits. Frequently Asked Questions for Peer Reviewers and Journals[EB/OL]. [2021-07-19]. https://www.reviewercredits.com/support/#faq-tabs|1.

[181] Reviewer Credits. Journal subscriptions and fees[EB/OL]. [2021-07-19]. https://www.reviewercredits.

com/journal-subscriptions-and-fees-free-premium-plans/.

[182] 彭琳, 杜杏叶. 科技期刊实施开放式同行评议策略研究[J]. 中国科技期刊研究, 2018, 29(11): 1114-1121.

[183] 常唯, 袁境泽. 国际学术出版中的同行评议进展与展望[J]. 中国科技期刊研究, 2020, 31(10): 1181-1192.

[184] Morey R D, Chambers C D, Etchells P J, et al. The Peer Reviewers' Openness Initiative: incentivizing open research practices through peer review[J]. Royal Society Open Science, 2016, 3(1): 150547.

[185] Choi D H, Seo T S. Development of an open peer review system using blockchain and reviewer recommendation technologies[J]. Science Editing, 2021, 8(1): 104-111.

[186] Ulrich P. Multi-Stage Open Peer Review: Scientific Evaluation Integrating the Strengths of Traditional Peer Review with the Virtues of Transparency and Self-Regulation[J]. Frontiers in Computational Neuroscience, 2012(6): 33.

[187] Emily F. Defining and Characterizing Open Peer Review: A Review of the Literature[J]. Journal of Scholarly Publishing, 2013, 44(4): 311-326.

[188] 孟美任, 张晓林. 中国科技期刊引入开放同行评议机制的思考与建议[J]. 中国科技期刊研究, 2019, 30(2): 149-155.

[189] 中国科学院. 中国科学院关于公共资助科研项目发表的论文实行开放获取的政策声明[EB/OL]. [2021-07-15]. http://www.cas.cn/xw/yxdt/201405/P020140516559414259606.pdf# opennewwindow.

[190] 中国国家自然科学基金委员会. 中国国家自然科学基金委员会关于受资助项目科研论文实行开放获取的政策声明[EB/OL]. [2021-07-15]. http://lab.semi.ac.cn/library/upload/2014/5/1911016422.pdf.

[191] 国家自然科学基金委员会基础研究知识库开放获取政策实施细则[EB/OL]. [2021-07-15]. http://ir.nsfc.gov.cn/policies.

[192] CHAIR[EB/OL]. [2021-07-24]. http://chair.calis.edu.cn/.

[193] 武汉大学机构知识库. 武汉大学机构知识库开放获取相关说明[EB/OL]. [2021-07-24]. http://openir.whu.edu.cn/#/aboutus.

[194] 山东大学机构知识库. 政策[EB/OL]. [2021-07-24]. http://ir.lib.sdu.edu.cn/widgets/sdjgk/?h=policy.

[195] 厦门大学学术典藏库. 厦门大学学术典藏库(XMUIR)相关政策(试行)[EB/OL]. [2021-07-24]. http://dspace.xmu.edu.cn/static/extend/policy.htm.

[196] 西安交通大学机构知识. 西安交通大学机构知识门户开放获取政策[EB/OL]. [2021-07-24]. http://ir.xjtu.edu.cn/web/policies.

[197] 西北工业大学机构知识库. 机构知识库开放获取政策(试行) [EB/OL]. [2021-07-24]. http://202.117.255.188:9002/ckfinder/userfiles/files/%E8%A5%BF%E5%B7%A5%E5%A4%A7%E5%BC%80%E6%94%BE%E5%AD%98%E5%8F%96%E6%94%BF%E7%AD%96%EF%BC%88%E8%AF%95%E8%A1%8C%EF%BC%89.pdf.

[198] 北京大学机构知识库. 北京大学机构知识库开放获取政策(试行) [EB/OL]. [2021-07-15]. https://ir.pku.edu.cn/help/PKU_IR_policy_trial.pdf.

[199] 中国科学院机构知识库网格[EB/OL]. [2021-07-20]. http://www.irgrid.ac.cn/repository-list.

[200] 国家自然科学基金委基础研究知识库[EB/OL]. [2021-07-20]. http://ir.nsfc.gov.cn/.

[201] 北京大学机构知识库[EB/OL]. [2021-07-20]. https://ir.pku.edu.cn/.

[202] 中国高校机构知识库联盟[EB/OL]. [2021-07-20]. http://chair.calis.edu.cn/.

[203] 高能物理研究所机构知识库[EB/OL]. [2021-07-23]. http://ir.ihep.ac.cn/.

[204] DOAJ. Journals[EB/OL]. [2021-07-23]. https://doaj.org/search/journals?source=%7B%22query%22%3A%7B%22match_all%22%3A%7B%7D%7D%2C%22size%22%3A50%2C%22sort%22%3A%5B%7B%22created_date%22%3A%7B%22order%22%3A%22desc%22%7D%7D%5D%7D.

[205] Creative Commons. Attribution-ShareAlike 3.0 Unported (CC BY-SA 3.0) [EB/OL]. [2021-07-18]. https://creativecommons.org/licenses/by-sa/3.0/.

[206] 善若水. 数字化时代的知识产权与知识共享国际会议召开[J]. 电子知识产权, 2006(4). http://www.cqvip.com/QK/97762X/20064/21722877.html.

[207] 知识共享中国大陆. 项目介绍[EB/OL]. [2021-07-18]. https://creativecommons.net.cn/about/team/.

[208] 知识共享中国大陆. 中国大陆版CC协议正式从2.5版本更新为3.0版本[EB/OL]. [2021-07-18]. https://creativecommons.net.cn/a-31/.

[209] Creative Commons. What's New in 4.0[EB/OL]. [2021-07-18]. https://creativecommons.org/version4.

[210] 国家科技图书文献中心. NSTL 签署 OA2020 倡议意向书[EB/OL]. [2021-07-19]. https://www.nstl.gov.cn/Portal/news_details.html?id=AWrKJ_JmCvpFN6TKxp50.

[211] 关于大规模实现学术期刊开放获取的意向书[EB/OL]. [2021-07-18]. https://oa2020.org/wp-content/uploads/OA2020-Expression-of-Interest-Chinese.pdf.

[212] Open access 2020. OA2020 Community[EB/OL]. [2021-07-22]. https://oa2020.org/be-informed/#info.

[213] Nature. China backs bold plan to tear down journal paywalls[EB/OL]. [2021-07-19]. https://www.nature.com/articles/d41586-018-07659-5.

[214] 程维红, 任胜利. 世界主要国家 SCI 论文的 OA 发表费用调查[J]. 科学通报, 2016, 61(26):

2861-2868.

[215] 杨思洛, 袁庆莉, 韩雷. 中美发表的国际开放获取期刊论文影响比较研究[J]. 中国图书馆学报, 2017, 43(1): 67-88.

[216] Torres-Salinas D. Daily growth rate of scientific production on Covid-19. Analysis in databases and open access repositories[J]. El Profesional de la Información, 2020, 29(2): e290215.

[217] Lee J J, Haupt J P. Scientific globalism during a global crisis: Research collaboration and open access publications on COVID-19[J/OL]. Higher Education, 2020, 497. https://www.researchsquare.com/article/rs-33977/v2.

[218] 许洁, 王子娴. 新冠肺炎疫情中的开放获取出版: 现状与展望[J]. 中国科技期刊研究, 2021, 32(1): 14-22.

[219] 国家自然科学基金委员会. 中国国家自然科学基金委员会与英国国家科研与创新署关于呼吁和支持科学界携手应对新冠肺炎疫情的联合声明[EB/OL]. [2021-07-20]. http://www.nsfc.gov.cn/publish/portal0/tab440/info77549.htm.

[220] 新型冠状病毒专题和知识服务与科研攻关交流平台[EB/OL]. [2021-07-21]. https://ncov.scholarin.cn/.

[221] 2019 新型冠状病毒信息库[EB/OL]. [2021-07-21]. https://ngdc.cncb.ac.cn/ncov/.

[222] 孔繁军, 游苏宁. 关于开放存取出版模式的问卷调查[J]. 中国科技期刊研究, 2005, 16(5): 648-649.

[223] 陈静, 蔡德英, 梅智胜, 等. 学术期刊不同开放存取时间对科研工作者获取和发表学术信息的影响[J]. 中国科技期刊研究, 2013, 24(4): 671-674.

[224] 张晋朝, 梁伊琪. 我国开放获取期刊现状及发展分析——以 DOAJ 为例[J]. 出版科学, 2018, 26(5): 87-96.

[225] 赵兵, 郭才正, 钱景. DOAJ 收录我国开放存取期刊的统计与分析: 兼谈如何提高我国开放存取期刊的发展水平[J]. 新世纪图书馆, 2018(1): 62-65.

[226] 刘晓霞, 张新鹤. 我国学术期刊参与开放获取的调查研究[J]. 图书情报知识, 2015(1): 107-115.

[227] 张晋朝, 梁伊琪. 我国开放获取期刊现状及发展分析——以 DOAJ 为例[J]. 出版科学, 2018, 26(5): 87-96.

[228] 刘闯, 郭华东, Uhlir P F, 等. 发展中国家数据出版基础设施与共享政策研究[J]. 全球变化数据学报(中英文), 2017, 1(1): 3-11+126-134.

[229] 中国互联网络信息中心. 第 41 次中国互联网络发展状况统计报告[R/OL]. [2021-08-01]. http://www.cnnic.net.cn/hlwfzyj/hlwxzbg/hlwtjbg/201803/P020180305409870339136.pdf.

[230] 刘晶晶, 顾立平. 数据期刊的政策调研与分析——以 Scientific Data 为例[J]. 中国科技期刊

研究, 2015, 26(4): 331-339.

[231] 田稷, 陈珲夏. 数据期刊及数据论文定量分析与思考[J]. 图书馆论坛, 2016, 36(3): 42-48.

[232] 中华人民共和国中央人民政府. 科学数据管理办法[EB/OL]. [2021-07-21]. http://www.gov.cn/zhengce/content/2018-04/02/content_5279272.htm.

[233] 国家标准化管理委员会. 信息技术科学数据引用(GB/T 35294—2017) [S/OL]. [2021-07-21]. http://gxt.jiangsu.gov.cn/webpic/P020160926823618307622.pdf.

[234] 张恬, 刘凤红.数据出版新进展[J]. 中国科技期刊研究, 2018, 29(5): 453-459.

[235] 国家标准全文公开系统. 科技计划形成的科学数据汇交技术管理与规范[EB/OL]. [2021-07-21]. http://c.gb688.cn/bzgk/gb/showGb?type=online&hcno=E8381A5EB55C7CA16E1E5 F555F8F6D4E.

[236] 国家标准全文公开系统. 科技计划形成的科学数据汇交通用数据元[EB/OL]. [2021-07-21]. http://c.gb688.cn/bzgk/gb/showGb?type=online&hcno=FC2206A5240E94ED1C448B6094954CF6.

[237] 国家标准全文公开系统. 科技计划形成的科学数据汇交通用代码集[EB/OL]. [2021-07-21]. http://c.gb688.cn/bzgk/gb/showGb?type=online&hcno=6952EEB4CA98F6D4316E9E9E59FA49F3.

[238] Austin C C, Bloom T, Dallmeier-Tiessen S, et al. Key components of data publishing: using current best practices to develop a reference model for data publishing[J]. International Journal on Digital Libraries, 2016: 1-16.

[239] 王丹丹. 科学数据出版过程中的数据质量控制[J]. 图书情报工作, 2015, 59(23): 124-129.

[240] 孔丽华. 科学数据质量同行评议现状[R/OL]. 2015 中国开放获取推介周, 北京, 2015. http://ir.las.ac.

[241] 顾立平. 科学数据权益分析的基本框架[J]. 图书情报知识, 2014(1): 34-51.

[242] 何琳, 常颖聪. 国内外科学数据出版研究进展[J]. 图书情报工作, 2014, 58(5): 104-110.

[243] 孔丽华. 数据出版中的数据质量评议机制及其实践研究[D]. 北京: 中国科学院大学, 2019.

[244] Elsevier. Research Data Guidelines for Journals[EB/OL]. [2021-07-28]. https://www.elsevier.com/authors/author-services/research-data/data-guidelines.

[245] Springer Nature. Research Data Policy Types[EB/OL]. [2021-07-28]. https://www.springernature.com/gp/authors/research-data-policy/data-policy-types/12327096.

[246] Taylor & Francis. data sharing policies[EB/OL]. [2021-07-28]. https://authorservices. taylorandfrancis.com/data-sharing-policies/.

[247] Wiley. Data Sharing Policies[EB/OL]. [2021-07-28]. https://authorservices.wiley.com/author-resources/Journal-Authors/open-access/data-sharing-citation/data-sharing-policy.html.

[248] 中国科学数据[EB/OL]. [2021-07-28]. http://www.csdata.org.

[249] datadryad. Quickstart guide to data sharing[EB/OL]. [2021-07-28]. https://datadryad.org/docs/

QuickstartGuideToDataSharing.pdf.
[250] 王舒, 黄国彬. 国外科学数据仓储的数据出版流程研究[J]. 数字图书馆论坛, 2021(1): 60-66.
[251] Integration with Dryad: the review workflow[EB/OL]. [2021-07-30]. https://datadryad.org/pages/policies.
[252] 刘凤红, 崔金钟, 韩芳桥, 等. 数据论文: 大数据时代新兴学术论文出版类型探讨[J]. 中国科技期刊研究, 2014, 25(12): 1451-1456.
[253] 国家青藏高原科学数据中心. 数据汇交[EB/OL]. [2021-07-30]. http://data.tpdc.ac.cn/zh-hans/commit/entrance/index.
[254] Science Data Bank. Publishing Processes[EB/OL]. [2021-07-30]. https://www.scidb.cn/en/publishing_process.
[255] Science Data Bank. Business Process[EB/OL]. [2021-07-30]. https://www.scidb.cn/for_journals#.
[256] 申艳, 马军花, 刘闯, 等. 中、英文双语同刊期刊编校质量控制研究——以《全球变化数据学报(中英文)》为例[J]. 编辑学报, 2019, 31(S2): 41-46+58.
[257] 黄国彬, 王舒, 屈亚杰. 科学数据出版模式比较研究[J]. 大学图书馆学报, 2018, 36(1): 34-40+33.
[258] 刘兹恒, 涂志芳. 数据出版及其质量控制研究综述[J]. 图书馆论坛, 2020, 40(10): 99-107.
[259] 雷秋雨, 马建玲. 学术期刊数据出版政策研究综述——以 JCR 中进化生物学领域期刊为例[J]. 图书馆理论与实践, 2016(1): 30-34.
[260] 吴蓉, 顾立平, 刘晶晶. 国外学术期刊数据政策的调研与分析[J]. 图书情报工作, 2015, 59(7): 99-105.
[261] 刘传玺. 数据论文概念辨析及其同行评审研究[J]. 图书馆杂志, 2016, 35(9): 76-80, 93.
[262] 张静蓓, 任树怀. 国外科研数据知识库数据质量控制研究[J]. 图书馆杂志, 2016, 35(11): 38-44.
[263] Bruce T, Hillmann D. The continuum of metadata quality: defining, expressing, exploiting[J]. Metadata in Practice Editions, 2004: 238-256.
[264] Fair Principles[EB/OL]. [2021-07-28]. https://www.go-fair.org/fair-principles/.
[265] Earth System Science Data[EB/OL]. [2021-07-30]. https://www.earth-system-science-data.net/.
[266] Geoscience Data Journal[EB/OL]. [2021-07-30]. https://rmets.onlinelibrary.wiley.com/journal/20496060.
[267] Biodiversity Data Journal[EB/OL]. [2021-07-30]. https://bdj.pensoft.net/.
[268] Scientific Data[EB/OL]. [2021-07-30]. https://www.nature.com/sdata/.
[269] Brief in Data[EB/OL]. [2021-07-30]. https://www.journals.elsevier.com/data-in-brief.
[270] GigaScience[EB/OL]. [2021-07-30]. https://academic.oup.com/gigascience.
[271] Parsons M A, Fox P A. Is data publication the right metaphor?[J]. Data Science Journal, 2013,

12(12): WDS32-WDS46.

[272] 涂志芳, 刘兹恒. 我国多学科领域数据出版质量控制最佳实践研究[J]. 图书馆杂志, 2020, 39(9): 70-77.

[273] 《全球变化数据学报》(中英文)编辑部. 全球变化科学研究数据出版与共享指南[J]. 全球变化数据学报, 2017, 1(3): 253-261. DOI: 10.3974/geodp.2017.03.01.

[274] International Society for Digital Earth. Big Earth Data[EB/OL]. [2021-08-03]. http://www.digitalearth-isde.org/list-50-1.html.

[275] 马军花, 石瑞香, 刘闯, 等. 《全球变化数据学报》(中英文)创刊年创新举措总结[J]. 全球变化数据学报(中英文), 2017, 1(4): 497-498+497-498.

[276] 中国科学数据. 关于本刊[EB/OL]. [2021-08-03]. http://www.csdata.org/p/static/33/.

[277] Science Data Bank[EB/OL]. [2021-08-03]. https://www.scidb.cn/en.

[278] 刘闯.《全球变化数据仓储电子杂志(中英文)》发刊词[J]. 全球变化数据学报(中英文), 2020, 4(2): 101-109+101-109.

[279] 全球变化科学研究数据出版系统[EB/OL]. [2021-07-30]. http://www.geodoi.ac.cn/WebCn/Default.aspx.

[280] 刘闯, 郭华东, Uhlir P, 等. 发展中国家数据出版基础设施与共享政策研究[J]. 全球变化数据学报, 2017, 1(1): 3–11. DOI: 10.3974/geodp.2017.01.02.

[281] 中国科学技术协会. 关于准确把握科技期刊在学术评价中作用的若干意见[EB/OL]. [2021-07-16]. http://kexie.hust.edu.cn/info/1071/1818.htm.

[282] 科学网. 科技期刊评价的中国视角[EB/OL]. [2021-07-16]. http://news.sciencenet.cn/sbhtmlnews/2020/10/358460.shtm.

[283] Vessuri H, Guédon J C, Cetto M A. Excellence or Quality? Impact of the Current Competition Regime on Science and Scientific Publishing in Latin America and Its Implications for Development[J]. Current Sociology, 2014, 62 (5): 647-665.

[284] 教育部 科技部印发《关于规范高等学校 SCI 论文相关指标使用 树立正确评价导向的若干意见》的通知[EB/OL]. [2021-07-16]. http://www.gov.cn/zhengce/zhengceku/2020-03/03/content_5486229.htm.

[285] 科技部. 科技部印发《关于破除科技评价中"唯论文"不良导向的若干措施(试行)》的通知[EB/OL]. [2021-07-16]. http://www.most.gov.cn/xxgk/xinxifenlei/fdzdgknr/fgzc/gfxwj/gfxwj2020/202002/W020200716318617342543.pdf.

[286] 中华人民共和国政府. 国务院办公厅印发《关于完善科技成果评价机制的指导意见》[EB/OL]. (2021-08-02) [2021-08-23]. http://www.gov.cn/xinwen/2021-08/02/content_5629039.htm.

[287] 刘春丽. 基于软同行评议的科学论文影响力评价方法——F1000 因子[J]. 中国科技期刊研究,

2012, 23(3): 383-386.

[288] San Francisco Declaration on Research Assessment[EB/OL]. (2021-07-19) [2021-07-19]. https://sfdora.org/read/.

[289] 关于科研指标的莱顿宣言[EB/OL]. (2021-07-19) [2021-07-19]. http://www.leidenmanifesto.org/ uploads/4/1/6/0/41603901/leiden_manifesto_chinese_150423.pdf.

[290] Wikipedia. Article-level metrics[EB/OL]. (2014-03-21) [2021-07-19]. https://en.wikipedia.org/wiki/Article-level_metrics.

[291] COUNTER. COUNTER provides the standard that enables the knowledge community to count the use of electronic resources[EB/OL]. [2021-07-19]. https://www.projectcounter.org/.

[292] Le X Q, Chu J D, Deng S Y, et al. CiteOpinion: Evidence-based Evaluation Tool for Academic Contributions of Research Papers Based on Citing Sentences[J]. Journal of Data and Information Science, 2019, 4(4): 26-41.

[293] Clarivate. Data Citation Index-Descriptive Document[EB/OL]. (2016-04-30) [2021-07-22]. https://clarivate.libguides.com/ld.php?content_id=45722564.

[294] Clifford A J, Steven J W. Data Curation in Climate and Weather: Transforming Our Ability to Improve Predictions through Global Knowledge Sharing.[J]. International Journal of Digital Curation, 2009, 4(2): 68-79.

[295] National Information Standards Organization. Outputs of the NISO Alternative Assessment Metrics Project[EB/OL]. (2016-05-16) [2021-07-23]. https://groups.niso.org/apps/group_public/download.php/17091/.

[296] 国务院办公厅. 国务院办公厅关于印发科学数据管理办法的通知[EB/OL]. [2021-07-23]. http://www.gov.cn/zhengce/content/2018-04/02/content_5279272.htm.

[297] 国家标准中的数据质量评价指标[EB/OL]. [2021-07-23]. https://zhuanlan.zhihu.com/p/129878165.

[298] 中国科学院科学传播局. 国家标准《数据论文出版元数据》立项启动会召开[EB/OL]. [2021-07-05]. http://www.bsc.cas.cn/sjdt/202103/t20210324_4782140.html.

[299] 孔丽华, 习妍, 郎杨琴, 等. 数据期刊中科学数据的同行评议方法研究[J]. 编辑学报, 2019, 31(3): 262-266.

[300] 刘闯. 数据影响力积分(DIS)——数据影响力新的计量方法[J]. 全球变化数据学报(中英文), 2018, 2(2): 135-143+258-266.

[301] 胡良霖, 黎建辉, 刘宁, 等. 科学数据质量实践与若干思考[J]. 科研信息化技术与应用, 2012, 3(2): 10-18.

[302] 孙崇亮. 科学数据的质量分析及地学矢量数据评价案例[J]. 科研信息化技术与应用, 2011, 2(1): 43-48.

[303] 李军. 办有底气的期刊 做有骨气的期刊人[J]. 科技与出版, 2021, (7): 55-58.

[304] Berners-Lee T. 5 star deployment scheme[EB/OL]. [2021-08-16] https://5stardata.info/en/.

[305] Sherbinin A, Faustman E, Edmunds R. What Every Early Career Researcher Should Know about Research Data Management[EB/OL]. [2021-06-03]. https://www.worlddatasystem.org/files/what-every-ecr-should-know-about-rdm-pdf/at_download/file.

[306] L'Hours H, von SteinI. FAIR Ecosystem Components: Vision[EB/OL]. [2021-08-16]. https://zenodo. org/record/3734273#.YWblZFVBw2w.

[307] Tanabaum G. Article-Level Metrics: A SPARC primer[EB/OL]. [2013-04-07] http://www.sparc.arl.org/bm~doc/sparc-alm-primer.pdf.

[308] DOAR. The San Francisco Declaration on Research Assessment[EB/OL]. [2012-12-16] https://sfdora.org/read/.

[309] Hicks D, Wouters P, Waltman L, et al. Bibliometrics: The Leiden Manifesto for research metrics[J]. Nature, 520, 2015: 429-431.

[310] NSECO. Draft Recommendation on Open Science(SC-PCB-SPP/2021/OS-IGM/INF1.) [EB/OL]. [2021-05-11]. https://en.unesco.org/science-sustainable-future/open-science/recommendation.

[311] Brian L, Childress E, Erway R, et al. The Evolving Scholarly Record[EB/OL]. [2014-10-27] https://www.oclc.org/content/dam/research/publications/library/2014/oclcresearch-evolving-scholarly-record-2014.pdf.

[312] Journal of Open Source Software Blog. 1000 papers published in JOSS[EB/OL]. [2020-08-31] https://blog.joss.theoj.org/2020/08/1000-papers-published-in-joss.

[313] Open Standards[EB/OL]. [2018-8-18]. https://fsfe.org/activities/os/def.en.html.

[314] Open Access office of Max-Planck-Gesellschaft. Die Max-Planck-Gesellschaft engagiert sich seit vielen Jahren für Open Access[EB/OL]. [2021-9-9]https://openaccess.mpg.de/.

[315] Open Access office of Max-Planck-Gesellschaft. Open access activities at the Max Planck Society[EB/OL]. [2021-9-9]https://openaccess.mpg.de/.

[316] SciELO Preprints[EB/OL]. [2021-11-04]. https://preprints.scielo.org/index.php/scielo.

[317] Mallapaty S. Popular preprint servers face closure because of money troubles[EB/OL]. [2021-11-04]. https://www.nature.com/articles/d41586-020-00363-3.

[318] Watson C. Preprint ban in grant applications deemed 'plain ludicrous'[EB/OL]. [2021-11-04]. https://doi.org/10.1038/d41586-021-02318-8.

[319] arXiv. arXivLabs: a space for community innovation[EB/OL]. [2021-11-04]. https://blog.arxiv.org/2020/09/28/arxivlabs-a-space-for-community-innovation/.

[320] Core Trust Seal. Data Repository Requirements[EB/OL]. [2021-06-03] https://www.coretrustseal.org/why-certification/requirements/.

[321] LIBER. The results of two data repositories surveys, carried out by LIBER's Research Data

Management Working Group, are now available.[EB/OL]. [2019-06-24] https://libereurope.eu/blog/2019/06/24/fairness-repositories-report.

[322] 中华医学期刊网. 新型冠状病毒肺炎科研成果学术交流平台[EB/OL]. [2021-11-04]. http://medjournals.cn/2019NCP/index.do.

[323] Kundu S. Chinese Academy of Sciences recommends Dimensions for making COVID-19 research discoverable[EB/OL]. [2021-11-04]. https://www.digital-science.com/blog/news/chinese-academy-of-sciences-cas-recommends-dimensions-for-making-latest-research-on-covid-19-openly-discoverable/.

[324] LIBER. Amsterdam Call for Action on Open Science[EB/OL]. (2016-4-7) [2020-09-22]. http://libereurope.eu/blog/2016/04/07/dutch-presidency-open-science-conference-liber/.

[325] 国家知识产权局. 中共中央国务院印发《知识产权强国建设纲要（2021-2035 年）》[EB/OL]. [2021-11-04]. http://www.cnipa.gov.cn/art/2021/9/23/art_2742_170305.html.

[326] SPARC. 2021 Open Access Week Theme to be "It Matters How We Open Knowledge: Building Structural Equity"[EB/OL]. [2021-11-04]. https://sparcopen.org/news/2021/2021-open-access-week-theme-to-be-it-matters-how-we-open-knowledge-building-structural-equity/.

[327] 中国政府网. 中共中央办公厅、国务院办公厅印发《关于进一步加强科研诚信建设的若干意见》[EB/OL]. [2018-05-30]. http://www.gov.cn/gongbao/content/2018/content_5299602.htm.

[328] 新华社. 深入实施新时代人才强国战略　加快建设世界重要人才中心和创新高地[EB/OL]. [2021-11-04]. http://www.moe.gov.cn/jyb_xwfb/s6052/moe_838/202109/t20210929_568037.html.

第四章　专家观点：开放科学环境下的学术出版①

编者按语

正如英国皇家学会在2012年指出，科学在本质上是一项开放事业，通过建立开放的科学研究机制和支撑基础以提高合作效率、共享研究资源、挖掘多元智能，进而促进科学研究；通过开放获取科研数据、科研方法和科研成果等来保证知识共享；通过推动开放获取、支持公民科研、增强科学传播、支持公众参与科技决策来支持社会创新发展。为此，各科技强国均大力实施开放科学的战略，包括制定公共资助科研成果开放获取政策，实施科研数据和其他科研资源开放共享，加强科学研究的可重复性规范，部署开放共享的科研基础设施及其政策机制，建立支持公民科研和开放研究的政策与平台，推进公众参与科技决策和基于科技的公共决策等，以奠定科技创新和基于科技的创新型社会的坚实基础。

为促进开放科学时代学术出版的发展，中国科协先后多次组织召开相关的专家座谈会和科技期刊论坛，邀请政策/管理专家、期刊编辑/管理者、开放科学研究者、一线科学家、学术出版机构和产业机构负责人等开展座谈和研讨，共谋开放科学环境下的学术出版与传播交流。

本章结合2021年中国科协开放科学高层次研讨会、“开放科学对科

① 第四章文字整理：任胜利（牵头）、闫群、解贺嘉。

学数据共享与管理的影响及应用”小型学术研讨会、第四届世界科技期刊论坛——推动开放科学：共享·共赢·可持续等相关会议或论坛的报告和主旨发言，并有针对性的邀请了相关领域的专家学者，共同探讨开放科学环境下的中国科技期刊发展。受邀的专家学者分别从开放科学的发展理念与政策评述、科学数据开放共享的实践与发展、开放科学时代学术出版发展对策等方面，结合我国开放科学现状，从不同角度探讨开放科学环境下我国科技期刊在政策层面、开放出版、开放数据、技术层面、服务层面的发展路径，并提出相关的对策建议。

1. 开放科学的发展理念与政策评述

作为科学论文和科学数据的产出大国，我国是全球开放科学的重要参与者，近年来在国家层面的科学数据管理、科技信息开放获取、开放科学基础设施、国际合作等方面都取得了重要进展。面对正在蓬勃发展的开放科学这一重大科技变革和趋势，中国科技共同体应该与世界科技共同体携手并肩，面对新机遇、迎接新挑战、提供新方案，参与到全球科技共同体开放科学的大势中去，并作出中国科技界的贡献。

专家学者们结合开放科学的本质和我国的客观实际，对我国开放科学的发展进行了战略层面的思考。例如，怀进鹏院士认为，科学正面临开放范式转型，开放科学带来创新与治理的深刻变革，需要出版界、教育界、产业界共同推进，构建全球共赢的学术生态；杨卫院士认为，我国开放科学在实施过程中可能会遇到推动主体是谁，如何渐近地弥合差价和稳定国刊发展三道门槛；龚克先生认为，开放科学是历史的必然，我国相关管理部门应从大处着眼、小处着手，积极行动起来，参与到国际组织中共同商议全球的开放科学发展；马俊才先生认为，开放科学是有效推进全球科技领域多边合作的重要着力点，我国可从注重实效，形成标志性成果，发挥我国重大基础设施优势作用，致力于推动全球开放科学的发展；任翔先生认为，开放科学运动的重心正在转向基础设施和生态构建，未来学术成果和传播模式将会越来越多样化，这也为期刊的开放转型提供了创新机遇。

2. 科学数据开放共享的实践与发展

在数字转型背景下，科学数据已成为科学研究和创新发展的基础性战略资源，加快推动科学数据开放共享对促进创新体系演化具有积极而重要的意义。我国近年来对科学数据管理与开放共享的重视程度不断加强，先后出台了《国家科技资源共享服务平台管理办法》《科学数据管理办法》等文件，形成了 20 个国家科学数据中心。

虽然国外有一定的科学数据共享模式可资参考，但是在探索开放科学环境下科学数据共享的中国发展路径时，既要看到开放科学、开放数据助益科技创新发展，也要考虑到数据安全、自主知识产权等现实问题，可以采取“试点先行”的方式摸索前进。例如，李国庆认为，开放科学对于研究数据政策、进行数据治理，以及开展数据服务影响颇大，真正可靠的、可依赖的开放科学原始动力应该来自政府的公益性支持，需要将开放科学纳入国家科学治理体系中来；李新和王健认为，下一个科学数据共享服务模式很可能是“中心化”共享模式和数据出版模式的融合与提升；王卷乐提出，可从加强科学数据仓储建设、加强科学数据中心数据治理水平和促进大数据驱动地球科学发现的范式转变等方面出发，加强和加快我国地球科学数据共享发展；肖宏认为，建立科学合理的数据开放政策，建立有效的数据开放协同机制和运营机制，建立良好的开放数据管理系统，协调数据开放与保护之间的冲突是四个值得关注的问题。

3. 开放科学时代学术出版发展对策

随着开放科学运动的兴起，学术信息的生产、交流和传播形式也在不断演进，以学术期刊为代表的传统出版载体为适应科学研究与交流的需求，在学术信息生产与传播模式方面不断形成新的模式（如开放获取期刊、预印本平台等），并且，越来越多的工具类资源、事实数值类资源、新闻政策类资源等也成为了开放学术信息资源的重要组成部分。

专家们结合全球学术出版的发展趋势，就如何推动开放获取出版，以及开放科学环境下我国科技期刊的发展对策等提出了很多有益的建议。例如，池永硕认为，未来科技出版的趋势是更具包容性的科研世界、对技术解决方案需求的增加，以及对科研诚信更坚定的承诺；Steven Inchcombe 从解决开放获取的行政负担、推动作者选用开放获取、解决社会挑战等方面探讨了出版机构如何帮助推动全球开放科学的愿景；彭斌认为，推动我国开放获取出版可从政策保障和经费支持、规范化运作、自主开放获取平台的完善和发展、集群化发展，以及全方位宣传推广助力开放获取平台可持续发展等方面着手；龙桂鲁和白雨虹认为，开放科学加速了学术出版模式随交流模式的转变而变化，对期刊发展总的影响是正面的；乔晓东认为，构建面向开放科学的新型学术信息服务是“科学论文和科技信息高端平台”的建设内容之一，开放科学与学术信息服务相互促进发展。

4. 有关我国科技论文和科学数据开放共享的对策建议

1）建立并完善科学合理的开放共享政策，积极推进开放科学规范化发展。通过政策制订在国家层面为开放科学提供组织保障，实现国际科学理事会提倡的 FAIR 原则，即实现科学数据资源的可发现、可获取、可互操作和可再用。

2）加快开放科学基础设施和队伍建设，有序做强资源共享等支撑。构建中国的世界一流“开放科学与服务平台”，该平台应该具有专业化信息和分析团队，具备平台运营能力（流计算、服务器、应用团队），拥有和竞争对手相当的开放科学资源（信息类型、量与质），具有多维度的自主组合服务能力，并且在学者中享有高信誉度。

3）加强知识产权保护、科技伦理和科技共同体自律，为知识共享提供保障。知识产权的保障、科学发现的首发权及安全可靠的有效性，对科技共同体推进开放科学发展是极其珍贵的。科研机构和管理部门、开放科学与知识服务平台、学术期刊等相关各方应积极行动起来，共同制订开放科学过程中的法律和道德行为规范，防范开放科学中可能出现的伦理问题，保证开放数据和资源的质量和诚信度。

第一节　开放科学的发展理念与政策评述

一、怀进鹏：推动开放科学，构建全球共赢的学术生态①

（一）开放科学的背景

科学面临开放范式转型，经济界及技术领域在这方面早已走在前面。在信息领域，20 年前我们计算机用得最多的是 windows 系统或者 unix 系统，大型机主要用 unix，小型机以 windows 为基础，软件不像传统有形产品有知识产权，它创造了一种新的保护知识产权的方式，就是 license，即许可证机制。这种许可证机制作为知识产权保护的重要内容，促进了软件技术与产业的飞速发展。

① 怀进鹏，中国科学院院士。

与此同时，license 使得软件成为一个封闭的、各自独立的系统。知识不能传承，重复开发严重，创新效率难以提升。因此，信息领域在 20 世纪末就推动开放源代码，把开放源代码作为开放科学的一种精神，认为人类的智慧应该共同分享。所以我们现在看到有各类的操作系统，有各种芯片的设计，也有各种各样新的软件、新的内容。

在当前发展阶段，我理解，倡导开放科学和倡导增进人类福祉的科技是一致的。这 20 年来，伴随着科学范式和科学传播方式的演变，科技共同体对科学精神的倡导，以及出版界、商业界对科学传播的影响，开放科学正在为我们打开一扇新的窗口，它不仅提升知识传播和扩散效率，也促进同行评议、科研交流和共享。10 年前我们还预测不到预印本当下的发展，也不能理解科学家可以不发表期刊论文而获得重要成果。现在我们已经感受到预印本对高水平创新起到的重要作用，也感受到开放科学会重构学术出版界的生态，创造社会共同参与的科学，让公众更理解和支持科学发展。

科学是开放的事业，是合作的事业，是推动人类文明进步和社会发展的重要力量。开放科学正向我们走来，正呈现方兴未艾、丰富多样的发展势头。以开放获取、开放数据、开放评价、开放科研为核心的开放科学运动，不仅在提升知识传播与扩散效率、促进科研成果交流共享、支撑高水平创新等方面起到了重要推动作用，更驱动了学术出版生态的系统重塑和传统科研范式的深刻变革。我认为拥抱开放科学应当成为科技界的共识，推进开放科学，让科学惠及社会、惠及人类的福祉，有着重要意义。

（二）开放科学的思考

面对开放科学，出版界、教育界、产业界都在思考，我们应该如何面对、如何拥抱？我认为从下面三个方面值得我们思考：

一是我们要思考并分析开放科学的理想或愿景，也就是说，开放科学的未来发展方向是什么？

二是我们要思考当下开放科学可达的状态和可能的冲突是什么？

三是我们要共同研究开放科学的实现路径和可能的策略。

中国科技共同体应该而且要积极参与到国际开放科学大活动、大趋势和大平台中，共同为开放科学贡献中国科技界的力量，为中国的科技交流、科技合作创造新的优势、新的机会，让开放、信任、合作成为中国科技界的名片。我从这个角度谈三点体会：

一是开放科学是科技进步与创新的新范式。随着互联网和新一代信息技术的发展，科技成果的存储和获取有了更丰富、便捷的路径，数字化、网络化为科学传播、为人类文明带来了革命性飞跃。科学已经不仅仅是局限在象牙塔里的研究，而是以自由开放、合作共享为理念的智力活动，全球开放科学逐渐兴起。面对能源短缺、环境污染、人类健康和重大疾病对人类生存和发展带来的威胁和挑战，开放科学又成为基于跨界多元、包容信任、共克时艰而实施的重大的、新兴的实验范式。突出表现在新冠肺炎疫情暴发以来，全世界科学家为应对疫情挑战作出的共同努力与合作。

二是开放科学带来创新与治理的深刻变革。开放科学或将深刻影响我们的科研范式，利用数字化和网络化作为开放工具，我们获取的内容发生了很大的变化。从亚里士多德时代的演绎逻辑派生到归纳法、到现在的大数据，从分解原理演进到还原的方式，这些研究方式取决于我们开放获取的综合性内容。科学正在走向新的发展范式，开放科学也在助力科学范式的改变，而科学范式的深化、演化和变革又会进一步影响到开放科学的发展。

三是共同探索开放科学的合作发展路径。在这一领域当中，中国科技共同体已经在路上，并且正在作出积极的贡献。中国科技界和出版界密切参与和跟踪开放科学的态势，积极参与开放科学的实践，大胆、主动探索新的机遇。统计数据显示，2016 年以来中国作者发表金色 OA 论文数量已升至世界第一位。在 2020 年的疫情中，每 4 篇金色 OA 论文就有 1 篇来自中国。我们统计了 2013～2020 年世界主要国家新创期刊开放获取情况，中国新刊开放获取的比例达到 35%，与世界发达国家相比，我们在这方面的努力是值得自豪的。当然，我们也要更好地识别和判断自身的危机和不足，更好地动员科技界、出版界、教育界来推进开放科学、受益开放科学并贡献开放科学。

（三）中国应对开放科学的建议

开放科学是一项重大的科技变革和趋势，中国科技共同体应该与世界科技共同体携手并肩，面对新机遇、迎接新挑战、提供新方案，参与到全球科技共同体开放科学的大势中去，并作出中国科技界的贡献。

一是着眼全球人类福祉，探索多元、多样的开放道路。世界上没有两条一模一样的河流，通往开放科学的道路不是唯一的。要建立有效的协商和沟通机制，充分尊重各国、各地区的现实，瞄准共同目标与愿景，加强协调合作，行稳才能致远。建立全球开放科学合作网络是当务之急，也是我们未来沟通交流的主要平台。

二是加快建设基础设施，有序有组织做强资源共享等技术支撑。科学从过去OA 期刊出版到开放的发表，科技共同体也有不同的认识和理解，社会评价的方式、人才培养的能力，以及公众支持和政策支持都有很多空间要开拓，我们需要建立有效的信息高速公路支持开放科学，建立数字基础设施，让资金有效、有序有组织地为发展服务，同时通过这个过程，共享人类的智慧与精神。

三是在变革时代加强知识产权保护、科技伦理和科技共同体自律。知识产权的保障，科学发现的首发权及安全可靠有效性，对科技共同体推进开放科学发展是极其珍贵的。提出问题对于认识问题极其重要，而提出有价值的问题也取决于我们基于独特的视角。期待出版界和科技界能共同思考并提出新的有价值的问题。

二、杨卫：开放科学——从学界接受到实施路径[①]

开放科学运动是欧洲推动的，第三世界国家总体上也积极参与和支持。中国的积极加入对建设人类科学命运共同体起到一定作用，是有好处的。对于科研人

① 杨卫：中国科学院院士。

员来说，开放科学有利于提升数据可靠性和接触科学数据的能力。

从全球的科研产出数量和影响力上，我国的化学、工程、材料和计算机的十年累计影响力已经变成全球第一，国际论文产出数量有更多的学科领域已经位于世界第一。在国际一流期刊建设方面，中国从 2020 年才刚刚加大力度，希望在2030 年能够在世界科技出版界占有一席之地，2050 年能达到与欧美比肩的水平。

随着科学研究与交流的发展，学术出版的展现形式已经发生了不可逆转的变革，这个变革是开放获取，或者说整个开放科学已经在推进的日程上。国际科技出版的发展趋势表明，开放获取已经成为一种主要模式，具备了明确的商业模式和销售模式，商业模式是原来的订阅机制转为 APC 为主，销售模式则在转换性期刊的推动下，团购论文免 APC 的谈判不断推进。我国目前推进开放科学面临着诸多的挑战和机遇。

（一）我国开放科学被学界接受需要经历两个考验

我国在开放科学中的实质性参与是不够的，应该积极推动这方面的工作。开放科学被学界接受面临两个考验：

一是如何实现利益攸关方共赢？读者、著者、出版者、图书馆和资助者在完全 OA 中权利和责任的变化不对称。科技工作者在开放科学中获得的新权利和新责任是否平衡？读者获得阅读权而且不需要付费，责任是什么？著者文献参考与引用受益，较少双重付费，需付 APC，但对于没有经费支持的作者可能会产生怨言。出版者是新商业模式（从订阅到 APC）与新销售模式（团购）。图书馆不用付订阅费，但也不再拥有数据。资助者避免双重资助，取代学术机构成为主要付费者，资助机构多付钱的名分是什么？

二是如何在学术界改变 OA 声誉？OA 期刊起步时声誉不高。目前中国在 OA期刊上的发文量已经超过美国成为世界第一，但中国学者发文的 OA 期刊平均影响因子低，是双峰分布，有 75%的论文发表在较低端的 OA 期刊，其中很多是掠夺性期刊。OA 期刊的声誉在恢复之中，比如顶刊（如自然系列）正在从混合型转为转换型，近一百种期刊加入这个过程。我们的卓越计划大多采取 OA 路径，同时掠夺性期刊的黑名单公布，OA 期刊声誉在逐渐变好。OA 具有引用优势，所有 OA 期刊的影响因子增长是比较快的，全球出版模式的转变在迫近。

（二）开放科学在实施过程中可能会遇到三道门槛

一是推动主体是谁？订阅模式团购主体是中国高等教育文献保障系统（China Academic Library & Information System, CALIS）主导价格框架的谈判，时间从 2000 到 2035 年。具体为各图书馆负责订购，各学术机构付款，拥有所购数据库在指定 IP 群的使用权。OA 模式作者按照通用价格支付 OA 论文的 APC，学术机构不再拥有设在云端的数据库，政府部门不宜直接与数据商洽谈团购。谁组团、谁付钱是一个问题。

二是如何渐近地弥合价差？中国用 20 年的时间从发展中国家到学术大国。在订购模式下，CALIS 主导价格框架的谈判，从 2000 年到 2035 年发展中国家的起步价到达世界均价的 80%。OA 论文的 APC 基于世界均价制定，目前我国所付的各种出版费用（订阅费+APC）约占世界总额的 6%～8%，而我国在 2020 年所发表的 SCI 论文数已经达到世界总额的 28.5%。如果改成 OA 模式，支付价格会增加 3～4 倍。如何渐进弥合价差？

三是怎样稳定国刊发展？简单的开放获取转换后，我国 5000 种本土科技期刊将可能跌入低谷。假设全球从订购模式转为开放获取模式，诸资助者联盟与出版平台谈判达成团购协议。团购后，我国主要学术机构获得相应出版平台科学数据的阅读权与限量发表权，即在商定份额内免 APC，那么我国主要学术机构的作者会将绝大部分稿源投向团购付款后的出版平台，因为这些平台有名气、影响力大、开放、不付费。而我国的 5000 种本土期刊分属 4000 个法人，难以启动团购，可能因此丧失大部分高质量稿源。

（三）我国科技期刊推动实现开放科学的四个路径

一是构建中国的世界一流学术数据运营和服务平台。这个平台应该具有专业化信息和分析团队，具备平台运营能力（流计算、服务器、应用团队），拥有和竞争对手相当的开放科学数据（类型、量与质），具有多维度的自主组合服务能力，并且在学者中有信誉度。

二是形成购置开放科学数据的复合型主体。仍以诸学术机构的图书馆联盟作为形式上的主体，将订阅协议的价格框架作为团购的起点价格。仍以学术机构的IP群作为阅读权利的覆盖范围，以学术机构的地址范围作为APC豁免的用户。中图进出口公司（享有科学数据的进出口权）或国家自然科学基金委员会（出版资助）作为抓总单位。

三是采用基价+资助补贴的价格策略。与团购有关的诸学术机构付出不低于原数据订购模式价格的基价，由启动对科学数据建设的资助体作为开放科学的国家战略力量形成有关国家专项基金，采取国家财政和社会支持的多重方式，补助开发科学数据团购的差价，以该数据加持“开放科学与服务平台”运营的部分利润反哺基金。

四是鼓励我国高水平期刊开放获取团购。中国科协等七部委通过“中国科技期刊卓越行动计划”，以及其他计划，已经在我们的期刊界形成了一定的引领，可由中国科协牵头，形成对我国现有 5000 种科技期刊的评估机制。在评估基础上，列出可纳入国家开放科学数据库的期刊名单，依国际开放科学出版平台数据的团购模式，由基金对所遴选的期刊进行团购，上述过程可以采取动态调整的方式进行。

三、龚克：从联合国教科文组织的开放科学建议书看开放科学①

第一，要认识走向开放科学的历史必然性。科学从产生开始就具有开放交流的内在需求，从最早的科学家之间的通信，到成立学术组织，组织学术研讨会，再到创办期刊，交流传播的途径越来越宽、空间范围越来越大，一直是沿着扩大开放的方向发展。目前，有两个突出的重大变化：一是20世纪90年代以来全球信息化，互联网释放了也激发了交流需求，提供了前所未有的跨越时空的交流传播

① 龚克：世界工程组织联合会主席。

手段，为开放科学提供了可行性；二是科学技术成为第一生产力渗入社会生活和社会生产，引起公众对成果应用的广泛关注，科学问题已经超越科学共同体的领域成为全社会老百姓关心的问题，产生了开放科学的必要性。

第二，要了解开放科学自身的发展历程。20 世纪 90 年代以来就出现了很多与开放科学有关的概念，比如后常规科学（post normal science）、公众科学等，本来是科学学的一些概念，现在变成了科学政策、公共政策和社会运动，推动着科研形式或者范式变革。开放科学也经历了从开放数据，发展为开放获取、开放基础设施、开放科研过程，到整体性的开放科学的发展过程。

第三，要关注联合国在开放科学发展中的积极作用。联合国教科文组织大力推动开放科学运动，2019 年教科文组织第 40 次全体会议，不仅通过了设立世界工程日和国际数学日，还提出要制定给各国提供政策框架的教科文组织关于开放科学的建议。2019 年初成立了开放科学合作关系，其中包括 50 多个组织，国际科学理事会（ISC）、世界工程组织联合会（WFEO）都在里面；并成立了 30 人的顾问委员会。2020 年 3 月，该建议的第一稿在网上公开征求意见，得到 133 个国家 2900 多份反馈，后来又通过各国常驻团和国家委员会征求第二轮意见，将在 2021 年 11 月第 41 次全体大会上正式通过这个建议书，成为全球科学治理发展的一个重要里程碑。我国是教科文组织第一大付费国，我们的发言权很大，但目前发挥的作用不够。

第四，联合国教科文组织关于开放科学建议的主要内容。WFEO 研究了征求意见稿，提出了一些意见，但总体上是肯定的。从建议书第二轮征求意见稿来看：一是强调获取科学和享用科学是普遍基本人权，开放科学有利于落实人权宣言；二是强调面对全球性复杂问题需要科学开放合作、开放科学来应对；三是强调通过开放科学发挥科学技术创新（STI）的作用，缩小 STI 在各个国家的差别；四是在推动开放科学以消除国家内和国家间科学技术发展不平衡的同时，强调尊重文化的多样性以及知识来源和知识拥有的多元性，包括本土知识和民间科学。

第五，需要深入理解教科文组织建议，为开放科学政策和实践提供国际框架。

目前联合国教科文组织有成员国 193 个，这要达成共识，从两轮征求意见的反馈看，第 41 次大会通过这个建议问题不大。根据建议书最新的一稿，建议提出的国际框架有个基本的考虑，就是要承认开放科学发展中的区域差别，不是一刀切。要考虑不同国家特别是发展中国家转型路径是不同的，尊重各国的科学家和其他参与者面对各个国家的不同的挑战做出的不同选择，对发展中国家要给予特殊考虑。同时，特别强调要减少数字技术鸿沟和知识鸿沟，这是框架的一个重要目标。框架给出了开放科学的定义，即“开放科学是一个总括性概念，结合了多种运动和实践，旨在实现科学知识、方法、数据和证据的免费提供和人人可及，增进科学协作和信息共享以造福科学和社会，并向体制化科学界以外的社会行为者开放科学知识的创造和传播进程”[1]。框架给出了开放科学的八个要素：开放获取、开放数据、开源软件和开放硬件、开放基础设施、开放式评估、开放式教育资源、开放各界参与和知识多样性开放（包括土著知识 indigenous knowledge）。框架提出了五个核心价值：集体利益、公平和公正、质量与诚信、多样性以及包容性。框架还提出六个指导原则：一是科学基本要求，即透明、可审查、可公开批评、可证伪；二是平等机会和获取；三是责任、尊重和问责；四是合作、参与和包容；五是灵活性；六是可持续性。框架表述了七个行动领域：促进共同理解，营造政策环境，发展基础设施和服务，投资能力建设，转变文化并调整激励措施，在不同阶段促进开放科学创新方法，促进开放科学国际合作。框架还提出一些监测措施及衡量的方法，传播监测的框架和监测策略等。

综上，开放科学可以归纳为四个需要，即科学发展的本征需要、社会发展的时代需要、人的发展需要和全球可持续发展的需要。开放科学是全球科学创新的新范式，对科学共同体来讲，是从常规科学到后常规科学的转变，我们不仅在科学家范围内打交道，也要与公众以及各个方面打交道，这是很大的变化；对于公众来讲，是从接受科学结果到参与科学过程的转变，需要具备一定素质；对政府和管理者来讲，是从面向科技界到面向多元利益相关方的科学管理模式转变。这种转变不是中国一个国家而是全球的转变，对我们参与全球科研治理体系是一个非常重要的契机。鉴此，强烈建议我国相关部门积极行动起来，通过多种渠道进入到国际组织讨论。

最后，就开放科学提出两点思考和建议：一是问题导向，转变到开放科学我们缺少什么？我认为首先要特别强调氛围和文化。开放科学责任很重，必须要带有内在严谨性，否则就是灾难性。实现开放科学必须有诚信和严谨以及开放包容的文化和氛围才行。现在国内过度竞争，科研单位内部都没有好好开放，当然这里面有成本问题、评价和信任问题等，所以向开放科学的新范式转变必须深化科研治理从观念到体制机制的改革。二是策略把握，建议大处着眼、小处着手。所谓大处着眼，是从全球可持续发展的角度来看开放科学，高举全球可持续发展的大旗，促进全球紧迫问题解决，中国可从这个角度成为积极力量促进开放科学；小处着手就是从开放数据入手，实现国际科学理事会提倡的FAIR原则，即实现数据的可发现、可获取、可互操作、可再用。

四、马俊才：倡导开放科学、促进全球合作①

（一）促进全球多边合作，构建人类命运共同体，是人类发展和社会进步的必然趋势

2021年1月25日，习近平总书记在世界经济论坛“达沃斯议程”对话会上的致辞中11次谈到全球多边合作，并指出，人类面临的所有全球性问题，任何一国想单打独斗都无法解决，必须开展全球行动、全球应对、全球合作。世界上的问题错综复杂，解决问题的出路是维护和践行多边主义，推动构建人类命运共同体。科技创新是人类社会发展的重要引擎，是应对许多全球性挑战的有力武器，也是中国构建新发展格局、实现高质量发展的必由之路。科技成果应该造福全人类，而不应该成为限制、遏制其他国家发展的手段。中国将继续推进科技创新，将以更加开放的思维和举措推进国际科技交流合作，同各国携手打造开放、公

① 马俊才：中国科学院微生物研究所研究员，国家微生物科学数据中心主任。

平、公正、非歧视的科技发展环境，促进互惠共享。

（二）开放科学是有效推进全球科技领域多边合作的重要着力点

开放科学使科学知识更加普及，使科学过程更加包容，使科学成果更易获取、更切中不同国家的个性化社会需求，具有推动联合国可持续发展目标（SDGs）实现的极大潜力。联合国教科文组织（UNESCO）第 40 届大会在巴黎召开，193 个国家决定开启一项多利益相关方的、包容的和开放的磋商进程，以制定一份新的开放科学全球标准制定准则性文件——《教科文组织开放科学建议书》。《教科文组织开放科学建议书草案》概述了开放科学的定义、目标、价值观、指导原则和标准，旨在为开放科学政策和实践提供一个国际框架，并提出了七个关键行动领域：①促进对开放科学、相关利益和挑战，以及实现开放科学多种途径的共同认识；②营造有利于开放科学的政策环境；③投资于开放科学基础设施和服务；④投资于人力资源、教育、数字素养和开放科学能力建设；⑤培养开放科学文化，调整开放科学的激励机制；⑥在科学进程的不同阶段促进开放科学的创新方法；⑦促进开放科学背景下的国际和多利益攸关方开展合作，缩小数字、技术和知识差距。有效推动全球性合作，是达成上述目标的最重要的基础。

（三）中国是倡导开放科学的重要践行者，特别是在国家重大科技基础设施和拓展全球合作方面，已经取得重要进展

中国高度重视并积极推动开放科学，持续加大科研经费投入、人员投入和重大科技基础设施的布局。《2019 年全国科技经费投入统计公报》数据显示，2019 年我国研究与试验发展（R&D）经费投入总量超 2.2 万亿元人民币，较上年增长 12.5%，连续四年实现两位数增长；另外，中国研发人员总量预计达到 418 万人，居世界第一。目前，国家发展和改革委员会已布局建设 55 个国家重大科技基础设施，按照《国务院关于国家重大科研基础设施和大型科研仪器向社会开放的意见》（国发〔2014〕70 号）的有关要求，加强重大科技基础设施向社会开放。在国际科技合作方面，自 2013 年习近平总书记提出“一带一路”倡议以来，共建“一带

一路”极大地促进了沿线国家（地区）科学技术的发展，为广泛开展国际科技合作打开了机遇之窗。“十四五”时期，面临国内外新形势，构建新发展格局，仍需要坚持开放创新，加强国际科技交流合作。

国家科技资源共享服务平台是面向科技创新、经济社会发展和创新社会治理、建设平安中国等需求，加强优质科技资源有机集成，提升科技资源使用效率，为科学研究、技术进步和社会发展提供网络化、社会化科技资源共享服务的国家科技创新基地。为规范管理国家科技资源共享服务平台，完善科技资源共享服务体系，推动科技资源向社会开放共享，2019 年，科技部、财政部对原有国家平台开展了优化调整工作，形成了20个国家科学数据中心和31个国家生物种质与实验材料资源库。此外，国务院办公厅印发《科学数据管理办法》，对政府预算资金资助的各级科技计划（专项、基金等）项目所形成的科学数据做出数据汇交的制度性安排，进一步推动了科学数据的开放共享和利用。

中国科学院微生物研究所是国家微生物科学数据中心和世界微生物数据中心的主持单位，引领着全球微生物领域的大数据合作。目前主导的全球微生物资源目录国际合作计划（Global Catalogue of Microorganisms，GCM），将为分散于全球各个保藏中心和科学家手中的宝贵的微生物资源提供一个全球统一的数据仓库，目前已有 51 个国家的 142 个微生物机构参与这一全球合作。数据平台共收录了 49 万株微生物实物资源的采集、分离、保藏、应用及文献专利信息，为全世界的科技界和产业界提供微生物菌种资源信息服务。2018 年，中国科学院微生物研究所世界微生物数据中心提出了万种微生物模式菌株基因组测序、数据挖掘及功能解析的全球合作计划（GCM 10K Type Strain Sequencing Project），*Science* 等国际媒体广泛报道。作为中国牵头的国际大科学计划，该计划正在建立覆盖全球主要合作伙伴，尤其是发达国家和发展中国家的科技资源共享体系，聚集全球微生物领域优势科技资源和顶尖科学人才，帮助解决领域基础和前沿的重大科学问题，也为《生物多样性公约》履约和《名古屋议定书》中的生物资源跨国转移及惠益分享机制等国际合作贡献中国智慧和中国方案，充分体现了中国在微生物领域的科技创新竞争力和国际引领的综合能力。

（四）关于中国开展开放科学工作的几点建议

中国是科学论文和科学数据产出大国，是全球开放科学的积极引领者和参与者。近年来在国家层面的科学数据管理、科技信息开放获取、开放科学基础设施、国际合作等方面都取得重要进展。

关于中国开展开放科学工作的几点建议：①积极、有序推进开放科学、注重实效，形成标志性成果。②发挥我国重大基础设施的优势作用，有效利用大数据、云计算、人工智能等新技术，全面提升国家重大基础设施、新技术、新方法、新平台的开放共享水平和综合使用效果，提升科学数据的使用价值。③积极开展和引领全球性多边国际合作，建立致力于开放科学协同治理和有效应用的国际合作和多边国际组织。

五、任翔：学术期刊如何融入开放科学生态①

从开放获取到开放科学，国际科研与学术传播体系正在发生根本性的转变。开放运动正在颠覆由高影响因子期刊和跨国出版商垄断的传统学术出版体系，同时也在深刻改变科学研究的方式、学术成果的分享和科研价值的评判。对科学界而言，“开放”的含义不仅是学术论文内容的开放获取，也包括开放数据、开放学术传播、公民科学参与，以及科研机构、产业和社区间的密切合作。

新冠肺炎疫情的全球暴发让开放科学以及知识的开放共享变得比以往任何时候都更重要，包括世界卫生组织和联合国教科文组织在内的众多国际机构都在呼吁通过开放科学来推动相关研究合作，共同对抗疫情。这在全球范围内进一步推动了开放科学政策的制定与实施——无论欧盟还是英国，都已经要求公共机构资助的研究成果无条件地、在发表后立即向公众免费开放；荷兰甚至已经不再将影响因子列为学术评价指标；中国也在进行科研评价体系改革，打破“唯论文数量”

① 任翔：澳大利亚西悉尼大学，科廷开放知识组织（COKI）研究员。

的框架，以全面评价科研成果的价值，并促进成果转换。

在全球开放获取和开放科学运动中，学术期刊似乎成了批评颠覆的众矢之的。那么，作为几个世纪以来学术交流传播的主要载体，期刊真的已经落伍于开放科学时代了吗？中国学术期刊应该如何变革，才能融入开放科学生态呢？

（一）中国期刊开放转型的三个要点

我想结合国际开放获取的发展，谈谈中国期刊开放转型应该注意的三个问题。

第一，回归期刊的学术传播本源。学术期刊的根本价值是对研究成果的同行评议和正式发布。把期刊用于学术评价，是高等教育产业化和全球化背景下对其传播功能的扭曲。开放科学和数字出版环境下，期刊可以通过众多技术创新手段来重塑传播职能和价值。比如，使用数字平台来降低成本，使用大数据和语义分析来评价论文影响力（不再依赖引用数），使用开放社交模式来增强同行评议的透明度与客观性，通过区块链技术确保科研成果的优先注册，一些欧美期刊甚至使用智能写作引擎来润色非英语母语作者的投稿文章，以消除语言造成的不平等。所有这些创新的核心，就是破除人为造成的资源稀缺，消除对科学传播功能的扭曲，让期刊真正成为传播载体和服务者。

第二，商业模式应该走出“付费与 APC”二选一的束缚。在欧美国家，垄断造成的商业模式单一成为开放获取发展的瓶颈。近几十年欧美“期刊危机”的根本原因，就是商业出版巨头高昂的期刊订阅费，让图书馆无法负担，造成了一半以上的学术论文封锁在付费墙后无人阅读。商业化的 OA 出版模式，虽然开放了内容，但从作者方或科研机构收取 APC，这带给学术界和图书馆的总体经济负担更为巨大。目前中国 OA 商业模式的讨论很大程度上受到跨国出版巨头的影响，金色 OA 和 APC 似乎成为必然之选——这是一种误解。中国期刊的资助来源比较多元化，而且尚未形成资本巨头的垄断，这一产业结构提供了更多创新空间，可以探索更丰富的开放模式，比如机构众筹、绿色 OA 仓储、公共资助、政府扶持、平台补贴等，以提升开放出版的经济可持续性，甚至可能由此建立对欧美出版商的比较竞争优势。

第三，开放获取期刊要走国际化路线。中国期刊界一直受困于优质稿件的外流，在政策层面上不断出现对科研成果优先国内发表的呼吁。然而开放科学的主旨，是促进知识的全球化流通。中国已经成为全球科技体系的重要组成部分，同时又拥有独立于西方之外的语言、科研和出版体系，这既是优势，也可能成为知识开放交流的阻力。与商业模式类似，这不是“国内与国外”或“中文和英文”的二选一。事实上，中国期刊应该以自己的方式，拓展国际出版空间——无论是稿源、编委、同行评议资源，还是内容信息服务。从开放科学角度讲，融入国际体系比中外期刊竞争更有意义。另外，国际化不仅是出版英文期刊，还应该放大双语出版的优势，比如增加翻译的投入，或增强科技领域人工智能翻译的研发，促进中英文双向学术内容的开放交流。

（二）从开放获取期刊到开放科学基础设施

随着开放科学的发展，学术成果的传播已经远不是一纸论文那么简单。尤其是开放数据的兴起，让期刊出版必须向数据出版，甚至平台出版转型。开放数据是实现开放科学的必要条件，只有实现科研数据的共享与交流，才能真正实现科研过程的开放，以及自由便利的科研合作。然而，目前学术数据出版的平台和检索技术基本上被国外商业巨头垄断，大量极具价值的数据资源并不为学术共同体所有。此外，无论大学，还是中小出版商，都没有足够资源运营开放数据基础设施。

所以，欧美开放科学运动的重心，正在转向基础设施和生态构建，由此带动开放平台间的互动与整合。很多新兴模式从开放传播的本质和科学家的合作需求出发，来设计和搭建开放科学基础设施（open science infrastructures）。中国期刊出版行业在这一可能改变学术出版未来的领域同样大有可为。

（三）“开放知识机构”与转型机遇

笔者近些年与一些国际同仁致力于推广“开放知识机构（open knowledge institutions）”的概念，呼吁重构大学的价值和角色。在科技迅猛发展、充满不确定性的 21 世纪，科学研究需要以更具效率的开放合作模式来应对全球日益严峻的各种挑战。开放知识机构的一个重要方面，就是改革现有知识创造模式和科研评价体系，更注重科研合作、科学的社会影响力，以及科研机构与产业、社区和公众的互动。

从学术出版和传播角度讲，学术成果和传播模式将会越来越多样化。这一方面打破了期刊的垄断地位，同时也为期刊的开放转型提供了创新机遇。如何在坚持同行评议和质量把控的前提下，拓展非传统出版类别，增强公民科学参与？如何服务于“大科研”、跨界合作和新的科研评价体系？这都是值得期刊业深入思考的问题。

第二节　科学数据开放共享的实践与发展

一、李新：加强数据出版，促进科学数据开放共享[①]

科学数据是国家科技创新和发展的基础性战略资源，促进科学数据的开放共享对于增强科学数据充分利用、发展开放科学、促进科学交流具有重要作用。科学数据开放共享已经从 Full & Open 原则过渡到目前普遍遵循的 FAIR（可发现性、可获取性、可互操作性、可重用性）原则和 CARE（集体收益、控制权、责任、伦理）原则。FAIR 原则强调技术进步，而 CARE 原则更侧重政策变革，两者相辅相成，体现了大数据时代科学数据共享的技术和政策双轮驱动。

在我国，为完善科技资源共享服务体系，推动科技资源向社会开放共享，科技部在 2018 年发布了《科学数据管理办法》，明确了数据开放是受政府预算资金资助研究项目的基本原则。2019 年 6 月，第一批国家科学数据中心共 20 个启动，其中 10 个属于地球和环境科学领域，我国地学数据开放共享进入了一个新阶段。

1. 科学数据开放共享新阶段对数据出版提出紧迫需求

我国在科学数据开放共享方面取得了巨大进展，以地学数据共享为例，国家自

① 李新：中国科学院青藏高原研究所研究员，国家青藏高原科学数据中心主任。

然科学基金委员会地学领域的重大研究计划、中国科学院地球大数据科学工程都已成为地学数据开放共享的标杆。但我国科学数据共享总体上与国际还存在一定差距，在管理、技术等方面还存在诸多挑战。特别是数据计量和规范化数据引用方面，还缺乏统一的规范，影响了对科学数据贡献者的激励和科学数据的开放。

数据出版是促进科学数据开放共享的重要手段，主要参考学术论文的出版方式，规范地描述科学数据本身，并接受严格的同行评审，遵从学术出版规范。数据出版不仅有助于更好地实现科学数据共享的FAIR原则和CARE原则，对于保证科学数据质量，提高数据的可发现性、可获取性、可重用性等具有重要作用，同时有利于有效激励数据贡献，从而促进数据资源的更加开放。

数据期刊是数据出版的重要载体，成为近年来科技期刊发展的新方向，如欧洲地球物理学会创办的数据期刊 *Earth System Science Data*，以及 Springer Nature 创办的 *Scientific Data*，创刊以来飞速发展，发表了大量具有深远影响的数据论文。在国内，中国科学院计算机网络信息中心 2016 年创办了《中国科学数据（中英文网络版)》，中国科学院地理科学与资源研究所于 2017 年创办了《全球变化数据学报（中英文)》，中国科学院地球大数据工程于 2017 年创办了 *Big Earth Data*, 对促进科学数据共享发挥了重要作用。但我国科学数据期刊的发展与科学数据产生、发展与开放的需求还不一致，需要大力发展。

2. 数据平台与出版社协作发展数据期刊

对于数据平台，需要主动适应和支持数据出版的需求，降低数据下载门槛，规范数据引用。例如，国家青藏高原科学数据中心支持科学数据的数字唯一标识符（DOI）和中国科技资源标识（CSTR），采用知识共享（Creative Commons）4.0 协议，支持无登录下载等，已经成为 Springer Nature 认证和美国地球物理学会（American Geophysical Union，AGU）推荐的数据仓储（data repository）。

为了更好地适应开放科学时代数据出版和论文出版相互促进的趋势，我国科技期刊和国内数据中心可在以下方面开展全面合作。

1）国内一流综合期刊（如 *National Science Review* 和 *Science Bulletin* 等）率先

尝试要求在论文投稿时，同步提交论文相关数据，并且优先选择国内数据中心作为数据仓储。

2）鼓励国内有影响的地学期刊与数据中心合作，尽早开展论文相关数据的汇交和仓储，并且鼓励在这些期刊上发表一定数量的数据论文。

3）加强数据引用，科学论文应按照标准的数据引用格式，引用支持论文成果的关键数据集；同时，加强数据引用计量，用引用次数和其他影响力指标，体现数据作者的知识产权和贡献，激励数据共享，助力数据开放共享和开放科学研究。

二、李国庆：从数据生命周期认识开放科学的深远影响①

从数据中心管理的角度看待科学数据生命周期是我们认识和管理科学数据、制定科学数据管理政策的基础。无论是研究数据政策还是进行数据治理，或者开展数据服务，都要考虑数据的产生、传输、存储、传播和分析，而通过数据传播实现了数据主体的转换，开始让另一类受众进行分析并产生新的数据，开启新的循环周期。那么在这样的过程中，开放科学对数据生命周期的影响是什么？

第一，从数据产生的角度来讲，它带来的直接影响就是数据来源更多了。传统的科学数据来源于实验室，包括分析仪器、计算模拟、观测设备等，这些数据的科学性较强，数据生产有完善的控制措施，非常严谨。而开放科学边界比较模糊，更多的非专业或者非本专业的人士，不仅是数据的消费者，同时也会变成数据的生产者，因此来自公众和非本领域人士的数据会越来越多。在开放科学环境中，数据管理者所面对的数据产生环节非常复杂，其中最直接的问题就是数据质量问题，这是科学界需要认真考虑的新问题。

第二，数据传播格局的多样化。过去的数据传播是以传统数据共享为主，当前主要讨论的数据出版是一种新的数据传播形式。除此之外还有自服务形式，在自媒体时代，科学家等不到或者不愿意使用我们现在的各种各样的传播规则，自

① 李国庆：中国科学院空天信息创新研究院研究员，国家对地观测科学数据中心主任。

己建网站自己服务、自己传播。在开放科学的环境下，新的传播方式会越来越多，复杂度越来越高。

第三，存储格局的变化。我国的国家科学数据中心有 20 个，其他层级的数据中心就更多了。数据存储格局的变化，核心原因就是我们所面对的数据对象本质上是一个数字化对象的可复制性，对于这些数据对象的复制非常容易。一旦数据组合在一起，就有新的科学价值，变成新的数据形态，这时候就会产生非常多的组合形式，会具有它们的实际价值和存在必要性，但数据组织和权属的边界就模糊了。这里面的复杂性不仅体现在组合后的数据具有新的科学含义，也体现在对于原有数据的组合和分解会给新的服务商带来机会，还体现在互联网中大数据存储架构导致的多点存储和服务的管理，以及在此过程中出现的数据管理人的多样化，会扩散到国家、企业和个人。总之，开放科学环境下的数据存储格局不是统一的过程，反而是越来越丰富的过程。

第四，数据权利会细分。数据权利问题是非常复杂的，也是基础的问题。一般而言，数据权利至少包括所有权、署名权、存储权、使用权、分发权等。我们过去在一个封闭的系统内进行数据服务的时候，对这些权利的复杂性并不敏感，这是因为很多权利问题通过行政体系都得到了屏蔽和简化。但是在开放的环境下，这些问题就很敏感了，过去不认为是问题的权利现在就会成为问题。所以我们现在制定了很多机制、很多规则，其实就是试图让这些权利能够不影响数据的流通，其实这块问题比较复杂，需要法律、政策和技术同步跟进。

第五，数据生态的变化。数据生态的核心是各参与方的利益，不共赢的话，这个生态不可持续，是一个假生态和伪生态，一个真正的健康生态一定是可持续的，要能够实现共赢。目前来讲数据生态中最核心的是学术评价体系问题，学术评价是一种原动力，是科学创造中非常重要的动力。开放科学为我们现在的学术评价提供了一种全新的可能性，会在我们开展科技创新的时候更多考虑人的因素，科学家的能动性非常大程度靠学术评价来激发。

最后谈一点谁该花钱的问题。开放科学中开放（open）不等于免费（free），但是大家愿意更多的说开放等于免费。当用户询问你的资源是否是开放的，其实含义问是不是不要钱的。但是做一个事情总是有成本的，是要花钱的，不花钱这个事情没办法运转，这是无法回避的核心问题。

开放科学是全新的科学社区和研究架构，受益者是整个人类社会。开放科学狭义上相当于为我们提供了一种新的科研基础设施，这是一种对数据本身开放的基础设施。既然是基础设施，主体投资者应该是公益性的。过去在出版中没有考虑这个问题，是因为有非常活跃的出版商居间驱动。在新的开放科学格局中，如果出版界能有更好的商业机制和商业模式，当然会很好。但是我对此不太乐观，因为从共享充电宝到共享单车，用一到两年时间，“割韭菜”的时候就到了，商业性的共享行为最终还是会来割韭菜收账的。所以真正可靠的、可依赖的开放科学原始动力应该来自于政府的公益性支持，应将开放科学纳入国家科学治理体系中来。

三、王卷乐：地球科学数据共享的进展与发展建议①

长期的地球科学数据记录是揭示物质演化、生命演化、地理演化和气候演化等科学研究发现的重要基础。地球科学数据共享同时对于解决现阶段极具挑战性和前所未有的全球环境问题，如气候变化以及实现联合国可持续发展目标等尤为重要。然而，泛在而无时无刻不在积累的地球科学数据记录分布在全球的各个角落。这些来源多样、类型异构、尺度不一、内容丰富的深时地球科学数据长期存在难以共享和利用的难题。

地球科学数据管理和共享在 1957～1958 年的国际地球物理年会上受到关注和重视，并于当年在国际科学联合会下成立了世界数据中心国际组织。该系统在 1957～2007 年快速发展，形成了以地球科学为主、涉及多个学科领域的世界数据中心群。随着学科群体的不断扩大，为了加强世界数据中心的系统性，WDC 于 2008 年正式更名为世界数据系统，其使命是为科学数据、产品和信息提供有质量

① 王卷乐：中国科学院地理科学与资源研究所，资源与环境信息系统国家重点实验室研究员。

保证的长期保存、管理和开放服务。截至2020年6月，WDS已有数据中心正式成员组织83个，且多数都是地球科学领域知名的科学数据中心。

我国地球科学数据的管理和共享总体滞后于发达国家，但近年来发展速度很快，且成效明显。早在WDC阶段，我国在1988年成立了9个学科数据中心。这些数据中心很多保留下来，并成功进入当前WDS阶段。21世纪初，在科技部科学数据共享工程试点、国家科技基础条件平台建设项目等一系列举措下，中国迅速发展了包括地球科学在内的一批领域科学数据平台。国务院办公厅2018年3月印发《科学数据管理办法》，这是我国首个国家层面出台的科学数据管理办法，为我国科学数据工作确定了行动纲领。2019年6月，为落实《科学数据管理办法》和《国家科技资源共享服务平台管理办法》的要求，科技部、财政部对原有国家平台开展了优化调整工作，形成了20个国家科学数据中心。这些科学数据中心约有半数都与地球科学领域相关。

为了进一步缩小与国际地球科学数据管理与共享的差距，加强和加快我国地球科学数据共享发展，提出以下三方面建议。

1. 加强地球科学领域科学数据仓储建设

数据仓储（Data Repository）是存储管理科学数据的一种有效机制和信息化设施。国际数据库认证机构（Registry of Research Data Repositories，http://re3data.org）是综合性的全球研究数据存储库注册平台。re3data.org收录研究数据存储库数量在2014年11月超过1000个，2016年4月超过1500个，截至2020年7月，已有3487个数据仓库在re3data.org进行注册。目前，中国（未统计中国台湾地区数据）共有48个，这一数字尚不及印度（51个），距离发达国家更是悬殊，仅是美国1100多个的零头。再如美国地球物理学会（AGU）于2020年在其旗下认定228个数据仓储中心，要求其主办的所有刊物发表的论文数据应存储在这些仓储之中。而这些地学或公共数据仓储中，中国才有15家，这显然远远落后于发达国家。由上可见，我国地球科学领域国际数据仓储非常薄弱，加强地球科学领域数据仓储建设刻不容缓。

2. 加强科学数据中心数据治理水平

作为一个运转良好的数据中心，其在数据治理上有三个极为重要的因素：一是，要有永久的数据编码体系。当前国际上主要采用 DOI 等标识编码体系，我国也推出了中国科技资源标识体系。这些都是可以借鉴采用的方式。二是，要有科学数据增值加工的能力。如果只是提供仓库和中介式的数据服务，那这个数据中心将缺乏生命力。只有加强数据产品和功能研发、加强数据增值利用，才能提升数据中心的用户服务质量和水平。三是，要有一个可持续运行的模式。不能单纯依赖国家投资，要建立适合于其自身长期生存的可持续发展机制，尤其是促进数据中心自身造血能力。在此方面 WDS 德国的一个遥感数据中心就做得非常好。其在内部设立三个部门，分别是数据归档部门，职能为解决数据的长期积累和保存；数据研发部门，职能为解决新方法促进数据加工处理的问题；数据服务部门，职能为解决数据管理和服务的工作，并提供增值服务。当然以上要素的前提仍然是做好科学数据的质量，只有经过严格质量控制的数据才有长期保存和开放服务的意义。

3. 促进大数据驱动地球科学发现的范式转变

“深时数字地球”科学计划（Deep-Time Digital Earth, DDE）是世界上最大的地球科学联盟，是国际地质科学联合会（IUGS）于 2019 年启动的一个科学计划。DDE 旨在实现和加强地球科学中的数据驱动发现，并创建可与其他数据库互操作的深时地球科学数据中心。其愿景和使命是：“整合地球演化全球数据、共享全球化地学知识，推动地球科学的变革性发展”。DDE 将建立一个以 FAIR 为原则的（可查找、可访问、可交互操作和可重复使用）的数据基础设施，将现有的深时地球科学数据库链接起来，并提供共享和服务。

DDE 科学计划给人最大的启示就是充分挖掘数据与知识之间的互动关系，利用大数据促进深时地球科学知识的发现，同时利用知识图谱和知识体系促进数据的关联与共享。借助于大数据、大知识、大平台、大科学和大传播体系为地球的物质演化、生命演化、地理演化和气候演化提供研究范式变革和驱动重大科学发现。

四、王健：科学数据共享的模式演进、发展方向和政策建议①

（一）科学数据共享模式及其演进

二战后的“知识爆炸”推动了科技传播的发展。在出版领域，大量学术期刊得以创立和发展。在科学数据共享领域，科学数据的生产规模和共享需求不断增长，原始的、局限于熟人圈子的“一对一”式数据分享模式，越来越多地暴露出传播效率和传播效果的严重不足，由此催生了以学科/领域科学数据中心为中介的更高效的数据共享模式，代表性的例子是成立于 1957 年的世界数据中心。历经半个多世纪的发展，科学数据中心已经成为科学数据汇聚和分发的主体，也形成了以其为主导的“中心化”数据共享模式。

从原始的数据分享模式到“中心化”数据共享模式是第一次重要的模式演进。演进的内在驱动是对更高传播效率的追求，演进的路径是将数据传播从一对一和偶发性的直接传递，推进到中介依赖的、全时全域的社区扩散。这一演进不仅提升了传播效率，同时带来了更可靠的数据持久存储能力与数据引用的潜力。

开放科学运动促使学术期刊更加关注科学数据，也由此使其成为了科学数据共享发展的新生力量。这种关注在早期主要表现为建议作者提交论文的支撑性数据，其后强制性逐渐增加，近期更出现了数据论文的创新形式。坎德拉在 2015 年曾统计出一份包含 115 个开展数据出版的学术期刊清单，中国科学院的刘凤红老师 2019 年更新并提出了一份包含 168 个期刊的新名单。尽管 168 个期刊及其所出版的数据体量还很小，但这意味着学术期刊开始成为科学数据共享的新载体，也标志着数据出版这一共享模式得到了学术界的接受。需要指出的是，此处的“科

① 王健：中国农业科学院农业信息研究所研究员。

学数据出版”是一个严格的定义，同时包括唯一标识、质量控制、持久与可靠存储、规范引用四项要素，并以数据集是否可以成为学术共同体认可的研究要素从而实质性地加入学术对话为最终判断标准。

显然，目前的科学数据共享正处于上述两种共享模式竞争发展的阶段，它们在传播路径、传播媒介、制度化水平、传播容量等方面存在明显差别，并最终形成了一个传播效率和传播效果优劣并现的互补性格局。

分析上述三个模式演进的内在逻辑可以发现，对科学数据传播效率和传播效果的追求交替成为模式演进的主要驱动力量，并且往往是以突破瓶颈或应对挑战的形式完成演进。

（二）科学数据共享的发展方向

对上述三个模式演进逻辑的梳理有助于我们分析科学数据共享模式的未来发展方向。基本上，我们认为这一方向应该是更高传播效率和更强传播效果的结合，并且仍然会以克服当前困难或挑战的形式得以实现。

“中心化”共享模式面临的关键挑战之一是学术界对其传播效果的疑虑。尽管已经出现了多个数据引用标准，但对质量控制机制的担忧仍然使得数据的复用和引用效果难如人意。此外，数据出版模式则受困于出版效率和出版效果的双重瓶颈，并最终聚焦于以“同行评议”为基本形式的质量控制机制。

我们同时也注意到，在科学数据共享领域和科技期刊出版领域都出现了致力于解决上述挑战的行动。这些行动或者以制度优化或变革为主，例如F1000Research，或者表现为新技术的大量应用，例如 Orvium，更多的则是二者兼而有之，例如 Figshare。

进一步分析这些应对方法及其效果可以发现，“去中心化”和“过程透明”成为科学数据共享各利益方诉求的最大公约数。由此，似乎可以做出一个合理的预判，即在保持现有制度水平的基础上，实现去中心化和透明的质量控制机制很可能是下一个科学数据共享模式的内核。

（三）开放科学与新一代信息技术在共享模式演进中的作用

我们的前述分析聚焦于共享模式演进的内在驱动。事实上，外部社会-技术环境的变化同样重要。其中，开放科学和新一代信息技术发挥了重要的作用。

开放科学深刻地影响了现代科学研究和科技传播的样貌。一方面，开放科学在学术共同体内部推动了更加开放、透明与更有利于合作的研究行为；另一方面，开放科学在学术共同体和社会大众之间架设了交流与协作的桥梁，推动了创新的社会化发展，极大地提升了科学数据共享的意义和必要性，为共享模式演进提供了良好，甚至是带有某种强制性推动力的外部环境。

新一代信息技术为科学数据共享发展提供了必要的技术支撑。尽管科学数据共享在传统上并非信息技术密集型的活动，但随着数字经济和科技创新不断推升科学数据的综合价值，区块链等新一代信息技术在科学数据共享领域的应用越来越广泛和活跃。

（四）政策建议

我国目前正处于建设科技强国，实现科技创新从跟跑、并跑到领跑的赶超期。科学数据共享既面临更好支撑科技创新的压力，也拥有开放科学加速发展等良好的外部环境。为进一步推动我国科学数据共享的发展，我们建议，充分把握科学数据共享模式转换的机遇，以自主发展和增强国际竞争力为目标，以制度创新和新技术应用为驱动双轮，加快建设具有中国特色的高质量科学数据共享体系。为此，提出三条具体建议：

1）进一步推动科学数据共享制度创新。以科技期刊和科学数据中心为着力点，鼓励这两类关键共享参与者探索和建设符合学科领域特点的共享制度、业务模型、关键技术及基础设施。

2）进一步发展科学数据相关的学术绩效激励和经济价值实现机制。鼓励各类科学数据共享参与者探索多样化的激励方式，推动建立可持续的科学数据生态系统，为科学数据共享模式演进提供富有活力和可持续的外部环境。

3）前瞻性开展下一代国家科学数据共享基础设施研究。把握科学数据共享演进规律，充分利用区块链、人工智能、云计算和大数据等新一代信息技术，前瞻性布局跨机构、跨系统、跨平台的新型基础设施研究，显著提升科学数据共享和安全治理能力，进一步加强全球优质科学数据资源的聚合能力和科技创新支撑能力。

五、肖宏：对于开放科学数据共享的几点思考[①]

在中国，开放科学和科学数据有没有很好的未来，是一个强弱博弈的过程，会带来很多新问题。我认为要在中国推行开放科学、开放数据，是方兴未艾的事情，有四个方面值得重视。

第一，建立科学合理的数据开放政策。在整个国家层面，这样一个数据开放的组织保障在哪里，法律和道德行为规范应该如何制定，包括知识产权的管理，对数据开放的奖惩制度和激励措施，如何提升公共意识，如何激励积极的、自愿的参与，这都需要结合我国国情，一步步地去落实。尤其是针对不同的开放模式的差异化，有的有涉密，有的可以共享，对于一个组织、一个机构、一个科学家来讲，也可能有这个问题。既然强调开放科学，我们也需要研究开放的科学伦理问题，如何保证最基本的共享，保证开放数据的质量和诚信度。共享的数据是把最好的都拿出来，还是把不好的拿出来，这个问题如何解决？或者说放一部分作者认为重要的，但是在第三方看起来并不是最重要的，这就涉及开放科学的伦理问题，也需要我们制定一些规范。

第二，建立有效的数据开放协同机制和运营机制。不同组织和不同机构之间，如何建立有效的数据协同合作机制问题，尤其是在跨学科、跨地区、跨系统的协同方面，我们用什么样的机制可以高效的达到这个开放共享的目的，尤其在这个过程中，如何防止一些数据垄断很重要。有一些数据来自研发机构，有一些来自研究水平高的单位，还有一些来自水平低的单位。在同样的选题面前，不同的科学家的话语权不一样，协同创新需要一个很好的开放协同机制来保障，需要

① 肖宏：《中国学术期刊（光盘版）》电子杂志社有限公司副总经理、副总编辑，编审。

良好的平台与运营者来支撑。

第三，建立良好的开放数据的管理系统。谁做数据分类和加工，谁做数据的标引，历史数据的梳理、存储以及管理服务，包括未来存储，如何组织，如何有效地发挥作用，这样一个整体的知识管理的服务体系，在中国还是比较薄弱。一些科研单位，特别是国有科研单位为主导，建一些这种比较分散的平台，并且有的已经跟国际相关组织发生了一些联系，但是能不能在全社会推得开，这是一个很重要的问题，也是一个系统性挑战。而且，这个管理系统还涉及数据开放可持续发展的资金来源问题。谁来支付管理与服务的成本，靠国家项目？一个项目完成后没资金支持怎么办，后续数据怎么继续加工，怎么维护更新，怎么开放服务？如果在中国要引入市场机制，就有一个产业回报问题，不能完全达成这种可持续发展的运作机制，这个管理系统就很难维持。

第四，协调数据开放与保护之间的冲突。在实践过程中，有很多数据是需要有保护的，不同利益群体之间针对是否开放肯定会存在冲突，这就是数据私有或者公有的区分问题，是数据体制问题，跟数据的主权有关，要看数据主权是谁的。国家的数据只要国家同意、支持，就可以共享，但民营机构或私人机构，自己投资建的东西，要拿出来分享，这个分享的可能性在哪里，怎样才能更好地撬开这一块。特别是数据的出版商、传播商，他们的利益诉求也不一样，有的希望通过分享数据达到更快更好的交流，但有的希望独享数据以达到市场利益最大化。从出版角度看，这是一个文化产业和文化事业之间的冲突，是一个公益服务和市场产业之间的矛盾。如果强调所有国家资助的论文都要开放，这样发展下去我们还有没有数据产业？为什么国际上很多开放都是立足产业做的？因为论文在国际出版商的平台上开放其实是租它的平台在开放，是要交钱开放的，仍然是一个市场化、产业的开放获取的状态。但是如果这些数据在国家之间涉及数据保护的问题，包括国家之间的利益冲突问题，那情况就不能这么简单了。20 世纪，美国国会曾通过法案每年拨五六千元美元打造医学文摘索引（Index Medicus）的网络版医学文摘索引在线（Medline）。Medline 是向全世界免费开放查询的，也要求全世界入编期刊免费递交文摘及全文。但如果发生政治斗争，平台关掉对中国的访问权，我们科学家就没办法做医学科研工作了。所以数据共享也会存在国家利益冲突的风险，会涉及利益边界的问题。

开放科学对整个科学数据的共享及其影响有深远意义，影响是一分为二的，好的一面要提前布局，不好的一面要加以研究、防范风险，最终探索一条达到良好运营生态和发展状态的路子。

第三节　开放科学时代学术出版发展对策

一、池永硕（Youngsuk Chi）：开放科学与科技出版的三大趋势[①]

古语有云："面对变革之风，有人砌围墙，有人造风车。"此语背后的意义简明而普遍：要接受并拥抱变革带来的机会。也许科学界对此语尤为熟稔，因为科学界处于技术创新的前沿，拥有改变社会的力量。

不过，在科学的语境中，"变革"并非专指创新。几个世纪以来，人类对科学的看法以及做科研的方法都在不断变化。如今，开放科学机制和流程的兴起已经成为新的"变革之风"的一部分。开放科学旨在促进各类研究成果可以更容易地为公众所获得，近年来这一运动发展势头越来越强。联合国等全球性机构也呼吁科学信息和创新采用更具协作性和跨学科的方法[2]。

开放科学是通过使研究更具包容性、协作性和透明度的明确行动来定义和实现的。开放科学的原则可以应用于各类科研成果，包括开放数据、开放评价指标、科研诚信与可重复性、科学对社会的影响，以及开放工具和软件。在过去的几十年里，科技出版机构在将开放科学纳入其总体工作计划方面取得了长足的进步。

在爱思唯尔，我们在所有形式的科研成果中都引入开放科学。我们创办了500余种完全开放获取的期刊，我们旗下的2600余种期刊几乎都支持开放获取出版，

---

① 池永硕（Youngsuk Chi）：励讯集团公共事务总裁，爱思唯尔董事长。

所发表的文章都可以在 ScienceDirect 上公开获取。爱思唯尔还可以提供 2740 万个数据集，存储在基于云的安全存储平台 Mendeley Data 上，帮助全世界的科学家存储、分享、访问和引用重要的数据。这不仅有助于提升科研的开放性，还有助于提升可重复性，以及在科研中建立信任和提升透明度。此外，除了遵循开放科学中心（Center for Open Science）的透明度和开放性（TOP）指南，我们还建立了 CiteScore 指标，提供关于期刊影响力的更全面、更透明的洞见。

不过，开放科学仍在进程中，还有很大的发展空间。例如，2019 年的一项《开放数据状况》调查发现，开放数据的最大障碍与科研人员缺乏信任有关，特别是对他人出于非预期目的滥用其数据的担忧[3]。另外，对开放获取模式持批评态度的研究人员经常指出掠夺性期刊及其宽松的同行评审所带来的威胁。虽然类似的挑战并非不可克服，但是需要科研界的全体同仁共同参与行动，才能在适当的情况下进一步推动开放科学的实践。

齐心协力对于解决这些问题至关重要，此外尚需解决较高的开放获取出版成本、确保中低收入国家的科研人员获得平等的出版机会等问题。扩而言之，出版机构、科研人员、科研机构和资助机构应当聚焦于开放科学中可以进一步发展的领域。例如，我们可以支持和鼓励科研人员进行开放数据的最佳实践，以及建立联系科学与更广泛的社会的新机制。

在开放科学的背景下，未来关于科技出版的讨论可能会聚焦在三大趋势，即更具包容性的科研世界、对技术解决方案需求的增加，以及对科研诚信的更坚定的承诺。而开放科学的实践可以支持全球科研人员和出版机构适应这三大趋势。

首先，近年来，我们明显看到科研合作项目的增加。即便新冠肺炎疫情危机终结，诸如气候变化、公共卫生等重大科研课题仍然需要跨国协力合作。建立一个包容的科研和出版生态系统可以帮助科学家获得新的资金、设备与知识，分享资源与技能，并加速科研进程。为实现这一目标，科技出版机构和期刊作为重要内容的来源和包容性的平台，会继续通过支持国际科研联盟来超越国界的藩篱。

在爱思唯尔，我们正在协助建设一个更具包容性的科研世界。例如，作为

Research4Life 的创始成员之一，我们为 120 个中低收入国家的科研机构以其可负担的价格提供了近 100400 项经过同行评审的资源。作为爱思唯尔开放科学计划的一部分，我们努力将科学与社会联系起来，让信息到达最需要的地方。

科技出版业面临的第二个趋势是，技术和人工智能解决方案的作用日益重要，过去一年来的新冠肺炎疫情又强化了这一趋势。在过去十年中，数字化浪潮和新兴技术席卷了所有行业，使得数据和分析发挥了更大作用，提供了更为深刻的洞察。从展示受资助研究的影响，到优化同行评审过程，人工智能工具已经证明了它们能够彻底改变做研究以及理解和分享研究的方式。

为支持科研人员存储、分享、发现和有效地使用（复用）数据，爱思唯尔研发了人工智能驱动的解决方案，以实现数据共享和数据驱动型报告的编写。例如，我们的《可持续发展目标报告（2020）》（https://www.elsevier.com/__data/assets/pdf_file/0004/1058179/Elsevier-SDG-Report-2020.pdf）展示了每个可持续发展目标领域的研究状况，就使用了 Scopus 和 SciVal 的功能，并将其完整的方法论发布在 Mendeley Data 平台上。我们希望通过使用以人工智能为核心的方法开展和分享这项研究，以提升数据的影响力、有效性、效率和透明度。随着国际科研界的发展壮大和学术成果不断以创纪录的速度增长，开放数据政策和人工智能技术将继续支持所有人开展可靠和可重复的研究。

这就涉及第三大趋势，即促进和保护科研诚信。去年，新冠肺炎疫情打开了科研的“闸门”，科研产出量呈现前所未有的激增，几乎使出版业达到饱和状态。不幸的是，这也意味着，由于较为仓促的同行评审，抄袭、操作引用、图片篡改等问题也时有发生。此外，科研的跨学科特性变得更加明显，作者和贡献者的人数也相应显著增加。幸运的是，我们所讨论的前两大趋势以及开放数据原则，可以协助应对这些挑战。协同努力、人工智能工具和注册报告可以确保出版流程中的每一步（从设计正确的方法论，到提交合乎伦理标准的文章）都遵守科研诚信的准则。

我们应当让科研人员感受到，他们的数据、发现和已发表的成果是受到保护的。通过与高校建立合作伙伴关系以及使用 CrossRef Similarity Check 等工具，爱思唯尔正在强化编辑考察论文原创性的能力，强化出版人调查科研诚信相关问题的能力。随着学术成果的不断增加，出版人、科研人员和政策制定者必须掌握适当的工具来捍卫可信赖的科学。

我坚信，上述三大趋势将定义未来几年的科技出版业。所有主要的参与者——无论在国家层面、机构层面，还是在个体科研人员层面——都将不可避免地面临这些变革带来的需求。多年来，中国在促进开放性方面取得了积极进展，而深入探索开放科学的多种方法可以为中国充分释放其科技出版潜力揭示路径。

随着对开放科学的理解不断深化，出版机构将寻求把理想落实到其具体业务中以保持竞争力，并满足用户不断提高的需求。同时，新的出版模式正在经历更多的实验，而订阅模式下的出版也还在持续增长。为占据领先地位，中国需要探索新的合作模式，加强透明度，并进行制度变革。

目前，虽然中国的科研成果比世界上任何其他国家都要多，但是全球被引量最多的 20 家科研机构中只有两家来自中国。其实，国际合作机会不必仅限于科研人员或机构之间——还可以包括期刊和出版机构。透明度是另一个可以将中国科研提升到全球突出地位的重要因素，特别是考虑到近期围绕着信息安全和知识产权的一些误解。想要真正推动科技创新，就必须将强化对科学的信任确立为全球性的目标。最后，制度变革可以打消科研人员对于开放科学的疑虑。在爱思唯尔一篇关于科研机构和开放科学的文章中，研究人员发现，本地和内部的发展对于带动开放方面的制度变革至关重要[4]。

如何拥抱开放科学的原则，并使其带来的收益最大化？科爱公司就是一个例子。作为中国科技出版传媒股份有限公司（科学出版社）与爱思唯尔的合资企业，科爱公司的使命建立在其“植根中国，影响全球”的座右铭之上。如今，科爱公司利用最新的技术来扩大研究成果的传播，以及提高出版的质量。科爱公司与中国的著名科研机构合作出版了 120 多种开放获取期刊。通过开展高质量的同行评审、利用创新的工具和促进国际化的合作，科爱公司已经具备了创办一流期刊的能力，并使中国学者成为全球关注的焦点。

开放科学并没有一个单一的定义，也不能采用“一刀切”的方法去实现。不同的国家、机构和科研人员可以通过探究最适合其需求和目标的路径来取得成功。此外，想要真正从中获益，就必须确定经济上可持续的出版模式，并探索开放科学这个“蛋糕”的所有部分，而不是仅仅盯着其中一点。我确信，凭借其恰当的资源、目标和优秀的人才，中国不仅能够成功地采用开放科学，而且随着其科学研究和期刊行业的持续发展，还会起到领头羊的作用。开放科学是一个过程，而非最终的目标。它终将带来一个更好、更加可持续的未来。变革之风已起，不断推动着我们走向开放科学。在此进程中，我们必须始终牢记——要造风车，而不是砌围墙。

二、Steven Inchcoombe：走向开放科学的未来[①]

施普林格·自然对开放科学有明确的承诺。开放科学是推动科学发现和促进科学进步的关键。通过“开放”所有的研究产出(数据、代码、实验方案方法，以及通过预印本发布的研究的早期版本，当然还有通过开放获取出版的论文正式版本)，我们会得到一个更快、更有效率的研究系统作为奖励，这让全世界获得疫苗、应对全球性挑战的解决方案等收益。

当这些基础的数据、方法和已发表成果能供所有人获取时，更多的人就能更容易地看到这些证据所传达的内容。他们还可以信任（或评论）这些信息，并据此进行决策。这种基于充分信息的应用，有助于我们最有效地应对全球性的社会挑战。

那么，出版机构如何帮助推进未来全球开放科学的愿景?

关键的第一步是原创研究论文从发表的那一刻起，就要立即可供访问。施普林格·自然已十分明确地承诺以开放获取（OA）形式发表所有原创研究。我们有约 600 种金色 OA 期刊，并在 2020 年刚承诺将所有期刊都过渡到 OA 期刊，这包

① Steven Inchcoombe: 施普林格·自然首席出版及解决方案官。

括了 Nature Portfolio 旗下的期刊。目前，所有作者都能在我们出版原创研究的几乎全部 2900 种期刊上以 OA 形式发表研究，这表明承诺 OA 与承诺出版高质量、扎实和有影响力的研究，两者并不矛盾。

但是，如果没有我们转换协议（transformative agreement，TA）的成功，我们就无法在开放科研上取得目前的进展，因为转换协议已被证明有助于规模化地实现向 OA 的过渡。转换协议，也称为阅读和出版协议，旨在将图书馆和机构单纯用于获得阅读权限的订阅费支付，转变为覆盖 OA 出版和阅读费用的支付。我们很自豪已拥有了 16 个此类协议，其中包括与德国 Projekt DEAL 签署的按文章量计算的世界上最大的转换协议，以及与马克斯·普朗克数字图书馆签署的第一个覆盖 Nature Portfolio 旗下期刊的转换协议。然而，对于转换协议而言，并无“统一”路径。例如，转换协议既可与机构联盟签署，也可与单一机构和科研资助机构签署。这类协议往往覆盖不同的期刊，对识别和验证作者有不同的要求，在开具发票和追踪运行方面也有特别的要求。我们将所有这些，以及其他更多的因素都考虑在内，以制定满足这些需求的灵活解决方案。达成此类协议，其益处显而易见。数据显示，在 2019 年我们国家级转换协议已生效的八个国家，每个国家的研究人员在我们这里发表的研究内容都有 70%～90%采用了金色 OA，而全球平均比例为 30%。

解决 OA 的行政负担：转换协议还有助于各方应对伴随 OA 增长而来的行政负担。OA 业务模式和基础设施都在改进，但由于存在多种不同的资助来源，并且机构和科研资助机构可能对此并不掌握，这增加了追踪和管理的难度。通过 TA 将资助和支付两方面集中管理，就减少了作者及其机构的工作复杂程度，作者不必自己付款，机构可以通过集中化的报告和计费，清楚地掌握研究产出及 OA 费用的情况。

推动作者选用 OA：开放获取在作者列出的选择向特定期刊投稿的各项原因中，并不占据重要位置，在我们定期的期刊作者满意度调查中，始终排在十项原因中的第 8 或第 9 位。TA 主要通过两种方式帮助解决这个问题，便于作者在混合型期刊中选择OA选项，让资助不足的学科（例如社会科学）的作者也能以OA发表研究。由于TA所议定的资助没有学科上的倾向性，因此，所有学科领域都能根据TA获得集中支持。因此，作者无论是什么学科的或个人资助状况如何，都可以在没有额外费用的情况下以OA发表研究。

解决社会挑战：重要的不仅是让研究论文更加开放和易于发现。开放科学的其他要素，内容的多样性、基础代码、数据和实验方案的获取，在现代科研环境中也同样重要。当前的新冠肺炎疫情就是一个鲜明的例子，体现了研究的立即获取、数据共享及处理，以及良好数据管理的必要性，以便提高研究的可重复性和可靠性。金色 OA 是这一更广泛努力的基础。相比之下，与订阅绑定的绿色 OA 只能提供未经最后加工的已接收稿件，没有提供稿件接收后的改进，也没有相关数据、代码及发表后发生更正/撤稿的链接。这种较低的 OA 版本不足以兑现对于开放科学未来的承诺，而这样的未来对整个科研事业至关重要。

我们最近与马斯特里赫特大学和荷兰大学协会（VSNU）的研究人员合作进行的研究，证明了开放研究对于解决全球性社会挑战所具有的影响力。该研究发现，聚焦于联合国可持续发展目标（SDG）的研究如以金色OA形式发表，就会获得更多的使用和关注，并可以传播到学术界以外的大量用户群体——这些群体更有可能分享和使用这些发现，并使其发挥作用。

这种显著推动科学发现和促进科学进步的可能性就是带给所有人的奖励。一个速度和效率都得到提升的研究系统，正在让全世界获得诸如疫苗和SDG解决方案等收益。这当中还有进一步协作的巨大潜力，尤其是在确保科研能满足需求以应对社会挑战这一方面。

三、彭斌：关于推动我国开放获取出版的几点思考[①]

我国科技界和出版界倡导并推动开放科学，对于加快构建国际科学新格局，促进建立“共商、共建、共享”的全球治理理念，推动构建人类命运共同体具有十分

① 彭斌：中国科技出版传媒股份有限公司（科学出版社）总经理，编审。

重要的现实意义。开放获取是全球学术交流模式的重大变革，开放获取出版作为一种在线自由获取和再利用学术文献的新学术传播机制，正在成为文献与信息传播新的重要能力，成为打破商业垄断、保障公共利益的重要手段。《关于深化改革培育世界一流科技期刊的意见》提出，“搭建新型传播平台，有效提升我国科技期刊的国际传播力影响力。”因此，推动科技期刊开放获取出版是我国科技创新战略深入实施的迫切需求，也是我国世界一流科技期刊建设的现实需要。

据 Scopus 期刊论文数据库统计，近 10 年来我国 OA 论文（不含港澳台地区）以年均 22.6%的比例增长，高于全球 OA 论文的年均增幅（10.3%）；但 2020 年我国 OA 论文总量为 22.5 万篇，占全年发文量的 34.2%，低于全球 OA 论文占比（41.7%），因此，我国的 OA 论文占比还有较大的提升空间。截至 2021 年 7 月底，在开放存取期刊目录 DOAJ 中，出版商为中国（不含港澳台地区）的 OA 期刊共 142 种(其中，中文刊 23 种，中英文刊 7 种，英文刊 112 种)，只占我国近 5000 种科技期刊的 2.8%，与同期全球 SCI 收录的期刊中 OA 期刊占比 18.1%还相差较大。然而，据《中国科技期刊发展蓝皮书》课题组调研数据，目前中国 2220 种科技期刊可以通过期刊网站等渠道免费获取（Free Access）全文，显示出我国科技期刊免费获取的多，符合 OA 出版规范的相对较少。

为顺应国际科学出版与交流的需要，打造我国自主品牌的 OA 出版与传播平台，科学出版社近年来在推动科技期刊开放获取和平台建设方面作出了很多努力和尝试，开展的举措主要有以下几个方面：

在单刊实践方面，自 2020 年开始将《国家科学评论》（*National Science Review*，NSR）由 Free Access 成功转型为 Open Access 出版。NSR 于 2014 年 3 月创刊，定位于全方位、多角度反映国内外自然科学重要研究进展，致力于成为国际顶尖综合性学术期刊，2020 年 SCI 影响因子 17.275，在全球综合类期刊中位列第三。NSR 的 OA 出版转型对于探索我国高水平学术期刊的 OA 出版与运营具有十分重要的参考和借鉴价值。

在集群实践方面，由科学出版社（控股）和爱思唯尔合资建立的科爱公司，致力于中国英文科技期刊走出去，创办国际高水平 OA 期刊直接与国际竞争，助推中国优秀科研成果国际化传播。科爱公司充分借鉴爱思唯尔的期刊出版模式，编辑出版流程和分工明确，自 2013 年成立以来发展十分迅速。截至 2021 年 7 月底，科爱公司共有 OA 期刊 117 种（含自主创办期刊 42 种、合作出版期刊 75 种），其中 17 种 SCI 期刊全部位于 Q1/Q2 区。

在平台实践方面，科学出版社从国家战略和业务需求出发，于 2014 年开始研发全流程数字出版和传播平台（SciEngine），目前已初步建设完成了从投审稿到发布的一站式全流程数字出版体系，目前共收录同行评议期刊 292 种，其中 OA 期刊 139 种。

结合我国国情现实和国内外科技期刊 OA 出版实践，对于我国开放获取出版的思考与建议如下：

第一，从政策保障和经费支持方面加强我国开放获取出版的培育。在开放科学的背景下，我国科技期刊尤其是中文期刊如何发展亟需指导和建议；推动科技期刊开放获取发展初期，需要国家层面的政策保障和经费支持（谁买单）；OA 期刊线上存储和传播的模式也需要我国相关行政管理部门有所调整，以适应互联网时代和开放科学时代的要求。

第二，加强我国科技期刊开放获取出版的规范化运作。OA 期刊指内容能够被用户或其机构免费获取，允许任何用户阅读、下载、复制、分发、打印、搜索或者链接到文章全文，或用于其他任何合法用途，并且不需要事先征求出版社或作者的许可。Free Access 与 Open Access 有本质的区别，规范的 OA 出版需要期刊与作者签署用户许可声明和著作权声明。

第三，我国自主产权的开放获取出版平台亟待完善和发展。当前，国家大力推进世界一流科技期刊建设，英文期刊借助本身语种的优势，获得政策支持和项目资助方面比例远高于中文期刊。但我国英文期刊大多“借船出海”，国际统计出版国家时也大多不被列入中国的阵营。为此，建设拥有自主知识产权的国家级开放获取出版平台，构建符合开放科学标准的评审和评价体系迫在眉睫。开放获取出版平台要与数据库和存储库互连互通，支持双语元数据和资源信息，实现更大范围的共享与重用；丰富和加强与国内外图书馆和机构合作，构建全球化开放获取出版平台和社交分享网络，帮助用户建立世界范围内的传播共享途径；建设我国科技期刊数据分享机制，提升办刊人员数据分享和规范化出版意识，加快开放数据相关建设。

第四，加快期刊集群化推动开放获取出版。集群化发展是当前国际科技期刊发展的主流态势，是延伸期刊品牌影响、开展数字化知识服务、获取市场竞争优势的现实需要，同时也是推动我国科技期刊高质量发展，做强做大我国科技期刊出版产业的必由之路。集群化发展，也需要加快出版队伍结构优化，进而推动开放获取出版：一流学科编辑队伍，提升期刊核心竞争力；一流技术研发队伍，加快平台建设；一流学术运营团队，推进期刊 OA 进程；一流市场推广队伍，致力于期刊全球化推广。

第五，全方位宣传推广助力开放获取平台可持续发展。“酒香也怕巷子深”，科技期刊和平台不注重宣传推广，将难以得到学者的认同和参与。为此，我们的平台和期刊应注重多维度、多渠道的市场宣传，注重专业、国际化的市场团队建设；注重个性化、目标明确的期刊市场规划，以不断寻求新兴渠道，吸引关注和流量。

2020 年 9 月 11 日，习近平总书记在北京主持召开科学家座谈会并发表重要讲话，提出“要办好一流学术期刊和各类学术平台，加强国内国际学术交流。”我们将坚持“开放、共赢、可持续”的发展理念，与我国的科技期刊携手共进，与中国科学同行！

四、龙桂鲁：开放获取对期刊功能的影响及其对策建议①

多年来我在发表研究论文的过程中，积极地参与期刊的审稿、编委会等工作，对科技期刊有较多了解。这里我从一个科研工作者的角度，来谈谈对开放获

① 龙桂鲁：清华大学物理系、北京量子信息科学研究院教授。

取期刊的看法。

开放获取期刊是一个更大的开放科学下面的一个部分。按照维基百科解释，开放科学是一项使科学研究，包括出版物、数据、实物样本和软件及其传播能够进入一个咨讯社会的所有级别的运动，它包括出版开放研究、倡导开放获取、鼓励科学家实践、开放笔记本科学，以及使科学知识的出版和传播变得更容易。

开放科学的部分内容可以追溯到17世纪的启蒙运动。但开放科学的正式提法是1998年史蒂夫·曼创提出的。开放科学有各种不同的定义，但是其要旨是促进科学发展，满足公众对知识的需求，贯穿渗透着“开放、合作、共享”的开放理念。开放科学不仅应用于学术研究、出版，而且在政府管理、商业、教育等领域也有广泛的应用。在这里我只谈谈对开放科技期刊的看法。

就我个人的理解，现在科技期刊主要有三个功能：第一是记录，记录发现和研究成果，成为发现优先权的直接证据，其他人想阅读能够找得到；第二是传播，通过期刊的发行，使得广大读者和同行了解你的发现成果；第三是评价，品牌声誉很好的高影响力期刊往往成为评价一篇论文水平的标尺。以下我简单讨论开放获取期刊对科技期刊的三个功能的影响。

在记录功能上记录发现有两个作用：一个是优先发表权的核心证据；一个是让人查阅，开放期刊使得获取和阅读更加方便。由于开放获取促进了更多论文的发表，这样成果发表相对容易，它记录了发表时间，维护了优先权，因而在开放获取时更加容易。实际上，科技界早就有arXiv预印本库及其他预印本库，已经实现了这个功能。arXiv可以近似地认为是一种没有经过评审而发表的开放获取电子期刊，发表和阅读都不需要付费。在当年研究高温超导的热潮中，世界各个研究小组都在争分夺秒地做出更高温度的超导材料，而每天一定要在arXiv的日期截止时间之前把论文草稿投上去，否则过了这个时刻，发表时间就要晚一天。我的两个原创性工作是以在arXiv公开的时间确定优先权的：一个是量子安全直接通信，这是一个新型量子保密通信理论，在2000年12月13日在arXiv上公开；另一个是提出了以酉算子线性组合进行量子计算的对偶量子计算方法，不同于Paul Benioff

量子图灵机理论中的以酉算子乘积进行计算的方法，2005 年 12 月 15 日在 arXiv 上公开。当然这个功能只有在争夺首发权时才会发挥作用。在量子信息中有几个例子，量子密钥分发研究者 Charles Bennett 和 Giles Brassard 提出了量子密钥分发理论，在 1984 年在印度召开的会议的论文集上发表了结果，而 1987 年，加拿大滑铁卢大学的 Doug Wiedeman 发表了同样内容的论文。看到该文后，Charles Bennett 和 Giles Brassard 二人立即以“量子公开密钥分发被重新发明”发文，指出了该文重复了他们的工作，维护了首发权。量子计算机是 Paul Benioff 在 1980 年提出的，虽然有诺贝尔奖获得者在 1982 年发表相关的论文，但量子计算机的首发权显然是 Paul Benioff。发表时间是首要。对于原创性的大成果，它们往往发表在一些不太有名的期刊上，此时，发表在什么期刊上根本不重要，谁发表早才唯一重要。这两个开创性工作都是发表在没有名气的期刊上，随着所开创的研究方向的发展，它们的引用数量迅速增加，成为经典的论文。

记录功能除了争取优先权，更多的是在查阅时使用，当后来的学者阅读其他论文时，提到了以前的论文，要阅读该文时，要能够找到它，进行研读。随着电子出版的普及，多数文章都可以在网上找到，即使学校图书馆订阅期刊，大多数也是电子版，这样不用亲自到图书馆，而在办公室、在家中，甚至出差途中，下载阅读。而过去可没有这么方便，在 20 世纪 80 年代初，北京、上海的资料最齐全，具有得天独厚的优势，而在其他城市读研究生的朋友还要千里迢迢的到北京、上海，用一周，甚至一个月的时间进行查阅和复印，带回去做研究。过一段时间，还要再来一次。

期刊的第二个功能是传播宣传，让更多的人知道你的发现成果。开放期刊对这一功能的影响是双方面的。开放获取使得下载更加容易，有更多的人来阅读。因此，开放获取期刊的引用就会更多，开放期刊的影响因子也会比同类的非开放获取期刊的要高。但是，随着期刊的增多、论文的增多，产生信息爆炸，造成审美疲劳，读者不知道该看哪些文章。而传统期刊中，根据期刊的影响因子，基本上可以将论文的档次分开。如，在物理学上，PRL 上的论文，一般比 PR 系列期刊的论文水平更高、更重要。随着 *Nature*、*Science* 等期刊受到读者的重视，一般都将认为 *Nature*、*Science* 上的论文水平更高，其子刊的论文水平次之，PRL 或 PRX 的水平大概与 *Nature Physics* 接近等。这样，读者就可以首先关注发表在 *Nature*、*Science* 这些期刊上的论文，而这些高影响因子的期刊数量少，相关论文的数量也少，如 *Science*，每年发表的论文 3000 篇左右，而物理学方面的论文有限，读者很容易完成浏览，自然就会得到更多的阅读，因此，影响因子高的期刊为论文的传播起到了广告宣传作用。这些高影响因子的期刊以报道数量有限的重大成果为主，就像是王府井专卖奢侈品的高级商店；而学会出版的期刊以发表大量进展式的成果为主，就像日常人们经常去的商店和菜市场一样。开放获取对中、低影响因子期刊有正面的推动作用，而对高端期刊的影响是负面的。这样就将一些重大发现和阶段性的进展成果混在一起，影响了重大成果的传播。当然，在未来，也可以采用收取巨额版面费的方式，即将目前期刊的成本、订阅收入等以版面费的形式，让作者来负担和贡献，将 *Nature*、*Science* 改变为开放获取期刊的同时，依然维持高影响因子。这样，开放获取在整体上对传播宣传就会是正面的推动作用。

期刊的第三个功能是评价，时常成为评价一篇论文乃至一个科学家水平的标尺。期刊有很多，科技信息机构将根据期刊的影响将其分成几个类别，如爱思唯尔的期刊分区、SCI 的影响因子期刊分区等。这样，很多人，特别是外行，对其他专业人员的成果的评价，就用该文章是在什么期刊上发表的来评价，如某某发表了多少篇 PRL。以前许多人都认为 *Nature*、*Science* 是科普期刊，但是现在被认为是科技领域最高水平的期刊，科学家以在上面发表文章为荣。现在，期刊的评价功能越来越大，超过了其他功能，以致造成在评价一个人的成就时，只说他/她发表了几篇 *Nature*、*Science*、PRL 等，但是其成就的具体内容是什么反而倒被忽略了。打破这种以期刊论文评价科研成果，回归科学的本身，是反四唯的目的。反四唯的效应已经开始显现，在申请杰青、优青等材料里，不许提影响因子了。这一运动的影响已经波及国外，欧盟的基金申请中，也已经明确不许提期刊的影响因子、个人的 h 因子等指标了。

开放获取期刊对期刊的评价功能是负面影响。为了期刊能够持续发展或者有盈利，开放期刊必须发表大量的论文。由于开放期刊发文数量大，论文水平参差不齐，降低了期刊的评价功能。例如 *Nature* 旗下就有一个期刊，在开始创刊时，大家还把它作为 *Nature* 子刊对待，但是随着期刊发文量的增加，其论文的水平与人们原先的定位相差甚远，虽然它是 *Nature* 公司出版的刊物，但是也无法改变人们对它的印象。而有些高校和研究所，还将其列入预警期刊对待。尽管开放获取影响了期刊的评价功能，但是其巨大的发行量和与现代网络技术的结合，已经产生重要的影响。由于这样一些大体量的开放期刊的出现，甚至影响了已有的专业学会出版的开放期刊的出版模式，如IOP 出版社出版的*New Journal of Physics* 也在向大体量的方向发展。

开放期刊的发展还有一个重要的因素是经济原因。科技期刊出版费用增加迅速，经常有大学图书馆和出版商就订阅价格产生争议的情况出现，还出现了美国一些大学抵制某个出版商的情况。一些学术团体还自发地组织了自己的电子出版物，例如，美国加州理工学院的 John Preskill 等人创办了 *Quantum* 期刊，今年进入了 SCI，其影响因子还很高。开放获取期刊可以在作者和出版商之间达成某种平衡，解决这一矛盾，有利于科技期刊的发展。未来有更多的期刊采用开放获取是一个大的发展方向。

从 2014 年开始，我国的科技期刊有了飞速的发展，其发展主要在质量方面，表现在期刊的影响因子得到大幅度提升，得到科技工作者越来越多的认可，越来越多的中国学者把原来投往国外期刊的优秀论文转投到国内的优秀期刊上了。国家出台了多项鼓励政策，其效应已经开始显现。但是，中国期刊在论文发稿量上还有很大的发展空间。

国内的多数期刊是与国际上的大出版商合作出版的。在国外，这些期刊还是传统的订阅期刊，而在国内，基本上是免费获取期刊，即采用国内的 IP 地址，在期刊的国内网页上可以免费下载。多数中国期刊虽然可以在国内免费下载，但不能在国外免费下载，还没有实现真正意义上的开放获取。

总之，开放获取对期刊发展的总的影响是正面的，加强了记录功能，对中低影响因子期刊，扩大了宣传传播效应，降低了期刊对论文成果的评价功能，有利于反对四唯。而且，开放获取有利于出版中的各方取得经济的平衡和可持续发展，是未来科技期刊的一个大发展方向。

通过以上分析，关于开放获取期刊，我的建议是：

1）部分高影响因子的期刊仍然以传统出版的模式出版，即类似于 *Nature*、*Science* 等期刊的出版模式，这些期刊有更大的传播宣传能力，也有很强的评价功能。

2）对于学会出版的发文量大、阅读面广的期刊，有步骤地实现开放获取。

3）对于开放获取期刊对论文的评价功能弱的特点，在发表时增加点评进行推介，使用微信、公众号等进行宣传。在发表后，可以根据引用的情况，对论文进行评星定级，起到评价作用。SCI 中引入了 ESI 高被引和热点论文，这一指标的评价作用迅速显现，甚至成为学科评价的指标。我国的科技情报机构，可以考虑推出类似的指标体系，成为针对开放期刊的一个新体系。

五、乔晓东：开放科学与学术信息服务的相互促进发展[①]

社会对科学知识共享的需求达到一定程度后，新型研究方式的产生就成为了必然，这也是开放科学发展的基础。科学知识的生产、传播、利用、增值再生产等环节离不开各种类型学术信息服务的支持，开放科学的出现推动着学术信息服务的升级换代，而学术信息服务又为开放科学提供了持续的资源、工具、服务的支持，因此，开放科学与学术信息服务如同双螺旋中的两根主键，互促互利，交替推进彼此的发展。具体来说，可以从以下几个方面来理解开放科学与学术信息服务的互促关联发展。

① 乔晓东：北京万方数据股份有限公司副总经理，研究员。

1. 开放科学促成新的学术信息生产和传播模式

开放科学是由社会对科学知识共享的需求引发的，传统中，学术信息的生产、交流和传播主要依赖于图书、期刊、学术会议等，其中，图书、期刊等传统出版形式又是重中之重。在社会对科学知识共享需求剧增的开放科学时代，传统出版为载体的学术信息生产与传播模式需要尽快适应需求，形成新的模式，解决传统模式下在生产、传播中的一些制约。

1）无偏见的快速出版与同行评议相结合的新型出版方式，缩短出版周期，促进最新研究成果的及时发布与传播。传统期刊的出版必须经历论文提交、同行评议、编审、发表等环节，整个周期至少需要 2～3 个月，常见的则需要半年以上。这种形式影响了知识的快速、及时传播。开放科学时代形成的开放出版模式，可以极大地改进此类问题。以欧洲开放研究计划（Open Research Europe，ORE）为代表的新型科技论文出版平台，通过在同行评议、正式入库检索前增加预印本发布（10 日内发布预印本，供查看和引用）等环节，极大地缩短了研究成果面世的周期。北京航空航天大学与 F1000 合作推出的“数字孪生”开放获取出版平台，同样采取了无编辑偏见的快速出版和同行评议存储索引相结合的出版模式，极大地提升了学术信息交流的时效性。

2）出版单位原子化、模块化，提升生产的学术信息的灵活性，进而促进学术信息的传播效率。传统出版模式下，学术信息以篇章为单位，学术信息生产的版式相对固定，从而导致在后续的传播中也只能以整篇的学术信息为主。根据 STM 在 2018 年发布的研究报告，近几十年来，由于文章的海量剧增，研究人员阅读每篇文章花费的时间从 20 世纪 90 年代中期的 45～50 分钟下降到 2012 年的 30 分钟。高效地帮助研究人员快速、精准地获取到所需学术信息至关重要。开放科学时代，以论文为出版单位的出版模式将发生重大的颠覆性变革，以英国新型科技出版模式项目 Octopus 为例，它将提供一个新的“初级研究记录”，用于记录和评估“正在发生”的研究，发表的单元将从整个研究项目转变为单个步骤，论文中的“问题、假设、方法、数据、分析、解读、应用”，每一个研究模块都可以拉出来独立出版。Octopus 上的元素被链接在一起，形成合作工作链。这些较小的出版单位鼓励更快捷、更灵活的分享形式。

3）开放同行评议，关联数据强制提交，改善研究中的可重复性、可获取性和可验证性，提高研究的公开透明。当前，在传统学术信息生产与传播中由于部分环节（如科学数据、同行评议等）的不公开、不透明，造成了越来越严重的学术不端与科研诚信问题。开放科学环境下，开放同行评议等新型评议模式将极大改进传统同行评议中的不公正隐患，如 ORE 中的同行评审中，增加了审稿意见和专家信息一同公布、允许作者回应和读者评论等环节；而传统论文出版所关联的科学数据被要求同时提交，则极大地改善了研究中的可重复性、可获取性、可验证性等问题。

4）打破传统的学科边界，促进多学科研究成果的生产与传播，推进不同领域之间的联系、促进合作，以应对全球挑战和可持续发展目标。开放科学环境下，学科之间的边界越来越小，多学科共同合作的研究成果的生产与传播需求越来越大，以 *Scientific Reports* 为代表的多学科期刊正在努力推进生产与传播的学术信息的学科多样性。

5）综观开放科学环境下，新型学术信息生产与传播的特点，我国目前在对应的项目、平台、期刊等的设置上还存在较大差距。如，我国现有的 OA 平台大多属于已出版资源的再集成和免费使用。少数预印本系统等也没有建立一套完整的与之配套的出版流程和运营模式，此外还存在部分 e-only 出版和提前出版服务，但基本上遵从的还是传统期刊出版流程。如何从机制、支撑的基础平台、学术信息生产与传播流程、运营模式等方面提供相应的支持，还需要在深度学习国外已有案例的基础上，结合中国现有的基础，形成多个利益方共同参与的合理框架。

2. 开放科学促进了新的学术信息资源的产生

开放科学在解决传统出版中制约学术信息生产与传播的问题的同时，还推动了更多学术信息资源的无限共享，促进了学术信息共享环境的建设。

虽然开放科学的发展极大地推进了开放获取期刊的发展，但开放科学、开放出版并不等同于开放获取期刊，新型的开放创新研究所需的诸多类型学术信息在开放科学环境下得到了极大发展，针对这些新型学术信息资源需要有清晰的认识与明确的定位。

首先，开放科学推进了出版模式的转变，这种转变不仅带来了预印本的快速发展，更是促进论文中的“问题、假设、方法、数据、分析、解读、应用”分解为独立的研究模块进行出版，这些类型的学术信息构建起不同于传统文献资源的新型学术信息资源集合。其次，越来越多的工具类资源、事实数值类资源、新闻政策类资源等也成为了开放学术信息资源的重要组成部分。比如data.gov（开放政务）、CORDIS（开放资助信息）、re3Data（科学数据）、Open Science Grid（计算资源共享）等。最后，在这种开放环境下，不同阶段学术信息间的工作链接成为可能，比如Overton平台致力于跟踪科技政策与科学研究间的关系，TRIMIS平台则贯穿了从立项到结项整个过程中不同阶段产生的学术信息。

为了更好地推进多种类型学术资源的生成与利用，需要从工作链的角度，深度研究不同类型的学术资源在开放科学各个阶段的角色和作用，基于此，构建更加灵活的学术资源描述框架、学术资源融合策略、保存策略等，从而为开放科学环境下的异质异构资源提供重要的基础。

3. 开放科学创造新的学术信息服务需求

推动开放科学环境下的新型学术出版，还必须同时考虑建设面向开放科学的新型信息服务基础设施和方法工具，包括但不限于专业性、综合性学术信息出版、评审和开放获取平台；支持学术研究和学术出版的科学数据、图像信息、软件工具等科研要素的登记、保存、揭示和开放服务平台；支持新型开放科学学术产出的科技评价方法工具；支持开放科学的科研诚信建设和学术不端治理信息服务；开放科学信息资源的集成发现和关联、分析、评价和挖掘等增值服务等。

4. 构建面向开放科学的新型学术信息服务是“科学论文和科技信息高端平台”的建设内容之一

党的十九届五中全会提出了构建国家科研论文和科技信息高端交流平台的要求。高端平台的最终目的是满足高端需求，即提供高端服务。开放科学为高端平台提供了新的应用场景。开放科学既是科学研究模式发展的进行时，也是科学研究发展的未来方向，因此也应是高端平台的创新型建设和应用的重点。

相对于开放科学环境下的学术出版，我们如何更好地理解其中几个重要的关键词？

科研论文和科技信息：一是论文本身，也就是我们所说的内容；二是围绕着核心内容的关联信息，包括项目、机构、人物、学科背景、团队、成果等扩展信息；三是围绕着论文和研究成果的其他研究素材和支撑条件，如科学数据、方法工具、软件等；这些都是高端平台内容建设应该考虑的范围。

高端：一是反应国家层面学术研究、科技创新等高层次、高水平、最新的科研与学术研究成果；二是其权威性和核心价值；三是和国际开放科学学术出版服务最新发展接轨；四是整个学术出版和信息服务的引导和支撑作用。

交流：不是单向信息发布或者检索、下载，而是在出版方与内容作者之间、在平台与用户之间、在研究人员与读者之间构建一个信息交流沟通与相互促进的模式。

平台：高端平台不是一个相对封闭单一的信息系统、某一个独立的平台，而是多层次、多领域、多形式的平台和服务的集合。应该是一个开放的生态系统，除了内容的权威性外，更应强调对学术研究与科技创新的多维度服务，以及对科技信息服务生态的可持续建设与发展模式的支撑。

5. 公益和市场相结合，建设多元的开放科学信息服务新模式

鼓励建设多元的开放科学学术出版与信息服务，而非统一模式、统一程度。多比少好，部分开放也比不开放好。在国内常见的模式包括预印本、开放出版、机构知识库、延迟开放、强制开放等。

充分发挥政府在政策、协调、引领等方面的作用。可着力之处包括强制性要求和引导性建议相结合、对开放科学成果的认定和使用、面向开放科学学术成果的评价标准和评价体系研究与应用、如何推动将开放出版有机地纳入现有出版管理体系（如出版资质、网络刊号、如何打通和传统期刊出版的通道）等。

开放科学信息服务可分领域、分阶段逐步实施，注重引领、示范作用。如选择生命科学、医学等重点领域，或通过国家重点科研计划、基金项目、重点出版工程的管理办法进行要求、规范。

推动开放科学中各参与角色承担、落实其主体责任。这些角色包括科研管理部门、学术资助机构、参研单位和科研人员、评议者、平台运营、读者等。除了享受开放科学带来的好处外，我们也应是一个贡献者。对应国际开放科学发展，应该鼓励对中国特色的开放科学环境下科技出版与科技信息服务建设发展模式进行探讨和尝试，不追求一步到位。以学术出版中的科学数据为例，以建设国际一流学术期刊为目标或已纳入“卓越计划”等国家重点出版工程的高端顶刊，可采取与国际接轨的科学数据管理、存缴、标注与开放共享模式。对国内优秀学术期刊，鼓励其通过注册、标注、揭示、关联、机构保存和支持编辑和科研诚信等使用要求的科学数据策略。

鼓励更多的机构参与到开放学术出版服务中来。公益性的开放平台与市场化的专业信息服务并不矛盾，开放资源和传统内容服务资源互为补充。开放资源也需要深度数据治理、知识组织、关联揭示等，需要专业化支持；围绕开放科学的外围服务，需要更多的第三方服务，如注册、保存、检测、评价等。开放科学资源为专业化学术信息服务提供了更多的知识库、实体数据、事实性资源等，用于深度、专业性产品与服务的开发。传统信息服务行业也需要权威机构对“负责任”第三方服务进行标准规范、资格认定和服务推荐等。

总之，推动开放科学环境下的中国学术出版发展与变革，既要发挥科技管理、学术资助、新闻出版等管理部门的引领和支撑作用，也应鼓励各类学术研究、学术出版和信息服务主体进行多种模式的大胆尝试。在注重开放学术出版与优秀学术期刊建设的同时，积极促进各类配套的开放科学基础设施建设和可持续的学术出版与信息服务市场化行业发展。大处着眼、小处着手，将开放出版议题纳入开放科学生态建设的大环境下思考。

六、白雨虹：开放科学环境下的学术出版①

开放科学兴起之前，传统学术出版局限于少数人、少数地区和少数国家。事实上，越来越多的国家和越来越多的人学习、掌握、利用科学与技术，这已经是人类社会共同追求的目标，这也是开放科学方兴未艾的动因。随着开放科学理念迅速在全世界扩展，加速推动了学术出版模式随着交流模式的转变而变化，作为一线出版人，我体会的变化主要有以下几点：

（一）学术资源聚集能力增强

以我们 Light 学术出版中心的七种期刊为例：三种英文期刊，其中 *Light: Science & Applications*（简称 Light）在 Nature 网站；*eLight* 在 Spring 网站；*Light: Advanced Manufacturing*（简称 LAM）在自建网站；四种中文期刊《中国光学》《光学精密工程》《发光学报》和《液晶与显示》分别有自建网站。在 Nature 网站的 Light 优点是因为创刊之初就是以完全开放获取的方式面世，加之 Nature 一流期刊平台的加持，使得 Light 在短期内发展势头迅猛，取得了非常好的国际影响力。缺点一是在国外网站的期刊平台，国内很多读者阅读不便，从 Light 的引文总量中来自中文期刊的引用非常少可见一斑；缺点二是因为在 Nature 的平台上，Light 自身对网站内容和形式可操作的空间几乎没有，只能非常被动地接受 Nature 网站提供的功能。至于其他几种期刊各自为政、单打独斗的情况，每本刊期单独的影响力都局限在自身小同行的圈子之内，影响范围非常狭小。有了开放科学的理念之后，我们

① 白雨虹：中国科学院长春光机所 Light 学术出版中心研究员，*Light: Science & Applications*（《光：科学与应用》）和《光学精密工程》执行主编。

融合资源，整合内容，把全部七种期刊和Light主办的学术会议、新媒体传播、新闻报道、网络在线直播、年度中国光学十大社会影响力事件、全国光学与光学工程博士生学术联赛、全球“光学未来之星”评选、联合国教科文组织“国际光日”系列活动等等全部统一建设在Light学术出版中心富媒体平台之上，七种期刊和其他学术活动既相互独立又互相连通，做到读者只要点击任意一篇文献或任何一项活动以及任意一位作者，在我们数据库内已有的内容都会按相关性重要程度依次推送给读者，大大节省了读者获取相关内容的时间并极大提高了读者获取有关内容的精准程度。今天的科技期刊与传统科技期刊最大的不同就是从单一内容的专业学术期刊转型为本领域内相关内容高度关联的科技媒体，这是大势所趋，开放科学的兴起为这一转型提供了有利的时机，人工智能+大数据挖掘是技术创新对传统出版模式的改变。

（二）合作模式实现多元融合

在Light学术出版中心的富媒体出版平台上，全面集成了北大方正的XML智能生产服务、微信公众号图文消息的制作及发布服务、中英文双语切换页面的传播平台、基于深度学习的机器翻译功能、基于刊物内容资源的聚合检索、支持刊物以学科主题为线索的专题策划、刊群自主运营功能、CSCD 引文对接、百度官网认证、百度学术收录对接、Altmetric 对接、ORCID 对接、搜索引擎 SEO 优化支持、PubMed/PMC 对接、CrossRef 对接等；北京仁和的一体化排版服务、文献上网服务、参考文献校对服务、精准电子邮件推送服务、论文 PDF 文章聚合服务、文章引用统计分析与领域分析服务等；TrendMD 的跨平台推送服务；开科思上海商务信息咨询公司的科技英文翻译服务；北京智谱华章的作者学术画像功能服务；成都艾视美科技有限公司的期刊封面及宣传页设计等多种功能、多项业务、多家公司的业务可以同时在 Light 富媒体平台上申请预约服务，只要对科技出版有利的新技术我们都努力与服务商协议，争取在合作模式上实现多元融合。诚然，在融合的过程中，各种摩擦和不完美时有发生，我们相信随着技术的不断进步，只要心有所想，以共享共存最大化服务读者为办刊理念，一定会越做越好。

（三）自主办刊创新路径清晰

过去十年，中国相对成功的英文学术期刊基本上都是与国外的大型出版商合作，即“借船出海”，经过近十年的虚心学习和创新实践，特别是中国在人工智能和5G技术等方面与国际同行相比已经处于引领或并跑的队伍，从开放科学的视角来看，完全自主办刊，即“造船出海”的时机已经成熟。自主办刊和大出版商合作办刊相比最大的优势就是可以充分利用最新技术手段拓展服务读者的多种路径。以 Light 学术出版中心的两种英文期刊对比说明：Light 在 Nature 平台，优点是百年老店的品牌效应毋庸置疑，Light 今天获得的影响力有相当大的原因得益于 Nature 和 Nature 网站的品牌效应；但缺点也是鲜明的，因为要维护百年老店的声誉，尽管 Nature 也非常清楚新技术会带来更多的便利与进步，但稳妥是他们考虑的首要因素，对投审稿系统以及网站的每一次更新和变革等都需要经过长期的考核和试验才能做出最后的决定，无法适应技术日新月异的变化。*Light：Advanced Manufacturing* 作为Light的姐妹刊，从创刊伊始就决定走完全自主可控的自主办刊模式。作为新刊还没有什么影响力的情况下，最大的优势是我们可以采用所有最新的技术来试用，一旦证明有效，立即采用。如北京智谱华章的作者学术画像功能在LAM上试用一周后，我们发现清华大学孙洪波教授的论文阅读量是1281，而关于他个人的作者画像是 1049，说明读者对这一信息是非常感兴趣的，我们当机立断上马作者画像，满足读者的需求就是我们的目标。LAM 作为 Light 衍生的自主品牌新创期刊，一切都在实验和探索之中，但我们有信心在开放科学的大背景下，走出一条中国学术期刊自主创新的新路径。

总之，开放科学之于科技期刊就是为读者用户提供精准知识服务，促进科技期刊向科技媒体转型，全方位、全流程、多维度为期刊增值，最大化提升期刊影响力，促进科技期刊实现融合创新发展。

参考文献

[1] First draft of the UNESCO Recommendation on Open Science[EB/OL]. [2021-9-1]. https://unesdoc.unesco.org/ark:/ 48223/pf0000374409.page=10.

[2] Open Science. [EB/OL]. [2021-9-1]. https://en.unesco.org/science-sustainable-future/open-science.

[3] Fane B, Ayris P, Hahnel M, et al. The State of Open Data Report 2019[EB/OL]. [2021-9-1]. https://doi.org/10.6084/m9.figshare.9980783.v2.

[4] Vicente-Saez R, Gustafsson R, Van den Brande L. The dawn of an open exploration era: Emergent principles and practices of open science and innovation of university research teams in a digital world[J]. Technological Forecasting and Social Change, 2020, 156: 120037.

附录一　2020年中国科技期刊发展纪事[①]

编撰说明

本纪事以条目形式系统翔实记录2020年度我国科技期刊出版业发展的历程和状况，客观呈现我国科技期刊出版事业发展轨迹和脉络，供业界、学界同仁参考。

编纂原则：

（1）严格按照党的路线、方针、政策和有关规定，坚持历史唯物主义的观点，坚持实事求是的原则。

（2）翔实记录2020年度影响我国科技期刊出版的主要事件和活动，做到要事突出、大事不漏。纪事内容包括科技期刊业主要活动和变革、重要文件、法律法规，以及部分期刊社会组织、重要期刊出版单位主要活动等。

（3）采用公元纪年顺序编排，所列条目有明确日期者标明月、日，日期不清者附于月末。

（4）本纪事主要来源于公开出版的图书、报刊、相关机构网站以及现存档案等。由于资料收集的限制，本纪事未收录同时期香港、澳门、台湾地区的科技期刊出版情况。

① 附录一执笔：范春莉。

1月

1月7～8日，2020中国期刊协会年会在北京召开。

1月13日，《2019年中国科学院文献情报中心期刊分区表升级版（试行）》发布，首次将社会科学引文数据库（SSCI）期刊纳入分区评估中，设置了包括自然科学和社会科学在内的18个大类学科。

1月31日，中华医学会杂志社陆续开放《中华医学杂志》等41种期刊的全部文献供读者免费阅读、下载，为新型冠状病毒肺炎防控提供学术支撑。同时，中华医学会杂志社联合中华预防医学会、中国医师协会、中国药学会、中华中医药学会、《中国学术期刊（光盘版）》电子杂志社共同发起《关于在中国知网开展“新型冠状病毒感染的肺炎”学术论文OA出版的倡议》。

1月31日，中宣部在北京召开专题视频会议，研究部署新型冠状病毒感染的肺炎疫情宣传引导工作。

2月

2月6日，国家新闻出版署发出通知要求，出版界要进一步加强出版服务，助力打赢疫情防控阻击战。

2月17日，科技部、财政部印发《关于破除科技评价中“唯论文”不良导向的若干措施（试行）》。文件强调要培育打造中国的高质量科技期刊，加强论文发表支出管理。

2月18日，教育部和科技部印发《关于规范高等学校SCI论文相关指标使用，树立正确评价导向的若干意见》。指出要准确理解SCI论文及相关指标，深刻认识论文“SCI至上”的影响，同时建立健全分类评价体系，完善学术同行评价，规范各类评价活动，改进学科和学校评估，优化职称（职务）评聘办法，扭转考核奖励功利化倾向。

2月20日，中宣部办公厅下发通知，就做好2020年主题出版工作提出要求，明确选题重点。2020 年是全面建成小康社会和“十三五”规划收官之年。

2 月 23 日，统筹推进新冠肺炎疫情防控和经济社会发展工作部署会议在北京召开。习近平总书记出席会议并发表重要讲话。习近平总书记对提高新闻舆论工作有效性提出了要求。

2 月 25 日，中华医学会、中国期刊协会联合向全国生物医药卫生期刊发出《关于国内生物医药卫生期刊集中优先发布“新型冠状病毒肺炎”相关论文的倡议》。

3 月

3 月 1 日，国家互联网信息办公室发布的《网络信息内容生态治理规定》正式施行。

3 月 3 日，中国高校医学期刊网新开辟“新冠论文 OA”专栏，及时上线了 COVID-19 论文开放获取（OA）平台。

4 月

4 月 8 日，国家新闻出版署印发《国家新闻出版署关于开展 2019 年度期刊核验工作的通知》，对 2019 年度期刊核验工作做出部署要求。

4 月 14 日，中国科协学会学术部印发《中国科协主管期刊审读办法（试行）》的通知，以加强期刊质量建设，规范期刊出版工作，加强自检自查，确保符合要求，切实提高办刊质量。

4 月 28 日，国家新闻出版署印发《2020 年农家书屋重点出版物推荐目录》，其中，推荐期刊 155 种。

4 月，由季华实验室与中国科学院长春光学精密机械与物理研究所主办的 *Light: Science & Applications* 姊妹刊 *Light: Advanced Manufacturing*（《光：先进制造》）创刊。

4 月，中国知网与施普林格·自然集团（Springer Nature）签署合作协议，《自然》（*Nature*）全线 137 种期刊加入中国知网 CNKI 平台。

5月

5 月 5 日，著名国际学术期刊《胸》（*Chest*）在线发表了上海交通大学医学院附属仁济医院风湿科主治医师李佳的现代诗《和你一样》。这是该期刊创刊 85 年来首次发表中国医生创作的抗疫文学作品。

5 月 8 日，科技部、国家卫生健康委、中国科协、中华医学会联合搭建的新冠肺炎科研成果学术交流平台共有 124 种期刊上线，论文和报告 952 篇，总阅读数超过 297 万次。

5 月 16 日，中国激光杂志社通过编委亲自撰稿，组织专题、线上公开课、线上圆桌会议等活动纪念“激光器发明 60 周年”，其首创的光学产品在线购物节订单破千万元。

5 月 19 日，中国科协学会学术部发布《关于公布 2020 年度分领域发布高质量科技期刊分级目录试点入选项目的通知》，确定 2020 年度分领域发布高质量科技期刊分级目录试点入选项目 15 项，每项支持经费 25 万元。

5 月 19 日，中国科学技术协会发出《关于呼吁中国科技期刊加入世卫组织 COVID-19 数据库助力全球抗疫合作的倡议书》，呼吁更加全面、更加广泛地向全球抗疫分享中国研究进展和防控治疗经验，为早日赢得全球疫情阻击战的胜利作出积极贡献。

5 月 28 日，国家新闻出版署印发《国家新闻出版署关于印发<报纸期刊质量管理规定>的通知》。《通知》对报刊质量提出明确要求，并对编校质量和出版形式、差错数计算方法做了明确说明。

6月

6 月 1 日，国家新闻出版署公布医学融合出版知识技术重点实验室、学术期刊动态语义出版与知识服务重点实验室等 13 家 2019 年度新闻出版业优秀科技与标准重点实验室。

6 月 1 日，中国期刊协会主办的第八期刊协讲堂线上举行。邀请中华医学会以“加快数字化转型，为抗疫提供有力学术支撑”为主题进行分享。

6 月 5 日，《飞碟探索》杂志“云复刊”启动仪式在兰州举行，这标志着休刊一年的《飞碟探索》杂志应读者呼唤，以全新形象归来。

6 月，由世界图书出版有限公司创办的学术期刊《机器人外科学杂志（中英文版）》出版发行，填补了我国机器人辅助外科手术领域学术期刊的空白。

6 月，国际科学编辑委员会（CSE）组织编撰的《科技文体与规范：作者、编辑及出版者手册》（第 8 版），由中国科学技术期刊编辑学会组织翻译，科学出版社出版。《科技文体与规范》第 8 版是该系列版本首次被引入我国。

7 月

7 月 1 日，创刊于上海、发展于北京的《中华儿科杂志》迎来创刊 70 周年纪念日，2020 年第 57 卷第 7 期刊出“创刊 70 周年特载”栏目。

7 月 1～30 日，在中国健康教育中心、中国期刊协会指导下，由中国期刊协会医药卫生期刊分会、中国高校科技期刊研究会医学期刊专委会和中国卫生科教音像出版社联合主办，北京圆心科技有限公司（妙手医生）支持下，于 2020 年 4 月正式启动的最美“逆行者”医疗卫生行业摄影图片和科普作品征集活动进入展示阶段。活动共收到摄影作品 435 幅（组图）、科普作品 95 种。

7 月 23 日，中国科技期刊卓越行动计划办公室公布《中国科技期刊卓越行动计划高起点新刊入选项目》的通知，入选项目共计 30 项。本次共计有 126 种新刊申报，通过率为 23.8%。

7 月 25～27 日，由重庆市高校期刊研究会、重庆市期刊协会、重庆市科技期刊编辑学会主办的首届“渝出版”学术研讨会暨青年编辑学术沙龙在重庆举办。

7 月 29 日，科技部、自然科学基金委发布《关于进一步压实国家科技计划（专项、基金等）任务承担单位科研作风学风和科研诚信主体责任的通知》，提出 10 项要求，包括要严格执行信息报送制度，不将论文发表数量、影响因子等与奖励奖金挂钩等。

7 月，中国科协学会服务中心发布《重要学术会议指南（2020）》。该书共动员 619 位各领域专家，119 家全国学会（全国联合体），推荐八大学科领域，282 家单位主办的 480 个周期性会议和 58 个单次会议，共计 538 个重要学术会议。

8 月

8 月 3 日，中国期刊协会举办第十期刊协讲堂，邀请中国科学院长春光学精密机械与物理研究所 Light 学术出版中心主任、Light（《光：科学与应用》）常务主编白雨虹，就如何创办世界一流科技期刊做了线上分享。

8 月 3～5 日，由浙江大学出版社和科睿唯安联合主办的第二届“学术交流的未来”研讨会在线上举办。大会以探讨“中国学术期刊未来发展的走向”为核心，近 400 位业内人士参会。

8 月 10 日，第二十二届中国科协年会重点活动“中国科技峰会——第三届世界科技期刊论坛”在北京举行。本届论坛以“连接•互鉴•共治——大数据时代科技期刊的新使命”为主题，围绕开放科学和出版传播前沿热点问题，探讨科技期刊创新发展之路。

8 月 20 日，由水利部主管，中国水利报社主办的《中国水利》创刊 70 周年。1950 年 8 月《中国水利》创刊，当时刊名为《人民水利》。

8 月 29 日，由中国科协学会学术部主办，上海交通大学承办的以“从卓越迈向世界一流科技期刊的推进与实践”为主题的第二十一期中国科协科技期刊主编（社长）沙龙在上海举办，50 余人现场参会，百余位科技期刊工作者线上参会。

9月

9月1日，《中国科学》杂志社推出“我与《中国科学》《科学通报》”系列访谈栏目，纪念《中国科学》和《科学通报》创刊70周年。

9月4日，中国科普作家协会公布《中国优秀科普期刊目录（2020年）》评选结果，共评选出50种科普期刊进入中国优秀科普期刊目录（2020年）。

9月11日，中共中央总书记、国家主席、中央军委主席习近平在北京主持召开科学家座谈会并发表重要讲话。习近平谈到，基础研究是科技创新的源头，要创造有利于基础研究的良好科研生态，建立健全科学评价体系、激励机制，鼓励广大科研人员解放思想、大胆创新，让科学家潜心搞研究。要办好一流学术期刊和各类学术平台，加强国内国际学术交流。

9月15～17日，由中国科学技术信息研究所、中国高校科技期刊研究会和科睿唯安共同主办的“第10届中国英文科技期刊研讨会”在北京召开，并向我国英文科技期刊发展历程中做出重要贡献的老工作者代表颁发了“中国英文科技期刊发展资深贡献者”奖杯。

9月15日，《科学文化（英文版）》（*Cultures of Science*）创刊号发布会在北京举行。《科学文化（英文版）》是中国科学文化领域的第一本英文刊，是中国科协主管，中国科协创新战略研究院主办的学术期刊。

9月16日，中国科协学会服务“智汇”平台上线，该平台是为学会量身定制的集“专属课程、专题培训、专家问答、实用手册”四位一体的综合服务平台。

9月18日，西部科技期刊联盟在重庆召开的“第七届西部科技期刊发展论坛”上成立。重庆市版权保护中心与重庆市科技期刊编辑学会签订版权战略协议，共同服务科技创新发展、助力科研诚信建设。

9月18日，国家新闻出版署发布《国家新闻出版署关于公布注销登记期刊名单的公告》，按照《出版管理条例》《期刊出版管理规定》等有关规定，各级新闻出版行政部门已对72种期刊注销登记。

9 月 22～24 日，首届中国期刊高质量发展峰会暨第九届上海期刊论坛在上海举行。峰会由中国期刊协会、上海市出版协会、上海市期刊协会和上海大学共同主办。

9 月 24 日，由中国科协学会服务中心主办，中国科学技术期刊编辑学会承办，中华医学会杂志社协办，中国科学技术期刊编辑学会青年工作委员会具体组织实施的“第四届科技期刊青年编辑大赛”在长春迎来决赛，决赛由长春光机所 Light 学术出版中心协助举办。17 位选手巅峰对决，最终 4 位选手脱颖而出荣获一等奖，13 位选手荣获二等奖。

9 月 24 日，国家新闻出版署、人力资源和社会保障部印发《出版专业技术人员继续教育规定》。本规定自 2021 年 1 月 1 日起施行，由国家新闻出版署、人力资源和社会保障部负责解释。原新闻出版总署印发的《出版专业技术人员继续教育暂行规定》（新出政发〔2010〕10 号）同时废止。

9 月 24 日，为期 9 天的 2020 年科技期刊人才境外线上培训班结课。该培训班由中国期刊协会与施普林格 • 自然出版集团共同承办。

9 月 24～25 日，中国知网“科技期刊数字化运营国际平台”在第十六届中国科技期刊发展论坛云展览亮相。该平台为中国知网 2019 年 11 月中标的卓越计划之科技期刊数字化运营国际平台服务项目。

9 月 24～26 日，以“合作共赢，赋能未来——共筑科技期刊发展生态圈”为主题的第十六届中国科技期刊发展论坛在长春开幕。论坛以建设世界一流科技期刊为目标，学术界、期刊界、期刊管理者、企业界等通过线上线下相结合的方式，共话科技期刊创新合作发展之路。论坛上发布了《中国科技期刊发展蓝皮书（2020）》、高质量科技期刊分级目录试点成果、第五届中国科协优秀科技论文遴选计划入选论文，举办了第十六届中国科技期刊发展论坛云展览。

9 月 26～30 日，由国家新闻出版署、科技部、北京市人民政府、中国作家协会、中国出版协会主办，中国图书进出口（集团）有限公司承办的第 27 届北京国际图书博览会“云书展”在北京举办。作为图博会精品出版物展中的一部分，由中国期刊协会主办的“2020 中国精品期刊展”同期举办。

9 月，中共中央办公厅、国务院办公厅印发《关于加快推进媒体深度融合发展的意见》，从重要意义、目标任务、工作原则三个方面明确了媒体深度融合发展的总体要求。

10 月

10 月 15 日，山西省科学技术协会发布《关于开展山西省科技期刊能力提升项目申报工作的通知》，对山西省科技期刊进行专项扶持。

10 月 16 日，由中国图书进出口（集团）有限公司和爱思唯尔公司共同主办，学术期刊“走出去”专家委员会暨 Scopus 中国学术委员会办公室承办的第二届“中国期刊影响力提升研讨会”在北京举行。

10 月 16 日，由中国高校科技期刊研究会医学期刊专业委员会主办，扬州大学医学院承办的第一届中国高校医学期刊创新融合发展论坛在江苏扬州召开。论坛的主要成果是“中国高校医学期刊品牌联盟”的成立和“中国高校医学期刊品牌 Logo”的发布。

10 月 18 日，由中国科协学会服务中心主办，科学出版社承办，《中国激光》杂志社和有科期刊出版（北京）有限公司协办的“中国科技期刊刊群建设路径和集团化发展探索”研讨会在北京召开。

10 月 20 日，《金属加工》创刊 70 周年纪念大会在北京举行。《金属加工》原名《机械工人》。

10 月 20 日，中国科协分别在北京和成都组织召开中国科技期刊卓越行动计划北京片区和成都片区领军期刊调研督导会。与会专家对各刊逐一进行了点评，并提出了针对性指导建议。

10 月 22 日，由中国科协学会服务中心主办，上海交通大学承办的以“世界一流科技期刊质量与服务建设”为主题的中国科技期刊高质量发展小型学术研讨会在上海召开。

10月22～24日，由浙江省科学技术协会主办，浙江省科技期刊编辑学会、上海市科技期刊学会、江苏省科技期刊学会、安徽省科技期刊编辑学会联合承办的以“开放合作共创一流”为主题的第十七届长三角科技期刊发展论坛在浙江杭州召开。

10月24日，融创文化集团与四川科幻世界杂志社有限公司正式签约，共同宣布成立合资公司——融创科幻影业（成都）有限公司。

10月26日，由中国科协学会服务中心主办，中国科技期刊编辑学会承办，中国生物物理学会协办的出版伦理规范建设与科研诚信协同共治研讨会在北京举行。

10月28日，由中国出版协会、中国期刊协会、中国大学出版社协会、全国科学技术名词审定委员会联合指导，北京师范大学出版科学研究院主办，“期刊强国”微信公众号等联合协办的“木铎杯”第二届全国出版编校网络大赛于10月19日启动，10月28日结束。最终36位选手分别获得一等奖、二等奖、三等奖和优秀奖，25家机构获得组织奖。

10月，中宣部印发《关于促进全民阅读工作的意见》。

11月

11月3日，国家新闻出版署发布《2019年全国新闻出版业基本情况》和《2019年新闻出版产业分析报告（摘要）》。

11月8日，由中国科协、中国科学院、中国工程院主办的第二届世界科技与发展论坛在北京开幕。闭幕式上，中国科学技术信息研究所科学计量与评价研究中心与中国知网科学文献计量评价研究中心等单位联合发布了《科技期刊世界影响力指数研究报告》。

11月8日，山西科技传媒集团在举办“深化媒体融合服务创新驱动”为主题的活动庆祝第21个中国记者节之际，举行了《科学之友》杂志创刊40周年纪念仪式。

11月11日，《全国人民代表大会常务委员会关于修改〈中华人民共和国著作权法〉的决定》由中华人民共和国第十三届全国人民代表大会常务委员会第二十三次会议通过并公布，自2021年6月1日起施行。

11月19日，由中国科学院自然科学期刊编辑研究会主办，《中国科技期刊研究》编辑部承办，由中国知网协办和提供技术支持的《中国科技期刊研究》创刊30周年暨中文科技期刊能力建设学术研讨会在北京举办。

11月25日，中国科学技术信息研究所建设的“国家科技期刊开放平台”完成升级改版，并在“科技期刊开放云论坛暨期刊开放研讨会”上发布。

11月27日，中国科学院召开全院科技期刊工作视频会议，分析了中国科学院科技期刊办刊现状和存在问题，研究讨论了培育一流期刊和加强规范管理的思路与举措。

11月27日，高鸿钧、朱作言、吴一戎、周忠和、王贻芳等5位中国科学院院士，联合科学界、科技出版界专家发出《不忘职业初心 耕耘科技期刊事业倡议书》，倡议广大科技期刊工作者牢记使命，恪守“科学守门人”职业初心；精益求精，践行编辑出版专业精神；守正创新，深耕科技期刊崇高事业。

11 月，湖南省委宣传部、省科技厅联合印发《湖南省培育世界一流湘版科技期刊建设工程实施方案（试行）》，标志着湖南在全国率先启动科技期刊建设工程。

12月

12月1日，国家新闻出版署印发《关于公布数字出版精品遴选推荐计划2020年度入选项目的通知》，《中华医学杂志》社有限责任公司的“新型冠状病毒肺炎防控和诊治科研成果学术交流平台”等46个项目入选。

12 月 2 日，广西壮族自治区科协、自治区党委宣传部、自治区教育厅、自治区科技厅发布“关于贯彻落实《关于深化改革培育世界一流科技期刊的意见》的实施意见”。

12 月 3 日，由北京大学健康医疗大数据国家研究院组织召开的学术期刊建设发展研讨会在北京举办。

12 月 4 日，由中国环境科学学会主办，《中国环境科学》、*Environmental Science & Ecotechnology*、《环境工程》和《环境生态学》共同承办的第一届生态环境科技期刊发展论坛在北京召开。

12 月 4 日，在创刊 30 周年之际，《细胞研究》举办创建一流学术期刊座谈会。

12 月 6～7 日，由中国高校科技期刊研究会、重庆市高校期刊研究会、上海市高校科技期刊专委会、湖南省高等学校学报研究会联合举办的中国高校科技期刊研究会第 24 次年会暨渝沪湘高校科技期刊论坛在重庆举行。

12 月 6～7 日，由中国农业期刊网编辑委员会主办，中国期刊协会农业期刊分会、中国农学会农业科技期刊分会、中国高校科技期刊研究会农业期刊专委会协办的 2020 中国农业期刊学术年会暨“中国农业期刊网”启动仪式在重庆召开。

12 月 11 日，中华医学会杂志社与 Wiley 战略合作签约仪式暨期刊高质量发展研讨会在北京举行。

12 月 17 日，中国科学院文献情报中心发布《2020 年中国科学院文献情报中心期刊分区表》和《2020 年中国科学院文献情报中心期刊分区表升级版（试行）》。

12 月 17 日，陕西省科协、省委宣传部、教育厅、科技厅联合印发《关于推进陕西省科技期刊深化改革高质量发展的意见》，出台《三秦卓越科技期刊发展计划实施方案》。

12 月 17～18 日，由中国期刊协会、中国科学技术期刊编辑学会、中国高校科技期刊研究会、全国高等学校文科学报研究会、《中国学术期刊（光盘版）》电子杂志社有限公司联合主办，中国知网承办的“2020 中国学术期刊未来论坛”以线上形式召开。

12 月 18 日，中国科普作家协会 2020 年会“科普期刊的守正与创新”分论坛在北京召开。

12 月 20 日，以“患者诊疗方案形成中的科学、文化、伦理与医患双方主体意识”为主题、庆祝《医学与哲学》杂志创刊 40 周年大会暨学术研讨会，第五届编委会第一次会议在北京召开。

12 月 26 日，《中华医学杂志》创刊 105 周年纪念会、开放阅读发布会暨卫生与健康学术研讨会在北京召开，同时宣布中华医学会杂志社开创中文医学期刊论文“免费共享”新模式。自 2021 年 1 月 1 日起，《中华医学杂志》全面启动“开放阅读”，读者可在杂志官网免费阅读和下载自 1915 年创刊以来的所有文献。

12 月 29 日，中国科学技术信息研究所发布《2020 年中国科技核心期刊目录（自然科学卷）》《2020 年中国科技核心期刊目录（社会科学卷）》《第 5 届中国精品科技期刊目录》等研究成果。

12 月 30 日，中国科技期刊卓越行动计划办公室公布 2020 年中国科技期刊卓越行动计划选育高水平办刊人才子项目——青年人才支持项目入选项目，共计 50 个，其中，研究课题类 30 个，实践活动类 20 个。

12 月 31 日，中国科学院文献情报中心发布《国际期刊预警名单（试行）》，囊括 12 个大类学科的 65 种期刊，其中工程技术和医学预警期刊数量最多。

附录二　2020年全球OA大事记[①]

编撰说明

本附录列出了2020年全球开放科学和开放获取（OA）发展历程中的重要事件，客观呈现全球开放科学和OA发展轨迹及发展脉络，供业界、学界同仁参考。

编纂原则：

（1）"大事记"包括2020年全球重要OA交易及在政策、资助、图书馆、出版机构及研究人员团体中与开放科学和OA相关的重要事件。

（2）"大事记"采用公元纪年顺序编排，所列条目有明确日期者标明月、日，日期不清者附于月末。

（3）"大事记"内容主要来源于：全球科研资助机构的官方网站（NSF、FWF等）、全球科研教育机构（研究所、大学）官方网站（NIH、MPG等）、联合国教科文组织的官方网站、世界科技先进国家（美国、英国、德国、法国、意大利、日本、俄罗斯、南非、加拿大、澳大利亚）议会网站以及科技管理部门、世界主要国际出版集团官方网站（Elsevier、Springer Nature、Wiley、Taylor & Francis、SAGE等）、全球科技界、图书馆界、出版界官方网站（如STM Society等）。

---

① 附录二执笔：顾立平，李海博。

1月

1月8日，英国威康信托基金会发布了实施旧金山研究评估宣言（DORA）研究机构原则的指南草案，该指南包括开放获取政策要求等。

1月9日，芬兰研究界联合制定了一项开放科学研究宣言（Declaration for Open Science and Research 2020～2025），确立了2020～2025年开放科学研究的共同方向。该宣言以芬兰语、瑞典语和英语三种语言编写。

1月9日，施普林格·自然与德国Projekt DEAL签署世界上最大的过渡性开放获取协议。该协议为德国研究领域的学者和学生提供OA出版服务和对施普林格·自然期刊的完全阅读权限。

1月10日，荷兰大学协会（VSNU）决定支持实现荷兰著作权法修订案第25条（“Taverne修正案”），以进一步推动学术成果的开放获取。

1月10日，F1000Research加入Taylor & Francis。F1000Research将成为泰勒-弗朗西斯开放研究服务和Plan S兼容平台的关键组成部分，补充其开放获取期刊组合。

1月13日，Nature网络版报道：多个预印本服务器使用开放科学中心（COS）提供的服务，但是无法支付使用费，正在考虑关闭或迁移到其他服务平台。此外，IndiaRxiv（印度）和ArabiXiv（阿拉伯）等区域和语言知识库也面临资金问题，而INA-Rxiv（印度尼西亚）正在考虑自主运营。

1月14日，由英国威康信托基金会和英国研究与创新（UKRI）资助的Information Power进行的OA价格透明度调查最终报告发布。该报告还提出了一个建议信息框架，促使出版商发布有关OA价格透明度的信息。

1月16日，剑桥大学出版社与西班牙国家研究委员会（CSIC）达成一项过渡性开放获取协议。这项为期三年的“阅读与出版”协议是大学出版社和西班牙研究机构之间的第一项此类协议，也是剑桥大学出版社在南欧签署的第一项此类协议。

1 月 21 日，EBSCO 宣布与 Code Ocean 建立合作伙伴关系，Code Ocean 是一个供研究人员和工程师发现和执行在学术和会议论文集中发布代码的平台。

1 月 23 日，法国学术机构联盟 Couperin 发布 2019 年 2～4 月对法国科研人员进行的出版和 OA 实践调查结果。大多数研究人员与学术出版商表示不满，因为他们觉得成本过高的独家版权转让以及付费墙是当前学术出版系统的主要限制。

1 月 23 日，美国加州大学宣布与 OA 出版商 JMIR Publications 签署为期两年的试用合同，以推广 OA 出版物。这是加州大学与 OA 出版商签订的第一份合同。

1 月 27 日，加州大学伯克利分校将 21 位美国诺贝尔奖获得者的联名信提交给美国总统特朗普，呼吁授权政府资助的科研成果立即实施开放获取。

1 月 27 日，OpenAIRE 宣布 Springer Nature 将提供对文本数据的访问权限。OpenAIRE 将这些文本数据应用于文本数据挖掘，以提取期刊论文、科研数据和其他科研产品之间的关联关系，所提取的有用信息将用于 Springer Nature 和 OpenAIRE 平台的搜索和统计功能。

1 月 28 日，挪威签署新的国家协议大力推动 OA 出版。挪威高等教育、研究信息和通信技术联合服务局与开放获取出版商 Frontiers 签署一项具有里程碑意义的 OA 国家协议。该协议的条款将帮助挪威研究人员简化在 Frontiers 期刊上的文章出版过程。

1 月 29 日，Knowledge Unlatched（KU）宣布开放研究图书馆（ORL）正式运营。ORL 使 OA 专著、论文、视频和海报等学术内容可从单一平台获得。

1 月，德古意特旗下 Sciendo 出版期刊 600 种，超过牛津大学出版社和剑桥大学出版社期刊数量的总和。Sciendo 是德古意特于 2018 年重新推出的开放获取子公司，Sciendo 迅速发展成为学术市场的全球专业出版服务商之一。

2 月

2 月 6 日，致力于改善研究数据共享和利用的国际联盟“DataCite”在研究数据知识库注册机制“re3data.org”上进行了为期 36 个月的“re3data-Community”项目，旨在提供科研数据知识库的 re3data COREF 框架，促进数据的可编辑、可扩展、核心描述，以及元数据模式、服务模型接口等。

2 月 12 日，Wiley 与芬兰大学、研究机构、公共图书馆等机构组成的联盟“FinELib”共同签署 OA 出版“转型协议”三年期合同。该协议将继续允许 22 家芬兰机构访问 Wiley 的订阅型期刊。此外，属于这些机构的作者可以在完全 OA 以及混合 OA 期刊上免费发表他们的科研成果。

2 月 18 日，爱思唯尔启动 OA 发布模式试点，与爱尔兰高等教育机构实施“转型协议”。在三年的合同期内，来自 19 个联盟机构的研究人员将可以访问 Elsevier 平台 ScienceDirect 上电子期刊包“Freedom Collection”中包含的所有文献。此外，属于这些机构的研究人员的大部分（70%或更多）的研究产品可以在不支付论文处理费（APC）的情况下发表。

2 月 19 日，美国加州大学宣布与 OA 出版商 PLoS 签署为期两年的 OA 出版试用合同。加州大学图书馆为所有在 PLoS 期刊上发表论文的加州大学作者提供论文处理费用（APC）的补贴。没有可用研究资金的作者可以向图书馆申请进一步的财政援助，以弥补 APC 的不足。

2 月 21 日，中国科学院（CAS）推荐使用 Dimensions 作为发现“新型冠状病毒感染”最新研究成果的一站式平台，能将新冠肺炎疫情科研信息发布在微信上。该平台创建了一个与 COVID-19 病毒防范建议的深层链接——https://covid-19.dimensions.ai.。

2 月 23 日，Knowledge Unlatched（KU）发布“Open Access Heroes 2021”，调查使用 KU 的 OA 学术成果最多的国家、机构、出版商和领域。

3 月

3 月 10 日，英国 Jisc 宣布将支持非营利出版商 Annual Reviews 开发的

“Subscribe to Open”计划。根据年度审查，如果获得一定数量的订阅收入，则目标期刊将在 CC BY 许可协议下，成为 OA 期刊。

3 月 10 日，作为法国高等教育、研究与创新部（MESRI）开放科学国家计划的一部分成立的开放科学委员会（Le Comité Pour La Science Ouverte）通过 SCOSS 筹集资金，为正在进行的三类开放科学基础设施服务提供总计 45 万欧元的资金。

3 月 19 日，美国化学学会（ACS）宣布与麻省理工学院（MIT）图书馆签署 OA 出版协议。根据麻省理工学院与学术出版商建立的“出版商合同框架”和 ACS 出版政策，作者的最终审定稿将会自动注册在麻省理工学院的 OA 知识库中。所记录的最终论文出版稿也将以 OA 方式，发布在 ACS 平台上，作者个人无需支付额外费用。

3 月 25 日，韩国科学技术信息研究所（KISTI）发布 KOAR 平台，作为面向研究人员的 OA 平台，用来支持科研人员自由使用、发表和监控 OA 研究成果。

3 月 25 日，美国加州大学公布本机构的研究论文和学位论文 OA 政策。

3 月 30 日，预印本服务器 arXiv 发布“COVID-19 快速搜索”功能。

4 月

4 月 2 日，剑桥大学出版社（CUP）正式推出“Cambridge Open Engage”开放研究平台，允许研究人员直接发布他们的研究成果。

4 月 3 日，国际图书馆协会和机构联合会（IFLA）就知识产权问题向世界知识产权组织（WIPO）发表了一封公开信，内容涉及与合作伙伴组织合作编写的知识产权问题，以应对新型冠状病毒散布的局势。

4 月 6 日，Springer Nature 发表了《野蛮生长的论文处理费：增加资金的监控和整合能否加速向开放获取的过渡？》，作为论文处理费（APC）的财务报告的白皮书。

4 月 7 日，拉美开放获取（OA）电子期刊平台 SciELO 宣布开始运营预印本服务器“SciELO Preprints”鼓励共享研究成果，尤其是冠状病毒疾病的可靠信息。

4 月 15 日，开放获取知识库联盟（COAR）发表论文，呼吁科学社区促进学术交流的多样性。

4 月 20 日，瑞典皇家图书馆（NLS）宣布开发一个开放获取（OA）期刊平台，作为一项国家服务，以促进对瑞典出版的学术期刊的获取。

4 月 23 日，科睿唯安在期刊评价分析数据库“Journal Citation Reports”（JCR）的期刊简介中增加了开放获取（OA）模型在学术出版中的透明度。这个新功能为机构、出版商、图书馆员、研究人员等提供开放获取论文在整本学术期刊内容中的百分比以及对引文的贡献的信息。

4 月 30 日，加拿大研究图书馆协会（CARL）宣布已发布关于“推进开放”研讨会的报告，包括：从机构到国际层面的开放奖学金政策、与开放奖学金相关的日常工作实践的工作流程和操作、支持开放奖学金的技术（如软件和基础设施）、多样性、工作量和社区参与者的五个主题。

5 月

5 月 13 日，非营利组织 OpenCitations 宣布 COCI 提供的公开引文数据量已超过 7 亿。它由 OpenCitations 提供 RDF 格式数据集，然后发布具有 CrossRef DOI 的引文源和具有某些 DOI 的引文之间的引文关系的开放数据。

5 月 18 日，cOAlition S 宣布将解决 Plan S 的价格透明度关键原则，出版商在设置开放获取（OA）出版成本时必须遵守该原则。

5 月 19 日，荷兰大学协会（VSNU）、荷兰大学医院协会（NFU）、荷兰研究委员会（NOW）和爱思唯尔宣布签署全国合作协议，共同开发出版服务、订阅服务和开放科学服务。该合作将持续至 2024 年 12 月 31 日。

6月

6月2日，cOAlition S发布了对联合国教科文组织开放科学调查“全球开放科学咨询”的回应，强调学术出版物的开放获取是实现开放科学的主要因素，而学术论文无法获取是实现开放科学的主要障碍。

6月2日，欧盟委员会（EC）研究与创新总局在 Twitter 账户上发布了一份由专家组开放科学政策平台（OSPP）编写的最终报告，概述了从 2016 年到 2020 年的四年任务期限以及“OSPP-建议”发布两年后的状况，其中 25 个主要利益相关者提出了到2030年创建一个超越开放科学的共享研究知识体系的想法。

6月2日，荷兰研究委员会（NWO）宣布实施“开放获取图书”项目，该项目旨在支持本组织研究基金出版的图书的开放获取（OA）。

6月4日，美国化学学会（ACS）宣布，ACS出版部与巴西坎皮纳斯大学签署了ACS在拉丁美洲首个开放获取（OA）出版的合同。

6月5日，由墨西哥国立自治大学和拉丁美洲非营利性私人组织运营的学术出版平台 Redalyc，所发起的学术出版和开放科学信息基础设施AmeliCA，与DOAJ合作加强非商业开放获取期刊的质量。

6月9日，爱思唯尔发布2019版学术期刊评价指数“CiteScore”，涵盖该公司的摘要和引文数据库Scopus中330个领域的25000多种同行评审期刊、会议集和专著等。

6月9日，cOAlition S 宣布了受托人对 2020 年 3 月宣布的“钻石开放获取（diamond OA）”模型的分析和概述的决定。钻石开放获取模式宣称：作为一种非营利性、非APC商业模式，用于通过开放获取（OA）出版学术论文，而不会给订阅者和作者带来经济负担。

6月17日，英国工程技术学院（IET）和Wiley宣布将携手合作，使IET期刊开放获取（OA）。读者可以通过Wiley在线图书馆访问2013年之后发表的论文。

6月24日，美国国家信息标准组织（NISO）发布《开放发现倡议（ODI）指南（修订版）》以及最佳实践案例，以提高发现服务的透明度。

6 月 25 日，OpenAIRE 宣布与 F1000Research 就建设开放获取（OA）出版平台“Open Research Europe”（ORE）签署合作备忘录（MoU），将在该平台上，发布欧洲 Horizon 2020 资助的科研成果并且实施开放获取。

6 月 30 日，Knowledge Unlatched（KU）连同“OpenAPC”提倡，从论文处理费（APC）数据集扩大到“图书处理费（BPC）”的数据采集与公开。

7 月

7 月 1 日，爱思唯尔宣布与美国佛罗里达大学乔治・A・斯莫瑟斯图书馆签署试点协议，以支持开放获取（OA）出版和研究。根据该协议，该大学的论文作者可在大部分已出版的开放获取以及混合开放获取期刊中，得到发表开放获取论文的费用折扣。

7 月 1 日，荷兰研究委员会（NWO）发布 Plan S 实施指南。

7 月 10 日，cOAlition S 发布一个用于监控研究实践和 Plan S 对学术信息传播影响的框架。

7 月 12 日，非营利组织开放科学中心（COS）的研究项目管理系统“开放科学框架”（OSF）发布了“同行评审标准分类法”1.0 版。它由国际 STM 出版商协会的“同行评审分类法”工作组创建，它标准化了同行评审中的术语和定义。

7 月 16 日，GitHub 发表《GitHub Archive Program：世界开源代码到北极之旅》的博文。作为 GitHub 档案计划的一部分，在 GitHub 上发布的代码被归档在北极圈内的一个保管库（GitHub Arctic Code Vault）中。

7 月 16 日，美国化学学会（ACS）宣布由 ACS 出版部门设立“开放科学资源中心”，以帮助 ACS 出版部门加深对开放科学和开放获取（OA）的参与，并鼓励科研人员积极参与这些事务。

7 月 20 日，欧洲研究理事会（ERC）科学理事会决定退出 cOAlition S 并采取独立措施实现开放获取（OA）。该公告强调应当制定开放获取计划，并且重点关注青年科研人员和其他科研人员的需求，并确保学术交流在欧洲国家之间的公平。

7 月 21 日，cOAlition S 发布了对欧洲研究理事会（ERC）科学委员会关于开放获取和 Plan S 的声明的回应。声明指出，对混合期刊的支持阻碍了过去二十年开放获取的快速发展，没有转换协议的混合期刊无法防止出版商双重收费。

7 月 27～31 日，日本开放科学峰会网络周（JOSS Cyber Week）因为新冠肺炎疫情原因，采取线上会议，探讨线上科学合作的社区、信息和空间小组。

8 月

8 月 3 日，开放获取知识库联盟（COAR）发布一个模型，并且征求公开建议，该模型显示了针对知识库中资源的同行评审服务的标准方法。

8 月 21 日，德国网络信息倡议“开放获取知识库 DINI 证书”和文件将发布在洪堡大学运营的开放获取（OA）发布平台“edoc-Server”上，公布了开放获取出版的最低标准，包括：服务可见性、操作指南（政策）、对作者和出版商的支持、法律方面、信息安全、用于索引和提供元数据的接口以及发布的标准规范等。

8 月 25 日，Springer Nature 宣布了与该公司签署的国家级转换协议对开放获取（OA）出版的影响。截至 2019 年，在与公司签订有效转换合同的 8 个国家中，从该公司发布的论文有 70%至 90%是金色开放获取，协助各国过渡到开放获取。

8 月 27 日，英国北爱尔兰贝尔法斯特女王大学图书馆的开放获取（OA）团队公布在 2019 年 4 月至 2020 年 3 月期间所花费的论文处理费（APC）的支出情况。

8 月 27 日，SPARC Europe 宣布计划启动一项为期两年半的新计划，旨在促进欧洲高等教育机构图书馆的开放教育（OE），该计划对欧洲开放教育图书馆网络（ENOEL）中设立专门的“社区管理者”，以便分享成员们关于开放教育和开放教育资源（OER）的政策和实践的知识。

8月31日，开源软件（OSS）期刊*Journal of Open Source Software*发表了自2016年5月创刊以来的第1000篇论文。

9月

9月1日，荷兰研究委员会（NWO）在OLH图书馆合作伙伴资助系统中推出了人文领域的开放获取（OA）杂志平台Open Library of Humanities（OLH），并宣布为其提供三年的资金。

9月2日，美国密歇根大学出版社通过开放获取（OA）发布了《密歇根亚洲研究开放获取图书合集》，该图书收录了100本与亚洲研究相关的重要书籍。

9月7日，国际STM出版商协会发布关于向全面和公正的开放获取（OA）过渡的白皮书，名为“探讨了如何使南半球地区更公平地过渡到开放获取”的报告，强调向发展中国家提供免费和较低价格学术信息的公私合作伙伴关系。

9月9日，以色列科学基金会（ISF）使用F1000Research的开放获取（OA）发布平台来帮助该基金会发布OA研究资助成果，启动“ISF gate”促使获得ISF资助的科研人员能够以快速透明的方式（例如OA出版物）发布他们想要共享的科研结果和数据。

9月10日，Springer Nature发布白皮书《通过开放获取使读者多样化：OA图书的使用情况分析》，分析了开放获取（OA）图书的使用情况。主要调查结果：①OA图书在地域使用方面更加多样化。②非洲的许多国家在低收入国家和中低收入国家的OA书籍的访问量增加。③OA图书的平均下载量是非OA图书的10倍等。

9月11日，爱尔兰高等教育联盟IReL与美国物理出版学会（AIP Publishing）签署了为期三年的“阅读和出版”合同，期限为2020～2022年。此外，AIP Publishing出版的27种订阅期刊将提供从第一期到最新一期的所有内容访问权限。

9 月 15 日，日本科学技术振兴机构（JST）宣布，将为 J-STAGE 平台用户发布编辑登记系统的新功能，以促进 JST 构建的电子期刊出版。

9 月 24 日，I4OA（Initiative for Open Abstracts）宣布于同日在开放获取学术出版协会（OASPA）举办的在线会议上正式启动。虽然在多个书目数据库中已经能够访问论文摘要，但也存在一些限制，例如需要订阅、机器可读和学科局限。为了加速研究发现，I4OA 要求所有学术出版商开放他们的摘要数据，特别是通过将其提供给 CrossRef。

9 月 25 日，北美研究图书馆协会（ARL）发布“实施有效的数据实践：利益相关者对协作研究支持的建议”，总结了对研究数据工作的建议。该报告建议为研究人员、学术和研究图书馆、研究办公室、IT 人员、学术出版商、工具开发商、学术团体和资助机构等利益相关者提供激励措施。

9 月 28 日，美国加州大学戴维斯分校医学中心“加州大学戴维斯分校健康”的教职工发布了在线资源“资源受限环境中的超声：基于案例的开放获取文本”。该资源旨在为在医疗资源有限的环境中进行超声诊断的放射科医生和临床医生提供开放获取（OA）临床信息。

9 月 28 日，预印本 arXiv 发布“arXivLabs”社区创新框架，允许 arXiv 合作开发者直接在他们的网站上开发和分享新的 arXiv 功能。

9 月 29 日，Wiley 发布 DeepGreen 项目，该项目由德国研究基金会（DFG）资助，于 2019 年 1 月和 Project DEAL 签署，根据协议，通过将作者的最终审定稿及其元数据自动分发到德国的机构知识库和领域知识库，以促进开放获取。

9 月 30 日，科睿唯安宣布将通过提供其数据库 WoS 中的数据来支持德国开放获取监测，提供 WoS 含的 DACH 地区（德国、奥地利、瑞士）文献的每周数据，以协助评估 DACH 地区的联邦、州和机构单位在数量和资金方面对出版物的开放获取情况。

9 月 30 日，SPARC Europe 发布报告“开放获取：2020 年欧洲出版商版权和许可政策分析”，该报告调查和分析了出版商的版权和许可政策。报告称许多出版商政策在版权和许可方面与 Plan S 不一致。

9月30日，欧盟 OAPEN 宣布发布“OAPEN 开放获取图书工具包”，它主要面向学术书籍的研究人员和作者，该工具包包含与 OA 书籍出版相关的各种信息，例如可以沿着研究生命周期查看作者在各阶段可考虑的内容。

10月

10月1日，联合国教科文组织宣布已于2020年9月30日向193个成员国提交了关于开放科学建议草案。教科文组织呼吁科学院、大学、青年研究人员、图书馆和出版商按照2019年11月第40届大会通过的路线图，建立开放科学伙伴关系。

10月1日，美国医学研究机构霍华德休斯医学研究所（HHMI）宣布了一项新的 OA 政策，该政策与传统的开放获取（OA）政策相比发生了重大变化。从2022年1月起，HHMI 研究人员必须立即根据知识共享的 CC BY 许可发表论文。

10月2日，加拿大统计局发布文化艺术设施开放数据库，提供了大约8000家文化艺术机构在“开放政府许可证”下的数据。

10月13日，加拿大联邦政府的研究资助机构——加拿大社会与人文理事会（SSHRC）发起了旨在传播加拿大科研成果和促进数字学术出版的“cOAlition Publica”倡议。宣布拨款300万美元建立一个全国性的英语和法语开放获取（OA）平台。

10月14日，英国 Jisc 与美国 PLoS 宣布，双方就开放获取（OA）出版签订了两个为期三年的新合同。根据协议，将允许作者在 PLoS 出版的一些学术期刊上进行 OA 发表，而无需支付论文处理费用（APC）。

10月15日，加拿大研究图书馆协会（CARL）在英国 Jisc 运营的在线信息源 SHERPA RoMEO 上实施了众包项目，旨在加强学术期刊的自存档政策。

10月20日，麻省理工学院MIT出版社出版名为《重新组装学术交流：开放获取的历史、基础设施和全球政治》的多人合著。

10月20日，促进发展中国家图书馆获取数字信息的EIFL 与荷兰学术出版商Brill 签订一份为期三年的新合同，至2023年12月31日。隶属于EIFL的37个国家的研究人员在其314种混合或完全开放获取（OA）期刊上以OA方式发表论文时，将获得论文处理费（APC）的豁免或折扣。

10月20日，施普林格·自然与德国马克斯普朗克数字图书馆（MPDL）宣布签署转换协议。以2020年1月与Project DEAL签订的“Read and Publish”合同为基础，合同期限为四年。根据协议，属于MPDL参与机构的论文作者能够立即在*Nature* 及其公司出版的相关期刊上发表开放获取论文，无需额外费用。此外，*Nature* 及相关期刊均可阅览，大部分订阅费将重新分配以支持OA出版。

10月21日，欧盟委员会（EC）宣布已批准《2020～2023年开源软件战略》该战略定位为实现欧盟委员会数字战略目标的重要一步，欧盟委员会数字战略是欧洲数字化转型的综合战略。

10月23日，Taylor & Francis宣布提供“开放”选项，该选项可在Taylor & Francis出版的32种主要医学期刊中找到。对于海报展示、报告、会议摘要等，通过此选项接受的会议材料可以在Taylor & Francis Online上以可引用的形式使用。

10月29日，美国亚利桑那大学图书馆发布研究数据库“UA Research Data Repository”用于存储和共享由属于大学的研究人员创建的所有类型的数据。每项数据将被赋予DOI。

10月30日，SPARC Europe发布了一份报告“Scoping the Open Science Infrastructure Landscape in Europe”，该报告总结了对欧洲开放科学基础设施现状的问卷调查结果。报告称，基础设施主要由研究人员和图书馆提供服务，其中许多提供API和现有数据管理系统的研究平台。

11月

11月5日，DOAJ（Directory of Open Access Journals）与CLOCKSS、Internet Archive等合作，构建不依赖于论文处理费（APC）收入的小规模开放获取（OA）期刊提供长期存储的服务。

11月17日，美国艾伦人工智能研究所（AI2）在其学术文献搜索服务“语义学者”中宣布“TLDR”测试版，使用人工智能（AI）自动生成并提供论文内容的句子摘要服务。

11月18日，日本大学图书馆联盟(JUSTICE)宣布与爱思唯尔达成订阅协议，以支持其开放获取（OA）目标，签订从2021年1月1日起为期三年的合同，JUSTICE成员大学将能够在订阅选项和金色开放获取选项之间进行选择，并且为500多家日本机构及其研究人员提供支持国家绿色开放获取的目标。

11月19日，韩国国立中央图书馆（NLK）宣布，已通过图书馆“国家书目LOD”网站在Linked Open Data上发布了图书馆员和公共图书馆的推荐书籍。所公布的数据还包括图书馆员的书评。

11月23日，美国斯坦福大学图书馆在发表的一篇博文中宣布，该大学于11月19日批准了开放获取（OA）政策。此外，斯坦福大学在图书馆设立“学术交流办公室”来处理相关OA政策的解释和适用的问题，并且改造大学机构知识库“斯坦福数字知识库”支持教职员工获取论文。

11月24日，Digital Science的发现平台Dimensions宣布，该平台包含的数据集数量已超过800万篇。其中，200万篇与出版物有关。

11月24日，Springer Nature宣布*Nature*和32种与之相关的期刊将提供开放获取（OA）选项。从2021年1月开始，这些期刊将通过支付论文处理费（APC）以金色开放获取的方式出版。APC定价为9500欧元。

11月30日，Springer Nature发布其白皮书《向所有人开放，探索开放获取内容对非学术受众的影响》指出：①支持可持续发展目标并在金色开放获取发表的论文，被更多地使用并引起更多关注。②开放获取为非学术受众带来了巨大利益，并已覆盖学术界以外的大量用户群体。③非科研人员的读者更有可能分享科研成果。

12 月

12 月 1 日，荷兰研究委员会（NWO）宣布启动“开放科学基金”，该计划旨在支持与开放科学相关的项目。第一阶段提供 100 万欧元，所有领域的科研人员都可以申请，每个项目最多可以申请 50000 欧元。资助案例包括旨在开发开放获取（OA）出版的创新方法、基于 FAIR 原则的数据和软件共享以及必要的文化传播的项目。

12 月 1 日，Digital Science 宣布其子公司 figshare 发布年度报告《2020 年开放数据状况》，结论包括：①32%的受访者表示新型冠状病毒感染对他们的研究产生了重大影响。②43%的受访者正在或计划申请新冠病毒感染相关研究。③受新冠病毒影响，超过三分之一的受访者预计会有更多的合作。④回答从未制定科研数据管理计划的比例从 2018 年的 30%减半至 15%。⑤回答从未听说过 FAIR 原则的人的比例从 2018 年的 60%下降到这次的 39%。⑥55%的受访者认为数据共享应当是一项资助要求。

12 月 3 日，英国 Jisc UK 将支持由开放获取学术出版协会（OASPA）、英国研究与创新组织（UKRI）和英国惠康基金会（Wellcome Trust）牵头的“开放获取交换机”（OA Switchboard），以支持科研人员发表论文，完全和立即过渡到开放获取的模式。

12 月 3 日，致力于推进 OA 实践的非营利性计划 CHORUS 使用 GetFTR 加强开放研究审计流程。GetFTR 是 2019 年 12 月宣布的免费解决方案，旨在提供科研人员所需的已发表学术论文的快速访问。在美国化学学会（ACS）、Elsevier、Springer Nature、Taylor & Francis 和 Wiley 等主要学术出版商的资助下开发。

12 月 8 日，韩国科学技术信息研究所（KISTI）宣布开发利用区块链的开放同行评审系统。

12 月 10 日，旧金山研究评估宣言（DORA）组织、欧洲大学协会（EUA）和 SPARC Europe 共同构建全球机构评估改进的案例知识库。

12 月 11 日，欧洲核子研究组织（CERN）宣布，大型强子对撞机（LHC）重大联合实验项目 ALICE、ATLAS、CMS 和 LHCb 将为科学实验提供新的开放数据。所有 Level 1 数据要按照现有的开放获取（OA）政策以开放获取方式发布，Level 2 数据应该在每个实验指定的时间和范围内发布，Level 3 数据应该发布，Level 4 规定基本上不公开。

12 月 16 日，开放获取（OA）出版商 Frontiers 宣布已与意大利生物医学研究图书馆联盟 BiblioSan 签署了关于 OA 出版等方面的合同。期限为三年，从 2021 年 1 月至 2023 年 12 月。作为协议的一部分，BiblioSan 参与机构的研究人员将可以使用 Frontiers 的所有开放科学工具，包括协作同行评审平台、论文和作者影响指标。此外，在本协议框架内接受的所有论文均允许作者或其所属机构拥有版权，并根据知识共享许可 CC BY 的使用条款发布。

12 月 16 日，旨在长期保存数字资料的非营利组织开放保存基金会（OPF）发布了一份报告《2020 年年底亮点》，提到了可以做的虚拟研究环境“Virtual Research Environment”的开发。

12 月 17 日，加拿大研究图书馆协会（CARL）宣布已发布面向大学教职员工版权学习的开放教育资源（OER）。

12 月 18 日，韩国国家科学技术研究委员会（NST）宣布已与爱思唯尔签署为期三年的转换协议（2021～2023 年）。该机构教职员工在不支付论文处理费（APC）的情况下每年以开放获取（OA）的方式发表一定数量的论文。

附表

附表 1　2020 年我国科技期刊的二级学科及文种分布　（单位：种）

二级学科	汉文	英文	中英文	藏文	哈萨克文	蒙古文	维吾尔文	朝鲜文	汉藏文	合计
N 自然科学总论	418	20	12	0	2	5	2	1	1	461
O 数理科学和化学	8	3	0	0	0	0	0	0	0	11
O1 数学	41	20	4	0	0	0	0	0	0	65
O3 力学	21	8	0	0	0	0	0	0	0	29
O4 物理学	37	16	6	0	0	0	0	0	0	59
O6 化学	27	11	2	0	0	0	0	0	0	40
O7 晶体学	1	0	0	0	0	0	0	0	0	1
P 天文学、地球科学	200	40	9	0	0	0	0	0	0	249
Q 生物科学	67	32	9	0	0	0	0	0	0	108
R 医药、卫生	981	81	71	3	1	2	6	1	0	1146
S 农业科学	487	17	15	2	3	2	7	0	1	534
T 工业技术	93	7	1	0	0	0	0	0	0	101
TB 一般工业技术	67	11	1	0	0	0	0	0	0	79
TD 矿业工程	65	2	2	0	0	0	0	0	0	69
TE 石油、天然气工业	74	6	2	0	0	0	0	0	0	82
TF 冶金工业	87	8	1	0	0	0	0	0	0	96
TG 金属学、金属工艺	52	6	2	0	0	0	0	0	0	60
TH 机械、仪表工业	131	7	1	0	0	0	1	0	0	140
TJ 武器工业	32	1	0	0	0	0	0	0	0	33
TK 动力工程	80	7	1	0	0	0	0	0	0	88
TL 原子能技术	19	3	0	0	0	0	0	0	0	22
TM 电工技术	95	4	4	0	0	0	0	0	0	103
TN 无线电电子学、电讯技术	167	14	4	0	0	0	0	0	0	185
TP 自动化技术、计算技术	124	12	4	0	0	0	0	0	0	140

续表

二级学科	汉文	英文	中英文	藏文	哈萨克文	蒙古文	维吾尔文	朝鲜文	汉藏文	合计
TQ 化学工业	179	9	4	0	0	0	0	0	0	192
TS 轻工业、手工业	200	6	3	0	0	0	0	0	0	209
TU 建筑科学	178	4	7	0	0	0	0	0	0	189
TV 水利工程	80	1	2	0	0	0	0	0	0	83
U 交通运输	205	6	11	0	0	0	0	0	0	222
V 航空、航天	68	5	3	0	0	0	0	0	0	76
X 环境科学、安全科学	77	8	3	0	0	0	2	0	0	90
Z 综合	1	0	0	0	0	0	0	0	0	1
合计	4362	375	184	5	6	9	18	2	2	4963

附表 2　2020 年 SCI 收录中国科技期刊发表论文数和国际影响力

序号	英文刊名	中文刊名	文种	期刊影响因子	论文数/篇	总被引频次	引文影响力	论文被引占比/%	学科规范化的引文影响力	国际合作论文占比/%	中国作者发文数/篇	高被引论文数/篇	热点论文数/篇
1	*Acta Biochimica et Biophysica Sinica*	生物化学与生物物理学报（英文）	英文	3.85	138	202	1.46	57.25	0.52	7.97	136	0	0
2	*Acta Chimica Sinica*	化学学报	中文	2.67	142	180	1.27	50.70	0.37	2.11	142	0	0
3	*Acta Geologica Sinica-English Edition*	地质学报（英文版）	英文	1.89	203	79	0.39	25.12	0.21	15.27	179	0	0
4	*Acta Mathematica Scientia*	数学物理学报（英文版）	英文	1.26	123	66	0.54	28.46	0.58	12.20	98	0	0
5	*Acta Mathematica Sinica-English Series*	数学学报（英文版）	英文	0.96	121	45	0.37	17.36	0.40	16.53	107	0	0
6	*Acta Mathematicae Applicatae Sinica-English Series*	应用数学学报（英文版）	英文	1.10	70	14	0.20	17.14	0.21	10.00	63	0	0
7	*Acta Mechanica Sinica*	力学学报（英文版）	英文	1.98	101	191	1.89	60.40	0.84	15.84	85	1	0
8	*Acta Mechanica Solida Sinica*	固体力学学报（英文版）	英文	2.16	77	103	1.34	46.75	0.61	12.99	76	0	0
9	*Acta Metallurgica Sinica*	金属学报	中文	1.25	155	168	1.08	36.13	0.32	2.58	155	2	0
10	*Acta Metallurgica Sinica-English Letters*	金属学报（英文版）	英文	2.76	216	400	1.85	57.41	0.53	15.28	208	2	0
11	*Acta Oceanologica Sinica*	海洋学报（英文版）	英文	1.43	172	82	0.48	38.95	0.25	15.70	164	0	0
12	*Acta Petrologica Sinica*	岩石学报	中文	1.41	202	114	0.56	32.67	0.30	5.94	202	0	0
13	*Acta Pharmaceutica Sinica B*	药学学报（英文）	英文	11.41	169	1581	9.36	91.72	4.07	27.22	149	9	2
14	*Acta Pharmacologica Sinica*	中国药理学报	英文	6.15	292	912	3.12	77.74	1.32	19.86	276	5	1
15	*Acta Physica Sinica*	物理学报	中文	0.82	794	263	0.33	22.54	0.16	3.90	794	1	0
16	*Acta Physico-Chimica Sinica*	物理化学学报	中文	2.27	138	586	4.25	90.58	1.22	5.07	137	0	0
17	*Acta Polymerica Sinica*	高分子学报	中文	2.00	131	158	1.21	48.85	0.48	0.76	130	0	0
18	*Advances in Atmospheric Sciences*	大气科学进展	英文	3.16	100	150	1.50	56.00	0.80	26.00	88	0	0
19	*Advances in Climate Change Research*	气候变化研究进展（英文版）	英文	4.13	41	54	1.32	60.98	0.70	43.90	32	0	0

续表

序号	英文刊名	中文刊名	文种	期刊影响因子	论文数/篇	总被引频次	引文影响力	论文被引占比/%	学科规范化的引文影响力	国际合作论文占比/%	中国作者发文数/篇	高被引论文数/篇	热点论文数/篇
20	*Advances in Manufacturing*	先进制造进展（英文）	英文	3.48	46	73	1.59	45.65	0.55	39.13	33	0	0
21	*Algebra Colloquium*	代数集刊	英文	0.43	65	7	0.11	10.77	0.12	16.92	23	0	0
22	*Animal Nutrition*	动物营养（英文）	英文	6.38	63	159	2.52	71.43	1.45	25.40	35	2	1
23	*Applied Geophysics*	应用地球物理（英文版）	英文	0.73	58	13	0.22	15.52	0.12	5.17	57	0	0
24	*Applied Mathematics and Mechanics-English Edition*	应用数学和力学（英文版）	英文	2.87	116	313	2.70	60.34	1.22	31.03	69	2	0
25	*Applied Mathematics-A Journal of Chinese Universities Series B*	高校应用数学学报 B 辑（英文版）	英文	0.94	34	8	0.24	17.65	0.24	17.65	30	0	0
26	*Asian Herpetological Research*	亚洲两栖爬行动物研究（英文版）	英文	1.83	38	10	0.26	21.05	0.20	18.42	33	0	0
27	*Asian Journal of Andrology*	亚洲男性学杂志（英文）	英文	3.29	96	199	2.07	75.00	0.79	17.71	46	0	0
28	*Asian Journal of Pharmaceutical Sciences*	亚洲药物制剂科学（英文版）	英文	6.60	59	340	5.76	93.22	2.00	15.25	40	2	0
29	*Avian Research*	鸟类学研究（英文）	英文	1.77	47	28	0.60	31.91	0.45	36.17	23	0	0
30	*Bio-Design and Manufacturing*	生物设计与制造（英文）	英文	6.30	43	107	2.49	69.77	1.01	34.88	30	0	0
31	*Biomedical and Environmental Sciences*	生物医学与环境科学	英文	3.12	64	27	0.42	32.81	0.18	7.81	58	0	0
32	*Bone Research*	骨研究（英文）	英文	13.57	38	195	5.13	78.95	1.81	34.21	17	1	0
33	*Building Simulation*	建筑模拟（英文）	英文	3.75	173	271	1.57	61.85	0.69	33.53	98	0	0
34	*Cancer Biology & Medicine*	癌症生物学与医学（英文）	英文	4.25	74	155	2.09	72.97	0.76	16.22	61	0	0
35	*Cancer Communications*	癌症	英文	10.39	48	126	2.63	75.00	0.96	14.58	43	0	0
36	*Cell Research*	细胞研究（英文版）	英文	25.62	93	1447	15.56	92.47	4.34	41.94	76	8	1
37	*Cellular & Molecular Immunology*	中国免疫学杂志（英文版）	英文	11.53	176	1400	7.95	89.20	1.70	34.09	100	1	0

续表

序号	英文刊名	中文刊名	文种	期刊影响因子	论文数/篇	总被引频次	引文影响力	论文被引占比/%	学科规范化的引文影响力	国际合作论文占比/%	中国作者发文数/篇	高被引论文数/篇	热点论文数/篇
38	*Chemical Journal of Chinese Universities-Chinese*	高等学校化学学报	中文	0.65	321	133	0.41	26.17	0.13	1.25	320	0	0
39	*Chemical Research in Chinese Universities*	高等学校化学研究（英文版）	英文	1.31	185	326	1.76	52.97	0.47	11.89	166	0	0
40	*China & World Economy*	中国与世界经济	英文	2.36	36	31	0.86	50.00	0.57	8.33	30	0	0
41	*China Communications*	中国通信（英文版）	英文	2.69	215	255	1.19	41.40	0.54	18.60	201	1	0
42	*China Foundry*	铸造（英文版）	英文	1.20	58	38	0.66	37.93	0.18	3.45	47	0	0
43	*China Ocean Engineering*	中国海洋工程（英文版）	英文	1.20	80	37	0.46	28.75	0.21	16.25	69	0	0
44	*China Petroleum Processing & Petrochemical Technology*	中国炼油与石油化工	英文	0.85	61	1	0.02	1.64	0.01	3.28	61	0	0
45	*Chinese Annals of Mathematics Series B*	数学年刊B辑（英文版）	英文	0.76	59	14	0.24	15.25	0.25	8.47	56	0	0
46	*Chinese Chemical Letters*	中国化学快报（英文版）	英文	6.78	628	3238	5.16	86.94	1.83	12.26	621	17	0
47	*Chinese Geographical Science*	中国地理科学（英文）	英文	2.89	83	105	1.27	57.83	0.54	12.05	81	0	0
48	*Chinese Journal of Aeronautics*	中国航空学报（英文版）	英文	2.77	285	555	1.95	67.37	0.79	9.82	262	1	0
49	*Chinese Journal of Analytical Chemistry*	分析化学	中文	1.13	229	111	0.48	29.69	0.17	1.75	229	0	0
50	*Chinese Journal of Cancer Research*	中国癌症研究（英文版）	英文	5.09	69	96	1.39	50.72	0.53	17.39	60	0	0
51	*Chinese Journal of Catalysis*	催化学报（英文）	英文	8.27	188	1648	8.77	92.02	3.23	17.02	177	14	1
52	*Chinese Journal of Chemical Engineering*	中国化学工程学报（英文版）	英文	3.17	336	531	1.58	60.71	0.61	15.48	252	0	0
53	*Chinese Journal of Chemical Physics*	化学物理学报（英文版）	英文	1.11	104	54	0.52	30.77	0.25	14.42	96	0	0
54	*Chinese Journal of Chemistry*	中国化学（英文）	英文	6.00	222	711	3.20	72.52	1.16	7.66	217	4	0
55	*Chinese Journal of Electronics*	电子学报（英文）	英文	1.01	144	61	0.42	21.53	0.18	8.33	141	0	0

续表

序号	英文刊名	中文刊名	文种	期刊影响因子	论文数/篇	总被引频次	引文影响力	论文被引占比/%	学科规范化的引文影响力	国际合作论文占比/%	中国作者发文数/篇	高被引论文数/篇	热点论文数/篇
56	*Chinese Journal of Geophysics-Chinese Edition*	地球物理学报	中文	0.85	352	121	0.34	25.00	0.18	6.82	352	0	0
57	*Chinese Journal of Inorganic Chemistry*	无机化学学报	中文	0.83	267	127	0.48	23.22	0.19	1.12	264	1	0
58	*Chinese Journal of Integrative Medicine*	中国结合医学杂志	英文	1.98	185	379	2.05	50.81	0.70	7.57	163	2	0
59	*Chinese Journal of Mechanical Engineering*	中国机械工程学报（英文版）	英文	1.94	87	75	0.86	40.23	0.33	13.79	82	0	0
60	*Chinese Journal of Natural Medicines*	中国天然药物（英文）	英文	3.00	99	182	1.84	70.71	0.78	11.11	94	1	0
61	*Chinese Journal of Organic Chemistry*	有机化学	中文	1.65	416	303	0.73	36.30	0.21	1.92	413	0	0
62	*Chinese Journal of Polymer Science*	高分子科学（英文版）	英文	3.60	189	328	1.74	60.32	0.64	14.29	181	1	0
63	*Chinese Journal of Structural Chemistry*	结构化学	英文	0.89	257	125	0.49	22.96	0.19	6.61	253	0	0
64	*Chinese Medical Journal*	中华医学杂志（英文版）	英文	2.63	274	2162	7.89	48.54	3.23	11.31	256	11	1
65	*Chinese Optics Letters*	中国光学快报（英文版）	英文	2.45	212	197	0.93	50.47	0.47	8.96	194	1	0
66	*Chinese Physics B*	中国物理 B（英文）	英文	1.49	922	705	0.76	37.74	0.36	9.54	868	0	0
67	*Chinese Physics C*	中国物理 C	英文	2.15	223	459	2.06	58.74	1.04	28.70	188	4	0
68	*Chinese Physics Letters*	中国物理快报（英文版）	英文	1.48	294	290	0.99	44.56	0.50	14.97	289	0	0
69	*Communications in Theoretical Physics*	理论物理	英文	1.97	192	417	2.17	48.96	1.08	20.83	133	4	2
70	*Computational Visual Media*	计算可视媒体（英文）	英文	-	33	21	0.64	42.42	0.26	51.52	24	0	0
71	*Crop Journal*	作物学报（英文版）	英文	4.41	95	216	2.27	81.05	1.24	26.32	84	0	0
72	*CSEE Journal of Power and Energy Systems*	中国电机工程学会电力与能源系统学报（英文）	英文	3.94	90	176	1.96	66.67	0.82	28.89	78	0	0

续表

序号	英文刊名	中文刊名	文种	期刊影响因子	论文数/篇	总被引频次	引文影响力	论文被引占比/%	学科规范化的引文影响力	国际合作论文占比/%	中国作者发文数/篇	高被引论文数/篇	热点论文数/篇
73	*Current Medical Science*	当代医学科学	英文	2.14	151	383	2.54	43.71	1.06	5.30	145	4	0
74	*Current Zoology*	动物学报	英文	2.62	68	139	2.04	76.47	1.57	51.47	15	1	0
75	*Defence Technology*	防务技术（英文）	英文	3.17	138	240	1.74	55.07	0.71	7.25	100	2	0
76	*Digital Communications and Networks*	数字通信与网络（英文）	英文	6.80	56	209	3.73	67.86	1.52	19.64	22	1	0
77	*Earthquake Engineering and Engineering Vibration*	地震工程与工程振动（英文版）	英文	2.14	66	73	1.11	40.91	0.50	15.15	33	0	0
78	*Ecosystem Health and Sustainability*	生态系统健康与可持续性（英文）	英文	2.79	54	113	2.09	59.26	0.88	27.78	47	0	0
79	*Electrochemical Energy Reviews*	电化学能源评论（英文）	英文	28.91	30	295	9.83	96.67	1.64	26.67	21	2	0
80	*Energy & Environmental Materials*	能源与环境材料（英文）	英文	15.12	83	317	3.82	74.70	0.73	33.73	71	2	0
81	*Engineering*	工程（英文）	英文	7.55	123	837	6.80	75.61	2.67	34.96	91	4	2
82	*Eye and Vision*	眼视光学杂志（英文版）	英文	3.26	57	125	2.19	54.39	0.83	31.58	32	2	0
83	*Food Quality and Safety*	食品品质与安全研究（英文）	英文	3.10	28	45	1.61	46.43	0.43	21.43	16	0	0
84	*Forest Ecosystems*	森林生态系统（英文）	英文	3.65	63	87	1.38	60.32	0.99	33.33	22	0	0
85	*Friction*	摩擦（英文）	英文	6.17	181	369	2.04	55.25	0.78	22.10	136	2	0
86	*Frontiers in Energy*	能源前沿（英文）	英文	2.71	96	113	1.18	43.75	0.48	18.75	73	0	0
87	*Frontiers of Chemical Science and Engineering*	高等学校学术文摘·化学科学与工程前沿（英文）	英文	4.20	141	383	2.72	65.25	0.84	30.50	99	2	0
88	*Frontiers of Computer Science*	计算机科学前沿（英文）	英文	2.06	85	193	2.27	57.65	0.96	20.00	77	2	0
89	*Frontiers of Earth Science*	高等学校学术文摘·地球科学前沿（英文）	英文	2.03	49	41	0.84	44.90	0.42	36.73	35	0	0

续表

序号	英文刊名	中文刊名	文种	期刊影响因子	论文数/篇	总被引频次	引文影响力	论文被引占比/%	学科规范化的引文影响力	国际合作论文占比/%	中国作者发文数/篇	高被引论文数/篇	热点论文数/篇
90	*Frontiers of Environmental Science & Engineering*	环境科学与工程前沿（英文）	英文	4.36	116	253	2.18	71.55	0.82	20.69	92	0	0
91	*Frontiers of Information Technology & Electronic Engineering*	信息与电子工程前沿（英文）	英文	2.16	129	122	0.95	32.56	0.35	27.13	119	0	0
92	*Frontiers of Materials Science*	高等学校学术文摘·材料学前沿（英文）	英文	2.77	41	30	0.73	46.34	0.24	9.76	36	0	0
93	*Frontiers of Mathematics in China*	中国高等学校学术文摘·数学	英文	1.35	69	24	0.35	24.64	0.37	14.49	67	0	0
94	*Frontiers of Mechanical Engineering*	高等学校学术文摘·机械工程前沿（英文）	英文	4.53	48	42	0.88	43.75	0.40	16.67	45	0	0
95	*Frontiers of Medicine*	高等学校学术文摘·医学前沿（英文）	英文	4.59	87	1205	13.85	79.31	5.37	17.24	79	8	1
96	*Frontiers of Physics*	高等学校学术文摘·物理学前沿（英文）	英文	3.56	80	175	2.19	70.00	0.84	26.25	74	1	0
97	*Frontiers of Structural and Civil Engineering*	结构与土木工程前沿（英文）	英文	2.37	84	129	1.54	39.29	0.67	36.90	35	1	1
98	*Fungal Diversity*	真菌多样性（英文）	英文	20.37	22	204	9.27	100.00	7.13	90.91	16	6	2
99	*Genomics Proteomics & Bioinformatics*	基因组蛋白质组与生物信息学报	英文	7.69	24	50	2.08	70.83	0.61	37.50	22	0	0
100	*Geoscience Frontiers*	地学前缘（英文版）	英文	6.85	151	747	4.95	84.11	2.55	56.95	69	13	1
101	*Geo-Spatial Information Science*	地球空间信息科学学报（英文版）	英文	4.29	43	82	1.91	74.42	0.98	13.95	16	0	0
102	*Green Energy & Environment*	绿色能源与环境（英文）	英文	8.21	50	199	3.98	72.00	1.46	36.00	44	1	0
103	*Hepatobiliary & Pancreatic Diseases International*	国际肝胆胰疾病杂志（英文）	英文	3.78	71	62	0.87	47.89	0.33	5.63	34	0	0
104	*High Power Laser Science and Engineering*	高功率激光科学与工程（英文）	英文	3.99	43	71	1.65	55.81	0.70	39.53	30	0	0

续表

序号	英文刊名	中文刊名	文种	期刊影响因子	论文数/篇	总被引频次	引文影响力	论文被引占比/%	学科规范化的引文影响力	国际合作论文占比/%	中国作者发文数/篇	高被引论文数/篇	热点论文数/篇
105	*Horticultural Plant Journal*	园艺学报（英文）	英文	3.03	44	55	1.25	61.36	0.86	13.64	40	0	0
106	*Horticulture Research*	园艺研究（英文）	英文	6.79	212	534	2.52	73.11	1.32	37.26	159	4	0
107	*IEEE-CAA Journal of Automatica Sinica*	自动化学报（英文版）	英文	6.17	149	597	4.01	73.83	1.79	34.23	96	2	1
108	*Infectious Diseases of Poverty*	贫困所致传染病（英文）	英文	4.52	150	1249	8.33	64.00	1.71	46.67	83	3	2
109	*Insect Science*	昆虫科学（英文）	英文	3.26	202	499	2.47	68.32	1.82	32.67	130	8	0
110	*Integrative Zoology*	整合动物学（英文）	英文	2.65	98	95	0.97	52.04	0.70	39.80	56	0	0
111	*International Journal of Disaster Risk Science*	国际灾害风险科学学报（英文版）	英文	3.73	73	88	1.21	54.79	0.64	32.88	16	0	0
112	*International Journal of Minerals Metallurgy and Materials*	矿物冶金与材料学报（英文版）	英文	2.23	192	436	2.27	72.40	0.59	17.19	143	3	1
113	*International Journal of Mining Science and Technology*	矿业科学技术学报	英文	4.08	106	297	2.80	79.25	1.44	21.70	34	0	0
114	*International Journal of Oral Science*	国际口腔科学杂志（英文版）	英文	6.34	38	1250	32.89	63.16	12.07	26.32	29	4	2
115	*International Journal of Sediment Research*	国际泥沙研究（英文版）	英文	2.90	59	103	1.75	69.49	0.71	44.07	15	0	0
116	*International Soil and Water Conservation Research*	国际水土保持研究（英文）	英文	6.03	42	76	1.81	64.29	0.70	45.24	14	0	0
117	*Journal of Advanced Ceramics*	先进陶瓷（英文）	英文	6.71	82	316	3.85	76.83	1.20	21.95	67	0	0
118	*Journal of Animal Science and Biotechnology*	畜牧与生物技术杂志（英文版）	英文	5.03	110	237	2.15	70.91	1.08	37.27	59	0	0
119	*Journal of Arid Land*	干旱区科学	英文	2.30	70	59	0.84	34.29	0.35	20.00	54	0	0
120	*Journal of Bionic Engineering*	仿生工程学报	英文	2.68	101	122	1.21	47.52	0.52	27.72	67	0	0
121	*Journal of Central South University*	中南大学学报（英文版）	英文	1.72	290	229	0.79	38.97	0.25	23.45	257	1	0

续表

序号	英文刊名	中文刊名	文种	期刊影响因子	论文数/篇	总被引频次	引文影响力	论文被引占比/%	学科规范化的引文影响力	国际合作论文占比/%	中国作者发文数/篇	高被引论文数/篇	热点论文数/篇
122	*Journal of Computational Mathematics*	计算数学（英文版）	英文	1.02	45	27	0.60	31.11	0.64	26.67	31	0	0
123	*Journal of Computer Science and Technology*	计算机科学技术学报（英文版）	英文	1.57	87	45	0.52	20.69	0.24	26.44	71	0	0
124	*Journal of Earth Science*	地球科学学刊（英文版）	英文	2.91	103	89	0.86	45.63	0.46	22.33	83	0	0
125	*Journal of Energy Chemistry*	能源化学（英文）	英文	9.68	398	4556	11.45	96.23	4.09	24.87	353	39	4
126	*Journal of Environmental Sciences*	环境科学学报（英文版）	英文	5.57	320	1259	3.93	85.63	1.55	23.44	258	4	0
127	*Journal of Forestry Research*	林业研究（英文版）	英文	2.15	383	430	1.12	47.78	0.79	23.76	191	2	0
128	*Journal of Genetics and Genomics*	遗传学报（英文版）	英文	4.28	35	74	2.11	71.43	0.58	31.43	29	0	0
129	*Journal of Geographical Sciences*	地理学报（英文版）	英文	3.53	116	161	1.39	50.86	0.73	12.07	115	0	0
130	*Journal of Geriatric Cardiology*	老年心脏病杂志（英文版）	英文	3.33	76	68	0.89	26.32	0.37	13.16	44	1	0
131	*Journal of Hydrodynamics*	水动力学研究与进展 B 辑	英文	2.59	104	140	1.35	58.65	0.57	22.12	86	0	0
132	*Journal of Infrared and Millimeter Waves*	红外与毫米波学报	中文	0.56	105	10	0.10	8.57	0.05	8.57	105	0	0
133	*Journal of Inorganic Materials*	无机材料学报	中文	1.04	187	159	0.85	35.83	0.28	4.28	186	1	0
134	*Journal of Integrative Agriculture*	农业科学学报（英文）	英文	2.85	276	372	1.35	60.87	0.73	17.75	258	0	0
135	*Journal of Integrative Medicine-JIM*	结合医学学报（英文）	英文	3.03	60	243	4.05	53.33	1.59	15.00	22	1	0
136	*Journal of Integrative Plant Biology*	植物学报（英文版）	英文	7.06	109	689	6.32	91.74	3.45	22.94	101	15	2
137	*Journal of Iron and Steel Research International*	钢铁研究学报（英文版）	英文	1.26	188	139	0.74	46.81	0.24	6.38	178	0	0
138	*Journal of Magnesium and Alloys*	镁合金学报（英文）	英文	10.09	111	447	4.03	75.68	0.96	32.43	66	2	1
139	*Journal of Materials Science & Technology*	材料科学技术（英文版）	英文	8.07	571	3571	6.25	91.59	1.92	23.12	475	13	3

续表

序号	英文刊名	中文刊名	文种	期刊影响因子	论文数/篇	总被引频次	引文影响力	论文被引占比/%	学科规范化的引文影响力	国际合作论文占比/%	中国作者发文数/篇	高被引论文数/篇	热点论文数/篇
140	*Journal of Materiomics*	无机材料学学报（英文）	英文	6.43	84	404	4.81	89.29	1.43	21.43	74	2	1
141	*Journal of Meteorological Research*	气象学报（英文版）	英文	2.18	89	124	1.39	52.81	0.72	23.60	87	0	0
142	*Journal of Modern Power Systems and Clean Energy*	现代电力系统与清洁能源学报	英文	3.27	126	154	1.22	52.38	0.50	34.13	74	0	0
143	*Journal of Molecular Cell Biology*	分子细胞生物学报	英文	6.22	76	211	2.78	75.00	0.81	31.58	54	0	0
144	*Journal of Mountain Science*	山地科学学报（英文）	英文	2.07	216	256	1.19	44.91	0.50	25.00	128	1	0
145	*Journal of Ocean Engineering and Science*	海洋工程与科学（英文）	英文	3.41	31	75	2.42	70.97	1.09	29.03	3	1	0
146	*Journal of Ocean University of China*	中国海洋大学学报（自然科学英文版）	英文	0.91	145	65	0.45	27.59	0.24	15.86	139	0	0
147	*Journal of Oceanology and Limnology*	海洋湖沼学报（英文）	英文	1.27	197	148	0.75	41.62	0.30	10.15	187	0	0
148	*Journal of Palaeogeography-English*	古地理学报（英文版）	英文	2.52	18	20	1.11	50.00	0.59	38.89	7	0	0
149	*Journal of Pharmaceutical Analysis*	药物分析学报（英文）	英文	4.77	64	922	14.41	84.38	5.31	26.56	36	5	2
150	*Journal of Plant Ecology*	植物生态学报（英文版）	英文	1.77	89	60	0.67	35.96	0.52	40.45	51	0	0
151	*Journal of Rare Earths*	稀土学报（英文版）	英文	3.71	170	396	2.33	73.53	0.88	13.53	130	0	0
152	*Journal of Rock Mechanics and Geotechnical Engineering*	岩石力学与岩土工程学报（英文版）	英文	4.34	110	231	2.10	67.27	1.11	42.73	56	1	1
153	*Journal of Sport and Health Science*	运动与健康科学	英文	7.18	67	330	4.93	89.55	1.81	40.30	7	1	0
154	*Journal of Systematics and Evolution*	植物分类学报	英文	4.10	113	164	1.45	61.95	1.05	51.33	69	1	0
155	*Journal of Systems Engineering and Electronics*	系统工程与电子技术（英文版）	英文	1.19	123	45	0.37	21.14	0.17	2.44	116	0	0
156	*Journal of Systems Science & Complexity*	系统科学与复杂性（英文版）	英文	1.26	161	39	0.24	18.63	0.26	16.15	137	0	0

续表

序号	英文刊名	中文刊名	文种	期刊影响因子	论文数/篇	总被引频次	引文影响力	论文被引占比/%	学科规范化的引文影响力	国际合作论文占比/%	中国作者发文数/篇	高被引论文数/篇	热点论文数/篇
157	*Journal of Systems Science and Systems Engineering*	系统科学与系统工程学报（英文版）	英文	1.17	36	6	0.17	13.89	0.08	19.44	23	0	0
158	*Journal of Thermal Science*	热科学学报	英文	2.44	187	154	0.82	38.50	0.33	8.02	159	0	0
159	*Journal of Traditional Chinese Medicine*	中医杂志（英文版）	英文	0.85	115	64	0.56	32.17	0.24	6.09	103	0	0
160	*Journal of Tropical Meteorology*	热带气象学报（英文版）	英文	1.00	43	17	0.40	27.91	0.21	9.30	43	0	0
161	*Journal of Wuhan University of Technology-Materials Science Edition*	武汉理工大学学报—材料科学版（英文）	英文	0.96	151	47	0.31	21.19	0.10	5.96	144	0	0
162	*Journal of Zhejiang University-Science A*	浙江大学学报（英文版）A辑	英文	2.26	70	124	1.77	67.14	0.72	21.43	65	1	0
163	*Journal of Zhejiang University-Science B*	浙江大学学报（英文版）B辑	英文	3.07	70	222	3.17	57.14	0.71	14.29	64	1	0
164	*Light-Science & Applications*	光：科学与应用（英文）	英文	17.78	182	1433	7.87	94.51	3.55	52.20	94	15	2
165	*Matter and Radiation at Extremes*	极端条件下的物质与辐射	英文	2.85	39	141	3.62	76.92	1.41	41.03	21	1	0
166	*Microsystems & Nanoengineering*	微系统与纳米工程（英文）	英文	7.13	115	347	3.02	78.26	1.30	23.48	45	0	0
167	*Military Medical Research*	军事医学研究（英文）	英文	3.33	53	3470	65.47	66.04	24.92	13.21	32	6	2
168	*Molecular Plant*	分子植物（英文）	英文	13.16	111	1238	11.15	96.40	7.92	51.35	85	25	2
169	*Nano Research*	纳米研究（英文版）	英文	8.90	640	2595	4.05	76.56	1.75	28.44	482	9	4
170	*Nano-Micro Letters*	纳微快报（英文）	英文	16.42	181	1922	10.62	97.24	2.87	43.65	146	11	0
171	*National Science Review*	国家科学评论（英文）	英文	17.28	145	1874	12.92	95.86	4.55	46.90	136	14	1
172	*Neural Regeneration Research*	中国神经再生研究（英文版）	英文	5.14	250	1146	4.58	89.20	1.51	20.40	130	4	0
173	*Neuroscience Bulletin*	神经科学通报（英文版）	英文	5.20	143	312	2.18	66.43	0.94	26.57	131	1	0

续表

序号	英文刊名	中文刊名	文种	期刊影响因子	论文数/篇	总被引频次	引文影响力	论文被引占比/%	学科规范化的引文影响力	国际合作论文占比/%	中国作者发文数/篇	高被引论文数/篇	热点论文数/篇
174	*New Carbon Materials*	新型炭材料	中文	1.91	61	68	1.11	52.46	0.34	6.56	58	0	0
175	*Nuclear Science and Techniques*	核技术（英文版）	英文	1.71	116	157	1.35	50.86	0.61	11.21	93	1	0
176	*Numerical Mathematics-Theory Methods and Applications*	高等学校计算数学学报（英文版）	英文	1.21	48	49	1.02	60.42	1.09	18.75	37	0	0
177	*Opto-Electronic Advances*	光电进展（英文）	英文	9.64	36	129	3.58	88.89	1.46	25.00	27	0	0
178	*Particuology*	颗粒学报	英文	3.07	109	194	1.78	68.81	0.58	16.51	71	0	0
179	*Pedosphere*	土壤圈（英文版）	英文	3.91	79	330	4.18	86.08	1.94	31.65	43	7	1
180	*Petroleum Exploration and Development*	石油勘探与开发（英文）	英文	3.80	120	184	1.53	51.67	0.82	5.00	112	2	0
181	*Petroleum Science*	石油科学（英文版）	英文	4.09	138	248	1.80	58.70	0.89	33.33	104	1	0
182	*Photonic Sensors*	光子传感器（英文）	英文	2.43	49	103	2.10	61.22	1.07	18.37	30	1	0
183	*Photonics Research*	光子学研究（英文）	英文	7.08	255	914	3.58	78.82	1.66	27.06	180	1	0
184	*Plant Diversity*	植物多样性（英文）	英文	2.53	53	94	1.77	64.15	1.35	26.42	48	1	0
185	*Plasma Science & Technology*	等离子体科学和技术（英文版）	英文	1.57	192	166	0.86	45.31	0.43	14.06	155	0	0
186	*Progress in Biochemistry and Biophysics*	生物化学与生物物理进展	中文	0.35	102	9	0.09	7.84	0.03	3.92	102	0	0
187	*Progress in Chemistry*	化学进展	中文	1.17	156	58	0.37	21.79	0.08	5.13	156	0	0
188	*Progress in Natural Science-Materials International*	自然科学进展：国际材料（英文）	英文	3.61	113	155	1.37	55.75	0.42	23.01	99	0	0
189	*Protein & Cell*	蛋白质与细胞	英文	14.87	76	392	5.16	80.26	1.62	32.89	64	1	0
190	*Rare Metal Materials and Engineering*	稀有金属材料与工程	中文	0.51	615	55	0.09	7.97	0.03	2.60	615	0	0

续表

序号	英文刊名	中文刊名	文种	期刊影响因子	论文数/篇	总被引频次	引文影响力	论文被引占比/%	学科规范化的引文影响力	国际合作论文占比/%	中国作者发文数/篇	高被引论文数/篇	热点论文数/篇
191	*Rare Metals*	稀有金属（英文版）	英文	4.00	344	757	2.20	61.05	0.64	13.66	318	0	0
192	*Research in Astronomy and Astrophysics*	天文和天体物理学研究	英文	1.47	209	243	1.16	40.67	0.39	18.18	163	0	0
193	*Rice Science*	水稻科学（英文版）	英文	3.33	42	64	1.52	69.05	0.77	23.81	28	0	0
194	*Science Bulletin*	科学通报（英文版）	英文	11.78	193	1923	9.96	89.12	3.78	32.64	190	22	0
195	*Science China-Chemistry*	中国科学：化学（英文版）	英文	9.45	226	1231	5.45	80.97	1.92	20.35	218	8	2
196	*Science China-Earth Sciences*	中国科学：地球科学（英文版）	英文	4.37	154	266	1.73	61.69	0.74	26.62	153	0	0
197	*Science China-Information Sciences*	中国科学：信息科学（英文版）	英文	4.38	180	572	3.18	63.89	1.30	25.00	174	1	0
198	*Science China-Life Sciences*	中国科学：生命科学（英文版）	英文	6.04	193	1716	8.89	64.25	3.29	15.03	189	6	2
199	*Science China-Materials*	中国科学：材料科学（英文）	英文	8.27	292	1308	4.48	79.11	1.33	22.26	287	4	1
200	*Science China-Mathematics*	中国科学：数学（英文版）	英文	1.33	189	245	1.30	44.44	1.39	32.80	167	3	0
201	*Science China-Physics Mechanics & Astronomy*	中国科学：物理学力学天文学（英文版）	英文	5.12	155	853	5.50	67.74	2.40	27.10	151	10	0
202	*Science China-Technological Sciences*	中国科学：技术科学（英文版）	英文	3.57	299	510	1.71	58.86	0.69	12.37	293	0	0
203	*Signal Transduction and Targeted Therapy*	信号转导与靶向治疗（英文）	英文	18.19	143	1732	12.11	95.80	2.76	37.76	132	8	2
204	*Spectroscopy and Spectral Analysis*	光谱学与光谱分析	中文	0.59	657	114	0.17	14.31	0.07	4.41	643	0	0
205	*Stroke and Vascular Neurology*	卒中与血管神经病学（英文）	英文	4.08	54	277	5.13	57.41	2.23	31.48	37	2	1
206	*Transactions of Nonferrous Metals Society of China*	中国有色金属学报（英文版）	英文	2.92	284	370	1.30	54.58	0.43	11.97	204	0	0
207	*Translational Neurodegeneration*	转化神经变性病（英文）	英文	8.01	41	163	3.98	85.37	1.15	34.15	22	0	0

续表

序号	英文刊名	中文刊名	文种	期刊影响因子	论文数/篇	总被引频次	引文影响力	论文被引占比/%	学科规范化的引文影响力	国际合作论文占比/%	中国作者发文数/篇	高被引论文数/篇	热点论文数/篇
208	*Tsinghua Science and Technology*	清华大学学报自然科学版（英文版）	英文	2.02	69	107	1.55	66.67	0.72	21.74	61	0	0
209	*Underground Space*	地下空间（英文）	英文	2.82	28	78	2.79	82.14	1.10	57.14	13	0	0
210	*Virologica Sinica*	中国病毒学（英文）	英文	4.33	102	454	4.45	55.88	0.79	21.57	91	1	0
211	*World Journal of Emergency Medicine*	世界急诊医学杂志（英文）	英文	2.27	30	29	0.97	53.33	0.40	13.33	22	0	0
212	*World Journal of Pediatrics*	世界儿科杂志（英文）	英文	2.76	62	798	12.87	72.58	4.42	9.68	39	5	1
213	*Zoological Research*	动物学研究（英文版）	英文	4.56	43	171	3.98	67.44	2.91	16.28	40	4	2
		合计			30742	86574	2.81	54.97	1.10	18.52	25766	444	59

注：检索方法——InCites 数据库选择“研究方向”；时间窗口 2020 年；学科分类体系 ESI；文献类型“研究论文”和“综述”；依次采集中国科技期刊数据。数据库更新日期为 2021 年 7 月 1 日，Web of Science 数据截至 2021 年 5 月 31 日，检索日期为 2021 年 7 月 9 日。

附表 3　DOAJ 收录的中国开放获取期刊概况

序号	英文刊名	中文刊名	文种	出版机构	协议类型	作者版权	APC 价格	APC 免除（发展中国家）
1	*Application of Electronic Technique*	电子技术应用	中文	中国国家计算机系统工程研究所	CC BY-NC	否	1696 CNY	是
2	*Acta Agronomica Sinica*	作物学报	中文	科学出版社	CC BY-NC-ND	否	6480 CNY	是
3	*Journal of Northwestern Polytechnical University*	西北工业大学学报	中文	西北工业大学	CC BY	否	8000 CNY	否
4	*Chinese Journal of Magnetic Resonance*	波谱学杂志	中文	科学出版社	CC BY-NC	否	1000 CNY	否
5	*Journal of Shanghai Normal University (Natural Sciences)*	上海师范大学学报（自然科学）	中英文	上海师范大学学术期刊中心	CC BY-SA	否	100 CNY	否
6	*Journal of Third Military Medical University*	第三军医大学学报	中文	第三军医大学学报编辑部	CC BY	否	无	否
7	*Journal of Isotopes*	同位素杂志	中文	《同位素杂志》编辑委员会	CC BY-NC-ND	否	200 CNY	否
8	*Cancer Research on Prevention and Treatment*	肿瘤防治研究	中文	癌症防治研究杂志社	CC BY	否	500 CNY	否
9	*Chinese Journal of Aeronautics*	中国航空学报（英文版）	英文	Elsevier	CC BY, CC BY-NC-ND	否	无	是
10	*Acta Geodaetica et Cartographica Sinica*	测绘学报	中文	测绘出版社	CC BY-NC-ND	否	600 CNY	否
11	*Journal of Materials Engineering*	材料工程	中文	材料工程杂志	CC BY-NC	否	2400 CNY	否
12	*Chinese Journal of Clinical Hepatology*	临床肝胆病杂志	中文	《临床肝病杂志》编辑部	CC BY-NC-ND	否	2500 CNY	是
13	*Journal of Infrared and Millimeter Waves*	红外与毫米波学报	中英文	科学出版社	CC BY-NC-ND	否	300 USD（1944 CNY）	否
14	*Progress in Natural Science: Materials International*	自然科学进展：国际材料	英文	Elsevier	CC BY, CC BY-NC-ND	否	无	是
15	*Journal of Chinese Pharmaceutical Sciences*	中国药学学报	英文	北京大学	CC BY-NC	否	300 USD（1944 CNY）	是
16	*Acta Tabacaria Sinica*	中国烟草学报	中文	中国烟草学会编辑部	CC BY	否	无	否

续表

序号	英文刊名	中文刊名	文种	出版机构	协议类型	作者版权	APC 价格	APC 免除（发展中国家）
17	*Journal of Aeronautical Materials*	航空材料学报	中文	航空材料学报	CC BY-NC	否	1500 CNY	否
18	*Chinese Journal of Engineering Design*	工程设计	中文	浙江大学出版社	出版商自己的协议	是	3000 CNY	否
19	*Journal of Hainan Medical University*	海南医学院学报	英文	海南医科大学学报编辑部	CC BY-NC-ND	否	无	否
20	*Journal of Harbin University of Science and Technology*	哈尔滨理工大学学报	中文	哈尔滨理工大学出版社	CC BY	否	4000 CNY	否
21	*Chinese Journal of Oil Crop Sciences*	中国油料作物学报	中文	中国农业科学院油料作物研究所	CC BY-NC-ND	否	6000 CNY	是
22	*Chinese Journal of Traumatology*	中华创伤杂志	英文	Elsevier	CC BY, CC BY-NC-ND	否	无	否
23	*Journal of Hebei University of Science and Technology*	河北科技大学学报	中文	河北科技大学	CC BY	否	无	否
24	*Chinese Journal of Lung Cancer*	中国肺癌杂志	中文	中国抗癌协会;中国公开协会	CC BY	是	1000 CNY	是
25	*Journal of Clinical Laboratory Analysis*	临床实验室分析杂志	英文	Wiley	CC BY, CC BY-NC, CC BY-NC-ND	否	2805 EUR; 2420 GBP; 3850 USD（24951 CNY）	是
26	*Genomics, Proteomics & Bioinformatics*	基因组蛋白质组与生物信息学报	英文	Elsevier	CC BY, CC BY-NC-ND	否	3500 USD（22682 CNY）	是
27	*Journal of Otology*	中华耳科学杂志	英文	Elsevier	CC BY, CC BY-NC-ND	否	无	是
28	*Petroleum Science*	石油科学	英文	SpringerOpen	CC BY	是	无	是
29	*International Eye Science*	国际眼科杂志	英文	国际眼科杂志出版社	CC BY-NC-ND	否	300 USD（1944 CNY）	是
30	*China Foundry*	中国铸造	英文	铸造期刊代理	CC BY-NC	否	3600 CNY	是
31	*Chinese Journal of Contemporary Neurology and Neurosurgery*	中国现代神经疾病杂志	中英文	天津环湖医院	CC BY	是	600 USD（3888 CNY）	是

续表

序号	英文刊名	中文刊名	文种	出版机构	协议类型	作者版权	APC 价格	APC 免除（发展中国家）
32	*Chinese Journal of Ship Research*	中国舰船研究	中英文	中国船舶研究杂志编辑部	CC BY	是	1200 CNY	是
33	*Aero Weaponry*	航空兵器	中文	《航空武器》编辑部	CC BY	否	无	否
34	*Journal of Frontiers of Computer Science and Technology*	计算机科学与探索	中文	计算机工程与应用北京有限公司，科学出版社	CC BY-NC	否	3500 CNY	否
35	*Atmospheric and Oceanic Science Letters*	大气和海洋科学快报	英文	北京科爱森蓝传播有限公司	CC BY, CC BY-NC-ND	否	1000 USD（6480 CNY）	否
36	*Journal of Rock Mechanics and Geotechnical Engineering*	岩石力学与工程学报	英文	Elsevier	CC BY, CC BY-NC-ND	否	无	是
37	*Protein & Cell*	蛋白质与细胞	英文	SpringerOpen	CC BY	是	无	是
38	*Advances in Climate Change Research*	气候变化研究进展	英文	北京科爱森蓝传播有限公司	CC BY, CC BY-NC-ND	否	800 USD（5184 CNY）	否
39	*Geodesy and Geodynamics*	大地测量与地球动力学	英文	北京科爱森蓝传播有限公司	CC BY, CC BY-NC-ND	否	无	是
40	*Geoscience Frontiers*	地学前缘	英文	Elsevier	CC BY, CC BY-NC-ND	否	无	是
41	*CNS Neuroscience & Therapeutics*	中枢神经系统神经科学与治疗	英文	Wiley	CC BY	是	2150 EUR; 1900 GBP; 2530 USD（16396 CNY）	是
42	*Macrolinguistics*	宏观语言学	中英文	美国莱德出版社	CC BY	否	无	否
43	*International Journal of Agricultural and Biological Engineering*	国际农业与生物工程学报	英文	中国农业工程学会	CC BY	否	1000 USD（6480 CNY）	是
44	*Theoretical and Applied Mechanics Letters*	力学快报	英文	Elsevier	CC BY, CC BY-NC-ND	否	1000 USD（6480 CNY）	是
45	*Journal of Pharmaceutical Analysis*	药物分析杂志	英文	Elsevier	CC BY, CC BY-NC-ND	否	无	是
46	*Journal of Sport and Health Science*	运动与健康科学	英文	Elsevier	CC BY, CC BY-NC-ND	否	无	是

续表

序号	英文刊名	中文刊名	文种	出版机构	协议类型	作者版权	APC 价格	APC 免除（发展中国家）
47	*Frontiers of Architectural Research*	建筑学研究前沿	英文	北京科爱森蓝传播有限公司	CC BY, CC BY-NC-ND	否	无	是
48	*Cancer Biology & Medicine*	癌症生物学与医学	英文	中国抗癌协会	CC BY-NC	是	1500 USD（9721 CNY）	否
49	*Crop Journal*	作物学报	英文	北京科爱森蓝传播有限公司	CC BY, CC BY-NC-ND	否	无	否
50	*Knowledge Management Forum*	知识管理论坛	中文	LIS 的新闻	CC BY	否	无	否
51	*Journal of Agricultural Resources and Environment*	农业资源与环境学报	中文	农业部农业环境保护研究所	CC BY-NC	否	2000 CNY	否
52	*Frontiers of Agricultural Science and Engineering*	农业科学与工程前沿	英文	高等教育出版社	CC BY	否	无	否
53	*Journal of Traditional Chinese Medical Sciences*	中医学报	英文	Elsevier	CC BY-NC-ND	否	无	否
54	*Journal of Traffic and Transportation Engineering (English ed. Online)*	交通与运输工程学报（英文版）	英文	北京科爱森蓝传播有限公司	CC BY, CC BY-NC-ND	否	无	否
55	*Engineering*	工程	英文	Elsevier	CC BY, CC BY-NC-ND	否	1000 USD（6480 CNY）	是
56	*Zoological Research*	动物学研究	英文	科学出版社	CC BY	否	无	否
57	*World Journal of Otorhinolaryngology-Head and Neck Surgery*	世界耳鼻咽喉头颈外科杂志	英文	北京科爱森蓝传播有限公司	CC BY, CC BY-NC-ND	否	无	是
58	*Chronic Diseases and Translational Medicine*	慢性疾病与转化医学	英文	北京科爱森蓝传播有限公司	CC BY, CC BY-NC-ND	否	无	是
59	*Progress in Fishery Sciences*	渔业科学进展	中英文	科学出版社	CC BY-NC	否	220 CNY	否
60	*CSEE Journal of Power and Energy Systems*	电力与能源系统杂志	英文	中国电力科学研究院	CC BY-NC-ND	否	无	否
61	*Computational Visual Media*	计算可视媒体	英文	SpringerOpen	CC BY	是	无	是
62	*Journal of Prevention and Treatment For Stomatological Diseases*	空腔疾病防治	中文	《口腔疾病防治杂志》编辑部	CC BY	否	无	是

续表

序号	英文刊名	中文刊名	文种	出版机构	协议类型	作者版权	APC 价格	APC 免除（发展中国家）
63	*Chinese Journal of Electrical Engineering*	中国电机工程学报	英文	电气工程学报编辑部	CC BY	是	无	否
64	*Journal of Data and Information Science*	数据与情报科学学报	英文	中国科学院	CC BY-NC-ND	否	无	否
65	*Journal of Management Science and Engineering*	管理科学学报	英文	北京科爱森蓝传播有限公司	CC BY, CC BY-NC-ND	否	无	否
66	*Oil Crop Science*	油料作物学报	英文	北京科爱森蓝传播有限公司	CC BY, CC BY-NC-ND	否	800 USD（5184 CNY）	否
67	*International Journal of Innovation Studies*	国际创新研究学报	英文	北京科爱森蓝传播有限公司	CC BY, CC BY-NC-ND	否	无	否
68	*Petroleum Research*	石油研究	英文	北京科爱森蓝传播有限公司	CC BY, CC BY-NC-ND	否	无	否
69	*Liver Research*	肝脏研究	英文	北京科爱森蓝传播有限公司	CC BY, CC BY-NC-ND	否	800 USD（5184 CNY）	否
70	*Journal of Interventional Medicine*	介入医学杂志	英文	北京科爱森蓝传播有限公司	CC BY, CC BY-NC-ND	否	无	否
71	*Global Health Journal*	全球健康杂志	英文	北京科爱森蓝传播有限公司	CC BY, CC BY-NC-ND	否	无	否
72	*Grain & Oil Science and Technology*	粮油科技	英文	北京科爱森蓝传播有限公司	CC BY, CC BY-NC-ND	否	无	否
73	*Digital Chinese Medicine*	数字中医药（英文）	英文	北京科爱森蓝传播有限公司	CC BY, CC BY-NC-ND	否	无	否
74	*Petroleum Exploration and Development*	石油勘探与开发	中英文	北京科爱森蓝传播有限公司	CC BY, CC BY-NC-ND	否	无	否
75	*Global Energy Interconnection*	全球能源互联网（英文）	英文	北京科爱森蓝传播有限公司	CC BY, CC BY-NC-ND	否	无	否
76	*Journal of Global Energy Interconnection*	全球能源互联网杂志	中文	《全球能源互联学报》编辑部	CC BY-NC-ND	否	无	否
77	*China Geology*	地质学报	英文	北京科爱森蓝传播有限公司	CC BY-NC-ND	否	无	否
78	*CCS Chemistry*	CCS 化学	英文	中国化学学会	CC BY-NC	否	无	否
79	*Virtual Reality & Intelligent Hardware*	虚拟现实与智能硬件	英文	北京科爱森蓝传播有限公司	CC BY, CC BY-NC-ND	否	无	否

续表

序号	英文刊名	中文刊名	文种	出版机构	协议类型	作者版权	APC 价格	APC 免除（发展中国家）
80	*Journal of Geodesy and Geoinformation Science*	测绘学报（英文版）	英文	测绘出版社	CC BY-NC-ND	否	无	否
81	*Defence Technology*	国防科技	英文	北京科爱森蓝传播有限公司	CC BY-NC-ND	否	无	是
82	*International Journal of Ophthalmology*	国际眼科杂志	英文	国际眼科杂志出版社	CC BY-NC-ND	否	500 USD（3240 CNY）	否
83	*Friction*	摩擦	英文	SpringerOpen	CC BY	是	无	否
84	*Journal of Traditional and Complementary Medicine*	中医与辅助医学学报	英文	Elsevier	CC BY, CC BY-NC-ND	是	无	是
85	*Tropical Cyclone Research and Review*	热带气旋研究与评论（英文版）	英文	北京科爱森蓝传播有限公司	CC BY, CC BY-NC-ND	否	无	否
86	*Journal of International Translational Medicine*	国际转化医学杂志（英文版）	英文	第三方医药国际出版集团有限公司	CC BY-NC-ND	是	无	否
87	*Journal of Neurorestoratology*	神经修复学（英文版）	英文	清华大学出版社	CC BY-NC	否	无	否
88	*Journal of Materiomics*	材料学期刊	英文	Elsevier	CC BY, CC BY-NC-ND	否	无	是
89	*Digital Communications and Networks*	数字通讯与网络（英文版）	英文	北京科爱森蓝传播有限公司	CC BY, CC BY-NC-ND	否	无	否
90	*Biophysics Reports*	生物物理学报	英文	科学出版社	CC BY	是	无	否
91	*Animal Nutrition*	动物营养学报	英文	北京科爱森蓝传播有限公司	CC BY-NC-ND	否	1720 USD（11146 CNY）	是
92	*Petroleum*	石油	英文	北京科爱森蓝传播有限公司	CC BY, CC BY-NC-ND	否	无	是
93	*Emerging Contaminants*	新型污染物	英文	北京科爱森蓝传播有限公司	CC BY, CC BY-NC-ND	否	1500 USD（9721 CNY）	是
94	*Infectious Diseases and Translational Medicine*	传染病与转化医学	英文	国际生物医学期刊出版社有限公司	CC BY	是	无	否
95	*Traditional Medicine Research*	中医研究	英文	香港金兰科技有限公司	CC BY-NC	否	无	否

续表

序号	英文刊名	中文刊名	文种	出版机构	协议类型	作者版权	APC 价格	APC 免除（发展中国家）
96	*Health Professions Education*	健康专业教育	英文	Elsevier	CC BY, CC BY-NC-ND	否	无	是
97	*Studies in Fungi*	真菌研究	英文	中国农业科学院畜牧兽医研究所	CC BY-NC-SA	否	无	否
98	*Journal of Ocean Engineering and Science*	海洋工程与科学杂志	英文	Elsevier	CC BY, CC BY-NC-ND	否	无	是
99	*Green Energy & Environment*	绿色能源与环境	英文	北京科爱森蓝传播有限公司	CC BY, CC BY-NC-ND	否	无	是
100	*Journal of Natural Gas Geoscience*	天然气地球科学杂志	英文	Elsevier	CC BY, CC BY-NC-ND	否	无	是
101	*Plant Diversity*	植物分类学报	英文	北京科爱森蓝传播有限公司	CC BY, CC BY-NC-ND	否	无	是
102	*Translational Medicine of Aging*	老年转化医学	英文	北京科爱森蓝传播有限公司	CC BY, CC BY-NC-ND	否	980 USD（6351 CNY）	否
103	*International Journal of Advanced Nuclear Reactor Design and Technology*	国际先进核反应堆设计与技术杂志	英文	北京科爱森蓝传播有限公司	CC BY, CC BY-NC-ND	否	无	否
104	*Laparoscopic, Endoscopic and Robotic Surgery*	腹腔镜，内窥镜和机器人手术	英文	北京科爱森蓝传播有限公司	CC BY, CC BY-NC-ND	否	无	否
105	*Advanced Industrial and Engineering Polymer Research*	高级工业和工程聚合物研究	英文	北京科爱森蓝传播有限公司	CC BY, CC BY-NC-ND	否	无	否
106	*Advances in Biomarker Sciences and Technology*	生物标记物科学与技术进展	英文	北京科爱森蓝传播有限公司	CC BY, CC BY-NC-ND	否	990 USD（6415 CNY）	是
107	*Advanced Ultrasound in Diagnosis and Therapy*	先进的超声诊断和治疗	英文	《超声诊断与治疗》杂志编辑部	CC BY	否	无	否
108	*International Journal of Geoheritage and Parks*	国际地学遗产与公园（英文）	英文	北京科爱森蓝传播有限公司	CC BY, CC BY-NC-ND	否	无	否
109	*International Journal of Lightweight Materials and Manufacture*	国际轻量化材料与制造杂志	英文	北京科爱森蓝传播有限公司	CC BY, CC BY-NC-ND	否	无	否
110	*Water-Energy Nexus*	水-能关系	英文	北京科爱森蓝传播有限公司	CC BY, CC BY-NC-ND	否	700 USD（4356 CNY）	否
111	*Carbon Resources Conversion*	碳资源转换	英文	北京科爱森蓝传播有限公司	CC BY, CC BY-NC-ND	否	700 USD（4356 CNY）	否

续表

序号	英文刊名	中文刊名	文种	出版机构	协议类型	作者版权	APC 价格	APC 免除（发展中国家）
112	*Clinical eHealth*	临床电子健康	英文	北京科爱森蓝传播有限公司	CC BY, CC BY-NC-ND	否	980 USD（6351 CNY）	否
113	*Translational Metabolic Syndrome Research*	翻译代谢综合征研究	英文	北京科爱森蓝传播有限公司	CC BY, CC BY-NC-ND	否	980 USD（6351 CNY）	是
114	*Journal of Biosafety and Biosecurity*	生物安全与生物安保杂志	英文	北京科爱森蓝传播有限公司	CC BY, CC BY-NC-ND	否	980 USD（6351 CNY）	否
115	*Solid State Electronics Letters*	固体电子学快报	英文	北京科爱森蓝传播有限公司	CC BY, CC BY-NC-ND	否	700 USD（4356 CNY）	否
116	*Brain Hemorrhages*	脑出血	英文	北京科爱森蓝传播有限公司	CC BY, CC BY-NC-ND	否	无	否
117	*Materials Science for Energy Technologies*	材料科学与能源技术	英文	北京科爱森蓝传播有限公司	CC BY, CC BY-NC-ND	否	800 USD（5184 CNY）	否
118	*Watershed Ecology and the Environment*	流域生态与环境	英文	北京科爱森蓝传播有限公司	CC BY, CC BY-NC-ND	否	无	否
119	*Artificial Intelligence in Agriculture*	人工智能农业应用	英文	北京科爱森蓝传播有限公司	CC BY, CC BY-NC-ND	否	700 USD（4356 CNY）	否
120	*HydroResearch*	水力发电研究	英文	北京科爱森蓝传播有限公司	CC BY, CC BY-NC-ND	否	700 USD（4356 CNY）	否
121	*Global Transitions*	全球转化	英文	北京科爱森蓝传播有限公司	CC BY, CC BY-NC-ND	否	955 USD（6189 CNY）	否
122	*Nano Materials Science*	纳米材料科学	英文	北京科爱森蓝传播有限公司	CC BY, CC BY-NC-ND	否	无	否
123	*Environmental Chemistry and Ecotoxicology*	环境化学与生态毒理学	英文	北京科爱森蓝传播有限公司	CC BY, CC BY-NC-ND	否	无	否
124	*Smart Materials in Medicine*	医用智能材料	英文	北京科爱森蓝传播有限公司	CC BY, CC BY-NC-ND	否	840 USD（5443 CNY）	是
125	*Energy and Built Environment*	建筑环境与能源	英文	北京科爱森蓝传播有限公司	CC BY, CC BY-NC-ND	否	无	否
126	*Engineered Regeneration*	再生工程	英文	北京科爱森蓝传播有限公司	CC BY, CC BY-NC-ND	否	840 USD（5443 CNY）	是
127	*International Journal of Cognitive Computing in Engineering*	国际工程认知计算杂志	英文	北京科爱森蓝传播有限公司	CC BY, CC BY-NC-ND	是	800 USD（5184 CNY）	是

续表

序号	英文刊名	中文刊名	文种	出版机构	协议类型	作者版权	APC 价格	APC 免除（发展中国家）
128	*Sports Medicine and Health Science*	运动医学与健康科学	英文	北京科爱森蓝传播有限公司	CC BY, CC BY-NC-ND	否	无	否
129	*Sensors International*	传感器世界	英文	北京科爱森蓝传播有限公司	CC BY, CC BY-NC-ND	是	800 USD（5184 CNY）	是
130	*Sustainable Operations and Computers*	可持续运作与电脑	英文	北京科爱森蓝传播有限公司	CC BY, CC BY-NC-ND	否	800 USD（5184 CNY）	是
131	*Water Cycle*	水循环	英文	北京科爱森蓝传播有限公司	CC BY, CC BY-NC-ND	否	700 USD（4356 CNY）	是
132	*Journal of Safety Science and Resilience*	安全科学与弹性杂志	英文	北京科爱森蓝传播有限公司	CC BY, CC BY-NC-ND	否	无	否
133	*Artificial Intelligence in Geosciences*	地球科学人工智能应用	英文	北京科爱森蓝传播有限公司	CC BY, CC BY-NC-ND	否	800 USD（5184 CNY）	是
134	*Radiation Medicine and Protection*	辐射医学与防护	英文	北京科爱森蓝传播有限公司	CC BY, CC BY-NC-ND	否	无	否
135	*International Journal of Intelligent Networks*	国际智能网络杂志	英文	北京科爱森蓝传播有限公司	CC BY, CC BY-NC-ND	是	800 USD（5184 CNY）	是
136	*Energetic Materials Frontiers*	含能材料前沿	英文	北京科爱森蓝传播有限公司	CC BY-NC-ND	否	无	否
137	*Regional Sustainability*	区域可持续发展	英文	北京科爱森蓝传播有限公司	CC BY-NC-ND	否	无	否
138	*Energy Geoscience*	能源地球科学	英文	北京科爱森蓝传播有限公司	CC BY, CC BY-NC-ND	否	无	否
139	*Green Chemical Engineering*	绿色化学工程	英文	北京科爱森蓝传播有限公司	CC BY-NC-ND	否	无	否
140	*Gynecology and Obstetrics Clinical Medicine*	妇产科临床医学	英文	北京科爱森蓝传播有限公司	CC BY-NC-ND	否	无	否
141	*Fundamental Research*	基础研究	英文	北京科爱森蓝传播有限公司	CC BY, CC BY-NC-ND	否	980 USD（6351 CNY）	是
142	*Exploration of Medicine*	医学探索	英文	开放探索出版公司	CC BY	是	无	否
143	*Exploration of Targeted Anti-tumor Therapy*	靶向抗肿瘤治疗的探索	英文	开放探索出版公司	CC BY	是	无	否

注：截止 2021 年 7 月 8 日，1 美元= 6.4808 人民币。其中，CNY 为元，USD 为美元，EUR 为欧元，GBP 为英镑。

附表 4　OpenDOAR 中国收录的中国机构知识库概况

序号	机构知识库名称	文种	机构类型	内容类型	主题	机构名称
1	CEIBS Research Online (CRO)	中文 英语	机构型	期刊论文	基础社会科学>商业和经济	中欧国际工商学院
2	ChinaXiv	中文 英语	机构型	参考文献 学位论文 报告及工作论文	多学科	中国科学院
3	Knowledge Repository of HFCAS (合肥物质科学研究院) (HF-IR)	中文 英语	机构型	期刊论文 会议和工作论文 学位论文 报告及工作论文 专利	多学科	中国科学院
4	Institute of Hydrobiology, Chinese Academy of Sciences	中文 英语	机构型	期刊论文 会议和工作论文 学位论文 报告及工作论文 专利	多学科	中国科学院
5	Institute of Soil and Water Conservation, Chinese Academy of Sciences and Ministry of Water Resources	中文 英语	机构型	期刊论文 学位论文 报告及工作论文 书，章和章节 数据集	多学科	中国科学院
6	Institutional Repository of Chengdu Institute of Biology, CAS (CIB OpenIR)	中文 英语	机构型	期刊论文 参考文献 会议和工作论文 学位论文 报告及工作论文 书，章和章节 专利	基础科学>农业，食品和兽医 基础科学>生物学和生物化学 基础科学>生态环境 基础技术>电脑和 IT	中国科学院
7	Institutional Repository of Dalian Institute of Chemical Physics, CAS (DICP-IR)	中文 英语	机构型	期刊论文 参考文献 会议和工作论文 学位论文 报告及工作论文 专利 其他特殊条目类型	基础科学>化学和化学技术 基础科学>物理学和天文学	中国科学院
8	Institutional Repository of Guangzhou Institute of Energy Conversion, CAS	中文 英语	机构型	期刊论文 参考文献 会议和工作论文 学位论文 报告及工作论文 书，章和章节 专利	基础科学 基础技术	中国科学院
9	Institutional Repository of Guangxi University for Nationalities	中文 英语	机构型	期刊论文 学位论文	多学科	广西民族大学

续表

序号	机构知识库名称	文种	机构类型	内容类型	主题	机构名称
10	Institutional Repository of Guangzhou Institute of Geochemistry, CAS	中文 英语	机构型	期刊论文 参考文献 会议和工作论文 学位论文 报告及工作论文 书，章和章节 专利 其他特殊条目类型	艺术与人文>地理与区域研究 基础科学>化学和化学技术 基础科学>地球和行星学	中国科学院
11	Institutional Repository of Institute for the History of Natural Sciences, Chinese Academy of Sciences	中文 英语	机构型	期刊论文 参考文献 会议和工作论文 学位论文 报告及工作论文 书，章和章节 专利 其他特殊条目类型	多学科	中国科学院
12	Institutional Repository of Institute of Automation, CAS	中文	机构型	期刊论文 会议和工作论文 学位论文	基础技术 基础社会科学>管理与规划	中国科学院
13	Institutional Repository of Institute of Chemistry, CAS	中文 英语	机构型	期刊论文 学位论文 报告及工作论文 书，章和章节 专利	基础科学>化学和化学技术 基础科学>物理学和天文学 基础技术>机械工程与材料	中国科学院
14	Institutional Repository of Institute of Coal Chemistry, CAS	中文 英语	机构型	期刊论文 参考文献 会议和工作论文 学位论文 报告及工作论文 书，章和章节 专利	基础科学 基础科学>化学和化学技术 基础技术	中国科学院
15	Institutional Repository of Institute of Computing Technology, CAS	中文 英语	机构型	期刊论文 参考文献 会议和工作论文 学位论文	基础技术>电脑和 IT	中国科学院
16	Institutional Repository of Institute of Earth Environment, CAS	中文 英语	机构型	期刊论文 会议和工作论文 学位论文	基础科学>生态环境 基础技术	中国科学院
17	Institutional Repository of Institute of Geographic Sciences and Natural Resources Research, CAS (IGSNRR OpenIR)	中文 英语	机构型	期刊论文 会议和工作论文 学位论文 书，章和章节	基础科学>农业，食品和兽医 艺术与人文>地理与区域研究 基础科学>生态环境 基础科学>物理学和天文学 基础社会科学>图书情报学	中国科学院

续表

序号	机构知识库名称	文种	机构类型	内容类型	主题	机构名称
18	Institutional Repository of Institute of Modern Physics, CAS	中文 英语	机构型	期刊论文 参考文献 会议和工作论文 学位论文 报告及工作论文 书，章和章节 专利	基础科学>物理学和天文学	中国科学院
19	Institutional Repository of Institute of Process Engineering, CAS	中文 英语	机构型	期刊论文	基础技术	中国科学院
20	Institutional Repository of Institute of Psychology, CAS	中文 英语	机构型	期刊论文 参考文献 会议和工作论文 学位论文 书，章和章节 其他特殊条目类型	健康与医学 基础社会科学>心理学	中国科学院
21	Institutional Repository of Ningbo Institute of Material Technology & Engineering, CAS	中文 英语	机构型	期刊论文 参考文献 会议和工作论文 学位论文 报告及工作论文 专利	基础技术 基础技术>机械工程与材料	中国科学院
22	Institutional Repository of Northwest Institute of Plateau Biology, CAS	中文 英语	机构型	期刊论文 学位论文 专利	基础科学>生物学和生物化学	中国科学院
23	Institutional Repository of Peking University	中文 英语	机构型	期刊论文 会议和工作论文 学位论文 书，章和章节	多学科	北京大学
24	Institutional Repository of Research Center for Eco-Environmental Sciences, CAS	中文	机构型	参考文献 学位论文 专利	基础科学>农业，食品和兽医 艺术与人文>地理与区域研究 基础科学>化学和化学技术 基础科学>生态环境	中国科学院
25	Institutional Repository of South China Sea Institute of Oceanology, CAS	中文 英语	机构型	期刊论文 参考文献 学位论文 报告及工作论文	基础科学>生物学和生物化学 艺术与人文>地理与区域研究 基础科学>生态环境	中国科学院
26	Institutional Repository of Tsinghua University	中文	机构型	期刊论文 会议和工作论文 学位论文 报告及工作论文 书，章和章节 数据集 学习对象 专利	多学科	清华大学

续表

序号	机构知识库名称	文种	机构类型	内容类型	主题	机构名称
27	Institutional Repository of University of Science and Technology Beijing	中文	机构型	期刊论文 会议和工作论文 学位论文 专利 其他特殊条目类型	基础科学 艺术与人文 艺术与人文>语言与文学 基础技术 基础社会科学>法律与政治	北京科技大学
28	Institutional Repository of Xi'an Jiaotong University	中文	机构型	期刊论文 会议和工作论文 学位论文 书，章和章节 学习对象	多学科	西安交通大学
29	Institutional Repository of Xi'an Institute of Optics and Precision Mechanics, CAS	中文 英语	机构型	期刊论文 会议和工作论文 学位论文 书，章和章节 专利	基础科学 基础科学>化学和化学技术 基础科学>物理学和天文学 基础技术	中国科学院
30	Institutional Repository of Xinjiang Institute of Ecology and Geography, CAS	中文 英语	机构型	期刊论文 参考文献 会议和工作论文 学位论文 报告及工作论文 书，章和章节 专利	艺术与人文>地理与区域研究 基础科学>生态环境	中国科学院
31	Institutional Repository of Yantai Institute of Coastal Zone Research, CAS	中文 英语	机构型	期刊论文 会议和工作论文 学位论文 报告及工作论文 书，章和章节 专利 其他特殊条目类型	基础科学>生物学和生物化学 基础科学>生态环境	中国科学院
32	KMS of Academy of Mathematics and Systems Sciences, CAS	中文 英语	机构型	期刊论文 学位论文 报告及工作论文 其他特殊条目类型	基础科学>数理统计	中国科学院
33	KMS Qingdao Institute of Biomass Energy and Bioprocess Technology, CAS	中文 英语	机构型	期刊论文 会议和工作论文 学位论文 报告及工作论文 书，章和章节 数据集 专利	基础科学>生物学和生物化学 基础科学>化学和化学技术	中国科学院
34	Knowledge Commons of National Science Library (CAS)	中文	管理型	会议和工作论文	基础科学	中国科学院
35	Knowledge Commons of National Science Library, CAS	中文	机构型	期刊论文	多学科	中国科学院

续表

序号	机构知识库名称	文种	机构类型	内容类型	主题	机构名称
36	Knowledge Commons of Southern University of Science and Technology	中文 英语	机构型	期刊论文	基础技术	南方科技大学
37	Knowledge Management Platform	中文	机构型	期刊论文	基础社会科学>商业和经济 基础社会科学>教育学 基础社会科学>法律与政治 基础社会科学>管理与规划	中共甘肃省委党校（甘肃行政学院）
38	Knowledge Management System of First Institute of Oceanography, MNR	中文 英语	机构型	期刊论文	基础科学>生态环境	自然资源部第一海洋研究所
39	Knowledge Management System of Institue of Mechanics, CAS	中文 英语	机构型	期刊论文 会议和工作论文 学位论文 书，章和章节 Software 其他特殊条目类型	多学科	中国科学院
40	Knowledge Management System of Institute of Deep-sea Science and Engineering, CAS	中文 英语	机构型	期刊论文 会议和工作论文 学位论文 报告及工作论文 书，章和章节 数据集 学习对象 Software 专利	基础科学>生态环境	中国科学院
41	Knowledge Repository of Institute of IHEP, CAS	中文 英语	机构型	期刊论文 参考文献 会议和工作论文 学位论文 书，章和章节 专利 其他特殊条目类型	基础科学>物理学和天文学 基础社会科学>管理与规划 基础技术>电脑和 IT	中国科学院
42	Knowledge Management System of Shenyang Institute of Automation, CAS	中文 英语	机构型	期刊论文 参考文献 会议和工作论文 学位论文 书，章和章节 专利 其他特殊条目类型	基础技术	中国科学院
43	Knowledge Repository of Institute of IHEP, CAS	中文 英语	机构型	期刊论文 参考文献 会议和工作论文 学位论文 书，章和章节 专利 其他特殊条目类型	基础科学>物理学和天文学 基础社会科学>管理与规划 基础技术>电脑和 IT	中国科学院

续表

序号	机构知识库名称	文种	机构类型	内容类型	主题	机构名称
44	Knowledge Repository of National Science Library, CAS	中文	机构型	期刊论文 学位论文 报告及工作论文	多学科	中国科学院
45	Knowledge Repository of SEMI, CAS	中文	机构型	期刊论文 会议和工作论文 学位论文 书，章和章节 专利	基础科学>物理学和天文学 基础技术 基础技术>电气与电子工程 基础技术>机械工程与材料	中国科学院
46	Lanzhou University of Finance and Economics	英语	机构型	期刊论文	基础技术	兰州财经大学
47	Library and Information Science Institutional Repository (图书馆学系机构库)	中文	约束型	期刊论文 学位论文 书，章和章节	基础社会科学>图书情报学	福建师范大学
48	Open Access Library (Repository)	英语	集成型	期刊论文	多学科	开放获取图书馆有限公司
49	Open Repository of the National Natural Science Foundation of China	中文 英语	机构型	期刊论文	多学科	国家自然科学基金委
50	Science Data Bank	中文	机构型	数据集	基础科学	中国科学院
51	Sciencepaper Online	中文 英语	机构型	期刊论文 书，章和章节 其他特殊条目类型	基础科学 基础社会科学 基础技术	科学论文在线，教育部科技发展中心
52	Institute Repository of Tianjin Institute of Industrial Biotechnology (TIB OpenIR)	中文	机构型	期刊论文 会议和工作论文	多学科	中国科学院
53	West DC	中文	机构型	数据集	基础科学	中国西部环境与生态科学数据中心
54	Xiamen University Institutional Repository (XMU IR)	中文 英语	机构型	期刊论文 会议和工作论文 报告及工作论文 专利 其他特殊条目类型	多学科	厦门大学

附表 5 DOAJ 收录的中国期刊主题、收录时间分布及发文总数量

主题	收录时间	截至 2021 年 7 月最新更新日期	文章记录数/篇
Technology: Electrical Engineering. Electronics. Nuclear Engineering: Electronics	2018-12-13	2018-12-13	947
Agriculture | Technology: Chemical Technology: Biotechnology | Science: Biology (General): Genetics	2021-04-07	2021-04-07	0
Technology: Motor Vehicles. Aeronautics. Astronautics	2020-01-19	2021-04-28	559
Science: Physics: Electricity and Magnetism	2016-12-30	2016-12-30	189
Science: Science (General)	2015-08-28	2017-04-07	907
Medicine: Medicine (General)	2021-03-31	2021-03-31	888
Science: Physics: Nuclear and Particle Physics. Atomic Energy. Radioactivity	2015-10-20	2020-01-22	163
Medicine: Internal Medicine: Neoplasms. Tumors. Oncology. Including Cancer and Carcinogens	2019-07-15	2019-07-15	708
Technology: Motor Vehicles. Aeronautics. Astronautics	2016-01-07	2021-05-20	1665
Geography. Anthropology. Recreation: Mathematical Geography. Cartography	2014-09-12	2021-05-25	1418
Technology: Electrical Engineering. Electronics. Nuclear Engineering: Materials of Engineering and Construction. Mechanics of Materials	2016-10-12	2016-10-13	1278
Medicine: Internal Medicine: Specialties of Internal Medicine: Diseases of the Digestive System. Gastroenterology	2017-02-24	2017-02-24	3233
Technology: Electrical Engineering. Electronics. Nuclear Engineering	2011-01-04	2016-12-27	1
Technology: Electrical Engineering. Electronics. Nuclear Engineering: Materials of Engineering and Construction. Mechanics of Materials	2016-04-22	2021-01-26	743
Medicine: Pharmacy and Materia Medica	2018-06-08	2018-06-08	0
Agriculture: Agriculture (General) | Technology: Manufactures	2018-06-28	2018-06-28	30
Technology: Motor Vehicles. Aeronautics. Astronautics	2016-12-12	2018-10-23	387
Technology: Engineering (General). Civil Engineering (General)	2016-12-13	2016-12-13	0
Medicine	2018-01-08	2018-01-08	3103
Technology | Science	2015-09-11	2021-07-06	76
Agriculture: Plant Culture	2021-07-05	2021-07-05	0
Medicine: Medicine (General)	2015-03-17	2021-01-26	738
Technology	2015-03-12	2020-04-13	505
Medicine: Internal Medicine: Neoplasms. Tumors. Oncology. Including Cancer and Carcinogens	2008-06-05	2020-02-18	2152
Medicine: Medicine (General)	2019-07-29	2021-04-16	0
Science: Biology (General)	2016-07-11	2021-04-26	325
Medicine: Otorhinolaryngology	2016-11-30	2021-01-26	176
Science: Geology: Petrology	2016-02-09	2021-03-30	268
Medicine: Ophthalmology	2017-01-23	2017-01-23	4250

续表

主题	收录时间	截至2021年7月最新更新日期	文章记录数/篇
Technology: Manufactures	2012-03-23	2016-12-21	924
Medicine: Internal Medicine: Neurosciences. Biological Psychiatry. Neuropsychiatry: Neurology. Diseases of the Nervous System	2013-04-03	2020-09-02	2082
Naval Science: Naval Architecture. Shipbuilding. Marine Engineering	2017-04-25	2017-04-25	645
Technology: Motor Vehicles. Aeronautics. Astronautics	2021-03-31	2021-03-31	0
Science: Mathematics: Instruments and Machines: Electronic Computers. Computer Science	2021-06-24	2021-07-07	2
Geography. Anthropology. Recreation: Environmental Sciences | Geography. Anthropology. Recreation: Oceanography	2017-09-27	2021-03-30	267
Technology: Engineering (General). Civil Engineering (General): Engineering Geology. Rock Mechanics. Soil Mechanics. Underground Construction	2016-01-27	2021-01-26	653
Science: Biology (General): Cytology | Science: Physiology: Animal Biochemistry	2016-02-09	2021-02-14	503
Science: Physics: Meteorology. Climatology | Social Sciences: Social Sciences (General)	2016-07-18	2021-01-26	255
Science: Astronomy: Geodesy | Science: Physics: Geophysics. Cosmic Physics	2017-03-20	2021-01-26	555
Science: Geology	2016-12-01	2021-01-26	1173
Medicine: Therapeutics. Pharmacology | Medicine: Internal Medicine: Neurosciences. Biological Psychiatry. Neuropsychiatry	2019-06-03	2021-04-16	0
Language and Literature	2017-10-06	2017-12-28	112
Agriculture: Agriculture (General) | Technology: Chemical Technology: Biotechnology	2016-12-14	2016-12-14	2
Technology: Engineering (General). Civil Engineering (General)	2016-05-16	2021-01-26	449
Medicine: Therapeutics. Pharmacology	2015-10-21	2021-03-04	650
Geography. Anthropology. Recreation: Recreation. Leisure: Sports | Medicine: Internal Medicine: Special Situations and Conditions: Sports Medicine	2016-05-11	2021-01-26	542
Fine Arts: Architecture	2016-05-24	2021-01-26	353
Medicine: Internal Medicine: Neoplasms. Tumors. Oncology. Including Cancer and Carcinogens	2019-02-25	2019-02-25	677
Agriculture: Agriculture (General)	2015-05-25	2021-01-26	545
Bibliography. Library Science. Information Resources	2017-02-10	2017-02-10	149
Agriculture: Agriculture (General) | Geography. Anthropology. Recreation: Environmental Sciences	2016-10-24	2016-10-24	634
Agriculture: Agriculture (General)	2016-09-12	2021-03-24	335
Medicine: Other Systems of Medicine: Miscellaneous Systems and Treatments	2015-10-20	2021-03-04	307
Technology: Engineering (General). Civil Engineering (General): Transportation Engineering	2015-11-09	2021-01-26	372
Technology: Engineering (General). Civil Engineering (General)	2016-11-22	2021-01-26	751
Science: Zoology	2018-01-08	2018-01-08	371
Medicine: Otorhinolaryngology | Medicine: Surgery	2017-11-22	2021-01-26	261
Medicine: Medicine (General)	2017-11-22	2021-01-26	219

续表

主题	收录时间	截至 2021 年 7 月最新更新日期	文章记录数/篇
Agriculture: Aquaculture. Fisheries. Angling	2016-03-23	2018-04-04	0
Technology | Science: Physics	2018-03-19	2020-01-16	263
Science: Mathematics: Instruments and Machines: Electronic Computers. Computer Science	2016-09-13	2018-09-24	112
Medicine	2019-05-16	2019-05-16	872
Technology: Electrical Engineering. Electronics. Nuclear Engineering	2020-02-11	2020-02-11	19
Technology: Technology (General): Industrial Engineering. Management Engineering: Information Technology | Science: Mathematics: Instruments and Machines: Electronic Computers. Computer Science	2016-10-24	2016-10-24	47
Technology: Technology (General): Industrial Engineering. Management Engineering	2020-01-24	2021-01-26	75
Science: Biology (General): Genetics	2020-08-31	2021-01-26	50
Social Sciences: Commerce: Business	2019-01-28	2021-01-26	51
Technology: Chemical Technology: Oils, Fats, and Waxes: Petroleum Refining. Petroleum Products	2019-07-15	2021-01-26	157
Medicine: Internal Medicine: Specialties of Internal Medicine: Diseases of the Digestive System. Gastroenterology	2018-11-09	2021-01-26	134
Medicine	2020-01-06	2021-01-26	150
Medicine	2020-01-27	2021-01-26	0
Agriculture | Technology: Chemical Technology: Food Processing and Manufacture	2020-02-11	2021-01-26	82
Medicine: Other Systems of Medicine	2020-01-24	2021-01-26	101
Technology: Chemical Technology: Oils, Fats, and Waxes: Petroleum Refining. Petroleum Products	2018-11-09	2021-01-26	1333
Technology: Mechanical Engineering and Machinery: Energy Conservation | Social Sciences: Industries. Land Use. Labor: Special Industries and Trades: Energy Industries. Energy Policy. Fuel Trade	2019-04-09	2021-01-26	203
Social Sciences: Industries. Land Use. Labor: Special Industries and Trades: Energy Industries. Energy Policy. Fuel Trade	2019-07-15	2019-07-15	242
Technology: Engineering (General). Civil Engineering (General) | Science: Geology	2020-03-05	2021-03-18	0
Science: Chemistry	2020-06-29	2020-06-29	1
Technology: Electrical Engineering. Electronics. Nuclear Engineering: Electronics: Computer Engineering. Computer Hardware	2020-01-06	2021-01-26	96
Science: Astronomy: Geodesy	2020-06-10	2020-06-10	113
Military Science	2015-11-18	2021-04-21	667
Medicine: Ophthalmology	2016-11-11	2016-11-11	2210
Technology: Mechanical Engineering and Machinery	2016-09-01	2018-09-24	202
Medicine	2016-09-13	2021-01-26	572
Geography. Anthropology. Recreation: Physical Geography | Geography. Anthropology. Recreation: Environmental Sciences	2020-02-11	2021-01-26	183
Medicine	2015-07-02	2020-10-06	297
Medicine: Internal Medicine: Neurosciences. Biological Psychiatry. Neuropsychiatry: Neurology. Diseases of the Nervous System	2013-12-11	2021-04-27	75

续表

主题	收录时间	截至2021年7月最新更新日期	文章记录数/篇
Technology: Electrical Engineering. Electronics. Nuclear Engineering: Materials of Engineering and Construction. Mechanics of Materials	2016-11-30	2021-01-26	390
Technology: Technology (General): Industrial Engineering. Management Engineering: Information Technology	2016-11-30	2021-01-26	243
Medicine | Science: Biology (General)	2018-08-23	2021-03-30	0
Agriculture: Animal Culture	2017-05-30	2021-04-27	433
Technology: Chemical Technology: Oils, Fats, and Waxes: Petroleum Refining. Petroleum Products | Technology: Engineering (General). Civil Engineering (General): Engineering Geology. Rock Mechanics. Soil Mechanics. Underground Construction	2017-04-27	2021-01-26	318
Technology: Environmental Technology. Sanitary Engineering: Environmental Pollution	2016-12-21	2021-01-26	148
Medicine: Internal Medicine: Infectious and Parasitic Diseases	2016-09-12	2016-09-12	50
Medicine: Other Systems of Medicine: Miscellaneous Systems and Treatments	2017-04-28	2017-04-28	187
Medicine: Medicine (General)	2017-07-28	2021-01-26	192
Science: Botany	2019-05-15	2019-05-15	0
Technology: Ocean Engineering	2017-08-25	2021-01-26	198
Technology: Mechanical Engineering and Machinery: Renewable Energy Sources | Science: Biology (General): Ecology	2017-11-22	2021-01-26	250
Technology: Chemical Technology: Gas Industry	2017-08-30	2021-01-26	184
Science: Biology (General) | Science: Botany	2017-06-15	2021-01-26	234
Medicine	2018-11-12	2021-01-26	61
Technology: Electrical Engineering. Electronics. Nuclear Engineering: Nuclear Engineering. Atomic Power	2020-07-29	2021-01-26	26
Medicine: Surgery	2019-01-28	2021-01-26	72
Technology: Chemical Technology: Polymers and Polymer Manufacture | Technology: Engineering (General). Civil Engineering (General)	2019-01-28	2021-01-26	76
Medicine: Public Aspects of Medicine: Toxicology. Poisons | Technology: Chemical Technology: Biotechnology | Science: Biology (General)	2021-03-31	2021-03-31	0
Medicine: Medicine (General): Medical Technology	2021-06-24	2021-06-24	154
Geography. Anthropology. Recreation: Environmental Sciences | Geography. Anthropology. Recreation: Geography (General)	2020-01-24	2021-01-26	70
Technology	2018-12-13	2021-01-26	158
Technology: Hydraulic Engineering: River, Lake, and Water-Supply Engineering (General) | Technology: Environmental Technology. Sanitary Engineering: Water Supply for Domestic and Industrial Purposes | Social Sciences: Industries. Land use. Labor: Special Industries and Trades: Energy Industries. Energy Policy. Fuel Trade	2019-01-28	2021-01-26	53
Technology: Chemical Technology	2019-01-28	2021-01-26	106
Medicine	2019-02-25	2021-01-26	27
Medicine: Internal Medicine	2020-09-21	2021-01-26	0
Science: Biology (General)	2019-04-09	2021-01-26	54

续表

主题	收录时间	截至 2021 年 7 月最新更新日期	文章记录数/篇
Technology: Electrical Engineering. Electronics. Nuclear Engineering: Electronics	2019-07-15	2021-01-26	37
Science: Physiology: Neurophysiology and Neuropsychology	2020-07-01	2021-01-26	43
Technology: Electrical Engineering. Electronics. Nuclear Engineering: Materials of Engineering and Construction. Mechanics of Materials | Technology: Mechanical Engineering and Machinery: Energy Conservation	2019-01-28	2021-01-26	230
Geography. Anthropology. Recreation: Environmental Sciences	2020-03-25	2021-01-26	14
Agriculture	2020-02-11	2021-01-26	59
Technology: Environmental Technology. Sanitary Engineering: Water Supply for Domestic and Industrial Purposes	2020-02-11	2021-01-26	43
Technology | Medicine	2020-02-11	2021-01-26	54
Technology: Engineering (General). Civil Engineering (General)	2020-01-24	2021-01-26	82
Technology: Environmental Technology. Sanitary Engineering	2020-02-11	2021-01-26	56
Technology	2020-09-21	2021-01-26	0
Technology: Environmental Technology. Sanitary Engineering | Technology: Building Construction	2020-03-06	2021-01-26	90
Science: Biology (General): Life	2020-09-28	2021-01-26	19
Science: Mathematics: Instruments and Machines: Electronic Computers. Computer Science	2021-01-22	2021-01-26	0
Medicine: Medicine (General)	2020-02-13	2021-01-26	59
Technology: Electrical Engineering. Electronics. Nuclear Engineering	2020-10-23	2021-01-26	104
Technology	2021-03-31	2021-03-31	0
Technology: Environmental Technology. Sanitary Engineering	2020-09-28	2021-01-26	23
Social Sciences: Industries. Land Use. Labor: Management. Industrial Management: Risk In Industry. Risk Management	2020-09-21	2021-01-26	29
Geography. Anthropology. Recreation: Geography (General) | Technology: Technology (General): Industrial Engineering. Management Engineering: Information Technology	2021-06-23	2021-06-23	0
Medicine: Medicine (General): Medical Physics. Medical Radiology. Nuclear Medicine	2020-07-29	2021-01-26	47
Science: Mathematics: Instruments and Machines: Electronic Computers. Computer Science	2020-11-09	2021-01-26	5
Technology: Chemical Technology	2021-04-08	2021-04-08	0
Science: Science (General) | Science: Geology	2021-01-28	2021-01-28	0
Technology: Electrical Engineering. Electronics. Nuclear Engineering: Production of Electric Energy Or Power. Powerplants. Central Stations	2020-09-21	2021-01-26	41
Technology: Chemical Technology: Chemical Engineering | Science: Chemistry: Organic Chemistry: Biochemistry	2021-03-31	2021-03-31	0
Medicine: Gynecology and Obstetrics	2021-07-06	2021-07-06	0
Science: Science (General)	2021-04-13	2021-04-13	0
Medicine: Other Systems of Medicine	2021-06-23	2021-06-23	47
Medicine: Internal Medicine	2021-04-06	2021-04-06	47